Paulo Modesto

CAFÉ COM PROSA:

Crônicas de Direito e Reforma do Estado

GZ EDITORA

Rio de Janeiro

2021

1ª edição – 2021

Imagem da capa: Freepik.com

Capa: *Carmen Gutierrez*

Diagramação: *Olga Martins*

CIP – Brasil. Catalogação-na-fonte.
Sindicato Nacional dos Editores de Livros, RJ.

M696c

Modesto, Paulo
Café com prosa: crônicas de direito e reforma do estado / Paulo Modesto. - 1. ed. - Rio de Janeiro: GZ, 2021.
438 p.; 24 cm.

Inclui bibliografia e índice
ISBN 978-65-5813-019-2

1. Previdência social - Legislação - Brasil - Crônicas. 2. Crônicas brasileiras. I. Título.

21-69867

CDU: 349.3:869.8(81)

---

contato@editoragz.com.br
www.editoragz.com.br

Av. Erasmo Braga, 299 – Sala 202 – 2º andar – Centro
CEP: 20020-000 – Rio de Janeiro – RJ
Tels.: (0XX21) 2240-1406 / 2240-1416 – Fax: (0XX21) 2240-1511

Impresso no Brasil
Printed in Brazil

Para Monika Modesto, por tornar leve, intenso e saboroso nosso encantamento diário.

Para Maria Célia e Giovaldo Modesto, meus pais, bases de exemplo, incentivo e amor extremado.

Para Camila e Rafaela Modesto, por revelarem com um sorriso que o desafio de aprender e ensinar vale a dor e a alegria de ser vivido.

Sumário

PARTE II - REFORMA ADMINISTRATIVA

Prefácio

Celso Antonio Bandeira de Mello

Algumas tardes, quando o sol começa a se pôr na efervescente cidade de São Paulo procuro chegar mais cedo em casa para aproveitar os momentos em que o lusco-fusco se faz presente dando-nos a sensação de calma e aconchego para desfrutar um dedo de prosa com Weida, frente a uma taça de vinho ou a uma generosa xícara de café.

Nesses momentos tão aprazíveis conversamos amenidades, relembramos viagens, recordamos amigos que partiram e falamos daqueles que conosco percorreram os caminhos da vida já vivida e que agora perscrutam os atalhos que hoje seremos obrigados a trilhar rumo a um futuro incerto. Mas falamos também de Direito, e muito. Falamos das novas leis, algumas boas, mas também das normas inconstitucionais que hoje vicejam em campos essenciais atingindo a dignidade humana e onde o embate entre Economia e Direito coloca por terra o Direito e nossas esperanças de um Brasil melhor.

Ao receber o convite para fazer esse prefácio, imediatamente lembrei do jovem advogado que em 1989 se candidatou a cursar o mestrado na PUC de São Paulo, sob minha orientação, sendo por mim aprovado. Paulo Modesto cursou as disciplinas de Direito Administrativo I e II com a nota máxima, obtendo também o conceito A em todas as outras disciplinas. Em 1992 tomou posse no cargo de Promotor de Justiça do Estado da Bahia e em 1993 passou em primeiro lugar no concurso para professor de "Introdução ao Estudo do Direito" da Universidade Federal da Bahia.

No início de 1995 recebi um telefonema de Bresser Pereira, amigo de longa data, perguntando se eu conhecia alguém capacitado para auxiliá-lo juridicamente no Ministério da Administração Federal. Indiquei Paulo por sua extrema competência, com a advertência de que o indicado era muito jovem e que talvez não concordasse em se transferir da maravilhosa Salvador para habitar em Brasília, mas Paulo aceitou o desafio e foi com sua jovem esposa Monika, permanecendo em Brasília como Assessor Especial do Ministro da Administração Federal. Paulo Modesto só retornou a Salvador em 1998 tendo sido extremamente bem sucedido em sua passagem na Capital Federal e depois em sua terra natal.

Nesses anos, a admiração nutrida ao aluno transformou-se em uma sólida amizade ao colega e jovem jurista, cuja cultura não é usual nos dias de hoje.

O livro que agora vem à luz no alvorecer de 2021 agradará a todos que o lerem. Seu segundo artigo, algo robusto, merece ser lido com atenção. Paulo é um exímio conhecedor das regras da previdência e muito tem a nos ensinar sobre essa matéria que, se no início de nossas vidas se apresenta como maçante e dispensável, na velhice, para muitos, ocasionará aflição e tristeza, por mais que algumas destas pessoas tenham se dedicado e se afadigado trabalhando no ofício em que se aposentaram. Os demais textos, com exceção ao artigo que trata da Pec 32, também muito bem lançados, são curtos, bem fundamentados e por certo poderão ser lidos com prazer tanto por aqueles que gostam de ter uma xícara de café em um momento de paz ao cair da tarde, como por aqueles tangidos pelo tempo, que procuram uma robusta fundamentação jurídica para a petição que deve ser protocolizada amanhã.

O livro "Café com Prosa" é maravilhosamente bem escrito e por certo encantará a todos que tiverem a oportunidade de lê-lo, pouco importando que concordem ou discordem com as opiniões de fundo, pois nada mais agradável do que ler um texto bem escrito, bem fundamentado e cujo escritor tenha sólida cultura.

Paraty, 15 de janeiro de 2021.

CELSO ANTONIO BANDEIRA DE MELLO é Professor Emérito da Pontifícia Universidade Católica de São Paulo, onde é Professor Titular de Direito Administrativo e da qual foi Vice-Reitor para Assuntos Acadêmicos (1973-1976). Professor Honorário da Faculdade de Direito da Universidade de Mendoza, na Argentina; da Faculdade de Direito do Colegio Mayor de Rosário, em Bogotá (Colômbia), membro correspondente da Associação

Argentina de Direito Administrativo, membro honorário do Instituto de Derecho Administrativo da Faculdade de Direito da Universidade da República Oriental do Uruguai, da Asociación Mexicana de Derecho Administrativo e da Asociación Internacional de Derecho Administrativo. Professor Extraordinário da Universidade Notarial Argentina e Membro Titular de seu Instituto de Derecho Administrativo e Professor Titular visitante da Universidade de Belgrano – Faculdade de Direito e Ciências Sociais (Argentina). É um dos fundadores do Instituto Brasileiro de Direito Administrativo e do Instituto de Direito Administrativo Paulista – IDAP; é membro do Instituto Internacional de Derecho Administrativo Latinoamericano, ex-conselheiro do Instituto dos Advogados de São Paulo e membro remido da Associação dos Advogados de São Paulo. Diretor da Revista Trimestral de Direito Público.

Apresentação

Carlos Ayres Britto

Paulo Modesto é, antes de tudo, um intelectual. Intelectual no conceber modelos próprios de teorização, intelectual no levar às últimas consequências a dissecação de teses alheias. As duas inconfundíveis marcas de todo operador mental de alongado voo.

Essa vocação para o pensar refinado vem de longe. Vinte e poucos anos apenas de vida e Paulo já dava sobejas demonstrações de atualizadas leituras. Temperamento polemista. Disposição para frequentar e até organizar os mais qualificados fóruns do debate jurídico em todo o nosso País. Com o que revelava um homem de pensamento e de ação, virtudes tanto mais importantes quanto se sabe que não costumam andar de braços dados.

Hoje Paulo Modesto já é uma referência nacional. Subjetivada expressão do que a nossa Magna Lei designa por "notável saber jurídico". Tudo por efeito de um curriculum vitae mais e mais superlativo, a incorporar os títulos de professor da tradicional Faculdade de Direito da Universidade Federal da Bahia, promotor de justiça, conferencista e organizador de eventos jurídicos, autor dos mais instigantes temas de Teoria do Direito, Direito Administrativo e Direito Constitucional, com brilhante passagem pelos bancos acadêmicos do mestrado em Direito da Pontifícia Universidade Católica de São Paulo.

Numa frase, Paulo Modesto alia talento e cultura. Tudo conforme o vibrante testemunho intelectual de Calmon de Passos, esse outro baiano que tanto confirma a vocação nordestina para fazer das coisas do Direito um relicário de arte e ciência. Desde Tobias Barreto e Teixeira de Freitas, e prosseguindo com luminares do porte de um Rui Barbosa, Clóvis Bevilaqua, Pontes de Miranda, Lourival Villanova, Orlando Gomes, Antônio José Machado Neto, Pinto Ferreira, Nelson Saldanha e Joaquim Falcão.

Enfim, este novo livro de Paulo Modesto é o retrato falado do pensador que vê o agora com tal autenticidade contemplativa que esse agora puxa pela mão o depois para que os dois assim reunidos sejam vistos ao mesmo tempo.

CARLOS AYRES BRITTO é advogado e foi Ministro do Supremo Tribunal Federal (2003/2012), Presidente do Supremo Tribunal Federal (2012), Ministro do Tribunal Superior Eleitoral (2006/2010), Presidente do Tribunal Superior Eleitoral (2008/2010) e Presidente do Conselho Nacional de Justiça (2011/2012). Mestre e Doutor em Direito pela PUC-SP. Membro da Academia Sergipana de Letras, Academia Brasiliense de Letras, Academia de Letras de Brasília e da Academia Brasileira de Letras Jurídicas, Presidente do Conselho Superior do Instituto Innovare, Professor, Consultor Jurídico e Parecerista.

Nota Introdutória

Paulo Modesto

Em dois mil e vinte suportamos um ano de incertezas, múltiplas limitações e perdas. Sem horizontes temporais claros, vencemos os dias aos sobressaltos, sem apostas existenciais de longo prazo. Descobrimos que parte de nós é empática ao outro e outra parte indiferente e negligente inclusive com os seus mais próximos. No retrovisor, o ano inicial da pandemia transcorreu como uma intensa e traumática experiência coletiva, transformadora de visões, reformadora de rotinas, na qual a simplicidade e o autoconhecimento finalmente receberam atenção. Um ano de inventários, releituras, balanço, dor e desaceleração. Foi nesse contexto que surgiu a ideia de reunir, em forma de livro, uma coletânea dos textos curtos ou breves que tenho escrito regularmente sobre os assuntos do momento como partícipe do debate público de ideias, dedicados a tratar de temas de direito público e sobre a reforma do estado com a maior objetividade, clareza e sedução que consigo exprimir. Ficaram de fora os textos ensaísticos, com extensão superior a vinte páginas, normalmente destinados aos especialistas e publicados exclusivamente em coletâneas, livros e revistas acadêmicas.

Os textos reunidos buscam o acolhimento e a escuta. Ora fazem uso de referências literárias e ora simplesmente da linguagem direta, encorajando o diálogo, sem descuidar da precisão técnica, pois foram desde a origem destinados a um público abrangente, em princípio sem qualquer formação jurídica. Promovem perguntas e não apenas respostas, reagindo a atos e fatos fundamentais para o futuro do Estado brasileiro, como a reforma da previdência e a reforma administrativa.

A coletânea foi dividida em três grandes blocos. No primeiro, dedicado aos temas da reforma da previdência, organizei os textos na ordem crescente em que foram publicados na coluna interesse público do Conjur, que alimento mensalmente desde março de 2019. Nesse espaço tive a honra de ter escrito a coluna mais lida de 2019, atualmente com quase trezentos mil acessos únicos. No segundo bloco, dedicado à reforma da administração pública, ordenei por temas textos publicados na Revista Colunistas de Direito do Estado e no Conjur, sem observar uma sequência temporal rigorosa. No terceiro bloco, organizei textos de memória e história, que reúnem registros de minha experiência como partícipe do processo de reforma administrativa da Emenda Constitucional 19, em forma de entrevista, e textos em que homenageio juristas fundamentais em minha formação no direito público, CELSO ANTONIO BANDEIRA DE MELLO, J. J. CALMON DE PASSOS E ALICE GONZALEZ BORGES. Somos o que lembramos, como disse BOBBIO, e escrevemos apenas novos modos de refletir o que aprendemos com os mestres que nos antecederam. Sem esses referenciais, o que pensamos e nossas próprias contradições são incompreensíveis.

Se esses textos forem úteis como testemunhas de seu tempo, e despertarem reflexões à hora do café, cumprirão os seus objetivos, pois nada é mais urgente do que dialogar sobre o nosso próprio tempo.

Salvador, 06 de janeiro de 2021.

PAULO MODESTO é Professor de Direito Administrativo da UFBA, Presidente do Instituto Brasileiro de Direito Público, Titular da Cadeira 28 da Academia de Letras Jurídicas da Bahia e Membro do Ministério Público da Bahia. Diretor da Revista Brasileira de Direito Público (RBDP). Doutorando em Direito Público pela Universidade de Coimbra (Portugal). Membro do Conselho Científico da Cátedra de Cultura Jurídica da Universidade de Girona (Espanha). Conselheiro Técnico da Sociedade Brasileira de Direito Público. Membro do Conselho de Pesquisadores do Instituto Internacional de Estudos de Direito do Estado. Membro do Conselho Deliberativo do Instituto Brasileiro de Direito Admnistrativo (2019-2022). Fundador e editor do site www.direitodoestado.com.br Foi Consultor Jurídico e Assessor Especial do Ministério da Administração Federal e Reforma do Estado do Brasil (1995-1998), Professor e Coordenador do Curso de Especialização em Direito Público da Universidade Salvador (1999-2003), e fundador do Centro de Cultura Jurídica da Bahia (2003), em conjunto com o Prof. J. J. Calmon de

Passos e do hoje Ministro José Barroso Filho, tendo atuado no Centro como Coordenador e Professor do Curso de Especialização em Direito Público (2003-2015). Integrou diversas comissões legislativas: Comissão de Elaboração do Anteprojeto de Lei Orgânica Estadual do Ministério Público da Bahia (1983), Membro da Comissão de Juristas para o Anteprojeto de Lei sobre Normas Gerais de Processo Administrativo da União (1996), projeto convertido na Lei 9784/1999, Membro da Comissão de Juristas para Elaboração do Anteprojeto de Lei de Defesa dos Usuários de Serviço Público (1998), Membro da Comissão de Juristas para Elaboração do Anteprojeto sobre Contrato de Gestão na Administração Pública e Consórcios Públicos (1998), Membro da Comissão de Juristas para Elaboração do Anteprojeto de nova Lei Orgânica da Administração Pública Federal e Entes de Colaboração (2007), Membro da Comissão de Juristas da Câmara dos Deputados para Consolidação da Legislação Administrativa Federal (2018). Recebeu da Academia de Letras Jurídicas da Bahia a Medalha Orlando Gomes (17.08.2017) e do CONSAD – Conselho dos Secretários Estaduais de Administração do Brasil – a Medalha do Mérito CONSAD de Gestão Pública 2013.

PARTE - I

REFORMA DA PREVIDÊNCIA

A Reforma da Previdência e a Morte: analogias imprevistas

No início do filme O Sétimo Selo, dirigido por INGMAR BERGMAN, um cavaleiro medieval, recém-chegado das Cruzadas, enfrenta a Morte em um jogo de xadrez. No primeiro contato com a Morte, percebendo o seu fim iminente, o cavaleiro pede à Morte que "espere um pouco". A Morte retruca, insensível: "Vocês sempre dizem isso. Mas eu não vou adiar". O cavaleiro afirma ter visto em pinturas que a Morte aprecia jogos de xadrez e a convida para uma partida. Embora a Morte desconfie que o convite é apenas astúcia do cavaleiro para retardar o seu destino inelutável, termina por aceitar o jogo, pois a Morte nunca perde. Entre os lances da partida, o cavaleiro tem oportunidade de interrogar a si mesmo e à firmeza de sua fé, testemunhar a fragilidade do homem diante da peste negra e preparar-se para o seu destino final.

A nova proposta de Reforma da Previdência (PEC 6/2019), ao menos como discurso oficial, é como a personagem Morte, retratada por BERGMAN. Não aceita adiamentos. Considera-se inelutável. Não admite soluções alternativas ou negociação de fundo, embora aceite o jogo do debate parlamentar e as audiências públicas, pois está confiante de que no final será o resultado incontornável do debate público. Outra semelhança notável: como a personagem Morte no Sétimo Selo, a nova proposta da Reforma da Previdência comunica mais pelo silêncio, por suas lacunas, do que pelo que vem explicitamente enunciado.

Em direito, é verdade, lacuna não é apenas silêncio: lacunas são falhas ou omissões de regulação contrárias ao sistema jurídico, prejudiciais e censuráveis, que exigem solução em concreto (pelo juiz) ou em abstrato (pelo legislador).

Na Reforma da Previdência proposta, muitas lacunas podem ser apontadas, sobretudo nas regras de transição. Elas desafiam o princípio da proteção da confiança, elemento destacado da segurança jurídica, base de qualquer Estado de Direito. E, por vezes, o princípio da igualdade.

Há falha por assimetria e quebra de igualdade no percurso de transição previsto para as regras do regime geral, do regime dos militares e do regime próprio dos servidores. Há falha na ausência de "regras de transição de segundo grau", voz que utilizo para referir as regras que devem disciplinar a "transição da transição": a "transição das situações jurídicas de transição" já previstas em emendas anteriores.

É evidente também a ausência de regras de transição objetivas ou institucionais, aquelas relacionadas aos efeitos sistêmicos das alterações propostas, a exemplo de alguma norma que atenue o impacto nos regimes próprios da redução das contribuições decorrente do incentivo renovado aos regimes de previdência complementar e defina a responsabilidade do poder público pela contabilização de passivos decorrentes dessa migração relevante de contribuições de um regime para o outro. Há ainda lacunas relacionadas à desconstitucionalização de grande parte do sistema constitucional de previdência para a lei complementar.

No domínio temporal, o direito persegue duas finalidades tendencialmente conflitantes: por um lado, a estabilização das expectativas, a garantia da segurança no planejamento pessoal, social e econômico e, por outro, a inovação e adaptação da sociedade à evolução histórica e às circunstâncias. Se o cidadão, a administração ou as empresas não puderem calcular as consequências no futuro de suas decisões e comportamentos no presente, a autoridade será negada, e a coesão social será impossível por insegurança jurídica. Se o bloqueio à adaptação normativa for absoluto, por igual, a sociedade duvidará de sua própria capacidade de responder aos desafios do futuro. Nesse domínio conflitivo, as disposições transitórias permitem a criação de pontes temporais ou normas especiais de passagem, assegurando a consideração dos fatos passados e das normas vigentes (com seus efeitos), sem recusar a nova disciplina normativa e a evolução e a dinâmica do direito.

Regras de transição são essas normas de passagem, normas provisórias e excepcionais que se esgotam com a realização no tempo da situação que regulam. Mas como estão previstas – com falhas de assimetria e omissão na regulação – as regras de transição da PEC 6/2019 não realizarão o propósito de conciliar segurança e mudança, e desacreditarão as suas próprias disposições, que não suscitarão confiança, pois sequer respeitaram as normas de transição anteriores com um mínimo de proporcionalidade e justiça. (28.03.2019)

A Reforma da Previdência e a Espera de Godot

Introdução

Segurança jurídica é gênero de primeira necessidade. No Brasil, porém, mendigamos por ela - e suas derivações - há muitos anos. Entre os que mais carecem de segurança jurídica estão os segurados da previdência. Em princípio, trata-se de paradoxo: segurado é supostamente alguém garantido, que é obrigado ou adota a cautela de renunciar a parte de seu patrimônio no presente em favor de benefício futuro, programado para ser recebido em tempo definido. Ocorre que após seis alterações constitucionais sucessivas na previdência apenas nos primeiros trinta anos de vigência da Constituição de 1988 (EC 3/93; EC 20/1998; EC 41/2003; EC 47/2005; EC 70/2012; EC 88/2015), o segurado acumula incertezas e começa a questionar se a espera terá fim ou quais serão os seus termos. Para uma relação jurídica de longo prazo, confiança e segurança jurídica são ingredientes essenciais para combater a erosão do tempo e evitar a miopia temporal.[1]

Esse enredo recorda a peça de SAMUEL BECKETT "Esperando Godot", apresentada pela primeira vez em 1953. Em paisagem austera, com apenas uma árvore solitária, dois mendigos, ESTRAGON e VLADIMIR, conversam frivolidades enquanto aguardam a chegada de um certo GODOT. Quem é GODOT e quando ele vai – e se vai – chegar, eles não sabem. Os personagens quase perdem a noção do tempo, mas ao final de cada ato um mensageiro de GODOT, um menino, traz o aviso: GODOT não pode ainda vir ao encontro, mas no dia seguinte virá. E este dia é sempre protraído no tempo. E o absurdo do esperar sem fim mostra-se patente.

Godot Previdenciário

Em se tratando de previdência, o absurdo da espera sem balizas sólidas pode conduzir ao abuso jurídico. O tema já sensibilizou alguns: a inovação contínua de requisitos etários ou de tempo de contribuição para o acesso à aposentadoria foi objeto de atenção, ainda que breve, do Supremo Tribunal Federal em 26/09/2007. Tratava-se do julgamento da ADI 3104/DF, sendo que a questão central era outra: a alteração no modo de cálculo do benefício e a alteração de regra de transição pela EC 41/2003. No entanto, incidentalmente, em um dos votos – o voto do Ministro GILMAR MENDES – a Corte foi instada a refletir o que ocorreria se o problema em debate fosse a elevação contínua da idade mínima para a aposentadoria por sucessivas normas de transição. O Ministro GILMAR chegou a comparar a alteração de regras de transição, e a elevação também sucessiva do tempo exigido para aposentadoria, com "uma corrida de obstáculo com obstáculo móvel".

Na ocasião, invocando a sugestiva metáfora, o Ministro GILMAR MENDES afirmou que, caso a hipótese ocorresse, poderia ser caracterizado um abuso do poder de reforma constitucional, uma fraude ao sistema, passível de censura jurisdicional:

> "É preciso que meditemos sobre isto. Será que não há remédio na farmacopeia jurídica para esse tipo de discussão? Há, sim. A ideia de segurança jurídica, a ideia de que, neste caso, pode haver fraude ao sistema. Portanto, parece-me que necessitamos cada vez mais de dizer que há alguma pobreza nesse modelo binário: direito adquirido/expectativa de direito. Pode ser, sim, que a própria emenda constitucional ou a própria legislação, no caso de legislação ordinária, porque em geral sói acontecer esse tipo de mudança no plano da legislação ordinária, que a própria legislação ordinária venha a fraudar, ao frustrar uma condição que seria implementável desde logo, constituindo uma lei de perfil arbitrário." [p.172].[2]

Correta e oportuna a observação do Ministro GILMAR MENDES. Mas há mais a dizer.

A inquietante "corrida de obstáculos com obstáculos móveis" não é problemática apenas pela sucessão de emendas. **O incremento linear de idade como requisito de elegibilidade do beneficiário ao direito à aposentadoria pode ser questionado por si, mesmo realizado uma única vez, se implementado de forma não progressiva e sem a consideração proporcional da eficácia passada de normas de transição precedentes.** Quando se trata de relação previdenciária, cujo conteúdo encerra um complexo de direitos de aquisição paulatina (adquiridos dia a dia), porém em longo prazo, **a elevação imediata de requisito etário** pode promover a **ressignificação gravosa do tempo cumprido, com frustração da segurança jurídica, e a quebra de isonomia e proporcionalidade**. A assertiva exige fundamentação, que se pretende oferecer a seguir.

Igualdade, Rampa Etária, Salto Etário e Pedágio

MARIA GEMA QUINTERO LIMA, autora do mais abrangente estudo sobre o direito transitório da seguridade social realizado na Espanha, escreveu sobre o requisito de idade:

> "Así como el requisito de carencia respondía a una obligación del sujeto protegido del nivel contributivo, el ostentar una determinada edad no responde a ninguna obligación con el sistema de seguridad social; es una característica personal, irreversible e invariable del sujeto protegido"

E arrematou:

> "Cuando el legislador introduzca ex novo un requisito positivo o negativo de edad, tanto respecto de prestaciones ya existentes, cuanto como consecuencia natural del diseño de un nuevo tipo de prestación, debería considerar que es posible que haya sujetos que aún no han alcanzado esa edad, en el primer caso, o que la han alcanzado em el segundo, pero respecto de los que se ha podido actualizar la

> situación de necesidad. Em estos casos, de nuevo, **cabría emplear algún género de fórmula transitoria de aplicación paulatina del requisito de edad;** acompañada o no de alguna de las manifestaciones del mecanismo de la contraprestación. Y al margen, em todo caso de que, cuando se trate de nuevas prestaciones que incluyen un requisito positivo de edad, el legislador haya de valorar la posibilidad de aplicar con efecto inmediato las nuevas previsiones. **Ha de hacerlo em el sentido de homologar las situaciones anteriores, e incorporar al supuesto de hecho de esas nuevas normas a aquellos sujetos que hubieran alcanzado esa edad antes del punto cero"**[grifo nosso].[3]

É certo que a elevação da idade mínima é uma necessidade em quase todos os regimes de previdência social no mundo, devido à confluência de dois fenômenos aparentemente irreversíveis de nosso tempo: a elevação da longevidade média dos indivíduos e o decréscimo das taxas de natalidade. Essa confluência obriga a calibragem periódica dos sistemas previdenciários, independentemente da existência de déficits ou superávits financeiros momentâneos da seguridade, cuja fixação a cada período segue também variáveis instáveis (taxa de desemprego, urbanização, migração, informalidade, entre outras) e apresentam margens de erro de projeção. Porém, **a elevação do parâmetro etário deve ocorrer de modo progressivo, sem transições abruptas, da forma menos gravosa e mais isonômica possível, considerada a eficácia proporcional da norma precedente sobre a relação previdenciária, prestigiada a segurança jurídica e garantida a transição como direito fundamental.**[4]

Na nova Proposta de Reforma da Previdência – a PEC 6/2019 – **esses requisitos não estão cumpridos.** Em primeiro lugar, **não é igualitária a elevação do critério etário ou isonômico o ritmo de incremento da idade mínima nas normas de transição dos diferentes segurados da previdência.** Em particular no caso do regime dos servidores públicos mais antigos, anteriores à EC20/1998 e à EC 41/2003, exige a PEC 6/2019 uma mudança abrupta de idade, **sem qualquer transição, se os agentes desejarem preservar parte do direito que**

lhes foi assegurado em norma específica e concreta de transição anterior. A rigor, a PEC 6/2019 sonega a indispensável **disciplina transitória de segundo grau** (a "transição da transição"), pois a suposta nova regra de transição dos antigos servidores – anteriores à EC 20/1998 – estabelece **salto etário imediato** como requisito de elegibilidade para a aposentadoria, preservando-se o direito que lhes foi assegurado de integralidade e paridade apenas se **cumprida imediatamente a exigência da nova idade mínima geral** (62 anos de idade/mulher; 65 anos de idade/homem, com regra especial para os professores e professoras do ensino infantil, fundamental e médio, fixada em 60 anos). Ora, a **exigência de elevação imediata do requisito etário é o mesmo que a negação de transição compassada.** A norma proposta também elimina completamente a possibilidade de redução da idade mínima prevista na EC 47/2005 em regime de pontos (composição idade/tempo de contribuição) para esses agentes, mantida a integralidade, conquanto adote disciplina de pontos para os trabalhadores da iniciativa privada (86/96), admitindo balanceamento entre idade e tempo de contribuição como requisito suficiente de elegibilidade à aposentadoria. Trata-se de **supressão grave de norma específica de transição anterior**, além de incoerente com a manutenção de regra semelhante – de escala móvel – na transição do regime geral de previdência, pois significa o mesmo que suprimir uma "ponte temporal" em pleno percurso dos que confiaram na seriedade da EC47/2005. O **salto etário imediato** também se aplicará aos servidores com ingresso posterior a 16/12/1998, mas com vínculo anterior à EC 41/2003, sem direito à escala móvel de pontos, mas que possuíam direito à paridade e integralidade nos termos de norma transitória da EC41/2003. Esse **salto etário imediato**, desconsidera o longo período de vigência de regras aplicáveis para esse segmento específico dos servidores mais antigos, transição constitucional cuja vigência iniciou, para alguns, em 1998 (há 21 anos!) e, para outros, em 2003 (há 16 anos!).

Essa dura disciplina do tempo na PEC 6/2019, insista-se, não estabelece uma **rampa etária**, mas um **salto etário abrupto**, um agravamento repentino, imediato e surpreendente mínimo de 5 anos para os homens e de 7 anos para as mulheres, sem crescimento anual progressivo para os servidores que hoje já estão cobertos por diversas normas de transição constitucional anteriores – há, aqui, portanto, lacuna no critério da "transição da transição". Curiosamente, ao mesmo tempo que essa ruptura gravosa com as normas anteriores é apresentada, **servidores policiais e agentes penitenciários** são beneficiados com direito à aposentadoria com integralidade sem precisar saltar para 65 anos/60 anos de um dia para o outro. Ao contrário, para assegurarem a aposentadoria com integralidade bastará cumprirem a exigência de 55 anos (para ambos os sexos), 25 anos de contribuição/mulher; 30 anos/homem, e 15 anos em atividade policial, desde que tenham "ingressado no serviço público em carreira policial antes da implementação de regime de previdência complementar pelo ente federativo ao qual esteja vinculado ou, para os entes federativos que ainda não tenham instituído o regime de previdência complementar, antes da data de promulgação desta Emenda à Constituição". Em outras palavras: os servidores policiais e agentes penitenciários posteriores à EC 41/2003 ganharam na PEC 6/2019 **direito novo, inexistente hoje, à integralidade,** pois depois da EC 41/2003 todos os servidores civis, inclusive os policiais, deixaram de gozar do direito à integralidade e paridade. Trata-se, como se pode facilmente identificar, de **austeridade seletiva e ausência de critério igualitário mínimo no regime do percurso de transição.**

Para além dessa desequiparação do percurso de transição vincado a carreiras específicas, **normas de transição** que implementam **elevações lineares do requisito etário,** de forma isolada e sem progressão, quase sempre incidem em **infração à proporcionalidade**. Se algum segurado iniciou a trabalhar mais cedo, manteve carreira contributiva extensa, mas possui menor idade, pode ter gravemente ampliada a sua carreira contributiva apenas por ser mais jovem, mesmo que faltem poucos dias para a aposentadoria antes da vigência formal da nova Emenda. Sempre haverá alguém próximo à linha do novo corte/piso etário linear que será desproporcionalmente atingido. Outros, com menor tempo de contribuição, com menor aporte contributivo ao sistema, apenas por serem mais velhos, às vezes por diferença de poucos dias, teriam precedência e seriam amparados pela linha do novo piso etário. Em matéria de transição, **a melhor e mais equilibrada forma de ajuste é a criação ou elevação, para o período remanescente, de pedágios contributivos** – solução aliás a mais frequente nas reformas paramétricas dos últimos anos. **Os "pedágios" são fórmulas engenhosas de considerar o tempo passado – o efeito implementado pelas normas de transição anteriores – e acrescer esforço contributivo adicional para o futuro, considerado apenas o tempo remanescente, sem retrospectividade ou retroatividade.** Fórmulas de somatório de pontos, semelhante à adotada pelo Art. 3º da EC 47/2005, que realizam calibração entre o tempo de contribuição e a idade mínima, cumprem a mesma finalidade.

Se o tempo é elemento neutro na composição de normas de transição, e o aumento da longevidade (ou expectativa de sobrevida após os 60 anos) beneficia a todos, o pedágio contributivo também dever colher a todos, sem exceções, sem critérios discriminatórios, mas também sem preventiva exclusão de funções ou carreiras profissionais de qualquer natureza. O critério deve ser previdenciário, o tempo faltante para a aposentação consoante as regras transitórias vigentes, aplicando-se a este resíduo **pedágio percentual uniforme**, que não discrimina ou diferencia grupos, categorias, nem se serve de elementos de natureza pessoal ou profissional, sem nexo com o aporte contributivo e o regime jurídico precedente. O pedágio simplifica e atualiza o sistema de modo equitativo, evitando a proliferação de regras casuísticas, com acréscimos etários e contributivos distintos entre categorias profissionais. **Não é na manipulação do tempo passado e cumprido que devem ser corrigidas diferenças entre os regimes e regras previdenciárias, mas sim na disciplina material e permanente das normas de segurança social, na busca da almejada convergência de regimes para o futuro.**

A aplicação uniforme do pedágio para todos os servidores, trabalhadores e agentes, públicos e privados, sem exclusões, preserva a racionalidade da transição e premia a proporcionalidade do esforço contributivo precedente – favorecendo os que contribuíram por mais tempo para manter a solvabilidade do sistema -, sem desconstituir situações específicas, como ocorre hoje também para os servidores que aderem ao regime de previdência complementar público - que recebem, como regra, benefício especial proporcional ao tempo em que contribuíram no regime próprio em valores superiores ao teto do regime geral.

O tempo transcorrido é um elemento compositivo neutro e não deve ser utilizado sem critério igualitário de transição para diferentes grupos geracionais e ocupacionais. **A Constituição, percebida diacronicamente, é essencialmente um compromisso intergeracional e exige equidade intergeracional em sua própria reforma.**

A mesma diretriz de **igualdade na solidariedade** e de **convergência de regras** deve ser reconhecida nas regras de transição de todos os regimes de previdência. Exigir de dois segurados – homens ou mulheres - que ingressaram no mesmo emprego, cargo ou função, no mesmo dia, com período contributivo idêntico ao sistema, que tenham regimes radicalmente distintos de transição e esforço contributivo radicalmente distinto, após sujeição idêntica a sucessivas regras de transição, é violar claramente o princípio da igualdade e da proporcionalidade, prestigiado pelo sistema previdenciário, inclusive no regime de previdência complementar. É desatender, às avessas, o princípio da contrapartida, previsto no Art. 195, §5º, da CF, pois se suprime benefício, sem redução da correspondente fonte de custeio, e sem observar a proporcionalidade e igualdade da restrição. Por outro lado, excluir desde logo da transição qualquer agente público, civil ou militar, da simples incidência de **pedágio contributivo, elemento de calibração neutro em relação à especificidade de qualquer subdomínio dos regimes próprios ou do regime geral,** é reduzir o impacto do ajuste contributivo do sistema e sobrecarregar alguns em favor de outros, sem fundamento constitucional razoável, violando o princípio da solidariedade e a repartição equitativa das cargas públicas. Mas essa compreensão não é inteiramente nova: reproduzem observações registradas em texto acadêmico redigido por ocasião da Proposta TEMER (PEC nº 287/2016)[5] e em dois novos textos resumidos, publicados no Conjur, sobre as normas de transição da Proposta BOLSONARO (PEC 6/2019).[6] [7]

Proteção da Confiança, Normas de Transição e Direito Proporcional

Reformas previdenciárias devem intensificar a relação entre contribuição e contrapartida e reforçar a confiança no sistema previdenciário e em suas regras de transição. Sem confiança não há previdência e sem assegurar efeito estabilizador ao transcorrer do tempo associado à boa-fé dos interessados não há proteção da confiança alguma.[8]

Não se encontra razão de política legislativa ou razão jurídica que explique por que devem ser adotados três critérios de manejo do tempo de transição no regime geral de previdência e apenas um critério nos regimes próprios na PEC 6/2019, com **tratamento não isonômico no percurso transitório entre os regimes e dentro de cada regime previdenciário e, ainda, revogação pura e simples de normas transitórias constitucionais de prolongado curso de aplicação.** O tempo de transição não deve ser desigualmente disciplinado e, sobretudo, não pode ser ressignificado ou desconsiderado em seu valor relativo, porquanto isso significaria usurpar dos segurados a liberdade de planejar, calcular e conhecer os efeitos dos atos praticados e a repercussão da contribuição vertida.[9]

Em uma palavra: **revogar regras de transição constitucionais**, sem mais, sem a consideração proporcional dos efeitos passados e da confiança suscitada pelo exercício do poder de reforma constitucional anterior, constitui **insegurança jurídica qualificada, deslealdade normativa em face do "segurado", que promove a desconfiança geral nas próprias normas de transição ora propostas.[10]** A credibilidade das novas regras de transição desaparece, pois deixam de servir de garantia para o futuro ao desconsiderarem – sem cerimônia – as normas de transição precedentes.

Normas de transição são o último reduto da segurança jurídica: são normas que estabelecem disciplina específica, concreta

e excepcional, tendente ao esgotamento; visam conciliar segurança e mudança e, por lógica inerente, não devem estar sujeitas à mutabilidade própria das normas permanentes. Estabelecidas na Constituição, devem ser respeitadas, no mínimo quanto a sua eficácia passada.[11] Revogá-las sem substituição e consideração proporcional de sua incidência, instituindo condição nova que invalida percurso anterior já cumprido, ou o descalibra em face do arco temporal integral a ser atendido, é evidente **retrocesso normativo expropriatório.**[12] Pode-se sustentar que as normas de transição, ao apreenderem no tempo determinado conjunto de sujeitos específicos e estabilizarem uma situação jurídica concreta, tendente ao esgotamento, instauram por si **direito adquirido sob condição cujo adimplemento escapa ao arbítrio de outrem,**[13] **direito adquirido proporcional**[14] **ou direito acumulado.**[15] O tema é fascinante, e exigiria para seu desenvolvimento outro artigo, que ao menos diferenciasse situações deste tipo de matriz legal ou de matriz constitucional, como sugeriu com inteligência fina (e de forma dialeticamente superadora) SEPÚLVEDA PERTENCE.[16] De qualquer sorte, a revogação pura e simples de direitos assegurados de matriz constitucional em norma de transição vigente, por emenda constitucional sucessiva, com criação de "buracos negros normativos" não pode ser considerada legítima à luz da segurança jurídica.

Como ensinou com acuidade especial CELSO ANTONIO BANDEIRA DE MELLO, em situações de sucessão normativa

> (..) "fatos pretéritos, mas que se encartam em situações ainda em curso, podem e devem ser tratados de maneira a se lhes reconhecer a significação jurídica que tiveram em face da regra precedente, sem com isto afronta-se a regra nova ou negar-lhe imediata vigência. Basta compatibilizá-los de sorte a atribuir a tudo que passou o valor jurídico que lhe correspondeu até o tempo da sobrevinda da nova lei e atribuir a tudo que transcorrerá a partir desta última os efeitos que resultam de seu tempo de império. Vale dizer: reconhecer-se – o que é incontendível – a força modificadora da regra nova em relação ao regime anterior, sem, com isto, fazer 'tabula rasa' da disciplina pretérita."[17]

Para exemplificar esse entendimento à mutação da regra de tempo de serviço ou de contribuição exigido para a aposentadoria, sintetizou o mesmo mestre:

> "(..) cada ano de serviço possui uma significação de direito perante a norma então vigente. Esta significação é a relação entre o período vencido e o período total requerido para que se integralize o direito a se aposentar. A superveniência de outra norma encontra significações já existentes e, dentre elas, está a que se aludiu. Por força das disposições novas certamente o servidor não poderá se aposentar antes de 35 anos de serviço, mas tais disposições não podem desconstituir o significado jurídico que os 20 anos passados tiveram sob o império da lei do tempo em que transcorreram sem com isto estarem incursas em retroação. Ou seja: se ele tinha, pois, 2/3 do tempo necessário para a aposentação, ele continuará a ter estes 2/3, já agora dos 35 anos que passaram a ser requeridos. (...). Em razão disso, recusar aos fatos passados o relevo que um dia tiveram perante uma norma equivale a recusar-lhes a única densidade que possuíam perante o Direito. Em uma palavra: equivale a desconstituir a juridicidade, a expressão 'de jure', que fazia deles um elemento do universo jurídico. Em outros termos, negar o valor que então possuíam é pura e simplesmente fazer retroagir a nova regra, sem o que seria impossível infirmar o alcance que dantes possuíam". [grifos do autor].[18]

Conclusão: Transição Normativa – Temperança e Segurança Jurídica

A previdência é hoje um direito fundamental sob ataque político severo. Vítima de profecias demográficas catastróficas, cujas margens de erro são omitidas, da ausência de reservas constituídas pelo poder público, de evasão e de fraudes de contribuintes, empresas e órgãos, é manipulada sem constrangimentos pelo poder reformador a cada novo governo. É preciso reformá-la? Não tenho dúvida. O aumento da despesa previdenciária é real, o envelhecimento da população é fato, a natalidade decresce, há pouco incentivo para o aumento do número de contribuintes e tudo isso conspira contra a sustentabilidade dos regimes de previdência obrigatórios. **Mas nada disso autoriza a ausência de disposições transitórias progressivas, equilibradas, razoáveis, sustentáveis e, sobretudo, equitativas no tempo.** Tampouco autoriza que reformas previdenciárias sejam feitas sem adequada **análise de impacto normativo e sem encadeamento a normas de transição em curso.**

Previdência exige previsibilidade, tutela reforçada da confiança, sob pena de incentivar a informalidade e a sonegação. A blindagem jurídica não pode ser frágil, instável, submetida à lógica do tudo ou nada (direito adquirido/não direito adquirido), e normas transitórias justas não constituem um favor, mas uma **dimensão autônoma do âmbito de proteção dos direitos fundamentais dos segurados.** Previdência e insegurança jurídica são conceitos antitéticos.

As disposições transitórias são um lugar de temperança. A temperança como a sabedoria do tempo, de que nos fala poeticamente FRANÇOIS OST, como "a justa dosagem da continuidade e da mudança".[19] Deve ser assim também – com boa dose de sabedoria do tempo – o debate sobre a previdência social. Longe desses marcos, sem adotar critério previdenciário que reconheça proporcionalmente o tempo cumprido e a eficácia das normas de transição vigentes, atua o legislador como artífice da incerteza e do absurdo, deixando todo segurado à espera de GODOT. (02.05.2019 e 09.05.2019).

NOTAS

[1] Sobre o sistema previdenciário público como um dispositivo de pré-compromisso para redistribuir o consumo e a riqueza ao longo do tempo, mitigando a miopia temporal e a tentação ao consumo imoderado imediato, ou um incentivo à própria miopia temporal ("desconto hiperbólico"), ver FINDLEY, T.S. e CALIENDO, F.N. The behavioral justification for public pensions: a survey. Econ Finance (2008) 32: 409. https://doi.org/10.1007/s12197-008-9036-4 Acesso em 22/1/2019. Eduardo Giannetti, dialeticamente, sugere que é necessário superar a miopia temporal sem recair na hipermetropia temporal.

(O Valor do Amanhã: ensaio sobre a natureza dos juros. São Paulo: Companhia das Letras, 2005, p 12-13).

[2] STF. ADI 3104: Relator(a): Min. Cármen Lúcia, Tribunal Pleno, julgado em 26/09/2007, DJe-139 Divulg 08-11-2007, Public 09-11-2007, DJ 09-11-2007, pp-00029,. Ver página 172. Disponível em http://redir.stf.jus.br/paginador-pub/paginador.jsp?docTP=AC&docID=493832 . Acesso em 27.04.2019.

[3] LIMA, Maria Gema Quintero. Derecho Transitorio de Seguridad Social. Madrid: La Ley, 2006, p. 490-1.

[4] Colhe-se em Misabel Derzi: "Em lugar da bipolaridade radial – direitos adquiridos, que seriam intangíveis pelo direito novo, opostos às meras expectativas de direito, totalmente desprotegidas contra as inovações – as Cortes de Justiça dos países mais desenvolvidos, em especial a europeia e a Corte Constitucional Alemã, inseriram definitivamente um terceiro ponto mediano, os direitos de transição, como direito fundamental. A Justiça prospectiva pode designar assim tanto os direitos de transição, como mecanismos impostos ao legislador, ao juiz ou ao administrador, garantidores da previsibilidade do direito" (Justiça prospectiva no Imposto de Renda. Revista Internacional de Direito Tributário. Belo Horizonte: Ed. Del Rey, v. 5, p. 168, jan/jun. 2006).

[5] MODESTO, Paulo. Disposições constitucionais transitórias na reforma da previdência: proteção da confiança e proporcionalidade. Revista Brasileira de Direito Público – RBDP. Belo Horizonte, ano 15, n. 56, p. 9-54, jan./mar. 2017. Disponível em: http://bit.ly/reformaprevidenciatransicao Acesso em 27.04.2019.

[6] FERREIRA, Olavo Augusto Vianna Alves; MODESTO, Paulo; GABARRA, Rafael Miranda. Regra de transição adotada pela PEC da Previdência é injusta e irrazoável. Conjur – Opinião. Publicado em 22.02.2019. Disponível em: http://www.conjur.com.br/2019-fev-22/opiniao-regra-transicao-adotada-pec-previdencia-injusta Acesso em 27.04.2019.

[7] MODESTO, Paulo. A reforma da Previdência e a Morte: analogias imprevistas. Conjur - Interesse Público. Publicado em 28.03.2019. Disponível em www.conjur.com.br/2019-mar-28/interesse-publico-reforma-previdencia-morte-analogias-imprevistas Acesso 27.04.2019.

[8] GARCIA LUENGO, Javier. El principio de la protección de la confianza en el Derecho Administrativo. Madrid: Civitas, 2002, denomina a invocação do

princípio em causa como limite à liberdade de configuração do legislador como "proteção da confiança em abstrato".

[9] ÁVILA, Humberto. Teoria da Segurança Jurídica. 4ª. Ed. São Paulo: Malheiros, 2016, p. 496-499.

[10] É certo que regras de transição podem tratar do trânsito de situações subjetivas ou de situações objetivas (v.g. o período de vacatio legis) e, no texto, referimos apenas as regras de transição do primeiro tipo. Para uma classificação mais abrangente, confira-se a tipologia proposta por Luis Roberto Barroso, de forma percuciente, que distingue as disposições transitórias em três espécies: (I) Disposições transitórias propriamente ditas; (II) Disposições de efeitos instantâneos e definitivos; (III) Disposições de efeitos diferidores. cf. O Direito Constitucional e a Efetividade de suas Normas. 3ª.ed. Rio de Janeiro: Renovar, 3ª edição, 2008, pp. 411 e ss.

[11] Em texto doutrinário, escrito antes de sua posse no Eg. STF, Carmen Lúcia Antunes Rocha adotou orientação rigorosa na distinção entre normas constitucionais do corpo permanente da Constituição e normas das disposições transitórias, considerando que por sua própria função e características estas últimas "subtraem-se da possibilidade de reformas e emendas (particularmente de emendas aditivas), porque seria tornar perene o que transitório é, e não apenas no nome, senão que também, e especialmente, em sua função precípua e singular" (ver ROCHA, Carmen Lúcia Antunes. Natureza e Eficácia das Disposições Constitucionais Transitórias. In: GRAU, Eros R. e GUERRA FILHO, Willis S. (org). Direito Constitucional: estudos em homenagem a Paulo Bonavides. São Paulo: Malheiros, 2001, p. 394-395.

[12] Sobre o caráter expropriatório, isto é, condicionado ao pagamento de indenização, de revogação de faculdades e expectativas integradas no direito gravemente afetado por alteração do quadro normativo, v. FERRAZ, Sérgio. Servidor Público e Direito Adquirido. In: VALIM, Rafael; OLIVEIRA, José R. Pimenta; DAL POZZO, Augusto Neves. Tratado sobre o Princípio da Segurança Jurídica no Direito Administrativo. Belo Horizonte: Ed. Fórum, 2013, p. 235-6.

[13] LOPES, Ana Frazão De Azevedo. A reforma da previdência e a questão dos direitos adquiridos em face das regras de transição. Revista de Direito Administrativo, v. 238 (2004), http://dx.doi.org/10.12660/rda.v238.2004.44051

[14] BANDEIRA DE MELLO, Celso Antonio. Parecer. In: MODESTO, Paulo (org.). Reforma da Previdência: análise e crítica da Emenda Constitucional n.

41/2003 (doutrina, pareceres e normas selecionadas). Belo Horizonte: Ed. Fórum, 2004, páginas 431-452.

[15] PIERDONÀ, Zélia Luíza. Direito Adquirido e Direito Acumulado. Revista de Direito Social. Porto Alegre, v. 3, n. 10, abr.jun, 2003, p.99-104.

[16] PERTENCE, José Paulo Sepúlveda. O controle de constitucionalidade das emendas constitucionais pelo Supremo Tribunal Federal: crônica de jurisprudência. In: MODESTO, Paulo e MENDONÇA, Oscar (org). Direito do Estado : novos rumos. São Paulo: Max Limonad, 2001, v. 1, p. 23-44. Essa diferenciação do âmbito de proteção da garantia constitucional do Art. 5º, XXXVI, da CF – consoante o direito protegido vincule-se a matriz constitucional direta ou matriz simplesmente infraconstitucional – foi assumida pelo STF a partir do julgamento do MS 24.875, rel. min. Sepúlveda Pertence, j. 11-5-2006, P, DJ de 6-10-2006. De certo modo, trata-se de posição conciliadora, que resolve o paradoxo de considerar-se cláusula pétrea imune à incidência de emendas constitucionais situações jurídicas sem cobertura constitucional direta, instituídas fora da sede da Constituição, amiúde criadas por leis casuísticas aprovadas por elites locais em seu próprio benefício (ex. leis remuneratórias que excedem o teto, incorporam agentes sem concurso público aos quadros da administração, atribuem delegação de cartórios, incorporam ao provento de agentes benefícios temporários após limitado prazo de exercício de funções etc.). Conquanto eventualmente algumas dessas situações possam ser resguardadas pelo princípio da segurança jurídica (ex. servidores com ingresso irregular já aposentados), diante do efeito estabilizador do tempo ou outra circunstância relevante, situações infraconstitucionais como as indicadas e outras não deveriam ser consideradas imunes à incidência do poder de reforma constitucional. Evoluímos para essa posição desde 2004 (Reforma da Previdência e Regime Jurídico da Aposentadoria dos Titulares de Cargo Público. In: MODESTO, Paulo (org). Reforma da Previdência: análise e crítica da Emenda Constitucional 41/2003. Belo Horizonte: Fórum, 2004, p.89-90, e a reafirmamos em texto de 2017, referido na nota I, supra). Essa orientação moderada, sugerida por Sepúlveda Pertence, permitiu ao STF, inclusive, em anos seguintes finalmente adotar uma posição eficaz quanto ao tema teto de remuneração (RE 609.381, rel. min. Teori Zavascki, j. 2-10-2014, Tema 480). Orientação mais radical, que admite a aplicação do conceito de cláusula pétrea para imunizar qualquer direito adquirido de matriz infraconstitucional e o próprio regime de aposentadoria, pode-se consultar em PONTES FILHO, Valmir. Direito adquirido ao regime de aposentadoria. Revista de Direito Administrativo, Rio de Janeiro, v. 227, p. 31-

38, jan. 2002; BRITTO, Carlos Ayres. Teoria da Constituição. Rio de Janeiro: Ed. Forense, 2003, p. 112 e segs, e CAMMAROSANO, Márcio. Considerações sobre a Proteção Constitucional do Direito Adquirido. Cadernos de Soluções Constitucionais, vol. 2. São Paulo: Malheiros, 2006, p. 280 e segs.

[17] BANDEIRA DE MELLO, Celso Antonio. Parecer. Ob. cit, p.438.

[18] BANDEIRA DE MELLO, Celso Antonio. Parecer. Ob. cit., p. 440-441. A orientação de Celso Antonio sobre o alcance prático do conceito de "direito adquirido proporcional", além de minha própria adesão no âmbito constitucional (Disposições constitucionais transitórias na reforma da previdência..., ob. cit, jan-mar, 2017), recebeu recentemente também o valioso apoio de Florivaldo Dutra de Araújo (A proteção constitucional dos direitos adquiridos decorrentes de situações que transcorrem no tempo. In: MOTTA, Fabrício; GABARDO, Emerson (coord). Crise e Reformas Legislativas na Agendado Direito Administrativo. Belo Horizonte: Fórum, 2018, p. 103-126).

[19] OST, François. O Tempo do Direito. Trad. Élcio Fernandes. São Paulo, Edusc, 2005, p. 17

Limites do relator no processo de elaboração de emendas constitucionais

Soluções criativas e inovadoras de última hora foram uma constante no debate de propostas de emenda constitucional da previdência social nos últimos anos. No curso da PEC 287/2016 (Proposta Temer), por exemplo, a crença na possibilidade de alterações imprevistas serem adotadas até o último minuto de funcionamento da comissão de mérito motivou a invasão da comissão especial por agentes penitenciários em 04/05/2017 e a apresentação de sucessivas retificações, erratas e complementações do relatório e do substitutivo do seu ilustre relator, deputado ARTHUR OLIVEIRA MAIA.

Depois de apresentado o substitutivo em 19/04/2017, três outras versões do texto foram divulgadas, com acréscimos imprevistos, tornando incerto o que se debatia e votava no próprio curso final das deliberações da comissão. Essa sucessão de mudanças seria trivial na tramitação de projetos de lei, cuja iniciativa cabe a qualquer deputado ou senador, mas algo diverso ocorre com as propostas de emenda à Constituição. E o problema pode se repetir no curso da tramitação da PEC 6/2019, da Previdência.

A iniciativa de proposta de emenda constitucional é disciplinada diretamente pela Constituição Federal (Art. 60, incisos I a III). Não é viável proposta de emenda constitucional de iniciativa de qualquer membro singular do parlamento ou por deliberação isolada de Comissão da Câmara dos Deputados, do Senado Federal ou do Congresso Nacional. A Constituição exige iniciativa de pelo menos um terço da composição da Câmara (171 deputados) ou um terço, no mínimo, dos membros do Senado Federal (27 senadores) para válida iniciativa de proposta de emenda constitucional. Essa exigência aplica-se também, por óbvio, para emendas a propostas de emenda constitucional (PECs) apresentadas pelo Presidente da República (Art. 60, II).

O relator na Comissão Especial da Câmara ou do Senado Federal é parlamentar como outro qualquer. Relator não pode inovar proposta de emenda constitucional de forma singular, sem suporte direto em emenda oferecida oportunamente por 1/3 dos deputados ou 1/3 dos senadores. Essas emendas à proposição original são apresentadas dentro de prazo aprovado pela Comissão, sendo este como regra as dez primeiras sessões do prazo destinado à emissão do parecer. Esgotado esse prazo, o papel do Relator é consolidar, organizar, aceitar e recusar emendas sugeridas, mesclando-as com o projeto original ou oferecendo emenda global ao projeto original, que na terminologia parlamentar recebe o nome de Substitutivo (v.g., Art. 138, § 4º, do Regimento Interno da Câmara). Mas nada na Constituição sugere que esse papel autoriza o Relator a inovar a proposta de emenda constitucional de forma isolada e individual, a qualquer tempo, como mandatário de 171 deputados.

Em síntese: Deputado ou Senador algum pode isoladamente apresentar proposta de emenda constitucional ou inovar substancialmente em proposta de emenda constitucional enviada ao Congresso Nacional. Essa limitação visa conferir maior estabilidade à Constituição e dificultar emendas sem a legitimidade de uma iniciativa qualificada desde a origem.

As normas regimentais que admitem ampla interferência dos relatores nas proposições em curso nas casas legislativas disciplinam a tramitação de projetos de leis ordinárias ou atos que não requerem iniciativa qualificada. Não podem ser aplicadas a propostas de emenda constitucional, inclusive em nome da transparência reforçada e do controle social que deve cercar a tramitação dessas matérias. A enumeração dos legitimados a propor emendas à Constituição é regra taxativa, que inadmite flexibilidade regulamentar ou legislativa.

Em 2004 cuidei desses aspectos em uma singela nota de rodapé[1] e voltei ao tema em 2017 em dois pequenos artigos específicos,[2] parcialmente incorporados ao presente comentário.

Considero o papel dos relatores de propostas de emenda constitucional estratégico e relevante: podem consolidar as emendas ou propostas de alteração subscritas por 1/3 dos deputados ou 1/3 dos senadores, opinar sobre elas, aproveitá-las em parte para a construção de substitutivo que as incorpore, mas nunca inovar solitariamente, surpreendentemente, sem referir proposição apoiada previamente por uma qualificada fração da casa legislativa e nos prazos regimentais.

As propostas de emenda constitucional de origem parlamentar devem ser atos coletivos e nunca atos individuais. Norma regimental alguma pode autorizar disciplina diversa, como parece sugerir o Art. 202, § 4º, do Regimento Interno da Câmara, conquanto parágrafo imediatamente anterior enuncie que todas as emendas devem respeitar a exigência da iniciativa qualificada de 1/3 dos membros da Câmara (Art. 202, § 3º). Este é o primeiro argumento contrário a uma solução de inclusão pelo relator de novas emendas após esgotado o prazo regimental para oferecimento de alterações de mérito: o argumento formal de matriz imediatamente constitucional que, uma vez violado, autoriza o juízo de inconstitucionalidade da proposta de emenda por infração ao devido processo constitucional.

Por isso, surpreende que governadores de vários Estados estivessem em Brasília nesta última terça-feira a sugerir ao Relator da Proposta de Emenda à Constituição n. 6/2019 (Reforma da Previdência) que adote soluções criativas no tema da suposta retirada dos servidores estaduais e municipais da PEC 6/2019. Alguns sugeriram que, se essa decisão for majoritária no âmbito da Comissão Especial, que o Relator adote mecanismo para que a implantação do modelo federal nos Estados ocorra por decreto ou simples decurso de prazo - soluções políticas que desconheço terem sido apresentadas por qualquer das emendas oferecidas validamente com adesão de 171 deputados. O Relatório e o provável substitutivo do PEC 6/2019 serão lidos nesta quinta-feira (13/06/2019) pelo deputado relator, SAMUEL MOREIRA (PSDB-SP).

Sobre a quebra de unidade do modelo previdenciário de vários agentes públicos, alguns dos quais com assento na Constituição e previsão de carreira uniforme, escrevi no passado sobre outro limite a essas ideias recorrentes. Esse outro limite é de ordem material.

A Constituição Federal não disciplina apenas exigências procedimentais para o oferecimento de propostas e a aprovação de emendas constitucionais. Cuida também de excluir a possibilidade de modificação de alguns preceitos que asseguram a sua identidade, uma vez que recusa validade a apresentação de proposta de emenda tendente a abolir: (I) a forma federativa de Estado; (II) o voto direto, secreto, universal e periódico; (III) a separação de Poderes; (IV) os direitos e garantias individuais. São as famosas cláusulas pétreas, normas intangíveis, gravadas de irreformabilidade: normas inalteráveis pelo processo regular de emenda constitucional.

Esses limites materiais ao exercício da competência reformadora enunciam normas que podem ser protegidas em fase precoce do processo legislativo, isto é, antes mesmo do encerramento dos debates parlamentares, pois a Constituição veda que sejam "objeto de deliberação" (CF/88, Art. 60, §4º). É uma situação excepcional: o controle jurisdicional de constitucionalidade no Brasil, como regra, exige a aprovação e a publicação do ato normativo para viabilizar o controle da validade material de enunciados normativos. Não é o caso das propostas de emenda à Constituição, pois estas podem ser questionadas logo na fase inicial dos debates se afrontarem gravemente normas irreformáveis ou o devido processo legislativo constitucional (a favor: STF, MS-20257, MOREIRA ALVES, Pleno, j.08/10/1980; MS-34063-AgR, EDSON FACHIN, Pleno, j. 01/07/2016; MS 34507-MC, ROBERTO BARROSO, decisão monocrática, j. 22/11/2016; MS 34448 MC, ROBERTO BARROSO, j. em 10/10/2016; contra: ADI466/DF, CELSO DE MELLO, Pleno, j. 03/04/1991).

Mas qual seria a cláusula pétrea violada com a eventual desconstitucionalização das normas de aposentadoria dos servidores estaduais e municipais ou a explícita transferência de fração relevante dessas normas para o domínio dos legisladores locais ou, pior ainda, para a deliberação por decreto? A resposta o Supremo Tribunal Federal ofereceu em vários julgados. Menciono apenas um para tentar manter leve e breve este comentário.

Exemplifico com o julgamento de 21/05/2015, na ADI 5316 MC, relativo à aposentadoria compulsória aos 75 anos de idade dos membros dos Tribunais Superiores e do Tribunal de Contas da União. A ementa é bastante enfática em seu núcleo essencial e enuncia:

> "1. O princípio constitucional da separação dos Poderes (CRFB, art. 2º), cláusula pétrea inscrita no art. 60, § 4º, III, da Constituição da República, revela-se incompatível com arranjos institucionais que comprometam a independência e a imparcialidade do Poder Judiciário, predicados necessários à garantia da justiça e do Estado Democrático de Direito. (...) 3. A aposentadoria compulsória de magistrados é tema reservado à lei complementar nacional, de iniciativa do Supremo Tribunal Federal, nos termos da regra expressa contida no artigo 93, VI, da Constituição da República, *não havendo que se falar em interesse local, ou mesmo qualquer singularidade que justifique a atuação legiferante estadual em detrimento da uniformização.(...)* (STF, ADI 5316 MC, Relator: Min. LUIZ FUX, Tribunal Pleno, julgado em 21/05/2015).

O princípio da unidade da magistratura (CF/88, Art. 92) – e porque não dizer também o da unidade do Ministério Público (CF/88, Art. 127, §1º) – são elementos estruturais dessas carreiras e funções e signos fundamentais para a respectiva independência no complexo arranjo dos poderes? Sua desconstitucionalização – ainda que parcial – viola a cláusula pétrea da separação dos poderes? Parece ser este o entendimento do Supremo Tribunal Federal expresso no julgamento referido e em outras decisões fundamentais. Esse predicado – o da *unidade* – parece ser reputado essencial à garantia da independência dessas funções de estado e servir à finalidade de resguardar os seus agentes contra investidas de maiorias locais, eventualmente contrariadas pelo exercício da atividade de controle desses órgãos de matriz constitucional.

Se as garantias da magistratura, do ministério público e de outras carreiras nacionais de estado são as mesmas, e devem ser as mesmas em razão de sua essencial unidade, não se vê como aceitar a fragmentação e a diversificação ampla do regime jurídico de aposentadoria dos seus agentes, alicerce da independência funcional que os identifica. Tampouco se consegue vislumbrar como essa medida promoverá o respeito à autonomia dos Estados e Municípios, que desde o início da vigência da Constituição Federal de 1988 nunca exerceram essa disciplina abrangente sobre o estatuto fundamental da aposentadoria e pensão dos servidores e agentes de Estado.

Não se trata de trivializar as cláusulas pétreas, que devem ser invocadas apenas em situações-limites. Como disse CASTRO NUNES sobre os "princípios sensíveis", em passagem invocada pelo Ministro GILMAR MENDES para tratar da interpretação das cláusulas irreformáveis: "a enumeração é taxativa, é limitativa, é restritiva, e não pode ser ampliada a outros casos pelo Supremo Tribunal. Mas cada um desses princípios é dado doutrinário que tem de ser examinado no seu conteúdo e delimitado na sua extensão. Daí decorre que a interpretação é restritiva apenas no sentido de limitada aos princípios enumerados; não o exame de cada um, que não está nem poderá estar limitado, comportando necessariamente a exploração do conteúdo e fixação das características pelas quais se defina cada qual deles, nisso consistindo a delimitação do que possa ser consentido ou proibido aos Estados" (Repr. 94, rel. min. CASTRO NUNES, Archivo Judiciário 85/31, 34-35, 1947). (STF, ADPF 33 MC, voto do rel. Min. GILMAR MENDES, j. 29-10-2003, P, DJ de 6-8-2004.)

A competência reformadora da Constituição deve ser exercida com prudência e temperança para ser respeitada como momento grave de reavaliação e atualização das normas básicas do país. Não deve ser processo sujeito a reviravoltas diárias, sobretudo após esgotados os prazos de oferecimento de emendas, por iniciativa isolada de qualquer membro do Parlamento, mesmo que se trate de seu ilustre relator. Se é propósito de alguns desconstitucionalizar de forma imediata a previdência do servidor estadual e municipal, para adotar solução extravagante de aplicação estadual por decreto ou por decurso do algum prazo limite de apreciação, será necessário o envio de nova proposta de emenda constitucional ao Congresso Nacional. E mesmo essa nova proposta, de alto risco institucional, não poderá tramitar sem passar pelo crivo do controle de constitucionalidade do Supremo Tribunal Federal, pois a independência e a unidade da magistratura e do ministério público não são passíveis de supressão sem grave lesão ao núcleo essencial da separação dos poderes (CF/88, art.60, §4º, III), ao menos segundo a atual jurisprudência do STF.

O país está estressado de tantas aventuras institucionais. Relatores não são deuses e pouco podem, se respeitada a Constituição, salvo contribuir para organizar e preparar projetos que reflitam e traduzam a vontade majoritária dos integrantes das Comissões ou do Plenário. Não podem inovar em processos de reforma constitucional e muito menos romper com normas consideradas intangíveis.

Esse tipo de ilusão de tudo poder é perigosa. A literatura bem o retrata. KIRÍLOV, famoso personagem de Os Demônios, de DOSTOIÉVSKI, em certo momento de sua inquietação existencial chega à conclusão de que "se Deus não existe, eu sou Deus". E identifica na "independência" o seu atributo de divindade. Para KIRÍLOV, se Deus existe, tudo depende dele e nada podemos fazer contra a vontade dele. Se não existe, tudo depende de nós e de nosso arbítrio. Para mostrar isso à humanidade, resolve matar-se para afirmar a própria liberdade. Pondo fim à existência, pratica o suicídio com uma pistola, pronunciando antes uma frase pueril e surrada: "está tudo bem".

Oxalá os relatores de propostas de emenda constitucional compreendam a importância estratégica de seu papel, mas igualmente os limites de sua atuação válida, pois nada ganham praticando o suicídio jurídico de atuar sem habilitação da Constituição, nossa gramática democrática. (13.06.2019)

NOTAS

[1] MODESTO, Paulo. A Reforma da Previdência e a Definição de Limites de Remuneração e Subsídio dos Agentes Públicos no Brasil. In: Modesto, Paulo (org). *Reforma da Previdência: análise e crítica da Emenda Constitucional n. 41/2003.* Belo Horizonte: Fórum, 2004, p. 356.

[2] MODESTO, Paulo. A Reforma da Previdência e a Exclusão dos Servidores Estaduais e Municipais. Revista Colunistas de Direito do Estado, 2017, n. 341, 23/03/2017, disponível em http://www.direitodoestado.com.br/colunistas/

paulo-modesto/a-reforma-da-previdencia-e-a-exclusao-dos-servidores-estaduais-e-municipais; idem, Badernaço Constitucional. Revista Colunistas de Direito do Estado, 2017, n. 356, 04/05/2017, disponível em http://www.direitodoestado.com.br/colunistas/paulo-modesto/badernaco-constitucional-

Reforma da Previdência atinge a servidores estaduais, distritais e municipais

A reforma constitucional da previdência não escapa a simplificações sem base jurídica objetiva. A mais nova é a afirmação segundo a qual os servidores estaduais, distritais e municipais estão ausentes da reforma. Teriam sido excluídos dela pela Câmara dos Deputados e em nada o atual texto da proposta de reforma repercutiria nos Estados, no Distrito Federal e nos Municípios sem uma atuação dos legisladores subnacionais após a aprovação da emenda constitucional. Essa afirmação é falsa, embora os órgãos de imprensa a tenham repetido *ad nauseam* nas últimas semanas. Esse equívoco pode ser uma incorreção completa (em alguns casos) ou um desacerto parcial em outros (ainda assim com múltiplas e preocupantes consequências).

Estados, Municípios e Distrito Federal disciplinam hoje regimes próprios de Previdência Social (RPPS) exclusivamente para os agentes públicos titulares de cargos efetivos. Os empregados públicos, regidos predominantemente pelo regime trabalhista, e os servidores investidos exclusivamente em cargos em comissão vinculam-se ao regime geral da Previdência Social (RGPS), cuja disciplina normativa é privativa da União.

O RGPS disciplina a situação previdenciária dos trabalhadores da iniciativa privada em geral e de todos os servidores públicos não filiados a regimes próprios de Previdência Social. O RGPS é gerido pela autarquia federal Instituto Nacional do Seguro Social – INSS. Portanto, as alterações no regime geral promovidas pela reforma da Previdência alcançarão logo após a sua promulgação todos os servidores estaduais, distritais e municipais em regime de emprego público e os investidos em cargos em comissão (espécie de cargo que, em alguns municípios, em razão do clientelismo, pode corresponder a um contingente expressivo e até dominante no quadro de pessoal).[1] Porém não apenas esses servidores são alcançados: tem sido frequente nos últimos anos – especialmente nos municípios – a extinção de regimes próprios de previdência e a transferência de todos os servidores titulares de cargo público efetivo para o regime geral administrado pelo INSS. Trata-se de modalidade de fraude aos direitos dos servidores efetivos previstos no Art. 40 da Constituição Federal, que agora será reconhecida como legítima e com efeitos próprios por normas específicas da reforma constitucional da Previdência (Art. 40, §22, I, c/c Art. 34 da PEC).

Uma fraude vergonhosamente frequente, que reduz ano após ano o número de entidades federativas que possuem Regimes Próprios de Previdência Social. Atualmente, segundo a última informação disponível, apenas 2.123 entes federativos possuem RPPS, de um total de 5.598. Em outras palavras: nada menos do que 3.475 entes federativos não possuem regime próprio de previdência social e nada terão para legislar sobre o assunto após a promulgação da Reforma da Previdência. Entre os 2.123 que ainda possuem regimes próprios inclui-se a União, os 26 Estados, o Distrito Federal e 2.095 Municípios.[2]

Basta essa informação inicial para demonstrar que a afirmação segundo a qual os servidores estaduais, distritais e municipais estão fora da Reforma da Previdência é um evidente equívoco. Um completo equívoco para os entes federativos sem regime próprio de previdência social em três situações: (a) porque a unidade federativa extinguiu o regime próprio existente, (b) porque nunca o instituiu ou (c) porque após a reforma promoverá a sua extinção.

A reforma proíbe a criação de novos regimes próprios (Art. 40, §22, da PEC), mas não a extinção dos existentes, embora desde logo vede a "complementação" de benefícios previdenciários dos servidores estaduais, distritais e municipais que venham a sofrer essa ruptura de regime (Art. 37, §15, da PEC). Essa última vedação poderia vir a caracterizar abuso de direito e enriquecimento sem causa do ente federativo, mas enunciado constante do Art. 34, II, da PEC estabelece que, em caso de extinção de regime próprio, deve ser estabelecida em lei "previsão de mecanismo de ressarcimento ou de complementação de benefícios aos que tenham contribuído acima do limite máximo do Regime Geral de Previdência Social".

Hoje há um número expressivo de entidades federativas sem regime próprio de previdência, mas quantos serão amanhã? A PEC da Reforma da Previdência abre todas as portas para a extinção de regimes próprios subnacionais, estabelecendo inclusive que a "existência de superavit atuarial não constitui óbice à extinção de regime próprio de previdência social e consequente migração para o Regime Geral de Previdência Social" (Art. 34, Parágrafo Único, da PEC 6/2019).

Mas há outro aspecto a destacar. Não será essa a única incidência da futura emenda no regime previdenciário dos Estados, Distrito Federal e Municípios. Mesmo para os Estados e Municípios que possuam e mantenham após a reforma os seus regimes próprios de previdência, há inúmeras normas da proposta de reforma que alcançarão os servidores estaduais, distritais e municipais efetivos, de forma direta ou indireta.

É fácil identificar cinco situações de alteração do sistema previdenciário estadual, distrital e municipal provocadas pela reforma em debate no Senado Federal:

> 1) PEC prevê normas que retiram da competência estadual questões previdenciárias tipicamente estaduais.
>
> Exemplos:
>
> (a) Estados não poderão mais legislar sobre a inatividade e pensão das polícias militares e dos corpos de bombeiros militares - a matéria passa a ser de competência privativa da União (Art. 22, XXI);
>
> (b) lei complementar da federal definirá parâmetros para apuração da base de cálculo e definição de alíquotas de contribuições ordinárias e extraordinárias de Estados, Distrito Federal e Municípios (Art. 40, §22, X)
>
> 2) PEC estabelece diretamente novas limitações incidentes sobre servidores estaduais, distritais e municipais.

Exemplos:

a) disciplina da readaptação, exigindo habilitação e nível de escolaridade compatíveis com novo cargo, mantida a remuneração do cargo de origem (Art. 37, §13);

b) estabelece ruptura do vínculo que sirva de suporte para utilização de tempo de contribuição para aposentar em outro cargo (Art.37, §14);

c) proíbe criação de novos regimes próprios (Art. 40, §22);

d) veda moratória e parcelamento em prazo superior a 60 meses e, na forma de lei complementar, a remissão e a anistia de contribuições sociais (Art. 195, §11);

e) declara nula a aposentadoria que tenha sido concedida ou venha a ser concedida por regime próprio com contagem de tempo do RGPS sem recolhimento da respectiva contribuição ou sua indenização pelo segurado obrigatório responsável (Art. 25, §3, da PEC) - norma explicitamente retroativa, violadora do direito adquirido, de normas transitórias anteriores e de mínimas exigências de segurança jurídica (talvez o enunciado mais chocante da PEC);

f) veda a incorporação de vantagens de caráter temporário ou vinculadas ao exercício de função de confiança ou de cargo em comissão à remuneração do cargo efetivo (Art. 39, § 9º);

g) revoga o art. 3º da Emenda Constitucional nº 47, de 2005 (embora com a ressalva do Art. 20, §4º, da Emenda, pois condiciona a revogação no âmbito do Estado, Distrito Federal e Municípios à aprovação da nova legislação interna em cada ente federativo).

3) PEC transfere da Constituição Federal para as Constituições Estaduais e leis orgânicas municipais parte diminuta do regime de previdência estadual e municipal.

Exemplo:

a) fixar a idade mínima para a aposentadoria por idade e tempo de contribuição (embora esse tempo de contribuição seja definido em lei complementar do respectivo ente federativo) (Art. 40, §1º, I, II).

4) PEC transfere da Constituição Federal para lei complementar estadual e municipal diversas matérias.

Exemplos: a) fixar o tempo de contribuição mínimo para a aposentadoria por idade e o tempo de contribuição dos servidores públicos (Art. 40, III);

b) autorização para fixar idade e tempo de contribuição diferenciados para aposentadoria de servidores com deficiência (Art. 40, §4-A)

c) autorização para fixar idade e tempo de contribuição diferenciados para aposentadoria de agentes penitenciário, socioeducativo ou policial civil (não policiais militares ou bombeiros) - Art. 40, §4-B);

d) autorização para fixar idade e tempo de contribuição diferenciados para agente com efetiva exposição a agentes nocivos químicos, físicos e biológicos prejudiciais (Art. 40, §4-C);

e) autorização para fixar idade mínima reduzida em cinco anos para professores de magistério na educação infantil e no ensino fundamental e médio (Art. 40, §5º).

5) PEC transfere da Constituição Federal para lei ordinária estadual e municipal diversos temas sensíveis.

Exemplos:

a) disciplina das avaliações periódicas obrigatórias do aposentado por incapacidade permanente (Art. 40, § 1º, I);

b) regras de cálculo de proventos (Art. 40, § 3º)

c) definição do valor e critério de valor do abono de permanência (Art. 40, § 19)

d) disciplina da regra de transição para os parlamentares estaduais e vereadores que fizerem opção de permanecer no antigo de previdência (Art. 14, § 14, da PEC).

Esses tópicos são meramente exemplificativos. Outros poderiam ser também indicados.

Não é preciso muita atenção para perceber que a proposta de emenda em debate no Senado Federal, se aprovada, além de diretamente alterar a disciplina previdenciária dos servidores estaduais e municipais em regime de emprego público, dos ocupantes de cargos em comissão e dos titulares de cargo efetivo de regimes próprios extintos, alcançará também os servidores efetivos de regimes próprios dos entes federativos em vários aspectos antes da aprovação das normas ditas internas de cada Estado, do Distrito Federal e dos municípios. Para além disso, a proposta em debate desconstitucionaliza fração relevante do regime previdenciário próprio dos servidores estaduais, distritais e municipais, estabelecendo ainda incentivos para a completa extinção dos regimes próprios desses entes subnacionais.

Há servidores efetivos que comemoram essa desconstitucionalização, imaginando a conquista de alguns meses para a completa incidência do novo regime nos Estados, no Distrito Federal e nos Municípios. O preço desse atraso será a frágil ancoragem normativa desses regimes próprios, a extrema facilidade de alteração de suas regras básicas e até mesmo o risco de deixarem de existir a qualquer tempo, sem necessidade de alteração constitucional complexa.

Além da afetação direta, o impacto da futura Emenda sobre a previdência própria dos Estados, do Distrito Federal e dos Municípios será torná-los ainda mais inseguros e imprevisíveis do que o regime previdenciário dos titulares de cargos efetivos da União. No plano subnacional, a desconstitucionalização enunciada na PEC 6 sobre a disciplina dos regimes próprios de previdência caracteriza uma dupla desconstitucionalização. Não se elimina apenas parte relevante desse regime previdenciário próprio da Constituição Federal como também das Constituições estaduais e das leis orgânicas, pois apenas fração diminuta dessa disciplina é mantida no cimo das ordens jurídicas estaduais e municipais. A dupla desconstitucionalização significa, em termos práticos, uma degradação constitucional, e opera-se pelo reenvio expresso à legislação ordinária e complementar infraconstitucional dos principais contornos do direito à segurança social dos servidores efetivos estaduais, distritais e municipais.

Muitos ainda não compreenderam a gravidade desse cenário e dormem na quietude dos inocentes, embalados pela desinformação. Mas em termos de segurança jurídica, os servidores efetivos estaduais, municipais e distritais serão os mais atingidos pela atual proposta de reforma constitucional da previdência. (05.09.2019).

NOTAS

[1] Cf. MODESTO, Paulo. É possível superar o clientelismo na administração pública do Brasil?: argumentos jurídicos e sugestões para limitar a criação e o provimento abusivo de cargos públicos em comissão nos 30 anos da Constituição de 1988. In: Revista Brasileira de Direito Público - RBDP, v. 16, n. 62, p. 9-55, jul./set. 2018; DI PIETRO, Maria Sylvia Zanella e MOTTA, Fabrício (org.). O direito administrativo nos 30 anos da Constituição. Belo Horizonte: Fórum, 2018, p. 283-316. Disponível online: https://www.academia.edu/37780364 [Acesso em 30/08/2019]

[2] Esses dados foram divulgados em 20/06/2018 pela Secretaria de Previdência do Ministério da Fazenda. Na ocasião, por relatório, divulgou-se o Indicador de Situação Previdenciária dos RPPS (ISP- RPPS) de cada um dos 2.123 entes que possuem Regimes Próprios de Previdência Social. O resumo dos dados divulgados pode ser consultado em http://sa.previdencia.gov.br/site/2018/06/Indicador-de-Situacao-Previdenciaria-ISP-01-2018-Relatorio-2018061....pdf [Acesso em 30/08/2019]

Reforma previdenciária estadual antecipada é inconstitucional

Há três dias, no último dia 7 de outubro, o Governador de Goiás declarou que enviará entre 17 e 24 de outubro proposta de reforma da previdência estadual em razão da demora na tramitação da proposta de reforma da previdência em curso no Senado Federal. A notícia causou inquietação inesperada entre os servidores estaduais de Goiás.

A reforma estadual antecipada, segundo afirmou o Governador RONALDO CAIADO, será viabilizada por Proposta de Emenda Constitucional Estadual, sendo necessária e urgente, pois a PEC em curso no Senado (PEC 6/2019) não contempla os Estados e a PEC Paralela (PEC 133/2019) sequer possui texto inicial aprovado no Senado[(1)] Segundo o Governador CAIADO, a situação exige ação imediata: "Não tenho como esperar uma PEC no Senado, porque não sei se vai produzir resultados e ano que vem é ano eleitoral", segundo colheu e divulgou o Jornal O Popular[(2)]. A notícia não foi contestada ou declarada *fake news*.

Com todo o respeito ao Governador CAIADO, que estimo e respeito, a iniciativa é temerária. Não passa pelo filtro da Constituição Federal e poderá ser objeto de contestação imediata perante o Poder Judiciário.

Embora o Art. 24, XII, da Constituição Federal declare que compete à União, aos Estados e ao Distrito Federal legislar concorrentemente sobre "previdência social, proteção e defesa da saúde", essa autorização não excepciona a aplicação das normas gerais da União (na qualidade de legislador nacional) e as normas constitucionais nacionais que diretamente se aplicam aos Estados. Essa última categoria abrange as normas de reprodução obrigatória, que podem ser incorporadas expressamente ou serem tidas como normas implícitas na Constituição Estadual, e as normas residentes na Constituição Federal diretamente referidas aos servidores estaduais ou ao regime previdenciário estadual.

Em outro dizer, as normas da Constituição Federal que disciplinam a aposentadoria dos servidores públicos efetivos enquanto não forem alteradas são de reprodução ou absorção compulsória pelas ordens jurídicas estaduais e municipais.

Por óbvio, refiro a previdência própria dos servidores efetivos, ou servidores estatutários, o único segmento do sistema previdenciário sujeito à competência normativa concorrente dos Estado-membros e dos Municípios. A previsão do Art. 24, II, da Constituição Federal não abrange os empregados públicos, porque esses estão submetidos às normas de direito do trabalho, que, nos termos do inciso I do art. 22 da CF, são de competência privativa da União (v. RE 632.713 AgR, rel. min. AYRES BRITTO, j. 17-5-2011, 2ª T, DJE de 26-8-2011; ADI 318, rel. min. GILMAR MENDES, j. 19-2-2014, P, DJE de 12-6-2014).

No Supremo Tribunal Federal, ao menos até a data de hoje, o entendimento sobre o caráter compulsório e uniforme do regime previdenciário estatutário é pacificado:

> "É firme a jurisprudência desta Corte no sentido de que as normas constitucionais federais que dispõem a respeito da aposentadoria dos servidores públicos são de absorção obrigatória pelas Constituições dos Estados. (...)(STF, ADI-MC nº 4.696, rel. Min. RICARDO LEWANDOWSKI, Tribunal Pleno, j. 01.12.2011, Dje-055)
>
> EMENTA: AGRAVO REGIMENTAL NO MANDADO DE INJUNÇÃO. APOSENTADORIA ESPECIAL DE SERVIDOR PÚBLICO DISTRITAL. ART. 40, § 4º, INC. III, DA CONSTITUIÇÃO DA REPÚBLICA. COMPETÊNCIA CONCORRENTE DA UNIÃO, ESTADOS E DO DISTRITO FEDERAL PARA LEGISLAR SOBRE PREVIDÊNCIA SOCIAL. NECESSIDADE DE TRATAMENTO UNIFORME DA MATÉRIA. 1. A competência concorrente para legislar sobre previdência social não afasta a necessidade de tratamento uniforme das exceções às regras de aposentadoria dos servidores públicos. Necessidade de atuação normativa da União para a edição de norma

> regulamentadora de caráter nacional. 2. O Presidente da República é parte legítima para figurar no polo passivo de mandado de injunção em que se discute a aposentadoria especial de servidor público. Precedente. 3. Agravo regimental ao qual se nega provimento. (STF, MI 1832 AgR, Relator(a): Min. CÁRMEN LÚCIA, Tribunal Pleno, julgado em 24/03/2011, DJe-093 DIVULG 17-05-2011 PUBLIC 18-05-2011 EMENT VOL-02524-01 PP-00001)

Mesmo em matéria polêmica, que cuidou da adoção de contribuição previdenciária mínima obrigatória para os servidores de Estados e Municípios, o Supremo Tribunal Federal sufragou o entendimento de que a atuação do legislador estadual era vinculada ao mínimo estabelecido pela União, sem infração ao pacto federativo:

> "A norma que fixa alíquota mínima (contribuição dos servidores titulares de cargos efetivos na União) para a contribuição a ser cobrada pelos Estados, pelo Distrito Federal e pelos Municípios de seus servidores, para o custeio, em benefício destes, do regime previdenciário de que trata o art. 40 da Constituição da República não contraria o pacto federativo ou configura quebra de equilíbrio atuarial. A observância da alíquota mínima fixada na EC 41/2003 não configura quebra da autonomia dos Estados Federados. O art. 201, § 9º, da Constituição da República, ao estabelecer um sistema geral de compensação, há de ser interpretado à luz dos princípios da solidariedade e da contributividade, que regem o atual sistema previdenciário brasileiro. [STF, ADI 3.138, rel. Min. CÁRMEN LÚCIA, j. 14-9-2011, P, DJE de 13-2-2012.]

Por conseguinte, eventual aprovação de proposta de emenda constitucional estadual com conteúdo divergente da atual disciplina prevista na Constituição Federal para a previdência dos servidores deve ser declarada inconstitucional, não podendo ser aproveitada para regular futura emenda constitucional ao texto da Constituição Federal que amplie as competências normativas do Estado-membro ou dos Municípios na matéria. Não há economia processual alguma na hipótese e, ao menos neste caso, pode haver apenas incentivo à corrida por aposentadoria dos servidores goianos, com agravo ainda maior da previdência estadual. (10.10.2019).

NOTAS:

[1] Em sentido contrário, reenvio o leitor para texto que publiquei no Conjur (em 5/9) com exemplos concretos sobre o impacto direto e indireto da PEC 6/2019 no plano Estadual e Municipal: https://www.conjur.com.br/2019-set-05/reforma-previdencia-atinge-servidores-estaduais-distritais-municipais

[2] «Governo de Goiás cansa de esperar e decide reformar Previdência». Reportagem do Jornal O Popular, data: 08/10/2019. Fonte: https://www.opopular.com.br/noticias/politica/governo-de-goi%C3%A1s-cansa-de-esperar-e-decide-reformar-previd%C3%AAncia-1.1903934

A norma mais chocante da nova Reforma da Previdência

Promulgada a nova Reforma da Previdência (Emenda Constitucional 103, de 12 de novembro de 2019), cumpre analisar a validade de cada uma de suas normas e interpretá-las para precisar o correspondente sentido e alcance. A tarefa deve ser atendida aos poucos, não apenas hoje, pois é fundamental também não esquecer o efeito acumulativo desta Emenda Constitucional, que incide sobre reformas anteriores, não raro sem considerar adequadamente alterações já implementadas em relações previdenciárias de longa duração e disciplinadas em normas de transição precedentes (problema que tenho referido como "transição de segundo grau" ou "transição da transição").[1]

Entre as muitas normas que poderiam ser comentadas nesta primeira abordagem pós-promulgação, destaco a disposição que considero a mais chocante sob o ângulo jurídico: o *§ 3º do Art. 25 da Emenda Constitucional n. 103/2019*. Entenda-se bem: não se trata de eleição ou concurso de iniquidades (há normas social e moralmente mais injustas ou gravosas), mas de destacar norma que em termos de segurança jurídica surpreende até mesmo leigos em direito. Curiosamente pouco se debateu sobre essa prescrição durante toda a tramitação da Emenda.

O que estabelece o enunciado o *§ 3º do Art. 25 da Emenda Constitucional n. 103/2019*? Transcreve-se o seu inteiro teor, litterim:

> "Art. 25. Será assegurada a contagem de tempo de contribuição fictício no Regime Geral de Previdência Social decorrente de hipóteses descritas na legislação vigente até a data de entrada em vigor desta Emenda Constitucional para fins de concessão de aposentadoria, observando-se, a partir da sua entrada em vigor, o disposto no § 14 do art. 201 da Constituição Federal.
>
> ....

§ 3º Considera-se nula a aposentadoria que tenha sido concedida ou que venha a ser concedida por regime próprio de previdência social com contagem recíproca do Regime Geral de Previdência Social mediante o cômputo de tempo de serviço sem o recolhimento da respectiva contribuição ou da correspondente indenização pelo segurado obrigatório responsável, à época do exercício da atividade, pelo recolhimento de suas próprias contribuições previdenciárias."

Embora a cabeça do Art. 25 da Emenda também tenha seus problemas, penso que o seu § 3º constitui um verdadeiro ***eclipse à segurança jurídica*** ao consagrar dois comandos:

A) ordenar *a anulação de aposentadorias atualmente em gozo pelos seus beneficiários*, vale dizer, a extinção dos efeitos de atos jurídicos perfeitos, direitos adquiridos reconhecidos, coisas julgadas proclamadas, e tal medida pretensamente com efeitos retroativos – pois de nulidade de trata –, quando qualquer período de tempo em atividade vinculada ao regime geral de previdência tenha sido considerado para aquisição de benefício de aposentadoria em regime próprio de previdência social sem recolhimento da respectiva contribuição ou sem a indenização pelo segurado obrigatório;

B) determinar *previamente a anulação de qualquer aposentadoria que venha a ser concedida* se a mesma considerar no cálculo do período de aquisição do benefício tempo de serviço nas mesmas condições do item precedente, independentemente deste reconhecimento ou cômputo do tempo ter ocorrido antes da promulgação da Emenda Constitucional 103/2019.

Trata-se de norma exótica e inconstitucional por vários motivos.

Primeiro, cuida-se de norma de emenda constitucional que pretende descer ao plano concreto de benefícios de aposentadoria em fase de percepção, concedidos antes de sua vigência, e ao plano dos atos de registro de tempo de serviço, igualmente anteriores, considerados para benefícios em vias de aquisição nos regimes próprios de previdência. Não se trata de norma preordenada a estabelecer novos requisitos abstratos de aquisição de benefícios ou vocacionada a agravar parâmetros previdenciários para o futuro. Nada disso. Cuida-se de norma destinada exclusivamente a voltar ao passado e desconstituir retroativamente os efeitos de normas legais e constitucionais que converteram o tempo de serviço privado anterior em tempo de contribuição para o regime próprio de previdência, a exemplo do Art. 4º da Emenda Constitucional n. 20, de 1998, que dispõe:

> "Art. 4º – Observado o disposto no art. 40, § 10, da Constituição Federal, o tempo de serviço considerado pela legislação vigente para efeito de aposentadoria, cumprido até que a lei discipline a matéria, será contado como tempo de contribuição".

Para compreender o assunto não se deve perder o fio do tempo: foi a Emenda Constitucional n. 20/1998 que extinguiu a aposentadoria por tempo de serviço nos regimes próprios e a transformou em aposentadoria por tempo de contribuição, convertendo, de forma instantânea, por norma transitória, todo o tempo de serviço considerado na legislação precedente como tempo de contribuição para o novo regime.

O § 3º do Art. 25 da Emenda Constitucional n. 103/2019 é norma, por isso, flagrantemente retroativa e pretende regredir seus efeitos no tempo em quase 21 anos!

Segundo, todas as emendas constitucionais sobre segurança social ou previdência social aprovadas nesses mais de 30 anos de vigência da Constituição de 1988, inclusive esta Emenda 103/2019, previram norma transitória com objetivo de assegurar aos agentes que integralizaram os requisitos para a aposentadoria antes da promulgação a possibilidade de exercerem o direito de aposentação a qualquer tempo, consideradas as regras precedentes (*v.g.*. Art. 3º e segs. da EC 20/1998; Art. 2º e seguintes da EC 41/2003; Art. 3º da EC 103/2019). No entanto, por óbvio, diversos agentes mais antigos implementaram os requisitos à aposentadoria considerando a conversão do tempo de serviço anterior em tempo de contribuição, nos termos autorizados pela EC 20/1998, independentemente de terem oportunamente contribuído e de terem exercido o direito a aposentar. Nesses casos, ser for aplicado o § 3º do Art. 25 da Emenda Constitucional n. 103/2019 ter-se-á de desatender o Art. 3º da EC 103/2019, que assegura a esses agentes a aposentadoria segundo o princípio *tempus regit* actum.[2] Ter-se-á autêntica *antinomia no plano constitucional.*

Terceiro, a norma padece de manifesto vício de iniciativa, pois foi introduzida de forma individual pelo Relator na Comissão Especial da Câmara dos Deputados, sem apoiamento direto de 1/3 dos deputados, em complemento de voto apresentado em 04/07/2019 ao substitutivo apresentado anteriormente em 13/06/2019, sem discussão prévia e quando já havia esgotado o prazo de oferecimento de emendas. Como já sustentei em textos anteriores (em quatro oportunidades),[3] emenda constitucional não é lei comum e exige, a teor de texto expresso da Constituição, iniciativa qualificada para qualquer alteração que a ela se incorpore. A Constituição exige que qualquer proposta de emenda, originária de parlamentar, seja subscrita por 1/3 dos membros da Câmara dos Deputados ou do Senado Federal (Art. 60, inciso I, da Constituição Federal de 1988). A votação de projeto em Comissão ou em plenário, ainda que por quórum de 3/5, não convalida proposta de alteração constitucional oferecida individualmente por deputado ou senador, sem apoiamento prévio de 1/3 da casa legislativa correspondente.

Tudo isso deve ser considerado na análise da prescrição enunciada no *§ 3º do Art. 25 da Emenda Constitucional n. 103/2019.*

Na ordenação do tempo constitucional o legislador não pode ser bipolar: proteger a confiança e fraudar a confiança sobre os mesmos efeitos jurídicos, relativamente aos mesmos fatos e na mesma relação previdenciária, manobrando abusivamente o tempo, que para as pessoas comuns é irreversível e unidirecional.

Na relação previdenciária, ao contrário do que sugerem interpretações apressadas, não há direito adquirido apenas quando integralizadas todas as condições para a aposentação. Direitos são adquiridos parceladamente ao longo do tempo, quer digam respeito a situações especiais (por exemplo, dado período de tempo no exercício de atividade com exposição a agentes nocivos químicos, físicos ou biológicos prejudiciais à saúde), quer digam respeito a atividades com arco temporal de aquisição do direito à aposentadoria disciplinado em termos mais favoráveis (por exemplo, atividade de efetivo exercício de magistério infantil, cujo período aquisitivo é menor em cinco anos). Por igual, a conversão de tempo de serviço anterior à Emenda Constitucional n. 20, de 1998, em tempo de contribuição, operou efeitos imediatos com a promulgação da referida emenda constitucional 20/1998, que extinguiu nos regimes próprios de previdência a aposentadoria por tempo de serviço. *Tempus regit actum* significa também *tempus regit effectum*. A rigor, a conversão realizada em 15 de dezembro de 1998, mais do que direito adquirido poderia ser caracterizada como fato realizado, direito consumado, irreversível e fora do âmbito de conformação da competência reformadora. Fato realizado segundo a norma constitucional em que tal conversão se realizou.

O aposentado não pode legitimamente ser manipulado como objeto, viver em estado de insegurança continuada, pois previdência é exatamente o oposto: um serviço que exige proteção qualificada da confiança, destinado a oferecer um horizonte de futuro previsível e programado. Mudanças normativas devem e podem ocorrer no regime previdenciário, com projeção de efeitos para o futuro, calibrando o sistema em favor de sua sustentabilidade e ajustando proporcionalmente as expectativas de seus beneficiários, sem fraude e sem ressignificação do passado. Sem essa proteção mínima não há incentivos à contribuição e à permanência em qualquer regime de previdência.

A norma do § 3º do Art. 25 da Emenda Constitucional n. 103/2019 é grosseiramente inconstitucional, por violação ao princípio da segurança jurídica e infração a direitos fundamentais de matriz constitucional, fronteira intransponível à competência reformadora, nos termos do Art. 60, § 4º, IV, da Constituição da República.

O princípio da segurança jurídica decorre implicitamente de direitos e garantias fundamentais com registro constitucional expresso, a exemplo do direito à liberdade, à propriedade e à igualdade, consagrados no Art. 5º, caput, da Constituição da República, mas também decorre diretamente do princípio do Estado de Direito, magno princípio estampado no Art. 1º da Constituição Brasileira. O direito fundamental à liberdade é manifestamente comprometido se o indivíduo é surpreendido com alteração dos efeitos futuros de suas escolhas depois de implementar a sua decisão em bases informadas. O tempo existencial é unidirecional e uma escolha realizada muitas vezes não pode ser revertida se as consequências são *ex post* alteradas ou ressignificadas. Além disso, parece evidente que normas transitórias anteriores não podem ser revogadas com retroação como se nunca houvessem sido promulgadas.

A segurança jurídica fulmina de nulidade atos estatais arbitrários e repele atos normativos que vulnerem gravemente a estabilidade de situações jurídicas definitivamente constituídas, máxime quando adquiridas a partir da aplicação de norma constitucional expressa. Mas para que o império da segurança jurídica seja efetivamente assegurado será necessário que os atores legitimados sejam provocados para reafirmarem com clareza os limites de atuação da competência reformadora em matéria previdenciária e na disciplina das alterações constitucionais no tempo. É o que se espera. (14.11.2019).

NOTAS

[1] Cf. MODESTO, Paulo. *A Reforma da Previdência e a Espera de Godot.* Revista Brasileira de Direito Público RBDP, v. 17, n. 65, p. 9-20, abr./jun. 2019. Disponível também em http://bit.ly/reformaesperadegodot [Consulta em 13/11/2019]. Ver também: MODESTO, Paulo; FERREIRA, Olavo Augusto Vianna Alves; GABARRA, Rafael Miranda. *Regra de transição adotada pelo PEC da Previdência é injusta e irrazoável.* ConJur - Opinião. Publicado em 22/2/2019. Disponível em: http://www.conjur.com.br/2019-fev-22/opiniao-regra-transicao-adotada-pec-previdencia-injusta

[2] Art. 3º da EC 103/2019, litterim: Art. 3º A concessão de aposentadoria ao servidor público federal vinculado a regime próprio de previdência social e ao segurado do Regime Geral de Previdência Social e de pensão por morte aos respectivos dependentes será assegurada, a qualquer tempo, desde que tenham sido cumpridos os requisitos para obtenção desses benefícios até a data de entrada em vigor desta Emenda Constitucional, observados os critérios da legislação vigente na data em que foram atendidos os requisitos para a concessão da aposentadoria ou da pensão por morte. (...).

[3] Em 2004 cuidei desses aspectos em uma singela nota de rodapé (cf. MODESTO, Paulo. A Reforma da Previdência e a Definição de Limites de Remuneração e Subsídio dos Agentes Públicos no Brasil. In: Modesto, Paulo (org). *Reforma da Previdência: análise e crítica da Emenda Constitucional n. 41/2003*. Belo Horizonte: Fórum, 2004, p. 356) e voltei ao tema em 2017 em dois pequenos artigos (*A Reforma da Previdência e a Exclusão dos Servidores Estaduais e Municipais*. Revista Colunistas de Direito do Estado, 2017, n. 341, disponível em http://www.direitodoestado.com.br/colunistas/paulo-modesto/a-reforma-da-previdencia-e-a-exclusao-dos-servidores-estaduais-e-municipais e no texto *Badernaço Constitucional*. Revista Colunistas de Direito do Estado, 2017, n. 356, 04/05/2017, disponível em http://www.direitodoestado.com.br/colunistas/paulo-modesto/badernaco-constitucional). Neste ano de 2019, diante da renovação do abuso no curso da PEC 6/2019, voltei ao tema em artigo para o CONJUR: MODESTO, Paulo. *Limites do relator no processo de elaboração de emendas constitucionais*. ConJur – Interesse Público. Publicado em 13/06/2019. Disponível em https://www.conjur.com.br/2019-jun-13/interesse-publico-limites-relator-processo-elaboracao-pecs

Previdência nos estados e municípios: exercício de autonomia ou reprodução servil?

A Emenda Constitucional 103/2019 praticou – ao menos em parte – *ilusionismo jurídico* sobre a sua aplicação aos Estados, Distrito Federal e Municípios. Em normas expressas conferiu ao legislador estadual, distrital e municipal autonomia para disciplinar aspectos importantes da relação previdenciária nos Regimes Próprios de Previdência (v.g. Art. 40, §1, III, §3º, 4º-A, 4º-B, 4º-C, §7º, Art. 14, §5º). Mas em outras normas estabeleceu que a legislação a ser editada nos entes subnacionais deve corresponder a um figurino permanente padrão, sem inovação relevante, gizado por requisitos de elegibilidade e benefícios equivalentes à normatividade federal (v.g., Art. 40, §§2º, 4º, 5º, 6º, 15, 20, 22 e Art. 11 e 9º, §§2º e 4º, 25, §3º, da EC 103/2019). Em termos singelos: concedeu autonomia normativa com uma mão e a retirou com a outra.

Não é preciso ser muito arguto para identificar esses limites. A Emenda Constitucional 103 veda a "adoção de requisitos ou critérios diferenciados para concessão de benefícios em regime próprio de previdência social, ressalvado o disposto nos §§ 4º-A, 4º-B, 4º-C e 5º"(Art. 4º, §4º). É dizer: explicita que a diferenciação cabível na disciplina previdenciária permanente nas unidades subnacionais é residual e excepcional - fixação de idade e tempo de contribuição diferenciados para servidores com deficiência, servidores ocupantes do cargo de agente penitenciário, socioeducativo ou de policial civil, ou para atividades exercidas com efetiva exposição a agentes químicos, físicos e biológicos. No geral, as normas permanentes de aposentadoria e pensão dos servidores comuns das unidades subnacionais devem seguir o modelo adotado pela União, sem criatividade regulatória.

A autonomia normativa real que remanesce aos entes subnacionais reside no controle do tempo jurídico:

- *o controle do tempo de regulamentação*, ou imposição das novas normas na ordem jurídica local, pois enquanto não legislam aplica-se a normatividade anterior à Emenda Constitucional 103/2019 (v.g., Art. 20, §4º, da Emenda 103/2019);
- *o controle do tempo de transição*, pois a Emenda Constitucional n. 103/2019 não obriga Estados, Distrito Federal e Municípios a adotarem um modelo único ou padronizado de transição nos respectivos regimes próprios de previdência, o que assegura um mínimo de autonomia normativa aos entes da Federação.

Há também autonomia reconhecida aos entes federativos para: (a) decidir se preservam ou extinguem o respectivo regime próprio de previdência social (Art. 34 da EC 103/2019); (b) decidir se asseguram o pagamento integral, parcial ou proporcional do abono de permanência (Art. 40, §19); (c) decidir sobre regras para o cálculo de proventos de aposentadoria (Art. 40, §3º).

Se parece pouco, é bom saber que essa autonomia normativa é ainda reduzida quanto aos sujeitos por ela alcançados. Nos Estados, no Distrito Federal e nos Municípios há quem não participe do regime próprio de previdência: todos os ocupantes exclusivos de cargos em comissão e empregados públicos dos entes subnacionais foram direta e imediatamente regidos pela Emenda Constitucionai n. 103/2019, assim como todos os servidores de cargos efetivos nos entes subnacionais sem regime próprio instituído, pois estes agentes são e serão disciplinados pelo regime geral de previdência social, de competência privativa da União (vg. Art. 40, §13, e Art. 34 da EC 103/2019).

Dito isso, cabe refletir sobre a aplicação da EC 103/2019 aos regimes próprios de previdência existentes nos entes federativos subnacionais, sem qualquer consideração sobre eventual PEC Paralela, pois é perante a norma constitucional vigente e sua incidência no âmbito local que pode ser convocado o dilema político entre autonomia e mimetismo normativo e o debate paralelo sobre a abrangência das normas de reprodução obrigatória em matéria previdenciária.

Normas de Reprodução Obrigatória e Normas de Conteúdo Obrigatório

Tradicionalmente, normas de reprodução obrigatória são normas constitucionais nacionais de aplicação direta nas unidades da Federação – normas não apenas de reprodução necessária nas leis fundamentais subnacionais como também normas implícitas exigíveis no âmbito subnacional, na hipótese de ausência de seu registro formal nas leis capitais desses entes. De forma resumida: são normas nacionais obrigatórias perante os entes federados mesmo diante da omissão do seu expresso acolhimento pelos legisladores locais, por repetição ou remissão.[1] São normas imediatamente exigíveis se suficientemente densas e operativas e podem servir para o controle de constitucionalidade de disposições normativas que lhes contradigam o conteúdo no âmbito do controle de constitucionalidade estadual.[2] Esse conceito atrai outra consequência, ainda não explorada na doutrina: há uniformidade no tempo de aplicação da norma de reprodução obrigatória no plano nacional e local – se a norma for imediatamente eficaz no plano nacional também o será no plano subnacional.

Situação diversa, porém, ocorre quando a inovação da ordem jurídica estadual, distrital e municipal depende de legislação própria expressa, mesmo quando o conteúdo da norma a ser editada seja contido em severos limites normativos estabelecidos na Constituição Federal. Nesses casos, a rigor, não há norma de reprodução obrigatória, mas conteúdo constitucional impositivo ao legislador subnacional. Por óbvio, a consequência é também diversa no regime do tempo constitucional: pode ocorrer descasamento entre o tempo de vigência da norma nacional e o tempo de vigência do mesmo conteúdo prescritivo no plano estadual, distrital ou municipal.

A Emenda Constitucional 103/2019 contempla os dois tipos de normas dirigidas aos Estados, Distrito Federal e Municípios. Prevê normas de reprodução obrigatória e que já são exigíveis nos Estados, no Distrito Federal e nos Municípios. E possui também normas de simples conteúdo obrigatório, já plenamente aplicáveis no âmbito da União, porém exigíveis no âmbito dos entes subnacionais apenas quando houver interposição legislativa local. Exemplos de normas de reprodução obrigatória: Art. 37, §13 e 15; Art. 39, §9º; Art. 40, caput, e §9º, 13, 14 e 15. Exemplos de normas de conteúdo obrigatório para os legisladores locais: Art. 40, §4º, 5º, 6º, 20, Art. 195, §11, e 14.

Pluralidade de fontes normativas

A Emenda Constitucional 103/2019 fez mais do que simplesmente retirar Estados e Municípios do alcance de diversas normas constitucionais nacionais previdenciárias. Deslocou parte da matéria que era diretamente disciplinada no texto constitucional federal (e reproduzida obrigatoriamente nas leis fundamentais estaduais e municipais ou tida como implícita) para o âmbito da legislação ordinária e complementar dos entes subnacionais. Essa decisão não pode ser contornada pelo reformador local.

Não é constitucionalmente legítimo o simples expediente de mimetizar a disciplina previdenciária da Constituição Federal nas Constituições Estaduais e nas Leis Orgânicas. A decisão do reformador nacional quebrou esse modelo, pois transferiu expressamente parte da matéria para outras fontes normativas nos Estados e Municípios – delegou tópicos desse domínio para leis ordinárias, leis complementares e, em segmento reduzido, para normas das leis fundamentais subnacionais. Haverá violação da partilha de competências normativas estabelecida na Constituição Federal vigente se implementada a simples reprodução acrítica dos enunciados da EC 103/2019 nas Constituições Estaduais ou nas leis orgânicas. A Emenda Constitucional 103/2019 programou para os entes subnacionais um *coquetel normativo em matéria previdenciária (conformado por várias fontes normativas)*, que não pode ser reduzido a um único diploma regulador estadual ou municipal, sem observância da autonomia e discriminação das fontes.

Em outro dizer: a EC 103/2019 promoveu, nos regimes próprios de previdência no plano subnacional, uma dupla desconstitucionalização, pois reenviou matéria antes constitucional para a legislação ordinária e complementar infraconstitucional.[3]

Segue-se breve quadro resumo da nova arquitetura das fontes no atinente a alguns tópicos centrais da matéria no plano estadual e municipal:

Matéria reservada à Constituição Estadual e lei orgânica:

- Fixar a idade mínima para a aposentadoria por idade e tempo de contribuição (Art. 40, §1º, I, II)
- Fixar as regras de transição relativas à idade mínima para a aposentadoria por idade e tempo de contribuição (Art. 20, §4º, da EC 103/2019).

Matéria reservada à legislação complementar estadual e municipal

- Fixar o tempo de contribuição mínimo para a aposentadoria por idade e o tempo de contribuição dos servidores públicos (Art. 40, III)
- Base de cálculo e definição de alíquotas de contribuições ordinárias e extraordinárias, observados parâmetros de lei complementar federal (Art. 40, §22, X)
- Remissão e a anistia de contribuições sociais, vedada a moratória e o parcelamento em prazo superior a 60 (sessenta) meses (Art. 195, §11)
- Autorização para fixar idade e tempo de contribuição diferenciados para aposentadoria de servidores com deficiência (Art. 40, §4-A)
- Autorização para fixar idade e tempo de contribuição diferenciados para aposentadoria de agentes penitenciário, socioeducativo ou policial civil (não policiais militares ou bombeiros) - Art. 40, §4-B);
- Autorização para fixar idade e tempo de contribuição diferenciados para agente com efetiva exposição a agentes nocivos químicos, físicos e biológicos prejudiciais (Art. 40, §4-C);
- Autorização para fixar idade mínima reduzida em cinco anos para professores de magistério na educação infantil e no ensino fundamental e médio (Art. 40, §5º).

• Os critérios, os parâmetros e a natureza jurídica do regime próprio de previdência social, bem como do órgão ou entidade gestora desse regime (Art. 40, §20).

• Estabelecimento de vedações, regras e condições para a acumulação de benefícios previdenciários (Art. 201, §15).

Matéria reservada à legislação ordinária estadual e municipal

• Disciplina das avaliações periódicas obrigatórias do aposentado por incapacidade permanente (Art. 40, § 1°, I)

• Regras de cálculo de proventos (Art. 40, § 3º)

• Definição do valor e critério de valor do abono de permanência (Art. 40, § 19)

• Disciplina da regra de transição para os parlamentares estaduais e vereadores que fizerem opção de permanecer no antigo de previdência (Art. 14, § 14, da Emenda).

• O benefício de pensão por morte, quando se tratar da única fonte de renda formal auferida pelo dependente, bem como a hipótese de morte dos servidores de que trata o § 4°-B decorrente de agressão sofrida no exercício ou em razão da função. (Art. 40, § 7º)

• Contribuições para custeio de regime próprio de previdência social, cobradas dos servidores ativos, dos aposentados e dos pensionistas, que poderão ter alíquotas progressivas de acordo com o valor da base de contribuição ou dos proventos de aposentadoria e de pensões (Art. 149, §1º).

Estados e Municípios, diante da Emenda Constitucional 103/2019, possuem autonomia normativa para dispor sobre regras de transição mais equitativas, sobre a reabertura do ingresso de servidores na previdência complementar (com aumento de previsibilidade dos encargos atuariais dos regimes próprios), sobre as condições de elegibilidade (tempo de contribuição, tempo de serviço público e idade mínima) na transição, sobre se devem extinguir ou manter planos próprios de previdência, sobre se adotarão progressividade na contribuição ou alíquotas fixas de 14%, sobre eventual uniformidade ou descontos progressivos no abono de permanência (devolução menor para quem ganha mais ou uniformidade na devolução), sobre a proteção dos segurados em atividades perigosas e insalubres e outros tópicos relevantes, que exigem estudo e debate. Não estão, ao menos nessas matérias, obrigados à simples cópia servil – e muito menos em um único diploma – do modelo constitucional federal. Estados e Municípios podem explorar suas autonomias normativas como entes político-administrativos da Federação, sem renúncia ao limitado espaço de criatividade normativa que lhes foi conferido. Não estão mais obrigados a reproduzir a disciplina previdenciária nacional em bloco, como em regra ocorria antes da EC 103/2019, especialmente quanto à disciplina do direito previdenciário transitório.

Prazo para a implementação nos Estados e Municípios da EC 103/2019

A EC 103/2019 estabeleceu o prazo de 2 anos para a sua adaptação nos Estados, Distrito Federal e Municípios, nomeadamente para a instituição do regime de previdência complementar e a adequação do órgão ou entidade gestora do regime próprio de previdência social ao § 20 do art. 40 da Constituição Federal (Art. 9º, § 6º, da EC 103/2019).

Sem observar essa disposição, o Poder Executivo da União expediu a Portaria nº 1.348, de 3.12.2019, definindo parâmetros e prazos para atendimento das disposições do artigo 9º da Emenda Constitucional nº 103, de 12.11.2019, para Estados, Distrito Federal e Municípios comprovarem a adequação de seus Regimes Próprios de Previdência Social – RPPS (Processo nº 10133.101237/2019-73).

Essa norma infralegal fixou prazo até 31 de julho de 2020 para os Estados, o Distrito Federal e os Municípios comprovarem a adoção das seguintes medidas:

I – comprovação da vigência de lei que evidencie a adequação das alíquotas de contribuição ordinária devida ao RPPS, para atendimento ao disposto no § 4º do art. 9º da Emenda Constitucional nº 103, de 2019 (alíquotas não inferiores às da União);

II – vigência de norma dispondo sobre a transferência do RPPS para o ente federativo da responsabilidade pelo pagamento dos benefícios de incapacidade temporária para o trabalho, salário-maternidade, salário-família e auxílio-reclusão.

III – encaminhamento dos documentos que comprovem o equilíbrio financeiro e atuarial do regime próprio de previdência social por meio de garantia de equivalência, a valor presente, entre o fluxo das receitas estimadas e das despesas projetadas, apuradas atuarialmente, que, juntamente com os bens, direitos e ativos vinculados, comparados às obrigações assumidas, evidenciem a solvência e a liquidez do plano de benefícios

No referente às alíquotas de contribuição ordinária devida ao RPPS, para cumprimento da adequação exigida, estabelece a Portaria 1.348/2019 dois parâmetros:

I – a alíquota de contribuição dos segurados e pensionistas não poderá ser inferior às alíquotas aplicáveis aos segurados do Regime Geral de Previdência Social para o regime próprio em relação ao qual seja demonstrada a inexistência de déficit atuarial a ser equacionado;

II – para o RPPS com déficit atuarial:

a) caso não sejam adotadas alíquotas progressivas, a alíquota mínima uniforme dos segurados ativos, aposentados e pensionistas será de 14% (quatorze por cento), na forma prevista no caput do art. 11 da Emenda Constitucional nº 103, de 2019;

b) caso sejam adotadas alíquotas progressivas, será observado o seguinte:

1. deverão ser referendadas integralmente as alterações do art. 149 da Constituição Federal, nos termos do inciso II do art. 36 da Emenda Constitucional nº 103, de 2019;

2. as alíquotas de contribuição ordinária dos segurados ativos, aposentados e pensionistas e suas reduções e majorações corresponderão, no mínimo, àquelas previstas no §1º do art. 11 da Emenda Constitucional nº 103, de 2019.

A Portaria 1.348/2019 reconhece, pelos seus termos, a ausência da obrigação para os Estados e Municípios da adoção de modelo uniforme de adaptação à reforma da previdência, sobretudo em tópicos de direito transitório. E isso já se traduz em diversidade de modelos de adaptação: alguns Estados reproduzem – com mimetismo total – as disposições da Constituição Federal, inclusive enunciados impróprios de serem incluídos na Constituição Estadual. Outros exercitam autonomia normativa de modo efetivo e disciplinam diferentemente o regime de transição, a contabilidade do tempo de contribuição para fins de fórmula de transição e até outros parâmetros da matéria (v.g. PEC 17/19 e PLC 29/19, do Estado do Ceará). Grande parte dos Estados elevou simplesmente a alíquota de contribuição no RPPS para 14%, sem adotar a progressividade, e transferiu várias questões, como exigido, para leis complementares e ordinárias.

Uma análise detalhada das emendas constitucionais estaduais e leis complementares aprovadas ou em curso de aprovação – impossível neste espaço - evidencia: a) a pluralidade de fontes exigida para a regulamentação da EC 103/2019 nos Estados e Municípios; b) as possibilidades de regulamentação inovadora da matéria nos Estados e Municípios, sobretudo quanto a regras transitórias.

A Portaria nº 1.348, de 03.12. 2019, de constitucionalidade discutível, prescreve como exigência imediata a adequação da alíquota de contribuição ordinária no percentual mínimo de 14%, o que muitos entes subnacionais já implementaram. Outra medida exigida é a transferência do RPPS para o ente federativo da responsabilidade pelo pagamento dos benefícios de incapacidade temporária para o trabalho, salário-maternidade, salário-família e auxílio-reclusão – aspectos que não suscitam resistência ou polêmica maior. Sendo assim, é viável a adoção de cautelas políticas como as previstas no Estado do Maranhão, que instituiu Comitê de Adequação do Regime Próprio de Previdência Social, de composição plural, com competência para propor ao Poder Executivo projetos de lei e outras medidas normativas visando à adequação das normas estaduais do RPPS à Emenda Constitucional 103/2019.

Na regulamentação local da Emenda Constitucional 103 não é possível inovar muito, pois a disciplina permanente do regime previdenciário próprio de cada ente federativo é severamente condicionada por normas nacionais impositivas, mas há um espaço irredutível de autonomia que não deve ser objeto de renúncia pelos Estados, Distrito Federal e Municípios. Esse espaço é o domínio da transição previdenciária, que merece ponderação e cuidado, avaliado o perfil dos contribuintes e o contexto local. Não cabe imprimir a esse debate uma urgência empobrecedora, sobretudo quando o próprio reformador nacional concedeu o prazo de dois anos para a conclusão do processo de adaptação da reforma nas unidades da Federação. Há tempo para o diálogo e o aperfeiçoamento, condições sem as quais não se conseguirá superar iniquidades constantes da própria EC 103/2019. (16.01.2020)

NOTAS:

[1] Conferir: (...) "As normas constitucionais de reprodução obrigatória, por possuírem validade nacional, integram a ordem jurídica dos Estados-membros ainda quando omissas em suas Constituições estaduais, inexistindo qualquer discricionariedade em sua incorporação pelo ordenamento local." [...] (STF, ADI 5646, Rel. Min. LUIZ FUX, Tribunal Pleno, julgado em 07/02/2019, DJe-094, div. 07-05-2019, public 08-05-2019).

[2] Desenvolver em MODESTO, Paulo. As normas de reprodução, imitação e remissão como parâmetro de controle de constitucionalidade nos Estados-membros da Federação e o papel das Leis Orgânicas Municipais. Revista Brasileira de Direito Público (RBDP), ano 12 - n. 46, julho/setembro - 2014, p. 201-213, Belo Horizonte, ISSN 1678-7072. Disponível na internet em https://www.academia.edu/15694862 [Acesso em 14.01.2020]

[3] Cf. MODESTO, Paulo. Reforma da Previdência atinge a servidores estaduais, distritais e municipais. Conjur - Coluna Interesse Público, 05.09.2019. Disponível em https://www.conjur.com.br/2019-set-05/reforma-previdencia-atinge-servidores-estaduais-distritais-municipais [Acesso em 14.01.2020].

Conflitos federativos na Reforma da Previdência

A Emenda Constitucional 103/2019 alterou a *distribuição de competências normativas* entre os diversos entes da Federação em matéria previdenciária, especialmente no atinente à disciplina do funcionamento e administração dos regimes próprios de previdência social (RPPS). Essas alterações provocaram *desequilíbrio federativo* por d*uas vias.*

Na primeira via, algumas alterações *reforçaram as competências do legislador infraconstitucional da União Federal em matéria fiscalizatória e sancionatória da administração previdenciária dos entes subnacionais* (v.g., Art. 40, §§22 e Art. 167, XII e XIII, da CF, com redação da EC 103/2019, e Art. 9º da própria EC 103/2019), inclusive com a reprodução no texto fundamental de normas antes enunciadas na *Lei 9.717/1998*, detalhadas no Decreto 3.788/2001, reputadas contrárias ao princípio federativo diversas vezes pelo Supremo Tribunal Federal (v.g., ACO 2.821 AgR, Rel. Min. RICARDO LEWANDOWSKI, Pleno, DJe de 22/3/2018;[1] ACO 2.490-AgR , Rel. Min. DIAS TOFFOLI, DJe de 7/3/2018,[2] entre muitas outras decisões).[3]

Trata-se de expediente frágil de *mimetização reversa*, ou constitucionalização da legislação ordinária, passível de controle de legitimidade pelo Supremo Tribunal, pois a *forma federativa de Estado é cláusula pétrea* e, como tal, fronteira normativa resistente ao próprio poder de reforma constitucional (Art. 60, §4º, I, da CF). A constitucionalização dessas competências em favor da União não corrige ou imuniza o *vício de conteúdo* das normas que receberam *upgrade hierárquico* do poder reformador.

Em outras palavras: a Emenda Constitucional 103/2019, nesse primeiro domínio de normas referido, alçou – ou tentou alçar – a União Federal à *condição de fiscal, regulador e censor da administração previdenciária dos entes subnacionais*, com competência para fixar normas impositivas detalhadas (deveres específicos e não apenas normas gerais), aptas a conferir atribuição paralela à administração federal de *prerrogativas de supremacia* sobre a administração previdenciária dos entes federados. Por essa via, autorizou-se a União a estabelecer deveres específicos a Estados e Municípios e a negar a emissão do Certificado de Regularidade Previdenciária, sujeitando assim, por simples decisões administrativas, entes federados a sanções diversas, como o impedimento ao repasse de recursos financeiros fundamentais para a consecução das suas atividades.

Em uma *segunda via de alterações*, porém, a Emenda Constitucional n. 103/2019 promoveu a redistribuição de competências em favor do legislador infraconstitucional da União com aparente afronta ao *núcleo da autonomia normativa dos entes subnacionais para dispor sobre o regime previdenciário de seus servidores efetivos.* Nesta segunda vertente o que se pretendeu alterar foi a própria competência normativa infraconstitucional dos entes subnacionais em favor do legislador da União. Exemplo saliente nesse domínio foi o deslocamento para a competência normativa do legislador federal de parte da disciplina do regime de inatividade e pensão dos policiais militares e dos corpos de bombeiros militares estaduais (Art. 22, XXI, da CF, com redação da EC 103/2018).

Foi sobre essa segunda alteração que tratou recente decisão do Ministro LUIS ROBERTO BARROSO, publicada no último dia 20 de fevereiro, na véspera do carnaval e em sede da ação cível originária. *Decisão acertada e oportuna*, que merece conhecimento e reflexão geral.

Trata-se da decisão cautelar proferida na Ação Cível Originária (ACO) 3350 em favor do Estado do Rio Grande do Sul, com vistas a impedir que a União aplique sanções na hipótese de manutenção da cobrança pelo Estado da alíquota de 14% de contribuição previdenciária devida pelos militares estaduais, prevista na legislação local desde 2016, e não a alíquota aplicável por lei federal aos militares das Forças Armadas e a seus pensionistas (9,5%), conforme prescreve a Lei Federal 13.954/2019. *O pedido* de *tutela de urgência visou garantir a autonomia do Estado-membro para fixar a alíquota de contribuição previdenciária dos seus próprios servidores militares estaduais.*

Na ação, o governo gaúcho questionou incidentalmente as normas constantes do Art. 25 da Lei 13.954/2019, que determinou a aplicação aos servidores militares estaduais de *alíquotas de contribuição idênticas às aplicáveis ao militares da União,* além de regras específicas diversas de origem federal, invocando o argumento de que tais disposições ultrapassam o âmbito das normas gerais e comprometem o pacto federativo. Destacou também os reflexos financeiros imediatos da redução da alíquota de contribuição, com comprometimento da sustentabilidade do próprio regime previdenciário estadual.

Na ação, em síntese, o Estado do Rio Grande do Sul requereu medida de urgência não apenas para afastar a aplicação da alíquota de 9,5% à contribuição dos servidores militares gaúchos como também imunidade quanto a eventual aplicação das consequências jurídicas previstas no artigo 7º da Lei 9.717/1998 pelo descumprimento estadual da nova legislação militar federal, entre as quais figura a possibilidade de suspensão das transferências voluntárias pela União, a negativa da concessão de avais, o impedimento para celebrar contratos, a suspensão de empréstimos e financiamentos e a recusa de expedição do Certificado de Regularidade Previdenciária.

A decisão do Ministro LUÍS ROBERTO BARROSO acolhe os dois pedidos formulados, nos termos sintetizados pela Ementa, de transcrição obrigatória:

> Ementa: DIREITO ADMINISTRATIVO. AÇÃO CÍVEL ORIGINÁRIA. ALÍQUOTA DE CONTRIBUIÇÃO PARA INATIVIDADE E PENSÃO. POLICIAIS E BOMBEIROS MILITARES ESTADUAIS.
>
> 1. Ação cível originária por meio da qual o Estado do Rio Grande do Sul pretende não ser sancionado caso aplique aos militares estaduais a alíquota de contribuição para o regime de inatividade e pensão prevista na legislação estadual (14%), em detrimento de lei federal que determinou que se aplicasse a essa categoria a mesma alíquota estabelecida para as Forças Armadas (atualmente, 9,5%).

2. Plausibilidade jurídica da tese de que a União, ao definir a alíquota de contribuição previdenciária a ser aplicada aos militares estaduais, extrapolou a competência para a edição de normas gerais sobre "inatividades e pensões das polícias militares e dos corpos de bombeiros militares" (art. 22, XI, da Constituição, com a redação dada pela Emenda Constitucional nº 103/2019).

3. A interpretação sistemática da Constituição fortalece o argumento de que a alíquota da contribuição previdenciária devida por militares estaduais deve ser fixada por meio de lei estadual que considere as características dos regimes de cada um desses entes públicos (arts. 42, § 1º, 142, § 3º, X e 149, § 1º, da Constituição).

4. A edição de atos normativos cuja aplicação implicará a redução das alíquotas de contribuição praticadas pelo Estado revela comportamento contraditório da União – que, de um lado, exige dos demais entes públicos que assegurem o equilíbrio de seus regimes próprios de previdência, e de outro, restringe os meios para o alcance desse objetivo.

5. Existência de perigo na demora, já que o descumprimento da legislação federal sujeita o Estado à aplicação das consequências jurídicas previstas no art. 7º da Lei nº 9.717/1998 e à negativa de expedição do Certificado de Regularidade Previdenciária, com prováveis prejuízos à execução de políticas públicas.

6. Medida cautelar deferida."

Não posso deixar de subscrever integralmente os argumentos adotados na medida de urgência – disponíveis na íntegra na web[4] – e de acrescentar algumas considerações breves.

Se é certo que a União detém competência para o estabelecimento de normas gerais sobre previdência social (Art. 24, XII e § 1º, CF) e, com a EC 103/2019, também a competência privativa para expedir normas gerais sobre a inatividade e pensão dos servidores militares dos Estados e do Distrito Federal (Art. 22, XXI, CF), permanecem os servidores militares estaduais sob a responsabilidade financeira e administrativa dos Estados e, a rigor, inseridos na previdência própria estadual, única e indivisível, por decisão expressa (Art. 40, §20, da CF). Além disso, foi preservado no texto da Constituição Federal a autonomia dos entes federados para dispor *concorrentemente sobre previdência social* (Art. 24, XII, da CF). Como é notório, "no âmbito da legislação concorrente, a competência da União limitar-se-á a estabelecer normas gerais" (§1º, do Art. 24, CF).

A Reforma da Previdência (Emenda Constitucional 103/2019) *não concedeu à União competência privativa ampla* para disciplinar as aposentadorias e pensões de policiais e bombeiros militares (Art. 22, inciso XI). Cingiu-se a prever a edição de "normas gerais", normas básicas, alheias a peculiaridades e circunstâncias locais dos respectivos regimes próprios de previdência, inclusive financeiras e atuariais. *Os servidores militares estaduais não foram federalizados nem o respectivo regime de previdência.* Foram mantidos integrados à estrutura institucional do Poder Executivo Estadual, em posição de dependência administrativa, funcional e financeira em relação ao respectivo Governo do Estado, do Distrito Federal ou dos Territórios (Art.144, § 6º, CF, com a redação da EC 104/2019).

As normas infraconstitucionais federais que lhes são atinentes devem ser harmonizadas com as normas estabelecidas pela própria Emenda Constitucional n. 103/2019, que conferem aos Estados-membros e ao Distrito Federal responsabilidades e competências normativas abrangentes para dispor sobre a previdência própria dos seus *servidores efetivos*, sem diferenciação entre servidores civis e militares. As disposições do Art. 40 da Constituição Federal em momento algum excluem os servidores militares estaduais. Ao contrário, o Art. 40, §20, veda a existência de mais de um regime próprio de previdência social e de mais de um órgão ou entidade gestora em cada ente federativo e o Art. 40, §4º, enuncia que compete à lei do respectivo ente federado estabelecer as regras de cálculo de proventos de aposentadoria.

O fato do Art. 40, §4º-B, não atribuir aos entes federados a possibilidade de, por lei complementar própria, estabelecerem *critérios diferenciados de idade e tempo de contribuição* para aposentadoria de policiais militares não os exclui de todo o regime previdenciário estadual ou distrital. Pode significar exatamente o oposto: que o poder reformador apenas transferiu essas matérias, exclusivamente essas, ao domínio das normas gerais da inatividade militar, resguardando quanto ao mais a competência normativa própria e o autogoverno dos entes federados locais.

A questão convoca à lembrança precedentes do próprio Supremo Tribunal Federal, que no passado considerou extravasamento do âmbito das normas gerais de previdência regras de lei federal atinentes ao índice de "revisão dos proventos" para servidores estaduais e municipais (STF, ADI 4.582, Rel. Min. MARCO AURÉLIO, j. 28-9-2011, DJe-9-2-2012). Decisão essa posteriormente reafirmada no ARE 989594 AgR, Rel. Min. ROBERTO BARROSO, Primeira Turma, j. 22-09-2017, Dje 04-10-2017. Nesses precedentes, alude-se à súmula vinculante 42, segundo a qual é "inconstitucional a vinculação do reajuste de vencimentos de servidores estaduais ou municipais a índices federais de correção monetária." Ora, não será também inconstitucional entregar à União a definição de alíquotas de contribuição previdenciária de categoria dos servidores estaduais e distritais, em idêntico automatismo, que desconsidera a realidade e as contingências do orçamento dos respectivos entes federados? As razões de decidir parecem as mesmas.

Portanto, é enunciado de *norma concreta e específica*, e não enunciado de norma geral, a disposição da recente Lei Federal 13.954/2019 que prescreve "*somente a partir de 1º de janeiro de 2025 os entes federativos poderão alterar, por lei ordinária, as alíquotas da contribuição de que trata este artigo, nos termos e limites definidos em lei federal.*" (Art. 25 da Lei 13.954/2019). Por igual, na cabeça do mesmo dispositivo, o enunciado segundo o qual "incide contribuição sobre a totalidade da remuneração dos militares dos Estados, do Distrito Federal e dos Territórios, ativos ou inativos, e de seus pensionistas, com *alíquota igual à aplicável às Forças Armadas*, cuja receita é destinada ao custeio das pensões militares e da inatividade dos militares" (Art. 25 da Lei 13.954/2019). Essas normas ultrapassam os limites da competência da União para editar *normas gerais* e, como tal, são inconstitucionais.

Disciplinar a alíquota de contribuição de policiais militares e dos corpos de bombeiros estaduais não encerra competência necessária à manutenção da união ou coesão do país, exigente de fisionomia necessariamente homogênea, especialmente diante da exigência de sustentabilidade dos regimes próprios de previdência, que apresentam desequilíbrios e características peculiares em cada unidade da Federação. Responsável por arcar com essas aposentadorias e pensões não pode o Estado ser privado da competência de ajustar as alíquotas de contribuição às necessidades que se apresentem ao longo do tempo, consultada a realidade atuarial do próprio regime de previdência. Desapropriar o Estado dessa competência normativa é claramente colocar em risco a harmonia federativa e a autonomia dos entes federados.

Em litígios federativos o critério básico de interpretação de situações de imprecisão de fronteiras deve ser o de consultar a *predominância do interesse* e, ao mesmo tempo, recusar a legitimidade a medidas que comprometam gravemente o exercício da autoadministração e autogoverno de entes menores por decisões ordinárias do ente maior, criando imediata situação de dependência.

Embora não exista uma fórmula pronta de federalismo cooperativo, não é legítimo ampliar a inteligência de normas centralizadoras para reforçar artificialmente competências normativas da União, com engessamento de matéria sensível para a própria sustentabilidade da previdência própria dos entes subnacionais ou arriscar romper com fundamentos de equilíbrio que encontram assento nos objetivos da Constituição Federal (Art. 3º). Presume-se como regra a competência dos entes locais em detrimento da competência do ente nacional nas matérias que envolvam comprometimento do erário dos entes menores, máxime quando em causa competências normativas concorrentes ou competência privativa da União limitada à edição de normas gerais. Nesses domínios a atuação do ente maior deve inspirar-se no *princípio da subsidiariedade*, salvo a necessidade ou conveniência evidente de que determinada matéria seja estabelecida em termos padronizados nacionais. O Federalismo é fórmula de descentralização política e liberdade, não arranjo de centralização irracional e sujeição passiva dos entes federados. Essa diretriz também vale para interpretar as normas inseridas na lei fundamental pela recente Reforma da Previdência. (27.02.2020)

NOTAS

[1] Em seu voto condutor na ACO 2.821-AgR, o Rel. Min. RICARDO LEWANDOWSKI, consignou: "O certificado de regularidade previdenciária fornecido pelo MPS aos órgãos e entidades da Administração Pública direta e indireta da União, atestando ou não a regularidade de regime próprio dos demais entes federativos, não se constitui em estabelecimento de parâmetros e diretrizes gerais previstos na lei, mas de medida que desequilibra a relação federativa, sem amparo constitucional." O julgado recebeu – com o voto unânime da Corte – a seguinte ementa: "AÇÃO CÍVEL ORIGINÁRIA. NEGATIVA DE EMISSÃO DE CERTIFICADO DE REGULARIDADE PREVIDENCIÁRIA. COMPETÊNCIA CONCORRENTE EM MATÉRIA DE PREVIDENCIA SOCIAL. ANÁLISE ADMINISTRATIVA. DESEQUILÍBRIO DA RELAÇÃO FEDERATIVA. NULIDADE DO ATO ADMINISTRATIVO. RESERVA JURISDICIONAL. AGRAVO REGIMENTAL A QUE SE NEGA PROVIMENTO. I – Compete à União, aos Estados e ao Distrito Federal legislar, concorrentemente, sobre previdência social, nos termos do disposto no art. 24 da Constituição Federal, hipótese em que a competência da União limitar-se-á a estabelecer normas gerais, de acordo com o disposto no art. 24, § 1°, da CF. II – Exame da compatibilização das normas estaduais com a Constituição Federal que é matéria complexa e não mecânica, atraindo inevitavelmente a intervenção do Poder Judiciário. III – Agravo regimental a que se nega provimento."

[2] No julgamento da ACO 2.490-AgR,Rel. Min. DIAS TOFFOLI, DJe de 7/3/2018, decidiu-se: "Agravo regimental em ação cível originária. Expedição de Certificado de Regularidade Previdenciária (CRP). Lei 9.717/98 e Decreto 3.788/01. Matéria submetida à sistemática da repercussão geral. Inexistência de óbice à apreciação do mérito de ação cível de competência originária do Supremo Tribunal Federal. (....) 2. A jurisprudência do Supremo Tribunal está orientada no sentido de que, ao editar a Lei 9.717/1998 e o Decreto 3.788/2001, a União extravasou a competência legislativa para a edição de normas gerais sobre previdência social. Precedentes. 3. A decisão agravada não diverge dessa orientação, razão pela qual se concedeu o pleito autoral para que a agravante se abstenha de restringir, em função das exigências constantes da Lei 9.717/1998 e de suas regulamentações, a concessão de CRP relativamente à irregularidade apontada na exordial. 4. Agravo regimental não provido."

[3] Há decisões, inclusive, posteriores à Emenda Constitucional 103/2019, como a recente decisão na ACO 2963, Relator(a): Min. ALEXANDRE DE MORAES, julgado em 06/02/2020, publicado em Processo Eletrônico DJe-028, publicado em 12/02/2020. Outros precedentes: ACO 3004, Rel. Min. RICARDO LEWANDOWSKI, julgado em 10/10/2019, DJe-224, de 14/10/2019; ACO 1.062-ED-ED-AgR, Rel. Min. EDSON FACHIN, Plenário, DJe de 21/6/2017; ACO 2.128/DF-AgR-ED, Tribunal Pleno, Relator o Min. CELSO DE MELLO, DJe de 3/3/16; ACO 2829 AgR,Rel. Min.LUIZ FUX, Primeira Turma, DJe de 20/10/2017. A constitucionalidade dos arts. 7º e 9º da Lei 9.717/1998 e do Decreto 3.788/2001 são ainda objeto central de debate no Recurso Extraordinário 1.007.271/PE, incluído na sistemática da repercussão geral, mas ainda não julgado no mérito pela Corte.

[4] Cf. http://portal.stf.jus.br/processos/downloadPeca.asp?id=15342440817&ext=.pdf

O tempo de controle das aposentadorias e pensões pelos tribunais de contas

A vida é curta e os prazos longos

Até 19 de fevereiro de 2020, em todo o país, não havia definição de prazo limite para o exercício pelos Tribunais de Contas da competência estabelecida no Art 71, III, da Constituição Federal. Essa norma constitucional confere às Cortes de Contas a competência para "apreciar", para "fins de registro", a legalidade "das concessões de aposentadorias, reformas e pensões, ressalvadas as melhorias posteriores que não alterem o fundamento legal do ato concessório". Trata-se de competência de controle, inconfundível com a competência de administração ativa atribuída a órgãos públicos para conceder, por atos próprios, aposentadorias, reformas ou pensões.

A ausência de definição clara de prazo de controle promovia a ocorrência de dois problemas graves: a) processos de registro se prolongavam no tempo, às vezes por décadas, com grave insegurança jurídica para o aposentado ou seus herdeiros; b) os órgãos da administração ativa se desresponsabilizavam – demoravam para enviar processos concessórios ao Tribunal de Contas e raramente o agente responsável pelo ato de concessão inicial recebia ele mesmo notícia sobre o ato final de registro ou qualquer censura pelo não-registro ou por equívocos do ato original controlado.

É útil anotar que, embora a linguagem constitucional seja abrangente, os Tribunais de Contas controlam no âmbito administrativo a legalidade e constitucionalidade dos atos de aposentadoria, reforma e pensão exclusivamente dos agentes públicos civis e militares. Quem concede, registra e controla as aposentadorias e pensões submetidas ao regime geral de previdência é o INSS, que pode revisá-las no prazo máximo de 10 anos (Art. 103 da Lei nº 8.213/91, com redação dada pela Lei nº 13.846/2019). Por óbvio, a concessão inicial do benefício previdenciário, relativa ao direito fundamental à segurança social, não está sujeita a prazo decadencial.

Os atos de concessão de aposentadoria, reforma e pensão de agentes públicos estatutários produzem efeitos imediatos após publicados: afastam o agente do serviço ativo, abrem vaga no quadro de pessoal, definem o valor do provento ou pensão – que será percebido pelo beneficiário de forma igualmente imediata – e obrigam a remessa do processo concessório correspondente ao órgão de controle. É dizer: o ato concessório original produz efeitos administrativos internos e externos, efeitos financeiros e efeitos interadministrativos imediatos.

O ato concessório também produz efeitos no tempo jurídico do controle. Qual o efeito? A orientação dos Tribunais sofreu na matéria uma evolução relevante. Para simplificar, sugiro analisar em três fases essa evolução a partir dos julgamentos do Supremo Tribunal Federal.

Em uma primeira fase, iniciada em 1957 (MS 3.881, Rel. Min. NELSON HUNGRIA, RTJ 4/85), o STF adotou o entendimento segundo o qual o ato de controle do Tribunal de Contas perfectibiliza o ato concessório original, compondo o ato final de aposentação, reforma ou concessão de pensão. É dizer: o ato concessório original e o ato de controle (o ato de registro) seriam apenas atos preparatórios ou condicionantes do ato final de concessão do benefício previdenciário, destituídos de autonomia jurídica isolada, reservada esta apenas ao ato final, por isso caracterizado como "ato complexo" (ato fusão). Três consequências decorriam desse entendimento: a) o ato complexo de aposentadoria, reforma ou pensão não poderia ser revogado ou alterado pela manifestação isolada de apenas um dos órgãos; b) o prazo para sua anulação ou impugnação somente iniciava após o ato final de registro ou de negativa de registro; c) dispensava-se a participação e a exigência do contraditório e da ampla defesa do interessado até a conclusão do ato final de registro ou de negativa de registro. Essa orientação foi seguida por décadas, com emissão de centenas de decisões (v.g., MS 26.391, Rel. Min. MARCO AURÉLIO, DJe de 06.6.11; MS 28.929, Rel. Min. CÁRMEN LÚCIA,

DJe de 16.11.11) e algumas Súmulas pelo Supremo Tribunal (v.g. Súmula 6 e Súmula Vinculante nº 3).[1]

Também o TCU editou a Súmula 278 a esse respeito:

Os atos de aposentadoria, reforma e pensão têm natureza jurídica de atos complexos, razão pela qual os prazos decadenciais a que se referem o §2º do Art. 260 do Regimento Interno e o art. 54 da Lei n. 9784/99 começam a fluir a partir do momento em que se aperfeiçoam com a decisão do TCU que os considera legais ou ilegais, respectivamente

Sem embargo disso, essa orientação foi duramente criticada pela doutrina, que registrou ser o Tribunal de Contas incompetente para alterar, dispor ou inovar sobre qualquer aspecto o ato concessório, limitando-se a realizar atividade de verificação ou homologação sucessiva. Não haveria a exteriorização de uma única vontade administrativa (ato-fusão), mas emissão de múltiplas manifestações heterogêneas. Nessa intelecção, o ato de aposentação estaria perfeito (formativamente completo, acabado) desde o ato concessório original, gozaria de autonomia jurídica, sendo a manifestação posterior simples ato de controle de natureza complementar, destinada a criar coisa julgada administrativa e, assim, impedir nova atuação da administração. Nesse enquadramento, a concessão de aposentadoria, reforma ou pensão caracterizaria ato composto, resultante da manifestação sucessiva de dois órgãos, com emissão de dois atos administrativos distintos, sem fusão em um único ato homogêneo, sendo a manifestação do segundo órgão meramente secundária, complementar ou homologatória. A relação entre os dois atos seria instrumental, isto é, não essencial. O ato de controle não integraria o ato controlado, nem com ele se confundiria, apenas lhe emprestaria exeqüibilidade ou estabilidade. As consequências jurídicas decorrentes dessa orientação seriam novamente três: a) a admissão do prazo decadencial para o exercício do ato de controle a partir da publicação do ato original de aposentação; b) o ato original poderia ser modificado pelo órgão concessório ao longo do tempo, isoladamente, desde que a alteração fosse comunicada ao órgão de controle, com nova abertura de prazo decadencial; c)o prazo de anulação ou alteração do ato concessório inicial fluiria a partir de sua edição, sendo plenamente aplicável o art. 54 da Lei de Processo Administrativo (Lei 9784/99) e suas congêneres nos Estados.

Essas críticas ecoaram no Supremo Tribunal Federal e em outros Tribunais Superiores, especialmente no STJ (vg. REsp 1.047.524/SC, Rel. Min. JORGE MUSSI, Quinta Turma, DJe 3.8.2009; REsp 1.098.490/SC, Rel. Min. NAPOLEÃO NUNES MAIA FILHO, Quinta Turma, DJe 27.4.2009; EDcl no REsp. 1.187.203, Rel. Min. HUMBERTO MARTINS, DJe de 29.11.2010).

No STF, uma segunda fase ou nova compreensão sobre a matéria foi inaugurada a partir de 2007, com a decisão do MS 24.448, da Relatoria do Min. AYRES BRITTO[2] (julgado em 27/09/2007), reafirmada no MS 25.116 e no MS 25.403, Rel. Min. AYRES BRITTO. Por essa nova orientação, embora mantido o conceito da aposentação como "ato complexo", o Tribunal passou convocar o princípio da segurança jurídica na vertente da proteção da confiança para proclamar a necessidade do oferecimento do contraditório e da ampla defesa nos processos instaurados perante o TCU para a apreciação de legalidade dos atos de concessão inicial de aposentadoria, reforma e pensão, quando transcorrido in albis "o tempo constitucional médio" de 5 (cinco) anos para o exercício da competência prevista no Art. 71, III, da CF/88, contados do ingresso do processo na Corte de Contas (no mesmo sentido: MS 24.781, Rel. para o acórdão Min. GILMAR MENDES, DJe de 09.6.11; MS 24.871, Rel. Min. ELLEN GRACIE, DJe de 09.6.11, 'inter plures'; MS 28.711-AgR, 1ª T, Rel. Min. DIAS TOFFOLI, DJe de 24.09.2012; MS 25116 ED-segundos, Rel. Min. TEORI ZAVASCKI, Tribunal Pleno, Dje 13-06-2014).

Essa segunda orientação constituiu um indiscutível avanço: incentivou a celeridade processual das Cortes de Contas, ampliou a participação e as possibilidades de manifestação dos interessados, mas não impediu o prolongamento irrazoável dos processos de controle/ registro, que permaneceram sem prazo definido de conclusão. Em uma palavra: a garantia do contraditório e da ampla defesa após o curso de cinco anos ampliou os níveis de democraticidade da decisão de controle, mas não assegurou a efetividade ao direito fundamental à tramitação processual em tempo razoável, a eficiência processual na dimensão temporal, nem fulminou a prolongada insegurança jurídica do beneficiário pelo demora na emissão do ato de registro. Estes poderiam continuar a demorar 10, 15 e 20 anos para serem expedidos.

Em 19/02/2020, em uma nova reviravolta na matéria, que considero marca a terceira fase nessa evolução, o Supremo Tribunal reconheceu os graves inconvenientes da jurisprudência precedente. Decidiu a Corte, no Recurso Extraordinário nº 636.553/RS, da Relatoria do Min. GILMAR MENDES, Plenário, fixar o prazo de 5 anos como prazo decadencial para a emissão do ato de registro em sede de controle de legalidade previsto no Art. 71, III, da Constituição Federal, contados do recebimento do ato concessório no órgão de controle, invocando por analogia o prazo estabelecido no art. 1º do Decreto nº 20.910/32. Findo o prazo, não havendo emissão do ato de controle, o ato concessório original seria considerado definitivamente registrado.

O acórdão foi publicado em 26/05/2020, com a seguinte ementa:

> "Recurso extraordinário. Repercussão geral. 2. Aposentadoria. Ato complexo. Necessária a conjugação das vontades do órgão de origem e do Tribunal de Contas. Inaplicabilidade do art. 54 da Lei 9.784/1999 antes da perfectibilização do ato de aposentadoria, reforma ou pensão. Manutenção da jurisprudência quanto a este ponto. 3. Princípios da segurança jurídica e da confiança legítima. Necessidade da estabilização das relações jurídicas. Fixação do prazo de 5 anos para que o TCU proceda ao registro dos atos de concessão inicial de aposentadoria, reforma ou pensão, após o qual se considerarão definitivamente registrados. 4. Termo inicial do prazo. Chegada do processo ao Tribunal de Contas. 5. Discussão acerca do contraditório e da ampla defesa prejudicada. 6. TESE: "Em atenção aos princípios da segurança jurídica e da confiança legítima, os Tribunais de Contas estão sujeitos ao prazo de 5 anos para o julgamento da legalidade do ato de concessão inicial de aposentadoria, reforma ou pensão, a contar da chegada do processo à respectiva Corte de Contas". 7. Caso concreto. Ato inicial da concessão de aposentadoria ocorrido em 1995. Chegada do processo ao TCU em 1996. Negativa do registro pela Corte de

Contas em 2003. Transcurso de mais de 5 anos. 8. Negado provimento ao recurso."

Em face dessa decisão a União interpôs embargos de declaração, com pedido de modulação de efeitos, a fim de que seja conferida eficácia prospectiva ao novo entendimento firmado, e requereu ainda correção de omissões e obscuridades. Não houve, portanto, trânsito em julgado da decisão.

Mesmo sem o trânsito em julgado, a nova orientação já repercute no TCU, que passou a acelerar a apreciação de procedimentos de controle que ainda não completaram cinco anos de tramitação, com a explícita orientação de "evitar a consumação do prazo de 5 anos sem deliberação" (v.g. Acórdão 1349/2020, Plenário, Rel. Min. BRUNO DANTAS, Proc. 010.370/2020-0, Sessão 27/05/2020; Acórdão 1178/2020, Plenário, Rel. Min. WALTON ALENCAR RODRIGUES, Proc. 010.400/2020-6, Sessão 13/05/2020; Acórdão 3573/2020, Segunda Câmara, Rel. Min. ANA ARRAES, Proc. 010.377/2020-4, Sessão 06/04/2020). Os que já completaram cinco anos e tiveram o registro negado após a data da decisão do STF, pendente de trânsito em julgado, estão sendo sobrestados.

Nem complexo nem composto

A nova orientação do STF, proclamada no Recurso Extraordinário nº 636.553/RS, da Relatoria do Min. GILMAR MENDES, Plenário, fixa prazo certo para o exercício do controle administrativo da legitimidade do ato concessório de aposentadoria, reforma e pensão. Homenageia a segurança jurídica e, no mesmo passo, o direito fundamental à razoável duração do processo (Art. 5º, LXXVIII, da CF).

Mas deixa algumas perguntas sem resposta. Algumas de ordem conceitual; outras de ordem prática. Impossível explorá-las todas aqui, por razões de espaço. Frise-se apenas duas, uma conceitual e outra prática.

Se o ato concessório produz efeitos desde sua edição e estabiliza esses efeitos, no âmbito administrativo, com o simples transcurso do tempo e a inércia do órgão de controle, como permanecer conceituando-o como ato complexo ou mesmo ato composto? Se o conteúdo e a exequibilidade do ato concessório independem de eventual edição do ato de registro, que pode não ocorrer (por decadência ou esgotamento do tempo de exercício da competência de controle), parece tecnicamente mais adequado conceituar o ato concessório inicial como ato administrativo simples, sujeito a condição resolutiva de negativa de registro.

Se o ato de não-registro é evento futuro e incerto, enquanto não ocorre, vigora o ato jurídico concessório em sua plenitude, pois seu conteúdo é completo e sua eficácia é imediata. O ato de controle, de natureza claramente eventual, passível de ser emitido no prazo de cinco anos, mesmo se expedido não terá caráter formativo, mas simplesmente declaratório ou anulatório, implementando, nessa segunda hipótese, a condição resolutiva do ato jurídico inicial. O titular do direito à aposentadoria, reforma ou pensão não precisa aguardar qualquer ato sucessivo de controle para manejar ações judiciais ou administrativas, dispor livremente sobre as suas rendas, negociar crédito, pleitear revisão ou defender os seus interesses em qualquer juízo ou instância.

É certo que se o ato concessório for entendido como ato administrativo simples, de administração ativa, sujeito a condição resolutiva, incide o prazo de decadência desde a sua produção (mas este prazo, nos termos do §2º do art. 54 da Lei 9784/99, pode ser cumprindo com o início de exercício do direito de anular mediante qualquer medida da autoridade administrativa que importe impugnação à validade do ato). Destaco que hoje a remessa da administração ativa para o órgão de controle, ao menos na União, é eletrônica e facilitada (Art. 4º da Instrução Normativa - TCU nº 78, de 21 de março de 2018).

Em termos práticos, muitas dúvidas remanescem, em regra envolvendo a ausência de transição e tratamento no tempo da virada jurisprudencial. Há decisões de negativa de registro emitidas após cinco anos, após a decisão do STF, mas antes do trânsito em julgado, que estão sobrestadas. Há decisões de negativa de registro, igualmente emitidas após cinco anos, já comunicadas aos órgãos de administração ativa e em vias de correção. Qual o destino desses casos e de numerosos outros que ainda não foram apreciados, mas que estão próximos de completar cinco anos de tramitação? Os cinco anos reiniciam após o ato de não-registro, após eventuais correções da administração ativa? Poderão ser suspensos para oitivas e manifestações? E se os atos concessórios estiverem viciados não por ilegalidade, mas por inconstitucionalidade manifesta e direta, também nesses casos haverá decadência do ato de recusa de registro?

Penso que a decisão no Recurso Extraordinário nº 636.553/RS merece ser festejada e desenvolvida pela doutrina e pelo próprio STF. Será inevitável debater a sua modulação temporal e orientar os órgãos de controle a realizarem a devida adequação procedimental com vistas a acelerar a decisão de registro, sem adoção de soluções fáceis de simplesmente limpar a mesa. A previdência é um direito fundamental, mas seus custos, que se prolongam no tempo, exigem especial atenção e zelo. (25.06.2020)

NOTAS:

[1] Súmula Vinculante 3 (DJe de 06/06/2007): "Nos processos perante o Tribunal de Contas da União asseguram-se o contraditório e a ampla defesa quando da decisão puder resultar anulação ou revogação de ato administrativo que beneficie o interessado, excetuada a apreciação da legalidade do ato de concessão inicial de aposentadoria, reforma e pensão.

[2] EMENTA: MANDADO DE SEGURANÇA. SECRETÁRIO DE RECURSOS HUMANOS DO MINISTÉRIO DO PLANEJAMENTO, ORÇAMENTO E GESTÃO. ILEGITIMIDADE PASSIVA. ATO DO TRIBUNAL DE CONTAS DA UNIÃO. COMPETÊNCIA DO STF. PENSÕES CIVIL E MILITAR. MILITAR REFORMADO SOB A CF DE 1967. CUMULATIVIDADE. PRINCÍPIO DA SEGURANÇA JURÍDICA. GARANTIAS DO CONTRÁRIO E DA AMPLA DEFESA. [...] 3. A inércia da Corte de Contas, por sete anos, consolidou de forma positiva a expectativa da viúva, no tocante ao recebimento de verba de caráter alimentar. Este aspecto temporal diz intimamente com o princípio da segurança jurídica, projeção objetiva do princípio da dignidade da pessoa humana e elemento conceitual do Estado de Direito. 4. O prazo de cinco anos é de ser aplicado aos processos de contas que tenham por objeto o exame de legalidade dos atos concessivos de

aposentadorias, reformas e pensões. Transcorrido in albis o interregno qüinqüenal, é de se convocar os particulares para participar do processo de seu interesse, a fim de desfrutar das garantias do contraditório e da ampla defesa (inciso LV do art. 5º). 5. Segurança concedida. (MS 24448, Rel. CARLOS BRITTO, Tribunal Pleno, julgado em 27/09/2007, DJe-142, DJ 14-11-2007, PP-00042)

Ingratidão previdenciária e benefício especial

Enriquecimento sem causa previdenciário

A vedação ao enriquecimento sem causa, princípio geral do Direito, obsta o locupletamento injustificado à custa alheia. E, por sua abrangência, aplica-se aos domínios da Administração Pública, estando na base de aplicações como o pagamento por serviços efetivamente prestados em contratos administrativos nulos ou celebrados sem regular licitação, ausente prova de má-fé ou conluio do particular (STJ, AgRg no Ag 1056922/RS, Rel. Minº MAURO CAMPBELL MARQUES, Segunda Turma, DJ 11/3/2009), o ressarcimento de férias não gozadas ou licença-prêmio não usufruída em face da aposentadoria do agente público (STF,RE 721.001-RG, Rel. Minº GILMAR MENDES, Plenário Virtual, DJe 7/3/2013, Tema de Repercussão Geral 635) e o pagamento de saldo de vencimentos em casos de efetiva prestação de serviço sem regular e prévio concurso público (STF, AI 520556 AgR, Rel. CARLOS BRITTO, Primeira Turma, j. 16/08/2005, DJ 09/12/2005), entre outros múltiplos empregos.

Esses exemplos deixam ver que o enriquecimento sem causa não pressupõe atos legítimos ou ilegítimos de qualquer das partes em relação, ou mesmo a má-fé do enriquecido (ou favorecido pelo enriquecimento), apenas o simples assentimento do sujeito favorecido pela prestação realizada pela contraparte e que o deslocamento patrimonial não encontre causa de justificação perante o direito.

Na relação previdenciária, a vedação ao enriquecimento injusto serve de fundamento para repetição de indébito ou devolução de contribuições previdenciárias posteriores ao implemento dos requisitos para a aposentadoria, quando protocolado pedido de aposentação originalmente indeferido pela Administração Pública (STJ, REsp 828.124/RS, Rel. Minº FRANCISCO FALCÃO, Primeira Turma, julg. 07/11/2006, DJ 14/12/2006, p. 289), repetição de contribuição sobre a inatividade em período em que esta era indevida (STJ, REsp 1133815 - SP, Rel. Minº CASTRO MEIRA, Primeira Seção, julg. 09/12/2009, DJe 01/02/2010) ou para obrigar o pagamento pelo particular de valores recebidos por força de liminar posteriormente revogada (STJ, AgInt nos EDcl no AREsp 674.288/RS, Rel. Minº MARCO AURÉLIO BELLIZZE, Terceira Turma, julg. 19/10/2017, DJe 30/10/2017).

Situação menos conhecida, mas de enorme relevância, é a compreendida *pelo dever do Estado de ressarcir as contribuições previdenciárias vertidas pelos servidores efetivos em patamares superiores ao teto do regime geral de previdência social – RGPS* (atualmente R$ 6.101,06), posteriormente sem contrapartida ou repercussão econômica no cálculo do benefício previdenciário público por força da adesão desses agentes ao regime de previdência complementar patrocinado pelo próprio poder público (RPC). *Esse dever ressarcitório, que permite recompor a equidade no custeio previdenciário* (artigo 194, §único, V, da CF), na União está expresso no §1° do artigo 3º da Lei nº 12.618, de 2012, e recebe o nome de «benefício especial».

Trata-se, em verdade, de *benefício estatutário de natureza compensatória*, a cargo do poder público, e não da entidade de previdência complementar, pois traduz devolução diluída no tempo de valores vertidos a maior pelo servidor/contribuinte ao regime próprio de previdência social (RPPS). Por isso, não se cuida de benefício previdenciário ou vantagem remuneratória, mas indenização vinculada estreitamente à carreira contributiva individual do servidor e ao prejuízo patrimonial de sua efetiva contribuição excedente ao teto máximo do RGPS.[1]

Embora o regime previdenciário público seja contributivo e solidário, *sujeito passivo algum deve ser mais solidário do que outros em situação equivalente, ou ter parcela de sua contribuição incorporada aos cofres públicos e simultaneamente afastada do cálculo de benefícios*, sem que faça jus à devolução dos valores recolhidos à maior, porque o contrário denotará enriquecimento sem causa, deslocação patrimonial injusta, avaliável pecuniariamente e carente de causa legítima.

A previdência própria mantida pelos agentes públicos efetivos, em regime de repartição simples, constitui o único direito fundamental funcional exigente de contribuição individual específica. Há nele evidente caráter patrimonial, sendo cabível invocar o instituto da *proibição do enriquecimento sem causa*, quando desrespeitado o princípio constitucional da *equidade no financiamento do custeio* (artigo 194, V, da CF) e da contrapartida (artigo 195, §5º, da CF).

Trata-se de regime previdenciário de *solidariedade intergeracional*, pois autoriza que os participantes do sistema se beneficiem das contribuições dos que o integravam, mas que por qualquer motivo deixaram de nele se aposentar, ou faleceram antes de alcançar as condições de aposentadoria, sem assegurar a terceiros benefícios previdenciários, ou fizeram gozo de benefícios por pouco tempo. A solidariedade do sistema, no entanto, encontra limites. Não é possível admitir a quebra da igualdade e o enriquecimento sem causa do Estado com a simples invocação da lógica solidária do sistema.

O regime de repartição rege-se pelo *princípio da solidariedade* (CF, artigo 40, *caput*) e da *equidade* (CF, artigo 194, V). Dentro de uma mesma geração deve haver *equidade no financiamento e contrapartida entre benefícios e encargos securitários* (CF, artigo 195, §5º). Porém, ninguém deve ser obrigado a ser mais solidário do que os demais integrantes do sistema em situação equivalente (ver MODESTO, Paulo. Disposições constitucionais transitórias na reforma da previdência: proteção da confiança e proporcionalidade. *Revista Brasileira de Direito Público – RBDP*. Belo Horizonte, ano 15, nº 56, p. 9-54, janº/mar. 2017. Disponível em: http://bit.ly/reformaprevidenciatransicao. Acesso em 8/9/2020).

Tendo presente essas coordenadas básicas, correto e preciso o entendimento do Supremo Tribunal Federal em considerar que *"a dimensão contributiva do sistema é incompatível com a cobrança de contribuição previdenciária sem que se confira ao segurado qualquer benefício, efetivo ou potencial"*. Além disso, que *"não é possível invocar o princípio da solidariedade para inovar no tocante à regra que estabelece a base econômica do tributo"* (STF, RE 593068/SC, Ementa).

No julgamento do RE 593068/SC, concluído em 11/10/2018, o Supremo Tribunal Federal fixou em repercussão geral a seguinte tese (Tema 163):

> *"Não incide contribuição previdenciária sobre verba não incorporável aos proventos de aposentadoria do servidor público, tais como 'terço de férias', 'serviços extraordinários', 'adicional noturno' e 'adicional de insalubridade'".*

Na mesma assentada, explicitou o Supremo Tribunal Federal que "a leitura dos §§3º e 12 do artigo 40, c/c §11 do artigo 201 da CF, deixa claro que somente devem figurar como base de cálculo da contribuição previdenciária as remunerações/ganhos habituais que tenham 'repercussão em benefícios'. Como consequência, ficam excluídas as verbas que não se incorporam à aposentadoria". (STF, RE 593068/SC, Rel. Minº ROBERTO BARROSO, Plenário, j. em 11/10/2018, DJE 22/03/2019 - Ata nº 34/2019. DJE nº 56, divulgado em 21/03/2019).

Benefício especial na União e nos Estados e a reforma da previdência

Na União, o benefício especial é devido exclusivamente ao servidor efetivo que optar pela migração do Regime Próprio da Previdência Social (RPPS) para o Regime de Previdência Complementar (RPC), tendo o seu montante calculado com base nas contribuições efetivamente recolhidas ao regime de previdência da União, dos Estados, do Distrito Federal ou dos municípios de que trata o artigo 40 da CF/1998, observada a sistemática estabelecida nos §§2º a 3º do artigo 3º da Lei nº 12.618, de abril de 2012, e o direito à compensação financeira de que trata o §9º do artigo 201 da CF/1998. É dizer: o benefício especial (que a rigor é *benefício ressarcitório*) corresponderá a um valor proporcional ao tempo de contribuição e à remuneração utilizada como base de contribuição do agente no período anterior à migração de regime.

Esse cálculo é feito em duas etapas. Na primeira, apura-se a diferença entre a média aritmética simples das maiores remunerações anteriores à data de mudança do regime, utilizadas como base para as contribuições do servidor aos regimes próprios de previdência, atualizadas pelo Índice Nacional de Preços ao Consumidor Amplo (IPCA), correspondentes a 80% de todo o período contributivo desde a competência julho de 1994 (data do Plano Real) ou desde a do início da contribuição, se posterior àquela competência, e o patamar máximo de contribuição do regime geral de previdência social.

Encontrada a diferença atualizada das bases de contribuição (base de cálculo), aplica-se o fator de conversão, que será, no máximo, igual à unidade. O fator é encontrado a partir da razão entre a quantidade de contribuições mensais vertidas ao RPPS até a data da opção pelo servidor (TC = tempo de contribuição), dividida pelo tempo total de contribuição (TT), isto é, por 455 (35 anos vezes 13 meses), se homem, ou 390 (30 anos vezes 13 meses), se mulher. Para professores de ensino infantil, fundamental ou médio, aplica-se a mesma sistemática, considerando, respectivamente, para homens ou mulheres, 30 ou 25 anos (390 ou 325, respectivamente). Em termos formalizados, a equação é simples: benefício especial = (média – teto do RGPS) x TC/TT. Se um servidor masculino, não professor, por exemplo, verteu para o RPPS contribuições a maior durante quinze anos (15 x 13 = 195) antes de aderir ao RPC, o fator de conversão será 195/455 = 0,4285. Se a diferença entre a sua base de contribuição e o limite do RPPS for R$ 10 mil reais, em valores atualizados, o seu benefício especial será aproximadamente de R$ 4.285, sendo atualizado pelo mesmo índice de correção do RGPS. Esses valores serão pagos apenas quando da concessão da aposentadoria ou pensão pelo RPPS, diretamente por este, não havendo previsão de pagamento do benefício quando o agente optar por exonerar-se do serviço público e pleitear aposentadoria pelo RGPS.[2]

Esse modelo de *transição econômica entre regimes previdenciários*, com compensação dos valores recolhidos a maior ao regime próprio, é previsto expressamente na União e em diversos Estados da federação (v.g. Rio Grande do Sul, Piauí, Goiás). No entanto, há Estados omissos, com previdência complementar instituída e operante, mas que não disciplinaram o ressarcimento previdenciário das contribuições realizadas a maior – e sem repercussão retributiva – nos regimes próprios de previdência para os servidores que aderiram a planos de previdência complementar patrocinados pelos entes federados (lamentavelmente, a Bahia é um dessas unidades omissas).

Essa *lacuna de regulação* traduz-se em *proteção insuficiente a direito fundamental* (infração à igualdade previdenciária, à propriedade e a igual proteção previdenciária de agentes públicos), promove enriquecimento sem causa do Estado e, para alguns, modalidade de confisco.

Penso, entretanto, que com a Emenda Constitucional 103/2019 a prova da ilegitimidade constitucional dessa *omissão parcial* – por proteção insuficiente – tem a sua demonstração facilitada por texto expresso da própria emenda, a tornar hoje incontornável a previsão em todas as unidades políticas do benefício especial, não sendo admissível a recusa da proteção por ausência expressa de suporte normativo para o ressarcimento das contribuições pagas a maior. É a reflexão que faço conjugando as considerações anteriores com as disposições previstas no artigo 34, II e III, da Emenda Constitucional 103, de 12/11/2019.

Prescreve o artigo 34 da Emenda 103/2019:

> *"Artigo 34 – Na hipótese de extinção por lei de regime previdenciário e migração dos respectivos segurados para o Regime Geral de Previdência Social, serão observados, até que lei federal disponha sobre a matéria, os seguintes requisitos pelo ente federativo:*
>
> *I – Assunção integral da responsabilidade pelo pagamento dos benefícios concedidos durante a vigência do regime extinto, bem como daqueles cujos requisitos já tenham sido implementados antes da sua extinção;*
>
> *II – Previsão de mecanismo de ressarcimento ou de complementação de benefícios aos que tenham contribuído acima do limite máximo do Regime Geral de Previdência Social;*
>
> *III – Vinculação das reservas existentes no momento da extinção, exclusivamente:*
>
> *a) ao pagamento dos benefícios concedidos e a conceder, ao ressarcimento de contribuições ou à complementação de benefícios, na forma dos incisos I e II; e*
>
> *b) à compensação financeira com o Regime Geral de Previdência Social.*

Parágrafo único. A existência de superavit atuarial não constitui óbice à extinção de regime próprio de previdência social e à consequente migração para o Regime Geral de Previdência Social".

Ora, se a extinção do regime próprio estadual ou municipal foi disciplinada em termos a exigir, sempre e obrigatoriamente, a previsão de *"mecanismo de ressarcimento ou de complementação de benefícios aos que tenham contribuído acima do limite máximo do Regime Geral de Previdência Social"*, modo de evitar o enriquecimento sem causa do poder público, *a fortiori* não parece legítimo que esse mesmo poder público, ao instituir a previdência complementar, absorva sem restituição as contribuições realizadas acima do limite máximo do regime geral de previdência social, recusando ao agente público optante a previsão do "benefício especial" (ou benefício ressarcitório). *Seria arrematada contradição que o servidor estivesse mais bem protegido com a extinção do regime próprio de previdência social do que com a continuidade do regime que ajudou a financiar.*

A ausência de previsão expressa do benefício ressarcitório, presente a compulsoriedade da instituição de previdência complementar em todo o país, diante das previsões destacadas, traduz *situação de verdadeira negligência em face de direitos fundamentais dos agentes públicos locais.* Não deixa de ser paradoxal que esse servidor estadual ou municipal lesado, acaso migre para outro Estado ou para a União, e nessa nova unidade opte pela previdência complementar, tenha ressarcido sob forma de benefício especial todo o período contribuído na previdência de sua administração de origem, e o Estado de origem a obrigação de compensar o estado de destino por todas as contribuições vertidas. Será preciso sair do Estado, migrar para outro cargo público, ou esperar a extinção do regime de origem, para receber o ressarcimento dos valores pagos acima do patamar do regime geral da previdência social no regime próprio? *A teratologia das situações descritas demonstra a iniquidade manifesta da omissão normativa lesiva.*

No cenário normativo atual, diante do exposto, incide em *inconstitucionalidade por omissão parcial o Estado ou o município* que institua regime de previdência complementar sem a previsão de benefício ressarcitório (benefício especial) para compensação dos servidores efetivos optantes.

Tal omissão traduz verdadeira «ingratidão previdenciária», lacuna imoral e antijurídica estatal frente aos que reservaram parte de seu patrimônio atual para um seguro previdenciário, restringindo o consumo presente em favor de um benefício futuro, em patamar contributivo elevado para manter o sistema em atividade e assegurar a solvabilidade do plano de custeio.

Trata-se de *ingratidão previdenciária* que não deve ser tolerada ou admitida, sob pena do servidor público sentir-se como o personagem anônimo inserido nas teias iniciais dos «Versos Íntimos», herança imortal de AUGUSTO DOS ANJOS:

> "Vês! Ninguém assistiu ao formidável/Enterro de sua última quimera./Somente a Ingratidão – esta pantera – Foi tua companheira inseparável!". (10.09.2020).

NOTAS

[1] Sobre esse entendimento, imprescindível a leitura dos pareceres: Parecer na Solução de Consulta nº 42 - Cosit, de 14/02/2019, da Coordenação Geral de Tributação do Ministério da Fazenda e, sobretudo, Parecer nº JL 03, de 18/05/2020, do Advogado-Geral da União, que adotou, nos termos estabelecidos no Despacho do Consultor-Geral da União nº 00043/2020/GAB/CGU/AGU, no Despacho nº 00036/2020/DECOR/CGU/AGU e no Despacho nº 815/2019/DECOR/CGU/AGU, o Parecer nº 00100/2019/DECOR/CGU/AGU da Consultoria-Geral da União. O Parecer JL03 contou com despacho de aprovação do Presidente da República, publicado no DOU 27/05/2020, nº 100, Seção: 1, p. 118, possuindo efeito vinculante para toda a Administração Federal.

[2] Essa limitação é considerada inconstitucional por Fabio Zambitte Ibrahim, por violação direta ao Artigo 202 da Constituição Federal, que prevê a autonomia da previdência complementar frente aos regimes básicos, sendo certo que a própria legislação infraconstitucional específica regula o benefício proporcional diferido e o autopatrocínio, situações típicas de pessoas que se desligam do patrocinador (cf. IBRAHIM, Fábio Zambitte. *A Previdência Complementar dos Servidores Públicos Federais - aspectos controvertidos*, in: SERAU JR, Marco; FOLMANN, Melissa (org). Previdência Social: em busca da justiça socail - homenagem ao Professor Dr. José Antonio Savaris. São Paulo: LTR, 2015, p. 239.

O Abono de Permanência após a Reforma da Previdência (EC 103/2019)

O abono de permanência, previsto no parágrafo 19 do Artigo 40 da Constituição Federal, recebeu na Emenda Constitucional 103/2019 disciplina (a) desuniforme na Federação; (b) incompleta, com lacuna de transição para os servidores estaduais, municipais e distritais; (c) aparentemente contraditória com o regime constitucional contributivo dos agentes civis na inatividadc.

É preciso ser franco: essa síntese esquemática, embora severa, é ainda generosa e otimista. A depender do desenvolvimento infraconstitucional, as alterações promovidas na EC 103/2019 podem comprometer a própria identidade jurídica do instituto e esvaziar a sua eficácia como incentivo. São modificações que exigem reflexão e *filtragem constitucional* para serem adequadamente aplicadas e compatibilizadas com o inteiro regime em que foram encartadas.

Breve história de um instituto controverso

O artigo 3º da Emenda Constitucional 20/98, em seu parágrafo 1º, criou *incentivo pecuniário de livre adesão* voltado a estimular o adiamento da aposentadoria pelos servidores titulares de cargo público.

Na origem, o incentivo consistia em *específica imunidade pessoal temporária (equivocadamente denominada "isenção" pela Emenda 20/98).* Nesse formato, a Constituição excluía da obrigação de contribuir para a previdência própria os agentes que completassem os requisitos de aposentadoria voluntária e optassem por permanecer no serviço ativo, protraindo o momento da aposentadoria. O incentivo cessava no exato momento em que era implementada a aposentação. Consistia em limite ao poder de tributar da União, Estados e Municípios, uniforme na Federação, equivalente no tempo ao valor da contribuição previdenciária devida pelo agente, sendo autoaplicável, dispensando inclusive o requerimento formal do agente público.

Essa arquitetura jurídica original, sob a forma de *imunidade contributiva temporária*, reduzia os recursos da previdência, agravava a contabilidade do regime, sem onerar diretamente o principal beneficiário da permanência em atividade do agente apto à aposentadoria - o Poder Público, que deixava de repor a força de trabalho, remunerar integralmente um novo agente para o exercício da correspondente função, além de investir na formação do novo capital humano ao longo do tempo.

A partir da Emenda Constitucional 41/2003, o instituto sofre reformulação e passa a ser tratado como *abono de permanência*, denominação controversa, pois considerada por alguns como tendo natureza jurídica de "indenização" (reparação pela permanência em serviço) e por outros como "vantagem remuneratória" (contraprestação pela permanência em serviço).[1]

Nessa nova configuração, os agentes públicos, mesmo após o preenchimento dos requisitos para a aposentadoria, permaneciam obrigados a contribuir para o regime próprio de previdência, mas recebiam a devolução integral do valor vertido à título de abono de permanência.

Sob esse formato, o incentivo não mais reduzia as receitas da previdência, sendo inteiramente coberto pelo Tesouro público correspondente. O abono, conquanto teoricamente equivalente ao valor da contribuição previdenciária, encarado como vantagem remuneratória passou a sofrer redutores de abate-teto (limite constitucional de retribuição) e a incidência de imposto de renda.[2]

Embora o incentivo pecuniário aparentasse nesse novo regime ser menos vantajoso, na prática ganhou importância com a EC41/2003, pois foi a partir desta emenda que os servidores públicos estatutários passaram a contribuir na inatividade, tornando o abono ainda mais atrativo. Na verdade, para os servidores titulares de cargo público que recebiam retribuição superior ao teto do regime geral de previdência social (base acima da qual passou a incidir a contribuição do inativo), o período entre a aquisição do direito à aposentadoria voluntária e a efetiva decisão de aposentar passou a ser o único período sem o ônus financeiro efetivo da contribuição. Algumas pesquisas demonstraram que a eficácia do abono de permanência nesse novo contexto normativo conseguia reter em atividade ao menos 20% da força de trabalho apta a requer voluntariamente a aposentadoria.[3] Em algumas carreiras, o benefício obteve repercussão ainda maior, reduzindo significativamente a renovação e movimentação no topo das carreiras.[4]

A Emenda Constitucional 103/2019 alterou o parágrafo 19 do Artigo 40 da Constituição Federal, porém manteve a denominação de "abono de permanência" para o incentivo. No entanto, deixou de assegurar expressamente a integralidade na devolução da contribuição e de assegurar a própria continuidade do instituto, retirando a autoaplicabilidade da norma constitucional correspondente, característica presente em todas as emendas constitucionais anteriores.

O Abono de Permanência após a EC 103/2019

A nova redação do parágrafo 19 do Artigo 40 da Constituição Federal remete para a lei de cada ente federativo a decisão sobre a concessão ou não de incentivo financeiro pelo adiamento da inativação de agentes públicos aptos à aposentadoria, *verbis*:

> *"Artigo 40 [....] parágrafo 19. Observados critérios a serem estabelecidos em lei do respectivo ente federativo, o servidor titular de cargo efetivo que tenha completado as exigências para a aposentadoria voluntária e que opte por permanecer em atividade poderá fazer jus a um abono de permanência equivalente, no máximo, ao valor da sua contribuição previdenciária, até completar a idade para aposentadoria compulsória."*

Saliente-se que, ao mesmo tempo em que delegou para o plano infraconstitucional a matéria, o reformador estabeleceu norma nacional segundo a qual o valor do abono poderá equivaler, no máximo, ao valor da contribuição previdenciária, o que fixa um teto sem fixar um piso mínimo para a devolução da contribuição paga ou patamar seguro a conferir previsibilidade ao incentivo. Cada Estado e Município aparentemente pode estabelecer, por lei, bases próprias para o incentivo de permanência ou sequer prevê-lo e, ademais, pode alterá-lo ao longo do tempo.

Para os servidores da União, a EC103/2019 estabeleceu regra transitória específica (Artigo 3º, parágrafo 3º). Por esta norma, até que entre em vigor a lei federal de que trata o parágrafo 19 do artigo 40 da Constituição, o servidor público federal que tenha cumprido os requisitos para aposentadoria voluntária (inclusive pelas regras de transição revogadas para o plano federal) e optar por permanecer em atividade *fará jus* a um abono de permanência *equivalente ao valor da sua contribui ção previdenciária*, até completar a idade para aposentadoria compulsória. É dizer: a Emenda 103/2019 reconheceu *direito subjetivo ao abono* (não mera faculdade) aos servidores federais e a *integralidade no ressarcimento da contribuição vertida.*

A Constituição reformada deixou de prever norma transitória relativa ao abono de permanência dos servidores estaduais, municipais e distritais. Omissão lamentável, que apenas agravou a insegurança jurídica em matéria previdenciária, pois toda a normatividade anterior alterada era norma de reprodução obrigatória. Entendo que essa omissão deve ser resolvida com a aplicação abrangente do disposto no Artigo 36 da EC 103/2019, prolongando-se a vigência das normas anteriores enquanto lei de iniciativa privativa do respectivo Poder Executivo não "referende integralmente" a revogação das normas anteriores e adapte o corresponde regime próprio às normas constitucionais nacionais.

Entretanto, parece equívoco atribuir ao legislador infraconstitucional estadual, municipal e distrital flexibilidade absoluta na configuração do instituto do abono de permanência. É necessário interpretar o *regime previdenciário constitucional com um mínimo de coerência.* Normas antigas (não revogadas) e novas normas constitucionais introduzidas pela EC 103/2019 preservam a dimensão contributiva do regime previdenciário de modo a caracterizar *sinalagma especial*, ou regime de equidade no financiamento, com *vínculo de contrapartida entre encargos e benefícios* (artigo 194, V, e parágrafo 5º do artigo 195, da CF), mitigado pelo princípio da solidariedade intergeracional. A contribuição previdenciária não é imposto, nem pode ser exigida em termos estritamente comutativos (como nas taxas), pois permite redistribuição entre gerações, mas deve guardar ao menos *equidade na solidariedade e igualdade no modelo de contribuição.*

Tendo presente essas coordenadas, considero correta a decisão do Supremo Tribunal Federal ao consignar que "a dimensão contributiva do sistema é incompatível com a cobrança de contribuição previdenciária sem que se confira ao segurado qualquer benefício, efetivo ou potencial". Além disso, que "não é possível invocar o princípio da solidariedade para inovar no tocante à regra que estabelece a base econômica do tributo" (STF, RE 593068/SC, Relator: Min. ROBERTO BARROSO, DJE 22/03/2019 - ATA Nº 34/2019. DJE nº 56, divulgado em 21/03/2019).

Dessas considerações, dessume-se que o legislador local pode decidir não instituir o abono de permanência, mas não pode decidir quem recebe ou não o benefício (violando o princípio da igualdade), desconsiderar o caráter de incentivo inerente ao abono de permanência (deixando de reconhecer a integralidade ao menos na faixa imune à contribuição na inatividade) ou recusar a restituição com valor equivalente à contribuição aos agentes que, gozando do direito à integralidade, não venham a perceber, em virtude da contribuição após o período aquisitivo, qualquer benefício, efetivo ou potencial.

Seria contraditório que o poder reformador renovasse o programa normativo de uma norma de incentivo à permanência em atividade dos agentes estatutários aptos à aposentadoria e liberasse o legislador infraconstitucional a esvaziar esse mesmo programa de incentivo, inserindo os agentes que optassem pela permanência no serviço ativo em situação jurídica mais gravosa do que aqueles que optassem pela imediata inativação.

Esses limites inerentes à arquitetura do regime previdenciário constitucional ficam mais claros quando aplicados em concreto. Talvez a

Lei baiana nº 14.262, de 13 de maio de 2020, possa indicar um exemplo didático do que não fazer.

A Lei nº 14.262/2020: lei baiana do abono de permanência

A Lei Baiana 14.262/2020, invocando a nova redação do Artigo 40, parágrafo 19, da Constituição, distinguiu em dois grupos os servidores estaduais: a) os que percebiam o abono de permanência ou o adquirissem até data de sua publicação; e b) os demais servidores. Para os agentes do segundo grupo, suspendeu novas concessões de abono de permanência até 31 de dezembro de 2021, autorizando novas concessões do referido abono apenas a partir de 1º de janeiro de 2022.

Previu ainda, em seu artigo 3º, parágrafo1º, que as futuras concessões de abono, no âmbito de cada Poder e do Ministério Público, não poderiam ultrapassar um limite de 10% (dez por cento) em relação a número de servidores efetivos em atividade, omitindo-se de definir qual o critério material deverá adotar o administrador para aceitar para uns e recusar para outros a concessão do direito ao abono de permanência, indicando apenas na composição da "ordem sucessiva de preferência" os aspectos formais da "data do implemento dos requisitos para a aposentadoria ou reserva remunerada voluntárias" e "a idade mais avançada". Não estabeleceu tampouco uma regra de desempate ou de solução de conflito de critérios.

Na prática, a lei estadual assegurou a integralidade do abono para os servidores que houvessem adquirido o direito antes de sua publicação e ao mesmo tempo recusou a conferir eficácia, qualquer eficácia, ao fato de novos agentes completarem os requisitos de inativação e permanecerem no serviço ativo. Optou por diferenciar servidores, a modo de tudo ou nada, excluído de forma não isonômica servidores que implementassem os mesmos requisitos constitucionais de aposentadoria.

Saliente-se que, se o abono é vantagem remuneratória, falece competência ao Poder Executivo para interferir na disciplina da remuneração devida a membros da magistratura, do Ministério Público e da

Defensoria, cuja iniciativa legislativa em matéria remuneratória é privativa da respectiva cúpula dirigente. Implementados os requisitos fáticos e jurídicos, recusar a eficácia ao abono àqueles que completarem os requisitos estabelecidos em lei para o gozo do direito é violar a irredutibilidade dos subsídios e instalar desequiparação entre titulares de cargos idênticos ante idêntica situação.

A Constituição Federal autoriza que os Estados e Municípios estabeleçam requisitos para concessão do direito ao abono, bem como o próprio direito ao abono, mas não que isolem em grupos distintos agentes que preencham os mesmos requisitos, em situação equivalente, sem critérios uniformes, impessoais e objetivos para a graduação da vantagem remuneratória, sob pena de inconstitucionalidade flagrante e agressão ao princípio da igualdade, da irredutibilidade, da razoabilidade, com violação da própria lógica de incentivo da vantagem. A competência normativa dos estados e municípios permanece vinculada ao inteiro sistema constitucional e deve considerar o regime de contribuição na inatividade para comparar com a situação dos ativos, assegurando um sentido útil para o incentivo de permanência dos agentes em atividade.

Conclusão

Previdência é o *único direito funcional exigente de contribuição patrimonial* do agente público e ao mesmo tempo é *relação jurídica entretida em horizonte abrangente de tempo*. Por isso, abriga decisões intertemporais relevantes. Poupar para a velhice ou aproveitar agora recursos disponíveis para realizar objetivos enquanto há saúde e vigor? Requerer a aposentadoria imediatamente após reunir os requisitos necessários ou aguardar em atividade outro melhor momento? Essas escolhas intertemporais consideram vieses e a situação econômica de cada indivíduo, mas também consultam os incentivos do sistema jurídico e econômico. Entre esses incentivos tem cumprido um importante papel o abono de permanência.

No Brasil, lamentavelmente, esses incentivos e estímulos (cutucadas suaves ou *nudges*),[5] que definem em parte o contexto ou a "arquitetura das escolhas", são alterados em intervalos estreitos de tempo e não raramente deixam de estabelecer normas adequadas de transição para resguardar a previsibilidade e a confiança que devem estar na base de qualquer relação securitária de longo prazo.

É difícil ser previdente e exercer com consistência *escolhas intertemporais* quando a arquitetura jurídica previdenciária torna o futuro deliberadamente imprevisível e avesso ao planejamento de médio e longo prazo. Embora essa mutação constante possa ser a escolha política do gestor, não parece prestigiada pela ordem jurídica a insegurança jurídica total, sem regime de transição, sem estudos técnicos e atuariais que fundamentem a alteração normativa, algo que hoje se exige de qualquer ato normativo simples, inclusive infralegal (Artigo 23, LINDB). A modificação no regime do abono de permanência pela EC 103/2019 mostra bem que há reformas impensadas, ou mal pensadas, que precisam ser interpretadas em termos abrangentes e com visão sistêmica. (15.10.2020)

NOTAS

[1] O STF, em diversos acórdãos, declarou que a controvérsia a respeito da incidência do imposto de renda sobre as verbas percebidas a título de abono de permanência é de natureza infraconstitucional, havendo ausência de repercussão geral. (Cf. RE 688001 RG/RS, Rel. TEORI ZAVASCKI, DJE de 14/11/2013; ARE 665800 AgR, Rel. TEORI ZAVASCKI, Segunda Turma, DJe 20/08/2013; ARE 691857 AgR, Rel. Min. CÁRMEN LÚCIA, Primeira Turma, DJe 19/09/2012). Por força dessa orientação, a matéria foi pacificada pelo STJ, que decidiu pela natureza remuneratória da vantagem, validando assim a incidência de imposto de renda sobre o abono de permanência (Cf. REsp 1.192.556/PE, Rel Min. MAURO CAMPBELL MARQUES, DJe 06/09/2010; AgRg no REsp 12844402, DJe 20/10/2015).

[2] Embora qualificado como "vantagem remuneratória", o abono de permanência não integra a base de cálculo da contribuição previdenciária nem pode ser considerado nos benefícios previdenciários (Artigo 4º, parágrafo 1º,

IX, da Lei 10.887/04; artigo 1º, XI, da Lei 9.717/98, com a redação dada pela Lei nº 10.887, de 2004).

[3] Cf., por exemplo, MARTINS, Marcílio Rodrigues; FRANÇA, Iermack Maduro; MIRANDA, Ludiany Barbosa Sena; FERREIRA, Jander Ângelo Diogo. *Abono permanência na composição da força de trabalho e seus impactos na redução dos gastos públicos com pessoal: o caso da Universidade Federal de Viçosa.* Disponível na internet na página: https://www.locus.ufv.br/handle/123456789/19861 [Acesso em 14/10/2020]

[4] O abono de permanência, embora referido na EC 41/2003 expressamente ao agente que adiasse a aposentadoria voluntária comum, passou também a ser admitido para os agentes que completavam os requisitos de aposentação pelo artigo 3º, da EC 47/05 (TCU, Acórdão 1.482/12) e para os agentes beneficiários da aposentadoria voluntária especial estabelecida no artigo 40, parágrafo 4º, da CF (STF, ARE 782.834- AgR, Rel. Min. ROBERTO BARROSO, Primeira Turma, DJe de 26/5/2014; ARE 905.116-AgR, Rel. Min. GILMAR MENDES, Segunda Turma, DJe de 28/9/2015; ARE 904.530-AgR, Rel. Min. LUIZ FUX, Primeira Turma, DJe de 10/12/2015; Tema 888, Leading Case: ARE 954408, Min. TEORI ZAVASCKI , DJE nº 77, divulgado em 20/04/2016).

[5] Sobre o tema, o sedutor e bem humorado THALER, Richard H.; SUNSTEIN, Cass R. *Nudge:* Como tomar melhores decisões sobre saúde, dinheiro e felicidade. Trad. Angelo Lessa. Rio de Janeiro: Objetiva, 2019.

ADCT: a insustentável incerteza do dever-ser

O Ato das Disposições Constitucionais Transitórias (ADCT) é o segmento da Constituição Brasileira de 1988 que recebeu o maior número de acréscimos e alterações nos trinta e dois anos de vigência da lei fundamental. Com 70 artigos na origem, essa fração do texto constitucional aos poucos converteu-se em *depósito assistemático* de normas de emendas constitucionais e recebeu revisões e extensões sucessivas, isto é, *normas transitórias de segundo e terceiro graus*, cujo objeto principal de modificação foram as normas transitórias anteriores.

Exemplo ilustrativo: no artigo 40 do ADCT o constituinte originário manteve a Zona Franca de Manaus, com suas características de área de livre comércio, de exportação e importação, e de incentivos fiscais, assinalando o prazo máximo de sua permanência por 25 anos, contados a partir da promulgação da Constituição. A EC 42, de 19.12.2003, sem modificar diretamente o enunciado do artigo 40, acrescentou o artigo 92 ao ADCT e mais dez anos para o prazo máximo estabelecido no artigo 40 do ADCT. Nove anos depois, a EC 83, 05.08.2014, acrescentou o artigo 92-A, para ampliar em mais 50 anos o prazo fixado no artigo 92 do ADCT. Ao final, a Zona Franca de Manaus, ao invés de ser mantida por 25 anos deverá ser mantida por 85 anos. Por óbvio, esse é o cenário atual, ainda instável, pois novas emendas constitucionais poderão assegurar a "perenização do transitório".[1]

Hoje o ADCT possui 114 artigos, sendo que alguns deles com dupla alteração e um vasto desdobramento em parágrafos, incisos e alíneas. O ADCT brasileiro equivale em tamanho a Constituições estrangeiras inteiras. Fora do ADCT, contam-se ainda centenas de normas transitórias alojadas diretamente no corpo de emendas constitucionais, que identifico como as *disposições transitórias avulsas.*

Porém, difícil saber o que é mais grave: a alteração ampliativa das disposições transitórias (que *perenizam o transitório*), as revogações de disposições transitórias em pleno curso de esgotamento de sua eficácia (*que fraudam a segurança jurídica*, apanágio das normas de transição) ou a omissão no estabelecimento de regras transitórias (que infringem *o dever de adequação normativa próprio dos sistemas orientados para a previsibilidade, calculabilidade e confiabilidade da mudança normativa).*[2] Em vários casos, as situações se aproximam: a revogação de norma de passagem pode criar lacuna normativa de transição caracterizadora de grave abuso de direito. Mas para avançar no tema, apenas esboçado em outros trabalhos[3] e resumido aqui ao máximo, sugiro traçar algumas *distinções*.

Normas de Transição Contingentes e Normas de Transição de Calibração

Entre as normas de transição há que isolar as que veiculam decisões pontuais, político-institucionais, estabelecidas com diferimento ou programa de realização em tempo determinado, sem vínculo com relações jurídico-subjetivas de trato sucessivo, continuativo ou prolongado. *São as normas de transição contingentes.* Em princípio, podem ser alteradas, pois sua mutação não encerra quebra de expectativas legítimas ou violação à segurança jurídica, salvo se já tenham expirado pelo esgotamento do prazo de diferimento estabelecido ou realizado o seu programa temporal. Pode servir de exemplo a prescrição constante do artigo 2º, do ADCT, que estabeleceu a realização do plebiscito sobre forma e o sistema de governo, cuja data foi objeto de alteração pela EC 2/1992, ou a norma prevista no artigo 42 do ADCT, que trata de limites temporais e percentuais de aplicação dos recursos destinados à irrigação, objeto de dupla alteração (EC 43, de 15.4.2004, e EC 89, de 15.09.2015).

O próprio STF admitiu a *emendabilidade* desse tipo de disposição, desde que empregado o procedimento regular das emendas constitucionais.[4] A Corte não identificou *especificidade sistêmica nessa espécie normati-*

va pelo fato de integrarem o ADCT nem fundamento para caracterizar esse tipo de norma como *cláusula pétrea implícita*.

De outra parte, há normas de transição cuja única função é *calibrar a mudança normativa para a situação jurídica de sujeitos determinados*, com vínculos de direito específicos, mediante a construção de *situações de passagem em relações continuativas*, dosando o impacto do novo regime sobre os vínculos em curso. Sua função básica é mitigar os efeitos da mudança e resguardar, com proporcionalidade, as situações de vantagem e as expectativas legítimas de sujeitos afetados pelas novas disposições, assegurando variadas formas de *compensação*, inclusive pecuniária, *diferenciação de regime* ou simplesmente a *ultratividade do regime jurídico anterior*. São as *normas transitórias de calibração*, que ao mesmo tempo asseguram a mudança sem deixar de diferenciar as situações jurídicas previamente estabelecidas e que serão continuadas. Um exemplo de *norma transitória de calibração* é a previsão extraída do artigo 19 do ADCT, que assegurou aos servidores em exercício na data da promulgação da Constituição, há pelo menos cinco anos continuados, estabilidade extraordinária, sem direito automático de efetivação por não terem ingressado em serviço mediante concurso público. Outro exemplo, entre muitos, é a prescrição constante do artigo 100 do ADCT, introduzido pela EC 88, de 07.05.2015, segundo a qual até a entrada em vigor da lei complementar de que trata o inciso II do §1º do artigo 40 da Constituição Federal, os Ministros do STF, dos Tribunais Superiores e do TCU aposentar-se-ão, compulsoriamente, aos 75 anos de idade, nas condições do artigo 52 da CF. Essas normas não podem nem poderiam ser alteradas posteriormente para desautorizar o que autorizaram, criar lacunas ou agravar situações jurídicas em curso.[5]

As normas transitórias de calibração perderiam a sua *eficácia funcional de garantia* caso estivessem sujeitas a alteração com desenvoltura. Diferentemente das normas permanentes, as normas transitórias de calibração são *pontes temporais de segurança*, que apanham determinado *conjunto especial de situações jurídicas preexistentes*, limitadas a sujeitos determinados ou determináveis, dispondo sobre a acomodação da mudança normativa em situações jurídicas concretas, segundo programa de esgotamento de eficácia predefinido. Não são de alteração trivial, do mesmo modo que não se altera a rota de um avião depois que este levanta voo, salvo em situações excepcionalíssimas, com a adoção de medidas para a mínima afetação da situação dos indivíduos atingidos. Em alguns casos, não podem ser omitidas (são cláusulas necessárias)[6] e sequer podem ser alteradas diante do tempo transato e dos efeitos já produzidos sem gravíssima perturbação da confiança que suscitaram e, consequentemente, sem infração à segurança jurídica.

Por servirem de referenciais de futuro, *apólices de segurança na mudança normativa*, essa especial categoria de normas de transição não pode ser simplesmente afastada ou revogada sem promover insegurança grave, pois servem para a programação de agentes que confiaram na seriedade da promessa de adequação e mitigação que apresentavam. Como os indivíduos não podem voltar no tempo, a sua decisão informada não pode ser objeto de reviravoltas ou desconsideração pelo legislador no futuro, sob pena de ser inviável avaliar e decidir com responsabilidade e, por óbvio, exercitar a própria liberdade e dignidade fundamental.[7] Essa conclusão não é nova, embora seja nova a identificação de ser o problema agudo em específico segmento das normas de transição (as normas transitórias de calibração).

Normas de transição materiais e Normas de transição formais

É frequente que as normas de direito transitório estabeleçam um «terceiro regime», uma «regulação ponte», diversa tanto da disciplina originária quanto da nova disciplina permanente. São as *normas de transição materiais*, que regulam de forma substantiva as relações jurídicas em curso de esgotamento. Nesse tipo de transição é usual a previsão de novas exigências, novas condições, para o alcance final de direitos em processo de formação. Exemplo dessa espécie são as conhecidas "normas de pedágio", comuns nas reformas previdenciárias, que resguardam os efeitos passados das normas vigentes acrescendo exigências novas para a obtenção de vantagens ou do direito visado, considerado o futuro, porém segundo percurso de aquisição mais favorável do que o estabelecido pelas novas normas permanentes. Por exemplo, o artigo 17 da EC 103/2019.

No caso das normas substantivas de pedágio ou equivalentes, pode-se reconhecer às normas de transição o efeito de atribuírem aos seus concretos beneficiários autêntico *direito adquirido condicional*. A expressão não é contraditória: direito adquirido condicional é aquele assegurado ao beneficiário, porém sujeito ao cumprimento de *condição preestabelecida inalterável ao arbítrio de outrem*. Trata-se de condição que cabe ao detentor cumprir, mas que desde logo não pode ser alterada pelo legislador ou reformador sucessivo. A hipótese está prevista expressamente na parte final do parágrafo 2º. do artigo 6º da LINDB há décadas ("Consideram-se adquiridos assim os direitos que o seu titular, ou alguém por ele, possa exercer, como aqueles cujo começo do exercício tenha termo pré-fixo, ou *condição pré-estabelecida inalterável, a arbítrio de outrem*"). Nesse tipo transição, a prescrição é *autônoma* em relação tanto à norma precedente quanto à nova norma permanente.

Em contraponto, as *regras de transição formais fixam exclusivamente critérios de prevalência, dilação ou exclusão da eficácia temporal de normas em face da alteração normativa*. Nesse caso, por óbvio, não há autonomia da regra transitória em face das normas precedentes ou sucessivas. Essas normas evidenciam que, com frequência, normas que perderam a *vigência formal geral* podem preservar a *vigência material* para reger grupos determinados de sujeitos, específico conjunto de relações ou em dado território. A manipulação do tempo jurídico permite a existência de *cadeias temporais distintas,* que se entrecruzam e tensionam, sem existência de conflito. A EC 103, de 12.11.2019, é particularmente complexa em relação às normas de transição formais, pois em algumas passagens atribuiu grande relevo a decisões do legislador infranacional. Em seu artigo 36, por exemplo, estabelece *múltiplas cadeias de vigência*:

> "Artigo 36. Esta Emenda Constitucional entra em vigor:
>
> I – no primeiro dia do quarto mês subsequente ao da data de publicação desta Emenda Constitucional, quanto ao disposto nos artigos 11, 28 e 32;

> II – para os regimes próprios de previdência social dos Estados, do Distrito Federal e dos Municípios, quanto à alteração promovida pelo artigo 1º desta Emenda Constitucional no artigo 149 da Constituição Federal e às revogações previstas na alínea "a" do inciso I e nos incisos III e IV do artigo 35, na data de publicação de lei de iniciativa privativa do respectivo Poder Executivo que as **referende integralmente**; [grifo nosso]
>
> III – nos demais casos, na data de sua publicação.
>
> Parágrafo único. A lei de que trata o inciso II do caput não produzirá efeitos anteriores à data de sua publicação."

A fórmula de vigência adotada no inciso II do artigo 36 da EC 103/2019 é inusitada. A EC 103, como se sabe, delegou a distintos veículos formais a disciplina do regime próprio de previdência social dos Estados, do Distrito Federal e dos Municípios. Há alterações que devem ser procedidas nas Constituições Estaduais e nas leis orgânicas, e alterações que precisarão ser previstas em leis complementares e outras em leis ordinárias. No entanto, refere o reformador no inciso II do artigo 36 apenas a data de publicação de uma específica lei, de iniciativa do Poder Executivo, sem qualificação adicional e sem observar a complexa disciplina de fontes presente na própria emenda constitucional. Para agravar, em fórmula enigmática, impõe que a referida lei "referende" as alterações suspensas "integralmente". Qual o sentido dessa exigência de *referendo integral*? Trata-se de cláusula de caducidade condicional sem prazo definido? Cuida-se, em primeira leitura, apenas de *exigir explicitude* do legislador estadual, municipal e distrital na revogação, em âmbito próprio, das normas de transição anteriores, com previsão de transição alternativa para as diversas situações vigentes nas ordens subnacionais, evitando a ocorrência de lacunas. *Sem a decisão local revogatória expressa, permanecem vigentes em âmbito subnacional as normas de transição anteriores, referidas no artigo 35 da EC103/2019, que perderam vigência formal apenas no âmbito federal.* Mas, reconheça-se, não há clareza sobre o veículo normativo local aludido, sobretudo porque toda a matéria era, antes da EC 103/2019, prevista nas leis fundamentais das ordens jurídicas subnacionais de forma expressa ou implícita (norma de reprodução obrigatória).

Outro problema é se essa revogação, em si, pelo reformador nacional ou pelo reformador local, é legítima ou não em face da segurança jurídica, da proteção da confiança e da eficácia própria das normas transitórias de calibração, nomeadamente quando fixadas em disposições materiais em vias de esgotamento. *Os problemas de segurança jurídica transcendem aos velhos conflitos de direito intertemporal e convocam hoje a exigência de transição equitativa e proporcional, com base na proteção da confiança e na boa-fé, sobretudo nas relações de longa duração.*

É este o cenário do direito constitucional transitório entre nós. Um conjunto normativo em contínua expansão, tumultuado por normas de primeiro, segundo e terceiro graus, sem clareza sobre os limites temporais das próprias normas de transição, que promete segurança e ao mesmo tempo revoga a presumida segurança das normas transitórias anteriores. Um articulado assistemático e lacunoso, que suscita inquietação e perplexidade, muitas vezes incompatível com o Estado de Direito, a desafiar o aperfeiçoamento de nossas práticas constitucionais e a atuação dos órgãos de controle. (26.11.2020).

NOTAS

[1] Crítica da "perenização do provisório" e da emendabilidade das disposições transitórias, com abordagem pioneira, cf. ROCHA, Carmen Lúcia Antunes. Natureza e Eficácia das Disposições Constitucionais Transitórias. In: GRAU, Eros Roberto; GUERRA FILHO, Willis Santiago (org). *Direito Constitucional: estudos em homenagem a Paulo Bonavides.* SP: Malheiros, 2001, p. 344-345, 399-400 e 405.

[2] O Art. 23 da LINDB é exemplo destacado de consagração do *dever* de estabelecimento de cláusulas de transição no âmbito administrativo, controlador e judicial.

[3] Cf. MODESTO, Paulo. Disposições constitucionais transitórias na reforma da previdência: proteção da confiança e proporcionalidade. RBDP. n. 56, p. 9-54, jan./mar. 2017. Web http://bit.ly/reformaprevidenciatransicao ; idem,

A Reforma da Previdência e a Espera de Godot. *RBDP*, n.65, p.9-20,abr./jun.2019, web: http://bit.ly/reformaesperadegodot

[4] Cf. ADI 829, rel. min. MOREIRA ALVES, j. 14-4-1993, P, DJ de 16-9-1994.

[5] Embora tenha sido aprovada a LC 152/2015, de origem parlamentar, a ADI 5316 permanece na pauta do STF.

[6] Em voto na ADI 3.105-DF, o Min. GILMAR MENDES destacou o *dever* de estabelecimento de regras de transição em face da reformas constitucionais substanciais ou de alto impacto, sob pena de inconstitucionalidade por omissão (STF, ADI3105, ELLEN GRACIE, Rel.p/Acórdão Min. CEZAR PELUSO, Pleno,j.18/08/2004,p.312-313). Na ADI 3.104/DF, que tratou da EC 41/2003, novamente o Min. GILMAR MENDES, destacou a "insuficiência da teoria do direito adquirido" e necessidade de invocação direta do princípio da segurança jurídica para evitar-se o que chamou de "uma corrida de obstáculo com obstáculo em movimento" (ADI 3104, Rel. Min. CÁRMEN LÚCIA, Pleno, j. 26/09/2007, p. 173-174).

[7] "Respect for autonomy involves respect for the ability to plan, which requires respect for the ability to rely on the law, all of which require restraint from deeming the law to have been something other that what it actually was at an earlier time."(JURATOWITCH, Ben. *Retroactivity and the common law.* Oxford: Hart Publishing, 2008, p.49). Nesse mesmo tópico, com clareza e precisão, cf. ÁVILA, Humberto. *Constituição, Liberdade e Interpretação.* SP: Malheiros, 2019, p. 170; *Teoria da Segurança Jurídica.* 4º ed. SP: Malheiros, 2016, p. 109.

A Garantia da Paridade após a Reforma da Previdência (EC 103/2019)

Existem regras previdenciárias destinadas a preservar o valor das aposentadorias e pensões no futuro. Por vezes, essas garantias são chamadas de princípios ou direitos, mas a rigor destinam-se apenas a assegurar no tempo o valor real de benefícios adquiridos na relação previdenciária e não a instituir, por si, qualquer benefício. É o caso da *paridade previdenciária*, parâmetro de revisão das aposentadorias e pensões alternativo à revisão de benefícios por índices de medição da inflação. Trata-se de *imposição acessória complexa*, com riscos associados e ocultos para os dois polos da relação previdenciária (Estado/Servidores Públicos Efetivos). Explorar resumidamente o alcance dessa garantia, os seus riscos inerentes e os seus destinatários após a Emenda Constitucional n. 103/2019 é o objetivo das linhas a seguir.

Paridade: garantia material

A paridade previdenciária é *garantia constitucional material*. Não estabelece nem requer do legislador procedimento, processo ou providência institucional específica. Fixa, na forma do antigo §4º do Art. 40 da Constituição Federal, o dever de proceder à revisão dos proventos e pensões de servidores efetivos, na mesma proporção e na mesma data, sempre que se modifique a remuneração dos servidores em atividade, estendendo-se ainda aos aposentados e aos pensionistas quaisquer benefícios ou vantagens posteriormente concedidos aos servidores em atividade, inclusive quando decorrentes da transformação ou reclassificação do cargo ou função em que se deu a aposentadoria.

A garantia da paridade visa *inibir* e *coibir* a prática de concessão de benefícios exclusivamente aos servidores em atividade, seja diretamente (criação de novas vantagens ou revisão de anteriores) seja indiretamente (mediante reenquadramentos, reformulação, transformação, fusão e cisão de carreiras), com alheamento e desconsideração da situação do servidor aposentado. *A paridade vincula a despesa de ativos e inativos de modo estreito e direto.*

Paridade e integralidade complementam-se: a paridade permite prolongar no tempo o direito à integralidade - fórmula de cálculo do provento ou da pensão que adota o último valor bruto da remuneração ou subsídio do servidor ativo na fixação do benefício de inatividade. A garantia da *paridade (igualdade revisional)* entre proventos de inatividade e vencimentos da atividade confere *permanência* ao direito à integralidade. Sem a paridade, o direito à integralidade cessaria no próprio momento da concessão do benefício previdenciário. Sem a integralidade, a paridade importaria em igualdade percentual e não em igualdade de valores na revisão de benefícios, pois não haveria incidência de percentuais sobre as mesmas bases.

Apenas servidores, civis e militares, titulares de cargo público efetivo, podem manejar a garantia da paridade. Não existe semelhante critério de revisão no Regime Geral de Previdência Social.

Paridade: *garantia sujeita à política de pessoal*

No entanto, na dinâmica do direito, a aplicação desses conceitos nunca foi singela. Pode-se afirmar, sem receio de erro, que nem a integralidade nem a paridade foram e são aplicadas de forma plena, admitindo-se exceções importantes, que culminam por conceder ao Poder Público *perigosa flexibilidade na composição e revisão do valor final dos proventos de titulares de cargo efetivo.* A integralidade e a paridade plenas são, antes de um dado de realidade concreta, um *mito*[1] ou, de forma realista, uma *garantia sujeita à política de pessoal do setor público.*

A garantia da paridade assegura a extensão aos inativos de benefícios concedidos aos servidores em atividade, porém a jurisprudência *ressalva desse dever de extensão* as *vantagens de caráter pessoal, as vantagens indenizatórias e as decorrentes de atividades específicas, de natureza eventual, incompatíveis com a situação do aposentado ou pensionista.* Essas exceções podem diferenciar legitimamente não apenas o quanto percebido por ativos e inativos, mas igualmente valores de retribuição de agentes em atividade. Exemplo: gratificação de sala de aula, deferida a professores que atuem em atividades de regência de classe, deve ser paga unicamente a professores durante o período em que respondem pelas classes, não sendo devida a agente em atividade diversa aos pressupostos fáticos exigidos para o gozo da vantagem (vg., em exercício de funções de direção) nem aos aposentados, salvo situações jurídicas de "estabilidade econômica". A *extensão é obrigatória apenas quando a vantagem retributiva criada ou elevada exibe caráter genérico.*

É dizer: todas as vantagens que revelem caráter geral, por serem *aplicáveis indistintamente* aos agentes em atividade da carreira, com independência do exercício efetivo de alguma atividade especial ou outra circunstância pessoal, à luz da garantia da paridade devem ser estendidas imediatamente a todos os inativos correspondentes, sem necessidade de lei específica, em face do que dispunha o §4º do Art. 40 da Lei Fundamental, na redação original, ou na redação do §8º, do Art. 40, segundo a redação aprovada pela Emenda Constitucional nº. 20/1998. Mas se vantagens forem realmente vinculadas a atividades concretas (*pro labore faciendo),* específicas, que diferenciam segmentos dentro da própria categoria dos agentes ativos pelo efetivo desempenho de alguma função ou tarefa, podem ser recusadas aos inativos, por inextensíveis ou por não atenderem ao pressuposto fático que as faz incidir.[2] No caso de gratificações de desempenho, após o primeiro ciclo genérico de avaliação, pode haver descasamento entre a retribuição do ativo e inativo, sem ofensa ao princípio da irredutibilidade (STF, Repercussão Geral, Tema 983).[3]

Em outro dizer: embora *dificulte abusos*, a paridade não impede o descasamento entre a retribuição do servidor ativo e o benefício previdenciário do inativo, nem afasta a criatividade do legislador em matéria de retribuição, sobretudo na modalidade remuneração (não subsídio). Porém, mais grave ainda: pode importar em congelamento de proventos e pensões, com perda do poder de compra do agente inativo, quando ocorra congelamento de vencimentos ou revisões abaixo da inflação no serviço ativo em determinado período. O aposentado vincula-se à política de pessoal em atividade de forma solidária, isto é, usufrui e padece as alegrias e infortúnios da revisão dos vencimentos e subsídios dos servidores em atividade.

Esse fato provoca fenômenos interessantes. Um dos mais curiosos é o incentivo à participação de aposentados na deflagração de greves no setor público. Em 2002 publiquei na Folha de São Paulo artigo com o título "Aposentados e... em greve", no qual já identificava o problema e interrogava:

> "Os servidores públicos ativos em greve, se titulares de cargo público, não fazem jus à retribuição durante o movimento grevista. Servidores em estágio probatório deixam de computar esse período no processo de aquisição do direito à estabilidade. Porém, os servidores aposentados em cargos públicos efetivos com direito à paridade nada perdem com movimentos paredistas prolongados. Votam sistematicamente nas assembleias pela radicalização dos movimentos de paralisação. É legítimo que participem de todas as deliberações e integrem o mesmo sindicato? Aposentados do regime próprio dos cargos públicos apenas podem retornar ao serviço efetivo do Estado mediante aprovação em novo concurso público. Não é paradoxal que deliberem sobre o retorno à atividade? Sem riscos ou perdas com a ação paredista, possuem legitimidade para opinar sobre a continuidade de greves? Ao comparecem em grande número a assembleias sindicais, durante greve, podem formar maiorias e vincular os ativos?"[4]

Para o Poder Público, a paridade é também um risco e um problema, pois dificulta a concessão de reajustes para segmentos do setor público em face do elevado número de aposentados (aumenta o impacto) e torna difícil (senão impossível) a previsibilidade da despesa previdenciária. O valor dos proventos e das pensões permanece sujeito a oscilações da política de pessoal do Poder Público, mas essas oscilações ocorrem ao longo do tempo e pode importar elevação dos valores de proventos e pensões acima da reposição da inflação (como entre 2003 e 2014) ou abaixo da reposição da inflação (como, em regra, ocorre desde 2017).

Paridade: *garantia em extinção*

A extinção da integralidade e da paridade figura entre as alterações mais relevantes do regime previdenciário dos agentes públicos efetivos nos últimos anos. Como regra permanente, a paridade e a integralidade foram extintas pela EC 41/2003. A regra permanente para os servidores civis desde então segue o *critério de reajustamento dos benefícios mediante aplicação de índice de inflação* (atualmente, o INPC - Índice Nacional de Preços ao Consumidor), de modo a preservar-lhes, em caráter permanente, o valor real (Art. 40, §8°, CF).

A extinção da paridade ressalvou a situação dos agentes que ingressaram antes da EC 20/1998 e antes da EC 41/2003, permitindo a sua invocação futura, observadas regras de transição previstas nas EC 20/1998, EC 41/2003, EC 47/2005 e EC 103/2019. A situação jurídica de transição pode ainda variar conforme o estágio e a completude da regulamentação da EC 103/2019 em Estados, no DF e nos Municípios.

Paridade: garantia em transição após a EC 103/2019

Os servidores efetivos que ingressaram antes da EC 20, isto é, antes de 16/12/1998, encontram no art. 3° da EC 47/2005 norma especial de transição, que assegura paridade e integralidade na inativação e para a pensão decorrente (§único do art. 3°). A EC 103/2019 revogou essa disposição para os servidores da União, mas a manteve vigente nos Estados e Municípios até que "lei de iniciativa privativa do respectivo Poder Executivo" *referende de modo integral a revogação dessa norma* e das disposições de transição previstas nos arts. 9°, 13 e 15 da EC 20, de 15/12/1998 e nos arts. 2°, 6° e 6°-A da EC 41, de 19/12/2003. Enquanto não há *essa revogação expressa na lei fundamental dos entes federativos aludidos*, uma vez que essas normas eram de reprodução obrigatória na Federação e possuíam *status constitucional* antes da EC103/2019, esses agentes mais antigos podem invocar o art. 3°, da EC 47/2005, desde que preencham as seguintes condições de elegibilidade: *35 anos de contribuição*, se homem, ou *30 de contribuição*, se mulher; *25 anos de efetivo exercício* no serviço público; *60 anos de idade*, se homem; *55 anos de idade*, se mulher; *15 anos na carreira* e *5 anos no cargo* em que se der a aposentadoria. Poderão também, na forma do inciso III do mesmo artigo, *reduzir a idade mínima* referida na *proporção* de *um ano por cada ano de contribuição que exceder o período de contribuição exigido (35 anos/30 anos).*

De igual modo, nos Estados e municípios que não tenham *referendado integralmente* a revogação das disposições transitórias aludidas, será possível aos *servidores civis com ingresso após a 16/12/1998 e empossados até 19/12/2003* (EC41/2003), invocar a garantia da paridade, com base no artigo 6º *do EC 41/2003,* porém sem possibilidade de redução da idade mínima por período excedente de contribuição, cumpridos os seguintes requisitos: *60 anos de idade*, homem; *55 de idade*, mulher; *35 anos de contribuição*, homem; *30 anos de contribuição*, mulher; *20 anos de efetivo exercício* no setor público; *dez anos na carreira* e *cinco anos no cargo* em que se der a aposentadoria.

Por fim, para os servidores federais, a própria EC 103/2019 estabelece *duas normas de transição* que ainda asseguram a paridade e integralidade para os *servidores com ingresso no serviço público até 31/12/2003* e não tenham optado pelo novo regime previdenciário com limitação ao teto do RGPS e realizado a adesão à previdência complementar: *art. 4º, caput, §6º, I, e §7º, I, e art. 20, caput e inciso I.*

Pela primeira disposição, são exigíveis as seguintes condições: *62 anos de idade*, se mulher; *65 anos de idade*, se homem (se professor do ensino infantil, fundamental e médio, *57 anos de idade*, se mulher; *60 anos de idade*, se homem); *30 anos de contribuição*, se mulher; *35 anos de contribuição*, se homem (se professor, *25 anos de contribuição*, se mulher, *30 anos de contribuição*, se homem); *20 anos de efetivo exercício no serviço público* para ambos os sexos; somatório de idade e do tempo de contribuição, incluídas frações, equivalente a *86 (oitenta e seis) pontos*, se mulher, e *96 (noventa e seis) pontos*, se homem, com acréscimo a partir de 1º de janeiro de 2020 de um ponto a cada ano até atingir o limite de 100 (cem) pontos, se mulher, e de 105 (cento e cinco) pontos, se homem. Para professores, a soma de pontos inicia com 81 (oitenta e um) pontos, se mulher, e 91 (noventa e um) pontos, se homem, aos quais serão acrescidos, a partir de 1° de janeiro de 2020, 1 (um) ponto a cada ano, até atingir o limite de 92 (noventa e dois) pontos, se mulher, e de 100 (cem) pontos, se homem.

Nos termos da segunda disposição transitória (*art. 20, caput e inciso I*, da EC103), são condições exigíveis: *57 anos de idade*, se mulher; *60 anos de idade*, se homem; *30 anos de contribuição*, se mulher; *35 anos de contribuição*, se homem; *20 anos de efetivo serviço público e 5 anos no cargo efetivo* em que se der a aposentadoria; acrescido do *período adicional de contribuição ("pedágio")* equivalente a 100% do tempo que, na data de entrada em vigor da EC103, faltaria para atingir o tempo mínimo de contribuição exigido. Há redução de 5 anos na idade e no tempo de contribuição para o professor que comprovar exclusivamente tempo de efetivo magistério na educação infantil e no ensino fundamental e médio. Essa norma não contempla crescimento anual de pontos (soma da idade com tempo de contribuição). Por igual, essa regra aplica-se ao servidor efetivo federal com ingresso até 31/12/2003 e que não tenha realizado a opção pela previdência complementar. Os pensionistas desses aposentados, nas duas disposições da EC103, não preservam o direito à integralidade e paridade e seguem as regras vigentes por ocasião do falecimento do segurado instituidor (princípio *tempus regit actum*).

Há situações especiais que aqui não são abordadas por falta de espaço, como a situação dos policiais federais (com ingresso antes da EC 103 e regra de transição específica) e dos servidores públicos com direito a aposentadoria especial por exposição a agentes prejudiciais à saúde. Deixa-se de referir também a situação dos militares, cuja reforma impacta as despesas públicas de forma crescente e que mantiveram, em termos gerais e permanentes, o direito à integralidade e paridade.

O futuro dirá se a paridade permanece uma garantia ou terá se convertido em uma ilusão. As restrições orçamentárias definirão os limites da política remuneratória do setor público nos próximos anos e podem sinalizar que se apostou no "auto-engano" (EDUARDO GIANNETTI). E, talvez, não muito longe, seja preciso dizer adeus ao objetivo de perseguir a paridade e reduzir o risco para ambos os polos da relação previdenciária. Bem diz CARLOS AYRES BRITTO, com a clareza de poeta-ministro:

> "Preciso dar adeus à ilusão / Sem deixar de subir as encostas da vida. / Digo melhor: / Preciso dar adeus à ilusão, Pra poder começar a subir/ As encostas da vida. / Pois subir as encostas da vida / Nas asas da ilusão / Não é subir: É dar as costas à vida". (28.01.2021)

NOTAS:

[1] MODESTO, Paulo. Reforma da Previdência e Regime Jurídico da Aposentadoria dos Titulares de Cargo Público. In: MODESTO, Paulo (org). *Reforma da Previdência: análise e crítica da emenda constitucional n. 41/2003*. Belo Horizonte: Fórum, 2004, p. 42-46.

[2] Cf., entre muitos, STF, RE-170020/SP, Rel. Min. OCTAVIO GALLOTTI, DJ 19/06/1998, PP-00010, 1a. Turma; ARE 958044 AgR, Rel. Min. ROBERTO BARROSO, Primeira Turma, DJe 14/11/2017; RE 970154 AgR, Rel.Min. RICARDO LEWANDOWSKI, Segunda Turma, DJe 30/08/2017; ARE 947693 AgR, Rel. Min. DIAS TOFFOLI, Segunda Turma, DJe 20/10/2016; RE 590260, Tribunal Pleno, Rel. Min. Min. RICARDO LEWANDOWSKI, DJe 23/10/2009.

[3] Cf. STF, ARE 1052570, Relator: MIN. ALEXANDRE DE MORAES, DJE 08/05/2018 - ATA Nº 63/2018. DJE nº 88, divulgado em 07/05/2018. (Repercussão Geral).

[4] Cf. MODESTO, Paulo. "Aposentados e... em greve". Opinião. 28.08.2012. Disponível em: https://www1.folha.uol.com.br/fsp/opiniao/63149-aposentados-e-em-greve.shtml?origin=folha e também em https://direito-do-estado.jusbrasil.com.br/noticias/100043178/a-greve-de-aposentados-no-servico-publico

A Federação e a ultratividade de normas na Reforma da Previdência

O tempo constitucional entre a extinção de enunciados e normas

A Constituição não é apenas obra normativa no tempo histórico, mutável e alterável; ela possui dentro de si camadas e trilhas de tempo variadas, compondo totalidade dinâmica que é impróprio uniformizar. A Constituição reflete a história e é memória, pois articula a vigência de suas próprias normas no tempo dentro de parâmetros que cumpre entender e aplicar sem simplificações excessivas.

Um exemplo pode ser dado pela revogação de enunciados na sucessão de emendas constitucionais. A revogação de enunciados nem sempre determina a revogação de normas, pois as normas (como significações prescritivas) podem manter vigência e aplicação mesmo após a eliminação dos enunciados em que estavam registradas. Recorde-se a revogação do inciso XI do art. 37 da Constituição pela Emenda Constitucional 19/1998 (teto constitucional). O novo texto ingressou no diploma constitucional em 4.06.1998, mas até a Emenda Constitucional 41, de 19.12.2003, foram consideradas vigentes as antigas normas sobre limites de retribuição, constantes dos enunciados expurgados do texto constitucional, pois a nova prescrição de 1998 foi considerada não autoaplicável até a aprovação da definição legal do subsídio-teto (STF, RE 419.862-AgR, rel. Min. SEPÚLVEDA PERTENCE, DJ 10.09.2004; RE 362.211-AgR, Rel. Min. CEZAR PELUSO, DJ 04.03.2005)

É trivial que o direito manipule o tempo de vigência das normas, inclusive das normas constitucionais, embora essa alquimia não deva ser surpreendente a ponto de encerrar fraude à segurança jurídica. Nada em princípio impede que uma reforma constitucional altere enunciados sem alterar normas, altere normas apenas quanto a sua aplicação temporal, ou altere a vigência de normas para um campo de aplicação e mantenha-o constante em outro. Muitas combinatórias nessa matéria são possíveis, de forma lógica, com resultados múltiplos e interessantes.

Porém, desconheço estudos que tratem dos *reflexos dessa alquimia temporal do reformador constitucional nacional em ordens normativas conectadas, coordenadas necessariamente*, em razão de disposições específicas ou pelo próprio status das normas constitucionais revogadas. É o problema emergente quando *se altera na Constituição Federal a vigência, a compulsoriedade* ou *o conteúdo de normas constitucionais de reprodução obrigatória para todas as unidades da Federação.*

Normas de reprodução obrigatórias e as mutações das ordens constitucionais estaduais

O Estado Federal é caracterizado, entre outros aspectos, pela pluralidade de ordenamentos jurídicos inseridos em uma *unidade coordenada. Foedus* significa aliança, pacto, vínculo de união e diversidade. É dizer: federação é totalidade normativa composta por simetrias e assimetrias, uma variedade de ordens jurídicas parciais autônomas (normas estaduais, normas municipais, normas exclusivas da União) e um conjunto de normas aplicáveis a todas as ordens individualizadas (as normas centrais, também denominadas nacionais, exigíveis imediatamente no âmbito das ordens jurídicas parcelares). Esses conjuntos não são isolados, mas interdependentes, sendo essa uma das razões da variedade das ordens jurídicas federais, moldadas de modo histórico-concreto e não puramente ideal.[1] Federação é, em essência, forma de *estado pluriconstitucional.*

No dizer de CARMÉN LUCIA ANTUNES ROCHA, a "autonomia das entidades federadas, que garante a existência do consórcio de ordens jurídicas parciais compostas, coordenada e harmoniosamente, em uma única nacional, é a pedra de toque da Federação"[2].

É certo que a autonomia das unidades locais não é absoluta, pois as ordens estaduais não podem afrontar os *princípios constitucionais fede-*

rais sensíveis (CF, art. 34, VII, *a* a *e)* e os municípios os *princípios sensíveis estabelecidos na Constituição estadual* (CF, art. 35, IV). Tampouco podem as unidades parciais recusar cumprimento aos chamados *princípios estabelecidos* (expressos e implícitos), fonte primeira das *normas de reprodução obrigatória*.[3]

Normas de reprodução obrigatória, antecipei em outro lugar, são as "normas constitucionais nacionais de aplicação direta nas unidades da Federação – normas não apenas de *reprodução necessária nas leis fundamentais subnacionais* como também *normas implícitas exigíveis no âmbito subnacional*, *na hipótese de ausência de seu registro formal nas leis capitais desses entes*. De forma resumida: são normas nacionais obrigatórias perante os entes federados mesmo diante da omissão do seu expresso acolhimento pelos legisladores locais, por repetição ou remissão".[4] Na prática, a aprovação de enunciados na Constituição Federal expressivos de normas de reprodução obrigatória instala automática e inelutavelmente *novas normas constitucionais nas ordens jurídicas parciais*, conquanto implícitas, com enriquecimento das ordens constitucionais locais, a permitir a invocação de novo parâmetro de controle na avaliação da legislação estadual e municipal pelos Tribunais de Justiça.[5]

Essa *ligação umbilical* de ordens jurídicas no âmbito da Federação atrai outra consequência na *ordem do tempo constitucional: há uniformidade no tempo de aplicação da norma de reprodução obrigatória no plano nacional e local* – se a norma for imediatamente eficaz no plano nacional também o será no plano subnacional. É dizer: as normas de reprodução obrigatória caracterizam-se pela *obrigatoriedade nacional e pela vigência simultânea.*

Situação diversa ocorre quando a Constituição Federal, em domínio em princípio de sua plena disposição, recusa esta *uniformidade temporal* e autoriza as ordens jurídicas locais a ratificarem ou recusarem determinada alteração constitucional, mantida a vigência das normas constitucionais revogadas para os entes subnacionais até a sobrevinda da decisão autônoma dessas unidades políticas sobre o assunto (*ultratividade da norma revogada*).

Se a nova prescrição federal é obrigatória aos entes subnacionais quanto ao *conteúdo,* porém sujeita-se a aplicação diferida ou tem suspensa a sua aplicação à espera da *confirmação local de vigência*, há *norma constitucional nacional de conteúdo obrigatório*, mas não há norma de reprodução obrigatória, pois essa última categoria identifica normas de vigência uniforme e simultânea na Federação; se o próprio conteúdo da nova prescrição nacional pode ser alterado pelo legislador subnacional no âmbito local, será impróprio falar em norma de conteúdo obrigatório ou norma de reprodução obrigatória, sendo evidente a ampliação da autonomia normativa dos entes subnacionais. Neste último caso, a Constituição Federal faz depender a vigência de determinada prescrição no plano local de norma específica da entidade política autônoma, sem imposição de figurino único quanto ao conteúdo ou ao momento de vigência da nova formulação. A decisão final nesse caso será ditada pelos próprios entes subnacionais.

Quer em face de normas nacionais de conteúdo obrigatório, mas de *vigência local dependente de confirmação,* quer em face de *normas de autonomia ampliada*, a consequência no regime do tempo é uma só: *poderá ocorrer descasamento entre o tempo de vigência da norma nacional e o tempo de vigência do mesmo conteúdo prescritivo no plano estadual, distrital ou municipal.*

Essas considerações algo abstratas podem ser exemplificadas concretamente por disposições constantes da última reforma da previdência (Emenda Constitucional 103/2019), pois esta emenda contemplou os três tipos de normas dirigidas aos Estados, Distrito Federal e Municípios. Estabeleceu *normas de reprodução obrigatória* (imediatamente exigíveis nos Estados, no Distrito Federal e nos Municípios); *normas de conteúdo obrigatório* (mas dependentes de decisão de vigência no âmbito local) e *normas de autonomia ampliada* (normas que deixaram de ser de reprodução obrigatória, mas que permaneceram vigentes no âmbito constitucional local até o exercício da autonomia reformadora pelos entes políticos subnacionais).[6] Por óbvio, é impossível tratar dessas variadas situações na economia deste artigo.

Revogação de Norma de reprodução obrigatória e ampliação da autonomia local

Basta referir uma única situação para exemplificar a complexidade da matéria. Na parte final da última reforma da previdência (EC 103/2019), no art. 35, revogou-se, em uma só disposição, o § 21 do art. 40; o § 13 do art. 195; os arts. 9º, 13 e 15 da Emenda Constitucional nº 20, de 15 de dezembro de 1998; os arts. 2º, 6º e 6º-A da Emenda Constitucional nº 41, de 19 de dezembro de 2003; e o art. 3º da Emenda Constitucional nº 47, de 5 de julho de 2005.

A revogação de normas constitucionais transitórias é problemática por si, tendo em conta a finalidade, a funcionalidade e os vínculos que esse tipo de norma mantém com a proteção da confiança e a segurança jurídica. Mas não é o caso de revisitar esse tema, que abordei em outros trabalhos[7], uma vez que o presente texto cuida dos reflexos nas ordens jurídicas subnacionais da revogação de normas de reprodução obrigatória.

O reformador aparentemente oferece respostas no preceito seguinte, dispondo, no Art. 36, que para os regimes próprios de previdência dos Estados, do Distrito Federal e dos Municípios, parte das revogações previstas no Art. 35 deve permanecer suspensa até a "data de publicação de lei de iniciativa privativa do respectivo Poder Executivo que as referende integralmente". (Art. 36, II, *in fine*).

Parte das normas, pois na revogação dos artigos 9º, 13 e 15 da EC 20/1998, não houve diferimento ou suspensão. Apenas o § 21 do art. 40 da CF (limite superior de incidência da contribuição previdenciária em benefício do portador de doença incapacitante) e as normas de transição constantes dos arts. 2º, 6º e 6º-A da EC 41/2003, e o art. 3º da EC 47/2005, sofreram revogação com eficácia exclusiva para a União e condicional e diferida no tempo para Estados, Distrito Federal e Município.

Entendo que as normas revogadas no âmbito constitucional da União subsistirão ultra ativas como normas constitucionais vigentes na ordem constitucional das unidades subnacionais. A expressão lei, empregada pelo reformador no Art. 36, tem o sentido de *lei fundamental*, pois refere não apenas às Constituições Estaduais e à Constituição do Distrito Federal como também às *leis orgânicas* dos municípios, como são conhecidos os diplomas superiores das ordens municipais. A referência à lei no Art. 36 da EC 103/2019 não deslocou para o plano infraconstitucional normas que vigoram, explicita ou implicitamente, na ordem constitucional das unidades menores da federação. Não houve rebaixamento do *status* normativo dessas disposições vigentes (*downgrade hierárquico*), uma vez que as mesmas permanecem com a mesma eficácia constitucional anterior e ultra ativas por decisão expressa do reformador nacional, sendo apenas conferida ampliação da autonomia dos Estados, do Distrito Federal e Municípios para inovar ou decidir sobre a disciplina da matéria.

O reformador nacional foi ainda enfático ao exigir ação deliberada do reformador local: demandou "referendo integral" das revogações mencionadas para que elas surtissem efeito no plano local (Art. 36, II, *in fine*). Mas o referendo aludido é apenas *confirmação expressa*, não se confundindo com o instituto de participação popular de mesmo nome. Por óbvio, o referendo não é obrigatório e pode ser parcial ou diferenciar na disciplina do tempo de transição.

Essa interpretação, que avançamos sinteticamente em trabalhos anteriores, encontra apoio hoje em decisões normativas de vários Estados e já repercutiu em importante decisão do Poder Judiciário do Estado da Bahia (Liminar na ADI 8033612-74.2020.8.05.0000, Rel. Des. RAIMUNDO SÉRGIO SALES CAFEZEIRO, d. 17/02/2021).[8]

No Estado de Minas Gerais, por exemplo, o Art. 155 da Emenda Constitucional nº 104, de 14/09/2020, foi categórico: "Art. 155. Ficam referendadas as revogações previstas nos incisos III e IV do art. 35 da Emenda à Constituição da República nº 103, de 2019, nos termos do inciso II do caput de seu art. 36."

O Estado do Espírito Santo adotou decisão constitucional indireta. Por via da Emenda Constitucional 114/2019, promoveu alterações na ordem constitucional estadual, porém pelo Art. 7º, §único, manteve as alterações suspensas até a publicação de lei complementar reguladora, o que veio a ocorrer em 09/01/2020 (LC 938, 09/01/2020, Art.13). Em São Paulo, houve declaração de referendo integral por Lei Complementar (Art. 32 da LC 1.354, de 06/03/2020), o que pode suscitar polêmica e questionamento. Muitos Estados, porém, ainda não implementaram a EC 103/2019 e outros simplesmente silenciaram sobre a nova competência que lhes foi reconhecida: a disciplina da transição, do tempo constitucional na ordem estadual e municipal em matéria previdenciária, e a proteção da confiança suscitada pelas normas de transição anteriores.

Trata-se de competência nobre, que não deve ser negligenciada.

As normas de transição são normas de memória e de antecipação. Guardam o passado, projetam o futuro e reconhecem a sucessão jurídica e temporal. São normas de *identidade temporal* de um grupo específico de sujeitos e se esgotam também no tempo.

Desprezá-las é como limar a memória e a expectativa induzida pelo próprio Estado nos seus beneficiários. Revogá-las, sem considerar a eficácia passada que produziram e as expectativas legítimas suscitadas, equivale a patrocinar sujeitos de direito que caminham na areia, instáveis, sem saber onde pisam. (11/03/2021).

NOTAS:

[1] SEPÚLVEDA PERTENCE, relator em acórdão notável, repeliu modelos ideais de federalismo e admitiu a reformabilidade do federalismo concretizado, preservado o seu núcleo essencial: (...) "A "forma federativa de Estado" – elevado a princípio intangível por todas as Constituições da República – não pode ser conceituada a partir de um modelo ideal e apriorístico de Federação, mas, sim, daquele que o constituinte originário concretamente adotou e, como o adotou, erigiu em limite material imposto às futuras emendas à Constituição; de resto as limitações materiais ao poder constituinte de reforma, que o art. 60, § 4º, da Lei Fundamental enumera, não significam a intangibilidade literal da respectiva disciplina na Constituição originária, mas apenas a proteção do núcleo essencial dos princípios e institutos cuja preservação nelas se protege. (...) (ADI 2024, Min. SEPÚLVEDA PERTENCE, Tribunal Pleno, DJe-042, 21-06-2007)

[2] ROCHA, Cármen Lúcia Antunes. República e Federação no Brasil. Belo Horizonte: Del Rey, 1997, p.180.

[3] As *normas de reprodução obrigatória* são inconfundíveis com as *normas de imitação*, que traduzem mimetização voluntária da normatividade federal. Consulte-se, sobre o tema, a obra clássica de RAUL MACHADO HORTA, A autonomia do Estado-membro no Direito Constitucional Brasileiro. Belo Horizonte: 1964, s.e., p. 192 e segs.

[4] Cf. MODESTO, Paulo. Previdência nos estados e municípios: exercício de autonomia ou reprodução? Coluna Interesse Público, Conjur, 16/01/2020. Disponível em https://www.conjur.com.br/2020-jan-16/interesse-publico-previdencia-estados-municipios-autonomia-ou-reproducao-servil

[5] Cf. MODESTO, Paulo. As normas de reprodução, imitação e remissão como parâmetro de controle de constitucionalidade nos Estados-membros da Federação e o papel das Leis Orgânicas Municipais. RBDP, n.46, jul./set, 2014, p. 201-213. Disponível em https://www.academia.edu/15694862

[6] Exemplos de normas de reprodução obrigatória: Art. 37, §13 e 15; Art. 39, §9º; Art. 40, caput, e §9º, 13, 14 e 15. Exemplos de normas de conteúdo obrigatório para os legisladores locais: Art. 40, §4º, 5º, 6º, 20, Art. 195, §11, e 14. Exemplos de normas de autonomia ampliada: Art. 40, §1º, III; §3º e §4º, 4º-B, 4º-C, §7º, entre muitos outros.

[7] Sobre o tema, MODESTO, Paulo. A garantia da paridade após a reforma da Previdência (EC 103/2019). Conjur, disponível em: https://www.conjur.com.br/2021-jan-28/interesse-publico-garantia-paridade-reforma-previdencia ;idem, ADCT: a insustentável incerteza do dever-ser. ConJur, https://www.conjur.com.br/2020-nov-26/interesse-publico-adct-insustentavel-incerteza-dever ; idem, A Reforma da Previdência e a Espera de Godot, RBDP, v. 17, n. 65, p. 9-20, abr./jun. 2019, disponível em https://www.academia.edu/40265339

[8] Ver sobre a decisão: https://www.conjur.com.br/2021-fev-20/tj-ba-mantem-regras-antigas-transicao-servidores-bahia

PARTE - II

REFORMA ADMINISTRATIVA

PEC 32 – Notas Sobre a Proposta de Emenda Constitucional da Reforma Administrativa da Gestão Bolsonaro

PEC 32: balanço entre normas-placebo e normas-perigo

Há prescrições normativas que são concebidas de forma a não produzirem efeitos práticos. Exemplo: o dispositivo sobre o limite de vencimentos e subsídios aprovado na Emenda Constitucional n. 19/98, segundo a moldura proposta pelo Relator Deputado Moreira Franco - a fixação do valor do subsídio-teto dependia de consenso entre os Chefes de Poderes no plano infraconstitucional e, como este consenso era sabidamente inviável, esse teto nunca foi fixado enquanto essa fórmula vigorou (Art. 48, XV, na redação da EC 19/98).[1] Prescrição feita para não funcionar, o comando normativo referido desde a concepção cumpriu o objetivo de manter o teto flexível e ineficaz até a alteração do modo de definição dos subsídios dos Ministros do Supremo Tribunal Federal pela EC 41/2003. CARLOS AYRES BRITTO denominava essas prescrições de "normas-chabu", em razão do seu modo peculiar de iludir.[2]

No plano da vida, o teto de remuneração no serviço público conquistou maior efetividade apenas com a Emenda Constitucional 41/2003, porém sobretudo após a alteração da jurisprudência do Supremo Tribunal Federal na matéria, capitaneada pelo saudoso Ministro TEORI ZAVASKI (RE 609.381/GO, Tema 480, Julgado 02.10.2014, DJe 11.12.2014). A fugaz vigência do Art. 48, XV, na redação da PEC 19/98, é ao menos didática para fins acadêmicos, pois facilita a compreensão do conceito de **normas-placebo**: *normas constitucionais placebo são as preordenadas a não serem aplicadas e que, ao permanecem ineficazes, realizam o seu propósito original de ser.*

Recordei isso ao ler o texto da Proposta de Emenda Constitucional da Reforma Administrativa do Governo Bolsonaro, conhecida como **PEC 32**, apresentada em **03/09/2020**, que pretende alterar 27 enunciados da Constituição e introduzir 87 novos, sendo quatro artigos inteiros. Há nela **sugestões normativas perigosas**, retrocessos evidentes a tempos superados, alguns problemas de técnica legislativa e um **número impressionante de normas-placebo**, prescrições formuladas de forma a alcançar reduzida ou insignificante eficácia prática.

Trata-se de proposta de emenda constitucional que precisa de muito aperfeiçoamento antes de ser considerada realmente uma reforma administrativa para o século XXI**,** independente da sinceridade e do otimismo de seus idealizadores. Essa construção deficiente da proposta original sugere que, ao menos para o momento, basta comentar alguns tópicos da PEC 32.

São anotações de moderado ceticismo, esboçadas para duas exposições recentes, pois mais de **três meses** após ser apresentada pelo Presidente da República **a PEC 32 sequer foi remetida à Comissão de Constituição e Justiça da Câmara dos Deputados para análise de admissibilidade,** primeira etapa de sua tramitação, permanecendo paralisada no aguardo de despacho do Presidente da Casa Legislativa baixa.[3]

Registro que esse ceticismo não contamina o **meu antigo compromisso com a reforma do estado** (em sentido abrangente) e da administração pública (em sentido restrito). Atuei diretamente na reforma administrativa de 1998 (EC 19/98) no Executivo, como Consultor Jurídico e Assessor Especial do Ministro da Administração Federal e Reforma do Estado (MARE), e no Congresso Nacional, como assessor técnico, a convite da Assessoria Parlamentar do Ministério da Administração e da Presidência da República. Participo de fóruns de debates e de grupos de elaboração normativa dedicados ao tema há mais vinte anos, sem alarde, mas com persistência. Mas essa adesão ao ideário reformista e esse sentimento de urgência não se confundem com o elogio a qualquer projeto específico de reforma da administração.

Tenho contribuído com artigos e ideias para projetos de lei e participado de comissões especiais que apresentaram sugestões de reforma da administração no plano técnico e prático e não como bandeira político-partidária. Temas como o **silêncio administrativo** (a responsabilidade de decidir em certo prazo, com efeitos positivos, negativos ou translativos);[4] **a contratualização da coordenação administrativa** (a articulação das entidades públicas e benefícios decorrentes de submissão a controle de desempenho),[5] a **reforma da organização administrativa federal,**[6] o aperfeiçoamentos da **formatação das parcerias sociais,**[7] **das parcerias econômicas, das agências reguladoras, do controle público, da responsabilidade dos agentes públicos** tem atraído a minha atenção desde pelo menos **1990** e hoje já contam com diversos projetos de lei aprovados. Portanto, as críticas que adiante esboço sobre as normas enunciadas na PEC 32 não significam descompromisso com a reforma do estado; pelo contrário, são uma reafirmação.

Caminhar para trás não é avanço. Iludir os incautos no sentido de caminhar, quando em verdade se permanece parado, também não é progredir. Por isso, para tornar mais claro o que penso proponho abordar a PEC 32 em **breve balanço** (ou "balanço dialético") entre as "normas-placebo" e as "normas-perigo".

A Inflação de Princípios Gerais Expressos (norma-placebo)

A PEC 32 sugere **acrescentar oito novos princípios gerais expressos** aos **cinco princípios** atualmente previstos na cabeça do art. 37 da Constituição Federal, pórtico do capítulo da Administração Pública. Os novos princípios expressos seriam a **imparcialidade, transparência, inovação, responsabilidade, unidade, coordenação, boa governança pública e subsidiariedade.** Lidos os enunciados assim enumerados a medida parece uma boa ideia. Na verdade, essa inflação de princípios introduz **normas-placebo.**

Qual a diferença relevante entre os princípios da **impessoalidade (hoje vigente)** e **imparcialidade (proposto)**, quando todos os intérpretes até hoje da Constituição sempre entenderam que impessoalidade exige objetividade e imparcialidade da atuação administrativa?

Qual o ganho prático de incluir o princípio da **"transparência"** ao lado do vigente princípio da **publicidade**, quando todos interpretam há décadas que a publicidade é uma ode à transparência pública?

Qual o sentido de incluir o princípio da **"responsabilidade"**, quando o **art. 37, §6º**, da Constituição fixa com clareza a responsabilidade por danos causados aos particulares pelos agentes públicos e pelo Poder Público, abrangendo inclusive as entidades privadas prestadoras de serviço público?

O que significa introduzir o princípio da **"unidade"** e da **"coordenação"**, quando a Constituição já prevê no **Art. 84, II,** que o Presidente da República exerce, com o auxílio dos Ministros de Estados, a "direção superior da Administração Pública" (portanto, **comando unitário ou convergente**); o **Art. 241** expressamente consagra a **cooperação interfederativa** e o **art. 84, VI,** da Constituição consagra a competência do Presidente para dispor, mediante decreto, sobre a organização e o funcionamento da administração federal?

Por acaso ocorrerá a alguém que o princípio da **eficiência** não inclui a **exigência de boa governança pública e de estímulo à inovação?**

Por sua vez, o princípio da subsidiariedade, desde o texto original, vem previsto no **art. 173** da Constituição, que estabelece que a exploração direta de atividade econômica no Brasil cabe aos particulares, atuando o Estado subsidiariamente apenas quando imperativos da segurança nacional ou relevante interesse coletivo o justifique.

Qual a finalidade de subdividir e decompor princípios, tornando incerto o conteúdo próprio dos princípios fragmentados, cuja extensão foi em grande parte parametrizada ao longo de três décadas de trabalho doutrinário e jurisprudencial?

Como dois enunciados não devem contemplar o mesmo sentido prescritivo, **será preciso redefinir o conteúdo de cada um dos princípios enunciados, gerando insegurança jurídica, ativismo judicial,**

ativismo ministerial, obstáculos a celebração de negócios, atos e parcerias, ao invés de melhoria da máquina pública.

No melhor cenário, a **inflação de princípios jurídico-administrativos** consumirá capital político para não resultar em nada que os atuais princípios já não comportem; no pior cenário, criará **insegurança jurídica e novos obstáculos à eficiência da administração pública.**

Facilitação à Criação de Cargos Comissionados (norma-perigo)

A PEC 32 não limita a criação abusiva de cargos em comissão. Trata-se de um dos mais sérios problemas da administração pública brasileira, enfrentado nos Tribunais do país com maior eficiência apenas após a EC 19/98.[8] Ao contrário, **amplia as possibilidades de criação de cargos comissionados**, permitindo a **criação de "cargos de liderança e assessoramento" para realizar atribuições simplesmente técnicas** (Art. 37, V).

Desde a EC 19/98 os cargos em comissão somente podem ser criados para funções de direção, chefia e assessoramento, isto é, funções de comando, gerenciais e de assessoramento superior. A PEC 32 propõe que os cargos de "liderança e assessoramento" sejam destinados "às atribuições estratégicas, gerenciais ou técnicas". **Qual o sentido de funções "estratégicas" e "técnicas"?** Formulação vaga, aberta e imprecisa, que não avança, mas regride a estado de coisas anterior à EC 19/98.

Hoje, conquanto o enunciado da norma específica seja bem mais preciso e exigente de funções de direção, chefia e assessoramento, todos os dias os agentes políticos, especialmente os municipais e os estaduais, testam esses limites, aprovando em Câmaras Municipais e Assembléias Estaduais a criação de mais e mais cargos comissionados, buscando criar **feudos políticos**, atender a apoiadores com **políticas clientelistas** ou a interesses ainda mais baixos (como as hoje famosas «rachadinhas», que nada mais são do que peculato, crime contra a administração pública, consistente em apropriação privada de recursos públicos).

A PEC 32 facilita a ocorrência desse tipo de abuso. **Não estabelece limite ou proporção entre o número de cargos efetivos**, ocupados ou vagos, **e os cargos em comissão**, que doravante seriam chamados de "cargos de liderança e assessoramento"; **suprime a previsão de "funções de confiança", postos gerenciais hoje reservados a servidores concursados** (embora em alguns momentos a expressão reapareça); e, por fim, **não fixa qualquer patamar mínimo de ocupação de cargos de liderança e assessoramento por servidores concursados,** permitindo o amplo loteamento das posições de chefia.

Mais: **não exige nível superior, treinamento, qualificação técnica, preparo em escolas de governo para acesso a "cargos de liderança e assessoramento", na contramão de meritórias iniciativas no plano infraconstitucional.**[9] E, para desprestígio ainda maior do profissionalismo na gestão de pessoal, **reduz o prazo de estágio probatório** – que agora denomina como «vínculo de experiência» – **de três anos** para **um ano** (nos casos de «cargo com vínculo por prazo indeterminado») e para **NO MÍNIMO dois anos** (nos casos de «investidura em cargo típico de Estado», criando ademais **insegurança jurídica quanto a própria definição do prazo de avaliação**). Esses dois vínculos exigem prévio concurso público, mas é proposta a revogação da salutar exigência de que o concurso considere "a natureza e a complexidade do cargo ou emprego, na forma prevista em lei" (cláusula prevista hoje no art. 37, II, da CF e introduzida pela EC19/98).

Revoga-se também a meritória previsão de que a "União, os Estados e o Distrito Federal manterão escolas de governo para a formação e o aperfeiçoamento dos servidores públicos, constituindo-se a participação nos cursos um dos requisitos para a promoção na carreira, facultada, para isso, a celebração de convênios ou contratos entre os entes federados" (atual § 2º do Art.39, incluído pela EC 19/1998).

Transformar o estágio probatório em fase do concurso não muda nada**,** salvo se isso for usado para nomear um número maior de servidores com vínculo precário do que o número de cargos efetivos disponíveis, realizando posterior **filtragem quantitativa dos servidores em**

vínculo de experiência. O perigo desse possível «filtro quantitativo», que foi sugerido na nova redação do Art. 37, II-A,"c", e II-B, "c", é gerar uma **dependência política do concursado por longo período em relação ao dirigente de plantão.** Isso pode ampliar as possibilidades de quebra do princípio da impessoalidade (deixando todos os servidores dependentes dos humores do dirigente) e, lamentavelmente, ampliar as possibilidades de corrupção. Outro uso possível dessa alteração é fiscal: permitir a redução no vínculo de experiência da remuneração desses agentes, que não seriam ainda ocupantes dos cargos definitivos, mas a PEC não traz esse comando de forma expressa.

Essas normas não ampliam a profissionalização da política de pessoal, não melhoram a qualidade dos agentes públicos de confiança, não incentivam o interesse de novos e melhores talentos pelo ingresso em funções públicas, não reduzem o clientelismo nem promovem a melhor racionalidade no uso de recursos públicos. São **normas perigosas,** pois reduzem a exigência de estágio probatório, eliminam limites à criação de cargos em comissão, facilitam rachadinhas e abusos de poder.

Além desses problemas de gestão, há problemas jurídicos: **os cargos típicos de estado serão estabelecidos em lei complementar federal (**rectius: **nacional),** o que suscita a questão da invasão da autonomia política dos estados e municípios). Outra questão interessante é que o Chefe do Poder executivo também poderá, nos termos do Art. 84, extinguir cargos em comissão, **estando vagos ou não**, e cargos efetivos vagos. Poderá também promover a criação, fusão, transformação ou extinção de Ministérios e de órgãos diretamente subordinados ao Presidente da República, e – pasme-se - a extinção, transformação e fusão de entidades da administração pública autárquica e fundacional (entidades com personalidade jurídica própria); a transformação de cargos públicos efetivos vagos, cargos de Ministro de Estado, cargos em comissão e cargos de liderança e assessoramento, funções de confiança e gratificações de caráter não permanente vagos ou ocupados, desde que seja mantida a natureza dos vínculos de que trata o art. 39-A; e alteração e reorganização de cargos públicos efetivos do Poder Executivo federal e suas atribuições, desde que não implique alteração ou supressão da estrutura da carreira ou alteração da remuneração, dos requisitos de ingresso no cargo ou da natureza do vínculo. **Poder de organização que em parte o Presidente já possui** (remanejamento e reordenação orgânica), **mas sem poder extinguir cargos ocupados, Ministérios, autarquias, fundações ou órgãos, que exigem lei para a extinção, uma vez que simetricamente exigem lei para a criação.** Esse **excesso de poder unipessoal da Chefia da Administração** pode redundar em **voluntarismo e irracionalidade** (por exemplo, extinção de Universidades, órgãos ambientais, centros de pesquisa de forma precipitada e por simples **decreto**) e **violar limites contidos no núcleo da separação de poderes**.

Como é sabido e ressabido, nos termos do Art. 60, §4º, da CF, não podem ser apresentadas PECs tendente a abolir as chamadas **cláusulas pétreas da Constituição**: forma federativa de Estado; voto direto, secreto, universal e periódico; separação dos poderes e os direitos e garantias individuais.

Normas de Limites de Vantagens Remuneratórias (normas-placebo)

A PEC 32 quase confunde a Constituição com a legislação ordinária ao dispor em detalhes sobre quais vantagens remuneratórias ou indenizatórias podem ou não podem ser criadas pelo legislador. Tenta aprisionar a criatividade legislativa em escaninhos estreitos em matéria de remuneração e indenização. A garantia de sucesso desse tipo de iniciativa é baixa, mas parece algo útil para coibir e cobrir abusos. **O problema é que a maior parte das normas propostas são normas placebo, pois chovem no molhado e proíbem o que já está proibido e, ainda mais, proíbem em plano geral e permitem no varejo das únicas situações em que elas ocorrem.**

É fácil dar exemplos.

A PEC 32 veda férias em período superior a trinta dias pelo período aquisitivo de um ano e a aposentadoria compulsória como medida de punição. Nada contra. **Mas os servidores públicos não possuem tais vantagens e os poucos casos de férias de sessenta dias entre os servidores administrativos que ainda suscitavam dúvida estão sendo decididos pelo STF.**[10] A EC 103/2019, recente emenda da reforma da previdência, excluiu a única previsão constitucional referente à **aposentadoria compulsória punitiva**, contemplada para os magistrados e, por extensão, aos membros do MP e de Tribunais de Contas (contemplada antes da EC 103/2019 no Art. 93, VIII, da CF).

Porém, **mais do que tudo**, a PEC 32 **autolimita para o futuro a sua eficácia reformadora nessa matéria,** pois estabelece, no Art. 2º, II, a "não aplicação do disposto no art. 37, caput, inciso XXIII, alíneas "a" a "j", da Constituição na hipótese de haver lei específica vigente em 31 de agosto de 2020 que tenha concedido os benefícios ali referidos, exceto se houver alteração ou revogação da referida lei". São as alíneas "a" e "f" do Art. 37, do texto da PEC 32, que tratam da vedação das férias em dobro e da aposentadoria compulsória punitiva. **Nesse passo o reformador morde a própria cauda e retira toda a eficácia das normas restritivas**, não apenas para as situações subjetivadas ou individuais implementadas, mas em face da legislação infraconstitucional vigente e para o futuro, condicionando a eficácia futura de suas normas à revogação da legislação infraconstitucional vigente (revogação que, por óbvio, já poderia ocorrer, com ou sem emenda, pois não há na Constituição Federal norma alguma que obrigue a manutenção desses benefícios). Em outras palavras: a única clientela possível das novas normas restritivas, os magistrados (Art. 66, LC 35/1979), os membros do MP (Art. 51, Lei 8.625/1993), algumas procuradorias estaduais, defensorias estaduais e tribunais de contas será poupada e permanecerá sob a proteção de normas legais de tutela que o reformador pretende supostamente reformar, mas cuja vigência protegerá e prolongará sem prazo definido e como se nada houvesse ocorrido. **Fórmula para uma norma-placebo modelar.**

A PEC 32 também propõe o fim de indenizações ou adicionais sem a caracterização de despesas diretamente decorrente do desempenho da atividade – **algo que hoje já é exigível;** veda a incorporação de cargos em comissão ou funções de confiança à remuneração permanente – **proibição que já foi aprovada no ano passado pela Emenda Constitucional 103**, que alterou a redação do Art. 39, §9º, para dizer que «É vedada a incorporação de vantagens de caráter temporário ou vinculadas ao exercício de função de confiança ou de cargo em comissão à remuneração do cargo efetivo.» Enfim, como diria a sentença popular, com verve didática: **em vários desses tópicos a PEC 32 choveu no molhado, aliás no recentemente molhado. E no que não reproduz o vigente, retira do texto novo toda a eficácia prática.**

É curioso também que a suposta supressão dessas e de outras vantagens seja prevista apenas para os novos servidores, sendo prolongada a vigência das vantagens atuais, nomeadamente "na hipótese de haver lei específica vigente em **31 de agosto de 2020** que tenha concedido os benefícios ali referidos, exceto se houver alteração ou revogação da referida lei" (Art. 2º, II, da PEC32). Para os ocupantes de emprego público, a proteção constitucional cobre a legislação até **1 de setembro de 2020** (Art. 3º, da PEC 32). **Não há razão para a previsão de dois prazos e sentido jurídico nesse tipo de proteção abrangente para o futuro**. O regime de remuneração e o regime de aquisição de direitos futuros não pode ser apropriado como direito adquirido. Se houver revogação da lei que contempla tal ou qual vantagem, toda aquisição de direito sucessivo será logicamente impossível, pois não há direito a regime jurídico, não sendo cabível apenas a supressão da vantagem subjetivada, ou adquirida em termos individuais e em tempo precedente, o que não se confunde com a permanência do regime jurídico em abstrato. Os autores da PEC mostram um desconhecimento assustador de direito intertemporal e, o mais impressionante, **oferecem cobertura constitucional inclusive para vantagens ilegais**, **ou sem suporte legal atual,** como expressamente enuncia o **inacreditável Art. 6º da PEC:** "Art. 6º. As parcelas indenizatórias pagas em desacordo com o disposto no art. 37, caput, inciso XXIII, alínea "i", da Constituição ou **instituídas apenas**

em ato infralegal ficam **extintas após dois anos da data de entrada em vigor desta Emenda à Constituição**".

Há também uma **federalização do regime dos servidores em vários aspectos da matéria** (remuneração, acesso a cargos comissionados, carreira etc). A proposta para a nova redação do Art. 39 prevê que "Lei complementar federal disporá sobre normas gerais sobre os seguintes temas: I – gestão de pessoas; II – política remuneratória e de benefícios; III – ocupação de cargos de liderança e assessoramento; IV – organização da força de trabalho no serviço público; V – progressão e promoção funcionais; VI – desenvolvimento e capacitação de servidores; e VII – duração máxima da jornada para fins de acumulação de atividades remuneradas.

É certo que enquanto esta lei complementar federal (rectius: nacional) não for editada, Estados, DF e Municípios poderão exercer a competência plena.

A norma extingue definitivamente a exigência do regime jurídico único e restringe a autonomia dos estados e municípios em matéria de pessoal. Sobrevindo a "lei complementar federal", o que for incompatível na legislação local ficará suspenso. A rigor, é o contrário do lema "menos Brasília, mais Brasil", pois aqui o que se fará é **ampliar a centralização normativa e de poder** («Mais Brasília, menos Brasil»). Essa orientação suscitará relevante questionamento jurídico, pois **emenda constitucional não pode amesquinhar o princípio federativo em matéria contida em um dos núcleos do direito administrativo.** A operatividade dessas normas provavelmente será baixa, se não for nula, por isso as classifico também entre as normas-placebo, sem recusar alguma operatividade residual em algum caso concreto ou alguma situação específica.

Estabilidade e Acumulação de Cargos (norma-perigo)

Consoante a PEC 32 somente servidores em cargos típicos de estado poderão adquirir estabilidade. Os atuais servidores estáveis permaneceriam estáveis mesmo que não integrem cargos típicos de Estado. Na forma do Art. 39-A, § 1º, "os critérios para definição de cargos típicos de Estado serão estabelecidos em lei complementar federal", sendo essa **centralização normativa novamente de discutível constitucionalidade em face do princípio federativo.**

Os novos servidores de outros vínculos não adquirem estabilidade e poderão ser exonerados. Não há informação se será exigido algum procedimento de motivação ou critérios objetivos de dispensa. Isso pode criar um grande exército de servidores totalmente dependentes da chefia política de plantão. Tudo dependerá da regulamentação e da iniciativa do legislador infraconstitucional.

O servidor estável aparentemente é bem protegido, mas há indícios de haver pura aparência nisso. Hoje teoricamente ele pode perder o cargo por processo administrativo disciplinar, processo administrativo por avaliação periódica de desempenho (não regulamentado) ou por decisão judicial.

A perda de cargo mediante processo administrativo não recebe alterações na PEC32. Mas a perda de cargo por avaliação periódica de desempenho deixará de ser regulamentada por lei complementar e passará a ter os critérios de avaliação definidos por **lei ordinária** (Art. 41, III).

No texto proposto, quanto à perda de cargo por decisão judicial, **os atuais servidores estáveis** e **os novos servidores estáveis de cargos típicos de estado** poderão perder o cargo efetivo logo na primeira **decisão judicial colegiada** (proferida por um tribunal), **sendo desnecessário o trânsito em julgado da decisão judicial.**

A PEC 32 veda em princípio qualquer forma de acumulação de cargos públicos e a realização de outra atividade remunerada para servidores de cargos típicos de Estado, inclusive durante o período de vínculo de experiência (Art. 37, XVI). **Aqui afeta-se a possibilidade de procuradores de estado e de municípios exercerem a advocacia privada.** Ressalva-se apenas o exercício do ensino e a atividade médica. Hoje a regra é a vedação de acumular; a exceção, é a acumulação de dois cargos de professor; a de um cargo de professor com outro técnico ou científico; a de dois cargos ou empregos privativos de profissionais de saúde, com profissões regulamentadas (Art. 37, XVI). A PEC 32 inverte isso: passa a ser regra a possibilidade de acumular, sem importar se há atividade é de nível superior, técnica ou científica, desde que não ocorra conflito de interesses e haja compatibilidade de horários. A restrição de acumular será exclusiva dos cargos típicos de estado para atividades de nível científico ou superior, inclusive em período de experiência e, mesmo para os cargos típicos, essa limitação poderá ser afastada nos municípios de até 100.000 habitantes (Art. 37, § 19). Por óbvio, essa exclusão de limites nos Municípios de até 100.000 habitantes poderá ensejar que existam diferentes regimes de acumulação para o exercício das mesmas funções a depender da decisão política local.

A modo de conclusão

Seria cansativo avaliar nessa primeira abordagem todas as alterações propostas, que são muitas. Algumas são cosméticas e retóricas; outras perigosamente mal concebidas.

As regras propostas alcançam servidores do Executivo, Legislativo e Judiciário das três esferas da federação: União, estados (e DF) e municípios. A exposição de motivos afirma que as propostas alcançam apenas aos novos servidores, isto é, os que ingressarem no setor público a partir da promulgação da Emenda Constitucional. Mas isto é falso, pois essa imutabilidade do regime atual vale apenas para a mudança estrutural no regime de vínculo e não para o modo de exclusão do serviço público e para consequências indiretas das alterações propostas. Além disso, **há na PEC 32 diversas normas que ampliarão o déficit do regime próprio de previdência social**, **com repercussão óbvia no aumento das alíquotas de contribuição dos atuais servidores ativos, aposentados e pensionistas**. Por exemplo, a inquietante norma do **Art. 9º**, que permite que a União, Estados e Municípios retirem do financiamento dos regimes próprios de previdência a contribuição ou participação dos novos servidores admitidos para cargo com vínculo por prazo indeterminado. O texto sugerido agrava o déficit do RPPS e merece ser transcrito, litterim:

> "Art. 9º A União, os Estados, o Distrito Federal e os Municípios poderão optar por vincular, por meio de lei complementar publicada no prazo de dois anos, contado da data de entrada em vigor desta Emenda à Constituição, os servidores que vierem a ser admitidos para cargo com vínculo por prazo indeterminado, nos termos do inciso III do caput do art. 39-A, inclusive durante o vínculo de experiência, ao regime geral de previdência social, em caráter irretratável.
>
> Parágrafo único. A vinculação de que trata o caput não afasta o direito dos servidores à vinculação ao regime de previdência complementar, na forma do art. 40, § 14, da Constituição."

Essa medida agravará a **fragilidade financeira dos RPPS** e, por certo, obrigará a **elevações de alíquotas de contribuição ordinárias e extraordinárias, afetando inclusive servidores aposentados e pensionistas do setor público.** Os servidores efetivos atuais e os atuais aposentados do regime próprio serão vítimas diretas dessa alteração, caso aprovada, mas certamente serão no futuro apontados como vilões responsáveis por mais um déficit público. A norma sugerida fabricará crises, como outras aprovadas na EC 103/2019, que obrigaram a adoção da previdência complementar sem qualquer norma de transição objetiva entre os regimes e sem o reconhecimento da responsabilidade do Poder Público pela diminuição do financiamento nos regimes próprios.

Na proposta, o Governo ilude ao dizer que as medidas propostas não se aplicam aos atuais servidores. Várias normas são aplicáveis. Afirma também que não se aplicam à magistratura e ao Ministério Público, o que é falso também, como a fragilização do sistema de financiamento do regime próprio de previdência exemplifica, pois essa medida alcançará igualmente magistrados, procuradores, Conselheiros e defensores públicos.

Essa falta de clareza e sinceridade do reformador - somado ao fato da sonegação de estudos, estatísticas e avaliações que serviram de base para a proposta – torna pouco provável que a PEC 32 tenha tramitação rápida no Congresso Nacional.

Essa constatação não deve desanimar. Há muita proposição importante em debate e com aprovação parcial tramitando no Congresso

Nacional. Normas como o **novo estatuto do gás** (PL 4.476/2020), aprovado na Câmara; o **novo marco regulatório para o setor ferroviário** (PLS 261/2018), **a autonomia do Banco Central** (PLP 19/19); o **projeto de lei relativo ao silêncio administrativo translativo** (aprovado no Senado e agora tramitando na Câmara renomeado como PL 5473/2019), a **PEC Emergencial** (PEC 186/2019), **que restringe crescimento de despesa**; **a PEC 188/2019, PEC do PAC Federativo**, que redistribui recursos e fixa responsabilidades, inclusive o interessante "direito ao equilíbrio fiscal intergeracional"; a **nova lei de licitações e contratos** (PL 1292/95), que foi aprovada nas duas Casas e aguarda sanção presidencial; o **PL 6.726/2016**, originário do Senado, que limita o pagamento de vencimentos acima do teto no serviço público, entre muitas outras propostas que promoverão mudanças na federação e na administração pública mais efetivas do que a PEC 32.

Paralisar a tramitação de todas essas propostas normativas para aguardar a reforma administrativa é contrassenso.

Para quem deseja uma efetiva reforma do estado, **a PEC 32 é tímida no enfrentamento dos problemas reais:**

a) clientelismo;

b) explosão de cargos em comissão e incentivos a sua criação, como os "dízimos partidários";[11]

c) utilização privada dos servidores públicos;

d) baixa agilidade e eficiência do sistema de compras;

e) responsabilidade pela demora de decidir;

f) frágil sistema de avaliação de desempenho;

g) manutenção de sistemas próprios de previdência inviáveis;

h) baixos incentivos à profissionalização;

i) falta de incentivos à progressão e reduzida amplitude remuneratória na intimidade das carreiras;

j) insegurança jurídica nos processos de cooperação interinstitucionais e de parceria, entre muitos outros problemas.

Ao mesmo tempo, paradoxalmente, quando não é palavrosa e retórica, a PEC 32 é agressiva e perigosa no tratamento dos servidores concursados, que acessam cargos e empregos pelo regime de mérito. Ela demoniza claramente o servidor público e facilita a apropriação de estruturas de estado por interesses clientelistas, deixando de fixar balizas objetivas para a profissionalização da gestão de pessoal. O concurso público é praticamente tornado exceção tantas são as facilidades para criação de cargos comissionados, para a terceirização e para a contratação de pessoal temporário.

Reformar a administração pública é um desafio complexo, mas que não deve ser deixado de lado apenas por ser complexo. Há muito a fazer para melhorar o serviço público no plano infraconstitucional e infralegal, sem "balas de prata", sem soluções mágicas, e certamente sem o ilusionismo normativo de batizar velhos conceitos com novas palavras e expressões que mais escondem do que transformam.

Reformar o Estado hoje permanece um imperativo, pois na crise em que vivemos os serviços básicos à população são vitais e a eficiência desses mesmos serviços constitui um problema existencial coletivo. Nesse cenário não se pode confundir reforma com redução de custos nem deixar abrir avenidas ao patrimonialismo. Segurança jurídica, renovação de quadros, digitalização, modernização organizacional, aceleração do processo administrativo, sustentabilidade no regime de compras, controle de desempenho e profissionalização são outros signos que não podem estar longe das atenções do reformador. (16.12.2020)

NOTAS

[1] Em texto publicado em 2000, e antes disso em palestras, sustentei a inconstitucionalidade da fórmula aprovada para fixação do subsídio-teto pela EC 19/1998, por violação à separação de poderes, pois autorizava na prática esdrúxulo "veto a projeto de lei" e retirava do STF a iniciativa privativa de projeto de lei para a definição da retribuição de seus membros, com repercussão direta

para o restante da magistratura (Cf. MODESTO, Paulo. Teto Constitucional de Remuneração dos Agentes Públicos: uma crônica de mutações e emendas constitucionais. *RDA - Revista de Direito Administrativo*. Rio de Janeiro: 222:1-21, out.dez. 2000, p. 17. Disponível na web: http://bibliotecadigital.fgv.br/ojs/index.php/rda/article/view/48714/47539

[2] Esse tipo de norma foi estudado pioneiramente no Brasil por CARLOS AYRES BRITTO no ensaio «Constituição: o reino das segundas intenções», originalmente escrito para servir de tese de doutoramento na PUC-SP, cujos originais foram perdidos no escritório de CELSO RIBEIRO BASTOS. Por sorte, antes da tese ser perdida, o professor Celso Bastos pediu-me que fizesse uma leitura de avaliação do trabalho. Por incrível que isso possa parecer, fui o único leitor dessa obra extraviada e registro a sua leitura em nota de artigo que escrevi em 1990 sobre inconstitucionalidade por omissão e a ação direta de inconstitucionalidade por omissão (MODESTO, Paulo. Inconstitucionalidade por omissão: categoria jurídica e ação constitucional específica. Revista de Direito Público (RDP) n. 99, São Paulo: RT, 1991, p. 126, disponível na web: https://www.academia.edu/7789361). O hoje advogado e ex-ministro CARLOS AYRES BRITTO, querido amigo há décadas, não guardou cópia desse trabalho da era das máquinas de datilografia e defendeu outra tese de doutoramento muitos anos depois, de que resultou o livro *Teoria da Constituição* (Rio de Janeiro: Forense, 2003).

[3] A PEC 32 não iniciou a sua tramitação. Recebida no Congresso, a primeira etapa iniciará com o seu encaminhamento à Comissão de Constituição e Justiça e de Cidadania (CCJ) da Câmara dos Deputados, para análise da admissibilidade. O texto submetido, caso aprovado, seguirá depois para uma comissão especial, que avaliará o mérito, e ao Plenário da Câmara, em duas votações sucessivas, cada votação exigindo 3/5 dos votos do colegiado, isto é, **308 deputados**. Se aprovada em dois turnos, segue para o Senado, onde será apreciada por Comissão de Constituição e Justiça, mas na casa Alta essa comissão exerce dupla função de analisar e admissibilidade e propor alterações, acréscimos ou supressões de mérito. Na sequência, duas novas votações, também por 3/5 dos membros da casa são exigidas para a aprovação da Emenda, isto é, **49 senadores.** O texto substancialmente emendado deve ser destacado e remetido para nova votação em dois turnos no colegiado que ainda não o tenha apreciado.

[4] Cf. Por exemplo, o Projeto de Lei do Senado 129/2017, do Senador ANTONIO AUGUSTO ANASTASIA, aprovado no Senado, que aguarda deliberação da Câmara como PL 5473/2019, foi inspirado no artigo em que

sugeri a disciplina do "silêncio translativo" cf. MODESTO, Paulo. Silêncio Administrativo Positivo, Negativo e Translativo: a omissão estatal formal em tempos de crise. **Revista Brasileira de Direito Público**, v. 57, p. 47-58, 2017. Disponível também em http://www.direitodoestado.com.br/colunistas/paulo-modesto/silencio-administrativo-positivo-negativo-e-translativo--a-omissao-estatal-formal-em-tempos-de-crise-

[5] Cf. Lei 13.934/2019, de iniciativa do Sen. ANTONIO AUGUSTO ANASTASIA, cuja versão original foi inspirada em fragmento da Proposta de Nova Organização Administrativa Federal, anteprojeto de lei apresentado em 2017 por Comissão de Especialistas de que fiz parte, sendo relator exatamente do capítulo destacado sobre o tema dos contratos de autonomia. Cf. MODESTO, Paulo. Contrato de Desempenho e Organização Administrativa. **ConJur - Interesse Público.** Publicado em 19-12-2019. Disponível em: https://www.conjur.com.br/2019-dez-19/interesse-publico-contrato-desempenho-organizacao-administrativa ou https://www.academia.edu/41817236

[6] Cf. MODESTO, Paulo (org). **Nova Organização Administrativa Brasileira**: estudos sobre a proposta da comissão de especialistas constituída pelo Governo Federal para reforma da Organização Administrativa Brasileira. Belo Horizonte: ed. Fórum, 2009 (1ª. Ed) e 2011 (2ª.ed).

[7] Cf. Estudos reunidos no livro: FUX, Luiz ; MODESTO, Paulo ; MARTINS, Humberto Falcão . **Organizações Sociais Após a Decisão do STF na ADI N. 1923/2015.** 1. ed. Belo Horizonte: Fórum, 2017. v. 1. 277p.

[8] Sobre o tema, bem como sua evolução no tempo, cf. MODESTO, Paulo. É possível superar o clientelismo na administração pública do Brasil? : argumentos jurídicos e sugestões para limitar a criação e o provimento abusivo de cargos públicos em comissão nos 30 anos da Constituição de 1988. **Revista Brasileira de Direito Público – RBDP**. Belo Horizonte, ano 16, n. 62, p. 9-55, jul./set. 2018. Disponível também na web: https://www.academia.edu/37780364

[9] Cf. **Decreto nº 9.727, de 15 de março de 2019,** que dispõe sobre os critérios, o perfil profissional e os procedimentos gerais a serem observados para a ocupação dos cargos em comissão do Grupo-Direção e Assessoramento Superiores - DAS e das Funções Comissionadas do Poder Executivo - FCPE. **A Lei nº 13.303/2016,** também denominado de "Lei de Responsabilidade das Estatais", é explícita ao exigir da alta administração das empresas estatais: a) requisitos cumulativos de:(1) reputação ilibada,(2) notório conhecimento e tempo de

experiência profissional, (3) formação acadêmica compatível com o cargo e (4) ausência de hipótese de inelegibilidade prevista em lei para a assunção de cargos no Conselho de Administração e de diretor, inclusive presidente, diretor-geral e diretor presidente de empresas estatais (art. 17); b) veda-se ainda a indicação, para o Conselho de Administração e para a diretoria: 1. de representante do órgão regulador ao qual a empresa pública ou a sociedade de economia mista está sujeita, de Ministro de Estado, de Secretário de Estado, de Secretário Municipal, de titular de cargo, sem vínculo permanente como serviço público, de natureza especial ou de direção e assessoramento superior na Administração Pública, de dirigente estatutário de partido político e de titular de mandato no Poder Legislativo de qualquer ente da federação, ainda que licenciados do cargo, incluídos parentes consanguíneos ou afins até o terceiro grau dos agentes mencionados; 2. de pessoa que atuou, nos últimos 36 (trinta e seis) meses, como participante de estrutura decisória de partido político ou em trabalho vinculado a organização, estruturação e realização de campanha eleitoral;3. de pessoa que exerça cargo em organização sindical;4. de pessoa que tenha firmado contrato ou parceria, como fornecedor ou comprador, demandante ou ofertante, de bens ou serviços de qualquer natureza, com a pessoa político-administrativa controladora da empresa pública ou da sociedade de economia mista ou com a própria empresa ou sociedade em período inferior a 3 (três) anos antes da data de nomeação; 5. de pessoa que tenha ou possa ter qualquer forma de conflito de interesse com a pessoa político-administrativa controladora da empresa pública ou da sociedade de economia mista ou com a própria empresa ou sociedade. Por fim, segundo a Lei nº 13.303/2016, os administradores eleitos devem participar, na posse e anualmente, de treinamentos específicos sobre legislação societária e de mercado de capitais, divulgação de informações, controle interno, código de conduta, da Lei nº 12.846, de 1º de agosto de 2013 (Lei Anticorrupção), e demais temas relacionados às atividades da empresa pública ou da sociedade de economia mista (art. 17, §4º).

[10] Cf. Não há como reconhecer direito adquirido em férias anuais de 60 dias aos Procuradores da Fazenda Nacional (STF, RE 954.968-SC, Rel. Min. Gilmar Mendes, https://www.conjur.com.br/dl/gilmar-nega-ferias-60-dias-pfn.pdf). Mérito: Recurso Extraordinário (RE) 594.481, com repercussão geral reconhecida, Rel. Min. ROBERTO BARROSO, decisão de 21 de abril de 2020, https://www.conjur.com.br/2020-abr-21/stf-declara-inconstitucional-concessao-ferias-60-dias-pgfn).

[11] Sustento há vários anos a necessidade de vedação completa do chamado 'dízimo partidário', contribuição percentual realizada por nomeados para cargos em comissão sobre o valor de seus vencimentos em favor da agremiação política a que se vinculam, laço econômico de evidente cariz patrimonial, que apenas incentiva o loteamento dos cargos comissionados e o contínuo aumento de seu número ou de sua remuneração. Mais grave ainda, por óbvio, é o "dízimo individual", a contribuição direta ou indireta, expressa ou oculta, do servidor comissionado em favor do dirigente que o nomeou ou para o seu fundo eleitoral, conhecido hoje pelo simpático nome de "rachadinha", mas que em verdade nada mais significa do que o delito de concussão (art. 316 do Código Penal) ou peculato (Art. 312, caput, do Código Penal). De mesma sorte, é urgente a tipificação como crime de peculato da utilização de servidor comissionado para atividade privada, hoje conduta penal atípica, salvo para Prefeitos Municipais, pois, em relação a estes, existe previsão em lei que torna punível a conduta do Chefe do Executivo local que se utiliza, "indevidamente, em proveito próprio ou alheio, de bens, rendas ou serviços públicos" (Decreto-lei nº 201/67, art. 1º, II,"in fine").

Contrato de Desempenho e Organização Administrativa

Em 14.9.1998, no seminário *A Nova Organização Administrativa*, promovido pela Sociedade Brasileira de Direito Público (São Paulo/SP), proferi conferência sobre o tema "Contrato de Gestão". Na ocasião, levei um texto escrito, pois falaria para professores e, simplesmente, não havia trabalho jurídico algum escrito no Brasil sobre o tema, ao menos à luz da Emenda Constitucional n.19, publicada poucos meses antes (5.6.1998).

Entre 1995 e 1998 ocupei as funções de assessor especial do MARE para a reforma da administração. É certo que existia um livro publicado pela ENAP, de 1993, que reuniu administradores da França e do Brasil para debater aspectos gerenciais e políticos do assunto, mas sem qualquer abordagem jurídica. Não publiquei o texto da palestra imediatamente. Foi um erro e uma ingenuidade – no ano imediatamente seguinte, perplexo, li vários fragmentos do texto inédito da palestra em artigos e livros de terceiros, sem qualquer referência à fonte. Para maior espanto ainda, li dois parágrafos inteiros do meu trabalho em nova edição de um famoso manual publicado por autor morto, atualizado por algum discípulo abusado. Na sequência, a indústria do plágio teve curso com trabalhos de maior extensão, e plagiários foram sendo plagiados por outros plagiários.

Esse episódio, além de aprendizado, provocou desconforto e me afastou do tema por muito tempo, salvo uma ou outra referência a fragmento do texto da palestra escrita em outros trabalhos que publiquei,[1] pois o original da palestra nunca foi publicado. Afinal, se o publicasse, corria o risco de ser considerado o plagiador, salvo se os registros orais da conferência estivessem arquivados.

Esse trauma acadêmico somente foi vencido em 2008-2009, quando fiquei responsável por redigir a versão base do capítulo sobre contrato de gestão para o anteprojeto da comissão de professores incumbida de elaborar uma nova proposta de lei geral de organização administrativa para a União. A Comissão, sem remuneração, trabalhou por dezoito meses e realizou quinze encontros de discussão, com ampla autonomia. Foi instituída pelo Ministério do Planejamento (Portaria 426, de 6.12.2007, alterada pela Portaria 84, de 23.4.2008), com os seguintes integrantes: MARIA SYLVIA ZANELLA DI PIETRO (PRESIDENTE), ALMIRO DO COUTO E SILVA, CARLOS ARI SUNDFELD, MARIA COELI SIMÕES PIRES, PAULO EDUARDO GARRIDO MODESTO e SÉRGIO DE ANDRÉA FERREIRA. Todos os temas foram debatidos e contaram com contribuições de todos os professores, mas capítulos específicos foram distribuídos aos integrantes para formulação de texto de referência. Ao final dos trabalhos, em 2009, diante da riqueza do anteprojeto e de sua abrangência, sugeri que publicássemos imediatamente um livro explicando os diversos capítulos e seções do anteprojeto, com cada relator escrevendo sobre o tema em que atuou mais diretamente.[2] Foi quando finalmente publiquei um ensaio dedicado especialmente ao tema contrato de gestão, que na comissão foi apelidado de "contrato de autonomia", assim batizado pela abertura do texto constitucional (artigo 37, §8º) e para evitar a confusão do texto proposto com o contrato de gestão adotado pela Lei 9.637, de 15-5-98, que possui outra lógica e outra finalidade.[3]

O Poder Executivo, que inicialmente recebeu com entusiasmo o texto do anteprojeto, passou a ser pressionado por órgãos vários, interessados em manter o *status quo*. O texto continuou a ser debatido na Academia, transformou-se em tema de discussão em mestrados e doutorados, e o livro recebeu uma segunda edição, mas o anteprojeto estacionou em alguma gaveta do Governo Federal. Curiosamente, vários artigos do anteprojeto passaram a ser incluídos em leis estaduais e até em projetos de leis federais, a demonstrar que as ideias inovadoras do anteprojeto encontravam eco e respondiam a necessidades de seu tempo.

Em 2016, pelas mãos seguras do Senador ANTONIO JUNHO ANASTASIA, o capítulo referente ao "contrato de autonomia" do anteprojeto foi destacado e apresentado como Projeto de Lei do Senado (PLS) n º. 459. Na versão original do projeto do senador Anastasia, esse conjunto de enunciados foi apresentado como destinado a regulamentar o artigo 37, § 8º, da Constituição Federal e dispor sobre o contrato de desempenho dos órgãos e entidades da administração pública direta e indireta. Debatido e aprovado com ampla maioria no Senado e na Câmara dos Deputados, o PSL 459, renumerado na Câmara para 10217/18, foi sancionado e converteu-se na *Lei 13.934/2019*, publicada em 12.12.2019.

A *arquitetura do instituto* é a mesma do anteprojeto apresentado em 2009, alterando-se apenas a nomenclatura do acordo para "contrato de desempenho", segundo a mesma definição central que havia sugerido para o anteprojeto de 2009:

> "Contrato de desempenho é o acordo celebrado entre o órgão ou entidade supervisora e o órgão ou entidade supervisionada, por meio de seus administradores, para o estabelecimento de metas de desempenho do supervisionado, com os respectivos prazos de execução e indicadores de qualidade, tendo como contrapartida a concessão de flexibilidades ou autonomias especiais." (artigo 2º da Lei 13.934/2019; artigo 2º, do PSL 459, de 2016; artigo 27, §1º, do Anteprojeto/2009).

Essa definição abrangente é complementada por outra mais específica e técnica, estabelecida na sequência, com a redação idêntica tanto no anteprojeto de 2009 quanto no projeto do Senado de 2016 e na lei aprovada:

> "O contrato de desempenho constitui, para o supervisor, forma de autovinculação e, para o supervisionado, condição para a fruição das flexibilidades ou autonomias especiais." (artigo 3º da Lei 13.934/2019; artigo artigo 3º do PSL 459/2016 e artigo 27, §2º, do Anteprojeto/2009).

Permanece na lei aprovada, como constava também dos projetos e anteprojetos que a antecederam, o *realce ao aspecto do controle* a ser exercido pelo órgão supervisor como veículo de *duas faces*: a) condição para a fruição de benefícios para a entidade ou órgão supervisionado; b) parâmetro vinculante para o exercício do controle administrativo. Em outro dizer: o contrato de desempenho no sistema brasileiro comparece como *forma de parametrização do controle (veículo de redução da discricionariedade) e estabelecimento de regimes especiais administrativos para órgãos e entidades submetidas a graus mais específicos de apuração do desempenho.*

A grande novidade – semelhante em alguns aspectos a inovações pouco desenvolvidas no instituto das Agências Executivas – é que a regulamentação do contrato de desempenho autoriza para amplo segmento de entidades e órgãos *mecanismo flexível para modificar-se o regime de funcionamento e vinculação de órgãos e entidades públicas mediante um simples ato administrativo de aprovação do acordo.* O acordo em si não é inovador da ordem jurídica ou equivalente à lei, mas funciona como mecanismo de enquadramento da entidade em regime jurídico especial, abstratamente e previamente assinalado em lei, ou em regulamento, nesta última hipótese quando em causa matéria legitimamente sublegal.

A celebração do contrato de desempenho não estabelece uma *alforria ao regime de legalidade. Ao contrário:* o contrato de desempenho detalha e parametriza o controle, com indicação mais precisa dos resultados esperados e dos parâmetros de qualidade a serem seguidos, em perfeita coerência com o regime da legalidade. Mas, enquanto é cumprido, serve de condição para o ingresso do órgão ou entidade em regime jurídico-administrativo específico, estabelecido a partir da lei ou, quando cabível, em regulamento.

O *elemento de flexibilidade* conferido deve ser *abstratamente* admitido em lei e, sem embargo disso, resultar *concretamente* da celebração e manutenção de contrato de desempenho especificador de controles mais específicos de resultado. É certo que o "contrato", que a própria lei define como "acordo", não confere competência de controle a quem não a possui. Os controles também devem ter base legal, mas ganham com o contrato de desempenho maior *determinação* e *operacionalização*, a partir da fixação clara de *objetivos*, *metas e indicadores de qualidade*, que funcionam como *índices ou referenciais objetivos* e comparativos para o exercício da supervisão administrativa ou controle hierárquico.

É esse o nó górdio da Lei 13.934/2019. Por não ter sido de iniciativa do Poder Executivo, mas resultado de iniciativa parlamentar, a lei aprovada não incluiu rol abrangente de flexibilidades aplicáveis em matéria gerencial, orçamentária e financeira, elemento fundamental para incentivar a implementação do instituto. Nasce a lei incompleta, bem articulada como *instituto de parametrização do controle* (redução da discricionariedade no exercício do controle hierárquico e da supervisão administrativa), porém insuficiente como veículo para o ingresso da entidade ou órgão signatário em *regime jurídico especial favorável*, mais flexível ou autonomizante quanto a aspectos destacados no §8º do artigo 37 da Constituição Federal. É fácil exemplificar: não pode prever a lei a criação de bônus para servidores, de natureza eventual, vinculado ao cumprimento do contrato, a título de prêmio de produtividade, sem incorporação à remuneração, em razão de economia de despesas correntes em cada órgão, autarquia e fundação, conforme autoriza a Constituição (artigo 39, §7º)[4], ou pelo alcance dos resultados pactuados (artigo 28, I, b, do anteprojeto/2009), pois violaria a iniciativa privativa do Poder Executivo (artigo 61, § 1º, II, da CF), conquanto o tópico "remuneração de pessoal" esteja previsto expressamente no §8º, III, do artigo 37 da Constituição; não estabeleceu o impedimento ao contingenciamento administrativo de verbas essenciais ao cumprimento do contrato de desempenho (autorização para o supervisionado promover o empenho integral das despesas relacionadas à execução do contrato), sob o argumento, bastante discutível, de afronta ao artigo 167, da Constituição; igualmente recusou-se a contemplar previsão de simplificação da programação orçamentária, com previsão de remanejamento administrativo de dotações entre ações específicas, respeitadas as metas pactuadas, bem como a adoção de procedimentos próprios de contratação, ou a elevação dos parâmetros de valor máximos de modalidades licitatórias, já admitidos, os primeiros, para segmento da administração pública em atividades de ciência, tecnologia e inovação (artigo 167, §5º, da CF) e, os segundos, com elevação dos percentuais definidores das modalidades de licitação, para compras, obras e serviços contratados por consórcios públicos, sociedades de economia mista e por autarquia ou fundação pública qualificadas, na forma da lei, como Agências Executivas (artigo 24, § 1, da Lei 8666/1993, alterada pela Lei 12.715, de 2012). É dizer: na análise conjugada do §8º do artigo 37 e do artigo 167 da Constituição, o Congresso foi ortodoxo e pouco ofereceu para a ampliação da autonomia orçamentária, gerencial e financeira das entidades, deixando de realizar o programa constitucional do §8º, do artigo 37, da Constituição em grau elevado.

As previsões constantes do artigo 6º da Lei 13.934, de 11 de dezembro de 2019, em especial a flexibilidade quanto a definição de estrutura regimental, sem aumento de despesas, conforme os limites e as condições estabelecidos em regulamento; ampliação de autonomia administrativa quanto a limites e delegações relativos a) celebração de contratos; b) estabelecimento de limites específicos para despesas de pequeno vulto; c) autorização para formação de banco de horas, são claramente decisões de natureza sublegal, que poderiam ser adotadas independentemente da aprovação da lei e pouco sinalizam para um regime jurídico administrativo especial realmente motivador para entidades e órgãos públicos ingressarem no regime do contrato de desempenho. Conclua-se: é preciso completar e desenvolver a lei aprovada e estabelecer *legislação efetivamente experimental em matéria de organização administrativa*, que permita romper a uniformidade quando razões de interesse público o recomendem, mesmo que por períodos limitados de tempo, com vistas a incrementos de produtividade e resultado na área pública.[5]

A Lei 13.934/2019 restringe a sua aplicação, por igual, aos órgãos e entidades da União. Mais ainda: deixa de fora as empresas estatais e sociedades de economia mista, limitando-se a administração pública federal direta de qualquer dos Poderes da União e das autarquias e fundações públicas federais. O Projeto de Lei do Senado (PLS) 459 era abrangente, predispondo-se a regulamentar o artigo 37, § 8º, da Constituição Federal.

Esse modo de dispor, embora frustre objetivos relevantes do §8 do artigo 37, que é abrangente, evidencia que de matéria contratual não se trata, mas de acordo administrativo sujeito à disciplina autônoma a ser desenvolvida por qualquer ente federativo, sem necessidade de aprovação de novas normas gerais prévias da União em matéria de licitação e contratação.

A voz contrato, nos termos do artigo 37, § 8º, da Constituição Federal, assinala exclusivamente que o vínculo a ser estabelecido deve apresentar natureza voluntária e consensual, sendo útil para ampliar aspectos da atuação de órgãos e entidades administrativas, sem possuir conotação sancionadora ou restritiva. Trata-se de relação entre *sujeitos de direito*, independentemente de serem pessoas jurídicas ou não, por aí figurarem como *centros parciais de imputação,* **pontos de confluência de normas jurídicas, na dicção precisa de LOURIVAL VILANOVA.**[6] Trata-se de vínculo que ao mesmo tempo parametriza o controle administrativo e apresenta caráter premial, constituindo um incentivo ao cumprimento de metas de desempenho por órgãos e entidades signatárias.

A Lei 13.934/2019 é um avanço, mas precisa ser completada na União, e renovada e ampliada nos Estados e Municípios. O seu esqueleto é firme; falta a substância do regime jurídico especial e um pouco mais de ousadia para renovar velhas formas de exercício do controle e de atuação no âmbito da organização administrativa. Reformar e melhorar o desempenho do setor público permanece um desafio atual e de interesse de todas as unidades da Federação.

NOTAS:

[1] Ver, em especial, MODESTO, Paulo. Agências Executivas. Revista de Direito Administrativo, Rio de Janeiro, v. 228, p. 75-84, abr. 2002. ISSN 2238-5177. Disponível em: <http://bibliotecadigital.fgv.br/ojs/index.php/rda/article/view/46649/44475>. Acesso em: 18 Dez. 2019. doi: http://dx.doi.org/10.12660/rda.v228.2002.46649.

[2] MODESTO, Paulo. (Org.). *Nova Organização Administrativa Brasileira.* 1ed. Belo Horizonte: Fórum, 2009; 2ed, 2010.

[3] MODESTO, Paulo. Legalidade e autovinculação da administração pública: pressupostos conceituais do contrato de autonomia no anteprojeto da nova lei de organização administrativa. In: Modesto, Paulo (org.). *Nova Organização Administrativa Brasileira.* Minas Gerais, Ed. Fórum, 2009, pp.113-169. O texto completo do ensaio não foi divulgado na internet. No entanto, fragmentos desse texto mais amplo foram publicados em dois artigos mais sintéticos: MODESTO, Paulo . Autovinculação da Administração Pública. *Revista Brasileira de Direito Público*, v. 29, p. 9-22, 2010. Na internet: https://www.aca-

demia.edu/1035236 ; MODESTO, Paulo. Contrato de Gestão no Interior da Organização Administrativa como Contrato de Autonomia. *Revista Brasileira de Direito Público*, v. 30, p. 59-89, 2010. Na internet: https://www.academia.edu/1063377

[4] artigo 39, § 7, da Constituição Federal: " Lei da União, dos Estados, do Distrito Federal e dos Municípios disciplinará a aplicação de recursos orçamentários provenientes da economia com despesas correntes em cada órgão, autarquia e fundação, para aplicação no desenvolvimento de programas de qualidade e produtividade, treinamento e desenvolvimento, modernização, reaparelhamento e racionalização do serviço público, inclusive sob a forma de adicional ou prêmio de produtividade." (Incluído pela Emenda Constitucional nº 19, de 1998)

[5] Sobre experimentalismo normativo e sua importância crescente no direito contemporâneo, ver RANCHORDÁS, S. *Constitutional Sunsets and Experimental Legislation: A Comparative Perspective.* (Elgar Monographs in Constitutional and Administrative Law). Cheltenham: Edward Elgar Publishing, 2014; RANCHORDAS, Sofia e ROZNAI, Yaniv, *Time Matters: How Time Shapes Law and Regulation* (August 10, 2019). S.Ranchordas & Y. Roznai (eds), Time, Law, and Change: An Interdisciplinary Study (Hart, 2020) (forthcoming); University of Groninge Faculty of Law Research Paper No. 37/2019. Available at SSRN: https://ssrn.com/abstract=3442785 or http://dx.doi.org/10.2139/ssrn.3442785

[6] VILANOVA, Lourival. *Causalidade e Relação no Direito.* 4ª. Ed., São Paulo, Revista dos Tribunais, 2000, p. 273. Em termos expressivos, sintetiza LOURIVAL VILANOVA: "A divisão de poderes importa numa repartição de funções a órgãos diferentes. Os órgãos se tornam, em *centros parciais de imputação,* pontos de referência de um complexo de normas (e seus respectivos suportes fácticos). Os órgãos carecem de personalidade *própria:* a personalidade total do Estado sobrepõe-se-lhes. Mas a cada órgão é distribuído um feixe de atribuições, de faculdades, de deveres e de meios disponíveis, para a execução de suas funções. Esse plexo de direitos/deveres (para dizer numa fórmula abreviada) é *competência repartida.* Há uma individualidade em cada órgão, uma diferenciação formal e material, indispensável para demarcar as *relações jurídicas interorgâncias.*"

A Hora e a Vez das Relações Interorgânicas

Órgãos são unidades de atuação jurídica despersonalizadas. Na Lei nº 9.784/1999, define-se corretamente *órgão* como "unidade de atuação integrante da Administração direta e da estrutura da Administração indireta" (art. 1º, §2º, I) e *entidade* como "unidade de atuação dotada de personalidade jurídica" (art. 1º, §2º, II). São exemplos de órgãos: os Ministérios, a Câmara dos Deputados, o Senado, a Presidência da República, as Secretarias de Estado, as Prefeituras, as Delegacias Regionais, o Ministério Público, o Tribunal de Contas, os Tribunais de Justiça, isto é, todas as unidades de atuação, administrativas ou não, expressivas da vontade do Estado, destituídas de personalidade jurídica própria.

Os órgãos são compostos por *dois elementos*: (a) um elemento objetivo e estático - um conjunto de atribuições (círculo de competência ou conjunto institucionalizado de deveres e poderes funcionais) e (b) um elemento subjetivo e dinamizador – a vontade e capacidade das pessoas físicas que titularizam o órgão. (Ver, com discurso análogo, CASSAGNE, Juan Carlos. *Derecho administrativo.* 7. ed. Buenos Aires: Abeledo-Perrot, 2002. t. I, p. 251-252). A vontade do titular do órgão, se expedida no campo das atribuições do órgão, é imputada diretamente ao órgão, que assim atua, formando a vontade do Estado. Órgão como simples complexo de atribuições, sem composição volitiva ou subjetiva, confunde-se com a própria previsão abstrata de competências legais, sem qualquer aptidão para exprimir a dinâmica da pessoa jurídica estatal, razão de ser dos órgãos. O titular do órgão não atua para o Estado, atua como Estado: é a *voz do Estado* em determinado conjunto específico e delimitado de competências, sendo o ato de manifestação do agente o *suporte de fato* necessário para concretizar dado feixe abstrato de competências. Aliás, a teoria orgânica surgiu exatamente para explicar a posição das pessoas que manifestam a vontade do Estado e, em particular, da Administração Pública. Uma investigação mais aprofundada, no entanto, facilmente revela que o próprio conceito jurídico de órgão não foi pacificado na doutrina jurídica. Para SANTAMARÍA PASTOR, por exemplo, a teoria dos órgãos teve uma "evolução realmente atormentada":

> "(...) cabe señalar que, mientras para la doctrina clásica la noción de órgano se refería a la persona física del servidor del Estado, otros autores defendieron que el concepto debía aplicarse no tanto a la persona, cuanto al complejo de funciones unificadas en una figura abstracta, del que la persona física seria mero titular; para otros, en cambio, el complejo de funciones debería designarse , siendo el órgano la unidad formada por las funciones y su titular; otros, finalmente, entienden que el concepto de órgano debería reservarse para aquellas unidades administrativas cuyos titulares están capacitados para emitir declaraciones *ad extra*, que se imputan como propias a la Administración" (PASTOR, Santamaría. Principios de derecho administrativo general. Madrid: Iustel, 2004. t. I, p. 404).

Se são unidades despersonalizadas, que exteriorizam a pessoa jurídica em que estão encartados, como os órgãos podem expressar vontade individualizada face a órgãos superiores ou de mesma hierarquia, firmando acordos de gestão ou acordos procedimentais? Como são possíveis *relações jurídicas interorgânicas* de acordo ou convenção, previstas em diversos ordenamentos jurídicos, inclusive no Brasil, se ambos os envolvidos no acordo exprimem e formam a vontade da mesma pessoa jurídica?

Há *dois modos* diretos de resolver essa complexa questão.

A *primeira abordagem* é entender que as relações interorgânicas não existem, são ilusórias ou impossíveis, existindo apenas relações entre agentes, enquanto titulares das respectivas competências. É a posição, coerente com as suas premissas, de mestre CELSO ANTONIO BANDEIRA DE MELLO:

> "Os órgãos não passam de simples partições internas da pessoa cuja intimidade estrutural integram, isto é, não têm personalidade jurídica. Por isto, as chamadas relações interorgânicas, isto é, entre os órgãos, são, na verdade, relações entre os agentes, *enquanto titulares das*

respectivas competências, os quais, de resto – diga-se de passagem –, têm direito subjetivo ao exercício delas e dever jurídico de expressarem-nas e fazê-las valer, inclusive contra intromissões indevidas de outros órgãos. Em síntese, juridicamente falando, não há, em sentido próprio, relações entre os órgãos, e muito menos entre eles e outras pessoas, visto que, não tendo personalidade, os órgãos não podem ser sujeitos de direitos e obrigações. Na *intimidade do Estado*, os que se relacionam entre si são os agentes manifestando as respectivas competências (inclusas no campo de atribuições dos respectivos órgãos). Nos vínculos entre Estado e outras pessoas, os que se relacionam são, de um lado, o próprio Estado (atuando por via dos agentes integrados nestas unidades de plexos de competência denominados órgãos) e, de outro, a pessoa que é a contraparte no liame jurídico travado" (*Curso de direito administrativo.* 26. ed. São Paulo: Malheiros, 2009. p. 140-141; na atual edição, 33ª, de 2016, a mesma redação é mantida, a fls. 144-145).

A *segunda orientação* distingue a condição do órgão como "*centro parcial de imputação*" e o Estado como "centro total de imputação", admitindo a individualidade subjetiva dos órgãos como *sujeito-de-direito para alguns efeitos*, especialmente internos ou processuais, pois são "pontos de referência de um complexo de normas (e seus respectivos suportes fáticos)". É o entendimento de LOURIVAL VILANOVA (*Causalidade e relação no direito.* 4. ed. São Paulo: Revista dos Tribunais, 2000. p. 273). Em termos expressivos, sintetiza o mestre pernambucano:

> "A divisão de poderes importa numa repartição de funções a órgãos diferentes. Os órgãos se tornam, em centros parciais de imputação, pontos de referência de um complexo de normas (e seus respectivos suportes fácticos). Os órgãos carecem de personalidade *própria,* a personalidade total do Estado sobrepõe-se-lhes. Mas a cada órgão é distribuído um feixe de atribuições, de faculdades, de deveres e de meios disponíveis, para a execução de suas funções. Esse plexo de direitos/deveres (para dizer numa fórmula abreviada) é *competência repartida.* Há uma individualidade em cada órgão, uma diferenciação formal e material, indispensável para demarcar as *relações jurídicas interorgânicas.*"

Para CELSO ANTONIO BANDEIRA DE MELLO, como referido, relações interorgânicas são relações entre agentes públicos, não entre órgãos. Por consequência, coerente com esta linha teórica, para o mestre BANDEIRA DE MELLO é um autêntico disparate a referência do art. 37, §8º da Constituição Federal brasileira a "contratos" para "ampliação de autonomia" de "órgãos da Administração direta". Em primeiro lugar, por não reconhecer aos órgãos a possibilidade de gozarem de "autonomia" e, portanto, a possibilidade de ampliá-la; em segundo, por considerar que os limites das competências expressas pelos órgãos não são passíveis de transação, por serem indisponíveis; em terceiro, por faltar personalidade jurídica aos órgãos, razão pela qual não podem ser "sujeitos de direitos e obrigações, vale dizer: pessoa". (*Curso de direito administrativo*. 26. ed. São Paulo: Malheiros, 2009. p. 233; na atual edição, 33ª, de 2016, p. 234-235).

Na segunda orientação, expressa aqui por LOURIVAL VILANOVA, as relações interorgânicas não apenas são possíveis, elas são rotineiras:

> "Cada órgão é sujeito-de-direito, é um centro unitário de imputação, de atribuição de direitos e deveres. É um dado do direito positivo brasileiro que Senado e Câmara são órgãos dotados de subjetividade, que entram compondo outro sujeito-de-direito, que é o Congresso. Há direitos, poderes, deveres de cada um deles. A personificação é um processo técnico, uma construção dogmático-positiva de unificação: sem a unificação personificadora, há dispersão de direitos e deveres e não se demarcam as competências, que pressupõem subjetividade (o ser sujeito-de-direito, ativo e passivo, termo de relações jurídicas).
>
> Recusa-se ao órgão a personalidade. Tem-se a personalidade como exclusiva do Estado. A personificação total, sim. E soberana: o que não impede a repartição da subjetividade entre os órgãos. O que é a unidade da personalidade total do Estado, sob o ponto de vista normativo, é a soberania exclusiva, a supremacia do Estado em face de todos os grupos e em face dos seus órgãos (sobretudo o monarca). Carré de Malberg mostra, em penetrante análise crítica, o significado jurídico e político da soberania do Estado em face da teoria

> da soberania do rei ou da nação. E, ainda, a despersonalização dos órgãos. Mas seria ir contra os dados do direito positivo não advertir que cada órgão é um centro de imputação, é um sujeito-de-direito, como cada indivíduo-membro da comunidade o é, e cada universalidade de pessoas o é. A referência unitária de direito/deveres é um processo homogêneo, como sempre sustentou Kelsen, no direito privado e no direito público. (...)
>
> A unidade, que requer o ser sujeito-de-direito, não se compromete pelo fato de em seu interior haver relações jurídicas. Relações jurídicas verificam-se entre termos. Os termos da relação são sujeitos, não objetos, coisas, situações objetivas. A relação entre um juiz e outro juiz, entre juiz singular e órgão colegial julgador é relação jurídica, ainda que entre subórgãos de um órgão total – o Poder Judiciário." (*Causalidade e relação no direito*. 2. ed. São Paulo: Revista dos Tribunais, 1989. p. 194).

A questão não é rigorosamente nova, pois desde o direito romano se debate sobre a subjetividade ou individualização dos órgãos, afirmando-se a personalidade do Senado e de algumas corporações (ver, por todos, BANDEIRA DE MELLO, Oswaldo Aranha. *Princípios gerais de direito administrativo*. Rio de Janeiro: Forense, 1969. t. II, p. 108-115). Nem o debate deve ser resumido, simplesmente, em teses afirmativas e negativas de "personalidade" aos órgãos. O eminente professor OSWALDO ARANHA BANDEIRA DE MELLO, em estudo aprofundado, refere a diversas concepções intermediárias, esgrimidas por autores da maior suposição, que reconhecem aos órgãos ausência de personalidade externa e, ao mesmo tempo, a "quase personalidade" (GIERKE), "personalidade imperfeita, limitada a relações internas ou interorgânicas" (RENATO ALESSI; SALVATORE FODERARo), "subjetividade sem personalidade" (DE VALLÉS) ou, ainda, "subjetividade reflexa"(SANTI ROMANO). (idem, ibidem, p. 110-115).

Em termos contemporâneos, destaco a orientação de VITAL MOREIRA. Segundo este autor, "a personalidade jurídica pública sofre muitas gradações. Enquanto que a personalidade colectiva privada é modelada pelo paradigma da personalidade integral da pessoa física, no direito público a personalidade é "por medida", havendo inúmeros casos de "capacidade parcial" (*Teilrechtsfähigkeit*)". É seu dizer: "a organização administrativa oferece numerosos exemplos de organismos administrativos desprovidos de personalidade jurídica mas detentores de certa individualidade e autonomia organizatória. Aliás, a separação entre serviços públicos personalizados e serviços não personalizados não é tão talhante como no direito privado. A doutrina admite a existência de "personalidade jurídica limitada" (AUBY & AUBY, 1991, p. 19). Há serviços sem personalidade que detêm autonomia financeira, ou "individualidade financeira", na terminologia francesa (conta própria, orçamento próprio, capacidade para realizar despesas). (Cf. MOREIRA, Vital. *Administração autónoma e associações públicas*. Coimbra: Coimbra Ed. 1997. p. 273)

Para VITAL MOREIRA, os sistemas jurídicos contemporâneos, sem negar a tradição, embora recusando personalidade jurídica aos órgãos, estabeleceram "soluções que constituem sucedâneos da personalidade jurídica":

> "Assim, em matéria patrimonial, podem ter um património afectado, que administram; em matéria financeira, podem ter competência para autorizar despesas e pagamentos, dispor de receitas próprias (preços, taxas, impostos, tributos parafiscais) e orçamento privativo. Desde há muito que entre nós pode haver organismos não personalizados dotados de "autonomia administrativa" ou de "autonomia financeira", em tudo semelhante ao que ocorre com os serviços públicos personalizados. De igual modo, no contexto de soluções de desconcentração podem tais organismos ser dotados de "autonomia administrativa" *stricto sensu*, isto é, de capacidade para praticar actos administrativos definitivos e executórios. Não está excluído sequer que tais organismos gozem de autogestão ou de autogoverno, através de eleição dos seus dirigentes pelo seu próprio pessoal ou pelo círculo dos administrados directamente interessados. Está-se então perante um serviço ou organismo autónomo, mas não personalizado. Nesta sede entram, ainda, em alguns países, as chamadas "autoridades administrativas independentes", lá onde elas não dispõem de personalidade jurídica, como sucede em França. Não assim entre nós, visto que algumas são dotadas de personalidade (como a

> Comissão do Mercado de Valores Mobiliários). Pode, pois, suceder que certos organismos ou serviços públicos não personalizados sejam mais autónomos do que outros organismos ou serviços públicos personalizados, que, apesar da personalização, não passem de instrumentos ao serviço da administração matriz de que dependem. Na Itália, Rossi (1990, p. 39) refere que "figuras sem personalidade jurídica podem dispor de 'capacidade' de que são desprovidas outras que têm personalidade", citando a propósito o caso dos "institutos de instrução com personalidade jurídica e cujo pessoal pertence aos quadros do Estado, enquanto que várias administrações desprovidas de personalidade jurídica dispõem de pessoal próprio".Daqui resulta, pois, uma certa relativização da importância da personalização dos estabelecimentos e serviços públicos. Certos objectivos de individualização, autonomia, autogoverno e mesmo independência não carecem em termos absolutos de personalidade jurídica. (Idem, ibidem, p. 274-275).

Atualmente, os próprios civilistas debatem sobre a identificação tradicional entre os conceitos de pessoa e sujeito de direito. Afinal, o nascituro é sujeito de direito e não é pessoa; a massa falida, o espólio e a herança jacente são sujeitos de direito e não são pessoas. Não é preciso ser pessoa para ser sujeito de direitos e deveres. Em verdade, ser sujeito de direito é ser destinatário de um feixe de normas, atributivas de direitos e deveres, faculdades e obrigações. Os conceitos não se equivalem. Como bem assentou CLAUDIO HENRIQUE RIBEIRO DA SILVA, "enquanto as *pessoas possuem aptidão genérica* para direitos, deveres e obrigações, os *entes despersonalizados possuem tal aptidão limitada* tanto pela legislação quanto por sua própria natureza. Estes, portanto, só podem titularizar direitos ou participar de relações jurídicas que o ordenamento expressamente lhes autorize ou que se refiram diretamente à sua natureza e suas finalidades". (*Apontamentos para uma teoria dos entes despersonalizados.* Disponível na Internet: cadireito.com.br/artigos/art69.htm. Acesso em: 10.09.2009). Em síntese, em suas palavras: "pessoa é o sujeito de direitos com aptidão genérica para contrair direitos, deveres e obrigações".

No mesmo sentido, MARCOS BERNARDES DE MELLO, em monografia notável, averbou:

> "*Sujeito de direito* é todo ente, seja grupo de pessoas, sejam universalidades patrimoniais, a que o ordenamento jurídico atribui *capacidade jurídica* (= *capacidade de direito*) e que, por isso, detém titularidade de posição como termo, ativo ou passivo, em relação jurídica de direito material (= ser titular de direito ou de dever, de pretensão ou de obrigação, de ação ou de situação de acionado, de exceção ou de situação de excetuado) ou de direito formal (= ser autor, réu, embargante, opoente, assistente ou, apenas, recorrente), ou, mais amplamente, de alguma situação jurídica. Ser sujeito de direito, portanto, é ser titular de uma situação jurídica (*lato sensu*), seja como termo de relação jurídica, seja como detentor de uma simples posição no mundo jurídico.
>
> Segundo essa concepção:
>
> (a) ser pessoa, física ou jurídica, *não* constitui condição essencial para ser sujeito de direito; por isso, é de se ter como de todo correta a afirmativa de que há mais sujeitos de direito do que pessoas;
>
> (b) sujeito de direito não é, apenas, quem seja titular de direito, mas, também, quem o seja de dever ou de qualquer situação jurídica." (MELLO, Marcos Bernardes de. Teoria do fato jurídico: plano da eficácia: 1ª parte. São Paulo: Saraiva, 2003. p. 125-126).

Órgão não é pessoa, por ser unidade de atribuição despersonalizada, integrante da Administração Pública direta ou indireta (art. 1º, §2º, I, da Lei nº 9.784/99). *Mas órgão pode ser sujeito de direito*, termo de relação jurídica, *parte em relações interorgânicas* e *parte em relações processuais*. Essas relações internas não quebram a unidade de ser do Estado, que se mostra uno nas relações com terceiros, conquanto complexo nas suas relações orgânicas. Não importa o nome que se dê a esse dado do direito positivo: "personalidade formal", "personalidade judiciária", "personalidade imperfeita", "quase personalidade", "personalidade reflexa", "subjetividade sem personalidade" são apenas rótulos utilizados para salientar a participação de órgãos em relações jurídicas disciplinadas pelo direito positivo brasileiro e reconhecidas também no direito comparado, seja pelo direito posto, seja pela jurisprudência dos Tribunais.

Há muitos anos, mestre LAFAYETTE PONDÉ averbava:

> "É certo que, entre nós, várias vezes a jurisprudência tem admitido que um órgão tenha capacidade própria, específica, para litigar contra outro órgão, isto é, para manter com este outro órgão uma relação externa, de direito processual. Assim, por exemplo, os Tribunais aceitam possa o Prefeito ir a juízo contra a respectiva Câmara, para obstar a promulgação de lei cujo projeto tenha sido por ele vetado. E o próprio STF, embora em um passo declare que "o Tribunal de Contas não tem personalidade jurídica autônoma e é peça da estrutura orgânica da Administração Federal," de outro decide que "o mandado de segurança é meio hábil para garantia do direito político em que ocorre uma relação jurídica subjetiva, concretizada no exercício individual de função coletiva". (PONDÉ, Lafayette. *Estudos de direito administrativo*. Belo Horizonte: Del Rey, 1995. p. 250.)

Na jurisprudência nacional, de fato, a questão está pacificada:

> As edilidades, embora disponham de capacidade processual, ativa e passiva, para defesa de suas prerrogativas institucionais, como órgãos autônomos da administração, não possuem personalidade jurídica, mas, apenas, a judiciária. (STJ, REsp 23.926/SP, DJ, p. 08475, 18.04.1994; Relator MINISTRO ANTÔNIO DE PÁDUA RIBEIRO, Segunda Turma)
>
> Ao impetrar o "mandamus" em face da decisão da 15ª Câmara Civil do Tribunal de Justiça do Estado de São Paulo, a Assembléia Legislativa do Estado de São Paulo – que, na realidade, é o próprio Poder Legislativo – agiu em nome próprio, nos termos do art. 9º da Constituição Estadual, posto que o ato judicial combatido não afeta tão-somente os direitos dos Srs. Deputados Estaduais, individualmente considerados, mas uma prerrogativa institucional assegurada constitucionalmente ao Poder Legislativo e de fundamental importância para o efetivo exercício de sua atividade-fim. Ressalte-se que o ato impugnado configura, em última análise, inconstitucional in-

> gerência do Poder Judiciário no Poder Legislativo, pois afronta o princípio da independência dos três Poderes.
>
> Na situação examinada não se trata de se enquadrar o fenômeno processual em debate no círculo da substituição processual ou da legitimidade extraordinária. O que há de se investigar é se a Assembléia Legislativa está a defender interesses institucionais próprios e vinculados ao exercício de sua independência e funcionamento, como de fato, "in casu", está. A ciência processual, em face dos fenômenos contemporâneos que a cercam, tem evoluído a fim de considerar como legitimados para estar em juízo, portanto, com capacidade de ser parte, entes sem personalidade jurídica, quer dizer, possuidores, apenas, de personalidade judiciária. No rol de tais entidades estão, além do condomínio de apartamentos, da massa falida, do espólio, da herança jacente ou vacante e das sociedades sem personalidade própria e legal, todos por disposição de lei, hão de ser incluídos a massa insolvente, o grupo, classe ou categoria de pessoas titulares de direitos coletivos, o PROCON ou órgão oficial do consumidor, o consórcio de automóveis, as Câmaras Municipais, as Assembléias Legislativas, a Câmara dos Deputados, o Poder Judiciário, quando defenderem, exclusivamente, os direitos relativos ao seu funcionamento e prerrogativas. (STJ, ROMS 8967 / SP; DJ, p.00054, 22.03.1999; Relator Ministro HUMBERTO GOMES DE BARROS; primeira turma)

É verdade que, em tempos relativamente recentes, no *leading case* "Roboredo" (STF, MS nº 21.239, Relator Min. SEPÚLVEDA PERTENCE), o Supremo Tribunal Federal reconheceu ao Procurador-Geral da República, enquanto titular de órgão, a legitimação ativa para impetrar mandado de segurança conta ato do Presidente da República ofensivo a autonomia do Ministério Público. Nesta assentada, reconheceu o Tribunal tanto o denominado "direito-função" do titular do órgão, o Procurador-Geral da República, quanto a "capacidade ou personalidade judiciária" do Ministério Público como órgão despersonalizado. Nesta decisão, portanto, as duas teorias referidas se encontraram, em termos que merecem transcrição:

Ementa: Mandado de segurança: legitimação ativa do Procurador-Geral da República para impugnar atos do Presidente da Republica que entende praticados com usurpação de sua própria competência constitucional e ofensivos da autonomia do Ministério Público: análise doutrinária e reafirmação da jurisprudência. 1.A legitimidade ad causam no mandado de segurança pressupõe que o impetrante se afirme titular de um direito subjetivo próprio, violado ou ameaçado por ato de autoridade; no entanto, segundo assentado pela doutrina mais autorizada (cf. Jellinek, Malberg, Duguit, Dabin, Santi Romano), entre os direitos públicos subjetivos, incluem-se os chamados direitos-função, que têm por objeto a posse e o exercício da função pública pelo titular que a detenha, em toda a extensão das competências e prerrogativas que a substantivem: incensurável, pois, a jurisprudência brasileira, quando reconhece a legitimação do titular de uma função pública para requerer segurança contra ato do detentor de outra, tendente a obstar ou usurpar o exercício da integralidade de seus poderes ou competências: a solução negativa importaria em 'subtrair da apreciação do Poder Judiciário lesão ou ameaça de direito'. 2. A jurisprudência – com amplo respaldo doutrinário (v.g., Victor Nunes, Meirelles, Buzaid) – tem reconhecido a capacidade ou 'personalidade judiciária' de órgãos coletivos não personalizados e a propriedade do mandado de segurança para a defesa do exercício de suas competências e do gozo de suas prerrogativas. 3. Não obstante despido de personalidade jurídica, porque é órgão ou complexo de órgãos estatais, a capacidade ou personalidade judiciária do Ministério lhe é inerente – porque instrumento essencial de sua atuação – e não se pode dissolver na personalidade jurídica do estado, tanto que a ele freqüentemente se contrapõe em juízo; se, para a defesa de suas atribuições finalísticas, os tribunais têm assentado o cabimento do mandado de segurança, este igualmente deve ser posto a serviço da salvaguarda dos predicados da autonomia e da independência do Ministério Público, que constituem, na Constituição, meios necessários ao bom desempenho de suas funções institucionais. 4. Legitimação do Procurador-Geral da República e admissibilidade do mandado de segurança reconhecidas, no caso, por unanimidade de votos. (STF, MS nº 21.239, Rel. Min. Sepúlveda Pertence, julgamento em 5.6.91, Plenário, DJ, 23.04.93).

No mesmo sentido: MS º 26.264, Rel. Min. MARCO AURÉLIO, j. em 21.5.07, Plenário, DJ de 5.10.07.

No entanto, parece inconsistente reconhecer, sem maior disputa ou alarde, a "personalidade judiciária" aos órgãos públicos perante o Poder Judiciário, para a defesa de prerrogativas e interesses específicos (relação externa) e, ao mesmo tempo, recusar o reconhecimento aos órgãos de "personalidade formal" nas relações administrativas interorgânicas (relação interna), dissolvendo-os na personalidade jurídica do Estado, sem qualquer individualidade organizatória.

É intuitivo que, se quisermos emprestar sentido útil ao texto constitucional, especialmente às normas que deferem expressamente *autonomia* a órgãos despersonalizados (CF, art. 99, *caput*; 127, §§1º e 2º; 134, §2º), inclusive em relações interorgânicas (CF, art. 37, §8º), devemos reconhecer aos órgãos, embora unidades administrativas despersonalizadas, não apenas a "personalidade judiciária", mas a condição de sujeitos-de-direito para situações jurídicas específicas, quando a norma legal ou constitucional atribuir-lhes capacidade para atuar diretamente em relações jurídicas com algum grau de individualidade organizatória.

É evidente que a palavra autonomia não é empregada aqui em seu sentido etimológico. A aplicação ortodoxa da palavra autonomia remete diretamente à capacidade de produção de legislação própria, apanágio do poder político. A etimologia da palavra sugere o conceito de dar a si mesmo o próprio direito, o que somente é deferido às pessoas político-administrativas (União, Estados, Municípios, Distrito Federal). Mas a lei, a Constituição, a jurisprudência empregam também a palavra autonomia em sentido menos exigente, para referir o grau de sujeição de unidades administrativas a controles, hierárquicos ou não, outra face do grau de ação independente que gozam na realização de suas competências.

A própria hierarquia administrativa é relação interorgânica, relação jurídica interna, relação entre órgãos e não entre agentes eventuais. Como vínculo jurídico, é moldável pelo direito e maleável, conhecendo graus e atenuações, conforme dispuser a lei. A doutrina tradicional a define como uma ingerência contínua, permanente e implícita do órgão superior em face do órgão inferior. Mas mesmo a doutrina tradicional admitia atenuações a essa subordinação geral, considerando disposições expressas do direito positivo.

No âmbito federal, por exemplo, o art. 172 do Decreto-lei nº 200/67, com a redação dada pelo Decreto-lei nº 900/69, prescreve:

> Art. 172. O Poder Executivo assegurará autonomia administrativa e financeira, no grau conveniente aos serviços, institutos e estabelecimentos incumbidos da execução de atividades de pesquisa ou ensino ou de caráter industrial, comercial ou agrícola, que por suas peculiaridades de organização e funcionamento, exijam tratamento diverso do aplicável aos demais órgãos da administração direta, observada sempre a supervisão ministerial.
>
> §1º Os órgãos a que se refere este artigo terão a denominação genérica de Órgãos Autônomos.
>
> §2º Nos casos de concessão de autonomia financeira, fica o Poder Executivo autorizado a instituir fundos especiais de natureza contábil, a cujo crédito se levarão todos os recursos vinculados às atividades do órgão autônomo, orçamentários e extra-orçamentários, inclusive a receita própria.

Essa previsão legal autoriza o Chefe do Poder Executivo a conceder, por decreto, graus de autonomia administrativa a órgãos despersonalizados quando a atividade desenvolvida recomendar "tratamento diverso do aplicável aos demais órgãos da administração direta". É certo que a palavra autonomia tem o sentido aqui de independência administrativa, ou redução do grau de sujeição do órgão autônomo aos órgãos superiores, sem a eliminação da supervisão ministerial.

Na matéria, mestre SÉRGIO DE ANDRÉA FERREIRA averbava:

> "Na *administração direta*, a ossatura central está na hierarquia (inter-relação de coordenação e subordinação) com as atenuações *da desconcentração (descentralização burocrática)*, que gera os *órgãos autônomos*, dotados do que a legislação chama de *autonomia limitada,* de índole ad-

ministrativa, isto é, de decisão, e financeira, compreendendo a arrecadação, gestão e dispêndio de recursos (ver art. 172, e seus §§, do Decreto-lei nº 200/67; Decreto-lei nº 86.212, de 15.7.81), que mitiga a estruturação hierárquica"(*Comentários à Constituição*. Rio de Janeiro: Freitas Bastos, 1991. p. 30, 3 v.).

Mas a hierarquia não designa necessariamente um vínculo sujeito a disjunção "tudo ou nada", mas a graduações complexas, moldáveis pelo direito. São órgãos autônomos da União, vinculados ao Poder Executivo, entre outros, o Departamento da Polícia Federal, o Arquivo Nacional e a Imprensa Oficial. Há além disso "órgãos constitucionais autônomos", como o Ministério Público e os Tribunais de Contas, expressamente desligados da hierarquia administrativa e sem personalidade jurídica, que manejam com ampla discricionariedade competências administrativas exclusivas.

OSWALDO ARANHA BANDEIRA DE MELLO, após definir a hierarquia como "relações de subordinação entre órgãos superiores e inferiores, e com competências concorrentes, dentro do mesmo aparelho administrativo", explica que exceções podem afastar poderes normalmente atribuídos aos órgãos superiores quando: "a) dispositivo legal, dando competência específica ao inferior, em certa matéria, expressamente, exclui a responsabilidade do superior pela sua emanação; b) dispositivo legal impede recurso da decisão do inferior ao superior, considerada definitiva, relativa a determinada questão, ou entrega a apreciação de recurso de alguns dos atos da sua competência a outro órgão administrativo fora da hierarquia; c) dispositivo legal nega ao superior, expressamente, competência para exercer competência dada ao inferior em assunto específico".(*Princípios gerais de direito administrativo*, op. cit., v. 1, p. 135).

Ora, essas exceções nada mais são do que a atribuição de *certo grau de independência*, ou autonomia administrativa, ao órgão inferior em face do órgão superior. Não há inconstitucionalidade na lei que assim procede. A lei, porém, pode desde logo excepcionar os poderes do supervisor ou *condicionar a exceção a fato jurídico-administrativo posterior*, a exemplo dos "contratos de gestão" entre órgãos de uma mesma pessoa administrativa, que foram cognominados no anteprojeto de nova lei de organização administrativa como "contratos de autonomia", em harmonia perfeita com o disposto no art. 37, §8º, da Lei Maior (ver, com maior desenvolvimento, MODESTO, Paulo. Legalidade e autovinculação da Administração Pública: pressupostos conceituais do contrato de autonomia no anteprojeto da nova lei de organização administrativa, in: Modesto, Paulo (org.) *Nova Organização Administrativa*, 2ª. Ed, Minas Gerais, Ed. Forum, 2010, pp. 115-174). Nada disso é inconstitucional, aberrante no direito comparado ou descabido no direito nacional.

Em França, por exemplo, os "contratos" entre órgãos, para concessão de autonomias, constituem os chamados *centros de responsabilidades* ("centres de responsabilité"), disciplinados pela circular de 25 janeiro de 1990, de MICHEL ROCARD. Sobre o tema, cf. intervenção de ROGER BARBE publicada no livro coletivo *Contratos de gestão e a experiência francesa de renovação do setor público, seminário Brasil/França*: 29 a 31 de outubro de 1991. Brasília: ENAP, 1993. p. 24-25. Em Portugal, o Ministério da Educação assina contratos de autonomia com as escolas, unidades despersonalizadas, modulando em cada caso a concessão de autonomias previstas antecipadamente por lei, através de acordos regulados inicialmente pelo Decreto-lei nº 115 A/98, disciplinados pelo Decreto-lei nº 75/2008, de 22 de Abril.

É importante superar na doutrina brasileira o mantra segundo o qual "se há hierarquia não pode haver autonomia" ou sua variante popular "órgãos não possuem autonomia". O direito não se presta a dogmas desta espécie, pois molda as suas próprias noções, seguindo critérios não necessariamente coincidentes com os do mundo físico ou natural.

O direito possui um código próprio de qualificação dos fatos e atos por constituir um sistema específico de comunicação ou linguagem. Embora aberto à informação e a interferências do meio ambiente e dos demais sistemas de comunicação (abertura cognitiva), o direito organiza as suas próprias categorias e noções (autonomia funcional), sendo por isso frequentemente denominado de *sistema autopoiético*. As significações extrajurídicas apenas adquirem validade após filtragem pelo código interno específico do sistema jurídico, que para muitos é o código legal/ilegal.

O direito não é autista, indiferente ao real e as interferências dos demais sistemas, mas tampouco admite a absorção imediata e direta de noções produzidas no meio circundante. Sobre o tema, com ampla fundamentação, vale à pena conferir o clássico TAUBNER, Gunther. *O direito como sistema autopoiético*. Tradução de José Engrácia Antunes. Lisboa: Fundação Calouste Gulbenkian, 1989.

Há também situações em que a atenuação dos poderes inerentes ao vínculo hierárquico é quase completa no relacionamento entre órgãos, não por força de lei, mas em razão da própria atividade desempenhada por órgãos despersonalizados. É como esclarece, novamente com precisão, OSWALDO ARANHA BANDEIRA DE MELLO:

> "Não há subordinação hierárquica entre os órgãos deliberativos de um colégio, os consultivos e os de controle, no exercício das suas competências, com referência aos órgãos ativos, pela incompatibilidade lógica entre a noção de hierarquia e as funções aí referidas, isto é, de deliberar em colégio, de oferecer parecer sobre dado assunto em que foi consultado, ou efetivar a apuração da responsabilidade de alguém sobre a prática de certo ato. Por seu turno, eles não podem sujeitar os órgãos ativos ao seu poder hierárquico. Igualmente, estão fora do poder hierárquico dos superiores os estudos, pesquisas e preleções de natureza técnica e professoral dos órgãos inferiores. São insuscetíveis de serem levados a efeito segundo ordens dos superiores, salvo se participantes de trabalhos de equipe, em que há um superior ou chefe de natureza técnica ou professoral, orientando-os. Aliás, aí está em jogo, em última análise, a liberdade de pensamento. (*Princípios gerais de direito administrativo*, op. cit., v. I, p. 136).

Por isso, no anteprojeto da nova lei de organização, que ajudei a elaborar na honrosa companhia dos professores ALMIRO DO COUTO E SILVA, CARLOS ARI SUNDFELD, FLORIANO DE AZEVEDO MARQUES NETO, MARIA SYLVIA ZANELLA DI PIETRO, MARIA COELI SIMÕES PIRES E SÉRGIO DE ANDRÉA FERREIRA, colhe-se a seguinte afirmação:

> "Art. 4º A administração direta é organizada com base na hierarquia e na desconcentração, sendo composta por órgãos, sem personalidade jurídica, os quais podem dispor de autonomia, nos termos da Constituição e da lei."

Na exposição de motivos do anteprojeto a norma proposta, contrária ao mantra dogmático que ainda hoje é verbalizado, tem a sua justificativa resumida em termos claramente convergentes ao exposto neste trabalho:

> "Os órgãos da administração direta não possuem personalidade jurídica, mas poderão dispor de autonomia, nos termos da Constituição e da lei. Afasta-se, desse modo, o preconceito ainda presente contra o reconhecimento de graus de autonomia administrativa a órgãos, consideradas situações especiais em que este reconhecimento se impõe. Essa orientação permitirá o aprofundamento da temática das relações interorgânicas, a aplicação adequada do artigo 37, §8º, da Constituição Federal e o tratamento coerente de unidades orgânicas peculiares, a exemplo dos conselhos consultivos, órgãos constitucionais autônomos e órgãos deliberativos com participação social."

As relações interorgânicas são fundamentais para uma administração coordenada e eficiente. Estudá-las é urgente, pois em períodos de crise é reforçada a necessidade de fazer mais com menos e articular os órgãos de modo coerente e otimizado, intensificando o planejamento e a racionalidade matricial das estruturas, o que não se extrai de vínculos personalíssimos, mas de vínculos associados diretamente a tarefas e responsabilidades públicas. Relações de complementariedade, colaboração, substituição, controle e reavaliação não devem ser improvisadas.

A complexidade da organização administrativa contemporânea exige novos quadros conceituais e novos quadros mentais capazes de pensar *a dinâmica* e *a estática* da organização pública. Destaca-se a *dinâmica da organização administrativa*, que não pode prescindir de relações interorgânicas cada vez mais criativas e arrojadas, como as conferências de serviço (consagradas, por exemplo, no Art. 28 da Lei baiana 12.209/2011), os acordos procedimentais (a exemplo dos termos de ajustamento de condutas e dos termos de ajustamento de gestão), os contratos-programas, os acordos de autonomia e outras formas de concertação administrativa. Para disciplinar e compreender adequadamente as relações interorgânicas, porém, é indispensável o reconhecimento da *individualidade organizativa de unidades administrativas despersonalizadas, base última de todos esses vínculos jurídico-administrativos.* (09/11/2016)

O Debate sobre a Vinculação Administrativa do COAF

O COAF – Conselho de Controle das Atividades Financeiras - é órgão da administração direta federal e atua como Unidade de Inteligência Financeira do Brasil. Nessa função, recepciona informações financeiras, analisa e cruza dados, reportando a órgãos competentes – através de relatórios de inteligência – indícios do cometimento de crime de "lavagem de dinheiro". A tipificação do crime de lavagem ou ocultação de bens, direitos e valores foi feita pela primeira vez no Brasil na mesma lei que criou o COAF (Lei 9.613/1998). Esta norma foi posteriormente alterada em diversos aspectos pela Lei nº 12.683, de 2012.

O COAF pode aplicar penas administrativas, mas é essencialmente órgão de coordenação de informações, de inteligência e prevenção, atuando como auxiliar das autoridades de investigação e repressão. É órgão pequeno, com estrutura enxuta, com pouco mais do que três dezenas de servidores, e cumpre a missão de atuar na prevenção à lavagem de dinheiro e ao financiamento do terrorismo.

O órgão foi criado originalmente subordinado ao Ministério da Fazenda (hoje Ministério da Economia), porém como **órgão de composição colegiada**, cujos membros eram designados entre os integrantes do quadro de pessoal efetivo do Banco Central do Brasil, da Comissão de Valores Mobiliários, da Superintendência de Seguros Privados, da Procuradoria-Geral da Fazenda Nacional, da Secretaria da Receita Federal do Brasil, da Agência Brasileira de Inteligência, do Ministério das Relações Exteriores, do Ministério da Justiça, do Departamento de Polícia Federal, do Ministério da Previdência Social e da Controladoria-Geral da União, atendendo à indicação dos respectivos Ministros de Estado. Portanto, embora com vinculação direta ao Ministro da Fazenda, o COAF tem **composição heterogênea**, com membros indicados pelo Ministério da

Justiça, das Relações Exteriores, da Fazenda, da Previdência Social, entre outros órgãos.

Em **1 de janeiro de 2019**, porém, a Medida Provisória nº 870 **alterou a vinculação** do COAF ao Ministério da Fazenda (hoje Economia) e a deslocou para o Ministério da Justiça e Segurança Pública, com as mesmas competências originais e sem alterar a competência do Conselho de Recursos do Sistema Financeiro Nacional para atuar como órgão de revisão de segundo grau. A composição dos membros também refere aos mesmos órgãos e agentes. O Presidente do Conselho continua a ser nomeado pelo Presidente da República, porém não mais por indicação do Ministro da Fazenda e sim por indicação do Ministro da Justiça e Segurança Pública. A **Medida Provisória 870** não faz qualquer outra alteração na Lei 9.613/1998.

A alteração de sede orgânica e vinculação do COAF, do Ministério da Economia para o Ministério da Justiça e Segurança, suscitou **polêmica intensa** no Congresso Nacional, sendo rejeitada inicialmente na Comissão Mista de análise e, posteriormente, no Plenário da Câmara dos Deputados por estreita margem de votos (18 votos). A matéria segue para votação final no Senado, mas é provável que o projeto permaneça inalterado, ante a proximidade do prazo de caducidade da Medida Provisória (3 de junho).

O que pensar sobre isso, sem fazer juízos políticos sobre as razões conjunturais mais profundas da polêmica?

Na experiência internacional nada se colhe de conclusivo. Há países que organizam as suas unidades de inteligência financeira (Financial Intelligence Units - FIUs) subordinadas ao Ministério da Justiça, outros ao Ministério da Fazenda e outros diretamente à Presidência do país. Outros, ainda, vinculam o órgão de inteligência financeira à polícia judiciária e outros o instituem como autarquia. No conjunto das 158 Financial Intelligence Units (FIUs), ligadas ao Egmont Group, há várias formatos de estruturação, composição e vinculação (a lista de membros pode ser conhecida em https://egmontgroup.org/en/membership/list).

Em Portugal, por exemplo, a Unidade de Informação Financeira (UIF) define-se como departamento especializado da Diretoria Nacional da Polícia Judiciária, órgão subordinado ao Ministério da Justiça. Foi criada pelo Decreto-Lei nº 304 de 13/12/2002 e conta atualmente com competências reforçadas pela recente Lei n.º 83/2017.

No Chile, a Unidad de Análisis Financiero (UAF) define-se como serviço público descentralizado, com personalidade jurídica e patrimônio próprios, que se relaciona com o Presidente da República, através do Ministério da Fazenda. Em linguagem brasileira, trata-se de autarquia criada pela Lei n° 19.913, publicada em 18 de dezembro de 2003, com objetivo de prevenir e impedir a utilização do sistema financeiro e outros setores da atividade econômica para o cometimento de delitos de "lavado de activos (LA) y financiamiento del terrorismo (FT)".

Os Estados Unidos instituíram o Financial Crimes Enforcement Network (FinCEN) como agência (órgão) do Departamento do Tesouro, sendo o Diretor nomeado pelo Secretário do Tesouro. A FinCEN adota como missão impedir a utilização ilícita do sistema financeiro, o combate a lavagem de dinheiro e a promoção da segurança nacional por meio da coleta, análise e disseminação de inteligência financeira. O Secretário do Tesouro, no EUA, exerce funções equivalentes ao Ministro da Fazenda ou Economia de outros países.

No Panamá, a Unidad de Análisis Financiero (UAF) é órgão autônomo, dotado de autonomia funcional e orçamentária, vinculado diretamente à Presidência, mas não goza de personalidade jurídica própria. Define-se como "entidad de seguridad del estado", compondo complexo sistema de prevenção, previsto pela Lei 23, de 27 de abril de 2015.

Na Argentina, por fim, a "Unidad de Información Financiera" foi criada em lei que alterou o Código Penal (Lei 25.246, de 05/05/2000). É autarquia com autonomia administrativa e financeira, sob a supervisão do Ministério das Finanças, na forma do art. 5° do Decreto N° 2/2017, B.O. 3/1/2017, e seu Presidente e Vice-Presidente são designados apenas após audiência pública, com possibilidade de impugnação de seus nomes por qualquer cidadão ou entidade.

Esse breve apanhado – que poderia ser multiplicado por trinta – mostra que não há estruturação organizacional comum, uniforme ou "natural" para Unidades de Inteligência Financeira. Mostra ainda que o grau de autonomia varia enormemente, mas também revela que as atividades de inteligência, prevenção e combate à lavagem de dinheiro devem ser realizadas por agentes com estabilidade, preparo técnico comprovado, envolvendo confidencialidade e direta colaboração com os órgãos de persecução criminal. Em diversos países, os relatórios de inteligência produzidos pelas UIFs são automaticamente repassados ao Ministério Público, com força probante garantida por lei; em outros, como nos EUA, o repasse de informações é de responsabilidade do Presidente do órgão, que pode responder criminalmente se sonegar informações relevantes.

Como deve ser enquadrado o COAF na organização administrativa federal? A decisão é política. Não há erro algum em que o órgão seja vinculado ao Ministério da Justiça, ao Ministério da Economia ou diretamente à Presidência da República. O relevante não é o seu locus organizacional, mas o modo como o órgão é estruturado, a sua força de trabalho, o seu orçamento, o controle do sigilo das informações apuradas, a condição efetiva da unidade para realizar trabalho de investigação, prevenção e repressão eficaz aos crimes de lavagem de dinheiro. Talvez o modelo chileno, com a criação de uma autarquia específica, dotada de autonomia financeira e funcional, supervisionada pelo Ministério da Fazenda ou pelo Ministério da Justiça reforçasse a autonomia política e técnica da unidade de inteligência financeira brasileira. Hoje, como unidade colegiada composta por integrantes de vários ministérios e órgãos superiores da Administração, a rigor o COAF já é uma **unidade administrativa multiministerial.**

Contra o deslocamento do COAF para o Ministério da Justiça esgrime-se o argumento do "expansionismo penal", o reforço de sua "função persecutória", pois "a gestão das informações, rotineiramente protegidas por sigilo fiscal e bancário, geridas pelo Coaf, poderia ser mais seguramente realizada na estrutura interna do Ministério da Fazenda, inclusive por uma presumível maior expertise do seu quadro de servidores, com menores riscos de violação de dados" (cf. FÖPPEL, Gamil. "Ida do Coaf para o Ministério da Justiça mostra manutenção do expansionismo penal". Opinião - Conjur. 3/1/2019. Disponível em: https://www.conjur.com.br/2019-jan-03/opiniao-realocacao-coaf-mostra-manutencao-expansionismo-penal Acesso em 24/5/2019).

Adicionalmente, teme-se que "a tão propalada integração entre órgãos para combate ao crime organizado, vinculando o Coaf à mesma estrutura que abarca órgãos como o Departamento de Polícia Federal e o Departamento de Recuperação de Ativos e Cooperação Jurídica Internacional (inclusive, à luz da Estratégia Nacional de Combate à Corrupção e à Lavagem de Dinheiro), invariavelmente, conduzirá a indevida atribuição de valor probatório aos seus relatórios de inteligência para fins de persecução de crimes, quiçá possibilitando que a partir deles se permita, à míngua de qualquer investigação, a adoção de medidas de força." (idem, ibidem).

Essas ilações, com o devido respeito, são antes "suspeições" do que "argumentação". Seja o COAF vinculado ao Ministério da Justiça ou ao Ministério da Economia, as informações colhidas continuariam cobertas legalmente pelo sigilo fiscal e bancário. A vinculação hierárquica do COAF ao Ministério da Economia não garante ninguém contra eventual abuso praticado por servidores públicos - a quebra do sigilo bancário do caseiro FRANCENILDO DOS SANTOS COSTA pelo Ministro da Fazenda ANTONIO PALOCCI, em 2006, talvez possa servir de prova factual de que não há ministério imune ao abuso (ver. RECONDO, Felipe. "Coaf investiga caseiro por suposta lavagem de dinheiro". Data 23/03/2006. Disponível em: https://www1.folha.uol.com.br/folha/brasil/ult96u76904.shtml). No final, descobriu-se que o COAF estava isento no caso Francenildo dos Santos Costa, sendo a Caixa Econômica Federal, subordinada ao Ministro da Fazenda, condenada a indenizar o caseiro em R$400.000,00 por quebra de sigilo fiscal, com julgamento confirmado pelo STJ apenas em 12.03.2019 (**REsp 1.766.987**). Além disso, o Departamento da Polícia Federal, por lei, já integra a direção do COAF, e o Departamento de Recuperação de Ativos e Cooperação Jurídica Internacional é parte necessária da Estratégia Nacional de Combate à Corrupção e à Lavagem de Dinheiro (Enccla), na qual o COAF possui papel central.

A importância do órgão nacional de inteligência financeira hoje em nosso mundo hipercomplexo reforça a utilidade de entrosar mais o COAF a órgãos como o Departamento de Recuperação de Ativos e Cooperação Jurídica Internacional. A rigor, esses órgãos deveriam ser fundidos em uma única agência, com personalidade jurídica própria e melhor quadro de pessoal. A instituição dessa autarquia exigiria lei formal.

O que espanta no debate da **Medida Provisória 870** é o **gasto excessivo de energia política** na questão desse simples deslocar da vinculação administrativa do COAF do Ministério da Economia para o Ministério da Justiça, sem alteração de suas competências ou de seu orçamento - vínculo de subordinação que traduz matéria atinente à organização interna de órgão da administração direta e, portanto, inserida no núcleo do Art. 84, VI, ''a'' da Constituição Federal.

O Art. 84, VI, ''a'' da Constituição Federal, norma introduzida pela EC 32/2001, autoriza a edição de decretos regulamentares do Poder Executivo sobre a **organização e funcionamento da Administração Federal**, "quando não implicar aumento de despesa nem criação ou extinção de órgãos públicos". São os **regulamentos de organização**, distintos dos tradicionais **regulamentos de simples execução,** que permanecem também previstos na Constituição, porém em dispositivo distinto (Art. 84, IV, CF). Os regulamentos de organização podem ser **inovadores no âmbito administrativo,** inclusive no plano interorgânico, pois podem "reordenar", "reintegrar", desde que sem criar direito ou dever individual novo**,** a partilha de atribuições e o funcionamento de órgãos administrativos previamente criados por lei. Nesse domínio, **vínculos de hierarquia podem ser alterados por decreto presidencial. A composição orgânica e o regime de funcionamento dos órgãos também podem ser alterados, desde que essas alterações não importem em criação de despesa e não interfiram ou inovem nos**

direitos subjetivos ou nos deveres do cidadão mediante a criação de competências administrativas novas.

Os regulamentos expedidos na forma do art. 84, VI,"a", da Constituição Federal não podem ser reduzidos a simples "regulamentos de execução", pois são vocacionados a modificar a organização administrativa anterior, inclusive quanto à estruturação das atribuições e a distribuição dos cargos necessários à composição de órgãos públicos, mas não podem também ser confundidos com os denominados "regulamentos autônomos" ou "independentes", ao menos se estes forem concebidos como normas administrativas capazes de inovar primariamente a ordem jurídica, criando direitos e deveres aos particulares, impondo obrigações, restrições ou faculdades **independentemente de lei prévia e sem sujeição a alteração por lei posterior.** (ver MODESTO, Paulo. Os regulamentos de organização no direito brasileiro e os decretos autônomos de extinção de cargos vagos: uma distinção necessária, disponível na internet: http://bit.ly/regulamentosorg).

Os regulamentos de organização permanecem **normas secundárias**, dependentes de **lei anterior que institua as competências públicas e os órgãos públicos**, sempre com alguma estruturação mínima (arquitetura mínima), conquanto sejam reordenadores da normatividade anterior no tocante a organização e funcionamento interno da Administração Direta. Por igual, **podem ser modificados por lei posterior**, que crie novos órgãos, a partir da fusão ou extinção de órgãos anteriores, ou que **altere a competência dos órgãos existentes**. Constituem um tertium genus, pois não são executivos nem podem ser autônomos, mas constituem uma forma de realizar alterações normativas sem eficácia ad extra à organização administrativa, e assim devem ser considerados para a adequada compreensão do princípio da legalidade no sistema jurídico brasileiro. A rigor, podem modificar normas de organização e funcionamento predispostas em lei (não são meramente executivos) e podem ser modificados por lei posterior (não são autônomos), compondo a matéria interna de organização e funcionamento da Administração Pública **condomínio normativo autorizado diretamente pela Constituição**.

A prevalecer essa interpretação que sustentamos desde 2009 sobre os limites dos decretos de organização, qualquer que seja a decisão do Congresso Nacional sobre a vinculação hierárquica do COAF na Medida Provisória 870, igualmente legítima será a decisão ulterior do Presidente da República em alojá-lo ou realocá-lo como órgão subordinado ao Ministério da Justiça ou da Fazenda. Para os mais radicais, que advogam ter o Art. 84, VI, "a" da Constituição Federal estabelecido uma reserva regulamentar privativa para a matéria, o Congresso Nacional sequer poderia dispor sobre o assunto. A celeuma criada, porém, talvez revele ao observador atento que outras soluções devem ser pensadas e seja hora de conferir personalidade jurídica própria e autonomia organizatória qualificada ao COAF. (24/05/2019)

Promoção da Confiança Pública e Paralisia Decisória Durante a Pandemia do Covid-19

Promoção da Confiança Pública

A confiança é um fator essencial ao funcionamento da Administração Pública. Durante a pandemia do COVID-19 a confiança é um fator crítico. As autoridades devem evitar conduzir as pessoas ao pânico e devem evitar entrar em pânico. Precisam oferecer cenários críveis e coerentes de resposta administrativa a problemas de saúde pública, planejar e executar com rapidez medidas que ampliem a mobilização dos cidadãos em favor de comportamentos de redução de risco. Mas também precisam atuar em cenário de emergência, sem um quadro referencial preciso, seguros de agir com cobertura legal e dentro de suas competências. O direito pode contribuir para promover essas duas vertentes da confiança?

É extensa a literatura jurídica sobre proteção da confiança legítima, mas nesse domínio tradicional o ângulo de observação volta-se à reparação ou correção da confiança fraudada e à fixação de limites à revisão de atos concretos ou normas abstratas favoráveis e previamente estabelecidas pelo Poder Público. A confiança é protegida à luz da segurança jurídica e do Estado de Direito. Trata-se de tema analisado entre nós de forma sofisticada e ainda atual por ALMIRO DO COUTO E SILVA,[1] referido e desenvolvido por vários estudiosos contemporâneos.[2] Essa abordagem pressupõe a identificação da base de confiança, isto é, de uma "condição fática de confiança": comportamento, declaração, decisão ou omissão relevante do Poder Público que suscite a expectativa justificada de uma atuação coerente futura. A finalidade da invocação do princípio da proteção da confiança, nos domínios da administração pública, é proteger o cidadão contra o exercício caprichoso, surpreendente, contraditório, desigual ou arbitrário do poder. A confiança salienta nesse território limites de segurança para o cidadão.

A abordagem que proponho nesse texto convoca outra dimensão do tema confiança pública e outras interrogações: quais as medidas concretas, envolvendo o desenho organizacional e funcional da administração pública, contribuem para a construção da confiança administrativa em tempos de crise sanitária? Nessa abordagem a confiança comparece igualmente como elemento de redução de complexidade e antecipação da atuação futura do Poder Público. Mas o foco não é a proteção do cidadão e sim a ampliação do seu envolvimento com a ação governamental, sendo a confiança sob esse ângulo não um limite, mas um *reforço à eficácia da atuação do Poder Público*. A confiança como substrato para a colaboração ativa do cidadão no cumprimento eficaz da própria decisão administrativa.

Esse segundo ângulo de abordagem – confiança pública como *fator de eficácia para programas governamentais* – é usual em estudos de teoria social e análise política.[3] Mas o direito pode também identificar decisões, normas e formas de atuação e de organização da administração que incrementam a confiança pública nesse segundo sentido. Algo essencial em tempos de pandemia. Se o cidadão não confia na orientação de autoridades públicas, ou recusa a legitimidade da própria autoridade, como fortalecer a colaboração e o envolvimento do cidadão no combate à disseminação do COVID-19?

O tema permite várias estradas de acesso. Para referir a algo mais específico, destaco três questões urgentes, para as quais o direito pode oferecer contribuição: a) reforço à credibilidade da liderança administrativa; b) incremento da velocidade de resposta administrativa; c) ampliação da segurança da ação.

Neste artigo abordo apenas o primeiro tema, que admite igualmente vários ângulos de consideração. Mas destaco aspecto que está na ordem do dia no STF, em vias de decisão, embora a Corte não o tenha ainda visualizado à luz do direito administrativo da crise e da promoção da confiança pública.[4]

Paralisia Decisória em Tempos de Crise na Área de Saúde

Em períodos de crise a história acelera e múltiplas decisões devem ser adotadas pela Administração Pública e por agentes privados. Paradigmas tradicionais de administrar, bilaterais e simplórios, mostram-se ineficazes diante de relações poligonais, envolventes de diversos agentes, centros de poder e interesses públicos e privados, que disputam recursos escassos. Em tempos de grave incerteza, com a rápida dissolução da rotina, agentes burocráticos simplesmente paralisam ante a complexidade técnica e política dos litígios e, outros, diante dos novos desafios, adotam postura de negação, isto é, recusam-se a reconhecer a ocorrência de eventos relevantes e que exigem decisão imediata. Essa paralisia decisória é um tema importante para o direito administrativo.

Na administração pública, práticas clientelistas, como o loteamento de cargos estratégicos com pessoal sem vocação de liderança, muitas vezes sem nível superior ou formação técnica suficiente, agravam a crise, pois momentos extraordinários não suportam apenas a continuidade da rotina. Em momentos de pandemia ou medo pandêmico, o "código do fracasso" (de DROMI) converte-se em "código de tragédia".[5]

Essa é a primeira questão que um olhar atento sobre a crise atual não pode desconsiderar: não se pode mais aceitar como juridicamente legítima a improvisação de lideranças administrativas. Aceitar a nomeação de secretários(as) de saúde que nada entendem de medicina, que não são médicos(as), biólogos(as), enfermeiros(as) ou administradores (as) especializados, mas simplesmente familiares da autoridade política. Em momentos de emergência sanitária e humanitária fica evidente a intolerabilidade da nomeação de autoridades administrativas ou político-administrativas sem preparo técnico para funções que exigem liderança técnica, convocadas unicamente a partir de relações de parentesco ou vínculos circunstanciais, que na crise simplesmente cruzam os braços ou vociferam frivolidades. A credibilidade da Administração Pública sucumbe quando o cidadão não localiza nos cargos de direção técnica agentes preparados para atender aos desafios da liderança.

Pode surpreender alguns, mas neste país continental, em cidades grandes e pequenas, é comum encontrar secretários de saúde sem formação técnica e é possível que isto esteja ocorrendo em plena crise sanitária. Há secretários de saúde com apenas segundo grau, sem noções mínimas de administração ou medicina, mas que precisam coordenar hospitais e centros de saúde, comandar equipes de atendimento e socorro, apenas com um carimbo na testa: são irmãos, sobrinhos, maridos, esposas, filhos e filhas de agentes políticos. Foram nomeados livremente e defendem a lisura da nomeação administrativa familiar, unilateral e discricionária, sob o argumento de ocuparem cargos políticos, embora não tenham sido eleitos para cargo algum. Invocam precedentes do STF e afirmam que contra as suas designações não se pode aplicar a Súmula Vinculante 13 (Antinepotismo) ou qualquer princípio republicano da Constituição Federal..[6] De fato existem precedentes, mas é uma leitura simplificada, falsa e injuriosa ao Supremo Tribunal afirmar que o órgão autoriza qualquer espécie de farra administrativa familiar de primeiro escalão.

Nepotismo em Cargos Político-Administrativos em Repercussão Geral (Tema 1000)

Em agosto de 2008, sob a Presidência do Min. GILMAR MENDES, com fundamento direto nos princípios da impessoalidade, igualdade, eficiência e moralidade enunciados expressamente na cabeça do art. 37 da Constituição da República, no princípio republicano e em três precedentes da Corte,[7] o STF editou Súmula Vinculante *proibindo a nomeação de cônjuges, companheiros e parentes até o terceiro grau para os cargos comissionados ou funções gratificadas nos três Poderes*, inclusive mediante designações cruzadas, com o seguinte teor:

"A nomeação de cônjuge, companheiro ou parente em linha reta, colateral ou por afinidade, até o terceiro grau, inclusive, da autoridade nomeante ou de servidor da mesma pessoa jurídica, investido em cargo de direção, chefia ou assessoramento, para o exercício de cargo em comissão ou de confiança, ou, ainda, de função gratificada na Administração

Pública direta e indireta, em qualquer dos Poderes da União, dos Estados, do Distrito Federal e dos municípios, compreendido o ajuste mediante designações recíprocas, viola a Constituição Federal."

A Súmula Vinculante n. 13 não pretendeu esgotar todas as hipóteses de nepotismo[8] ou enunciar qualquer autorização para o provimento administrativo unilateral e discricionário de cargos de primeiro escalão do Poder Executivo com finalidade de favorecimento familiar.[9]

Porém, a SV13 constituía uma norma, elaborada a partir de precedentes da Corte e, como toda norma, foi objeto de interpretações diversas na intimidade do próprio STF. Algumas decisões estabeleceram exceções à proibição enunciada ou restringiram os seus limites. A mais grave das ressalvas foi germinada nas primeiras decisões da Corte sobre o tema nepotismo, a partir de uma distinção ausente do enunciado da súmula entre *o favorecimento familiar de agentes no provimento de cargos administrativos e no provimento de "cargos políticos" ou "político-administrativos"* (STF, RE 579.951/RN, Rel. Min. RICARDO LEWANDOWSKI; Rcl 6650 MC-AgR/PR, Rel. Min. ELLEN GRACIE; Rcl 7.590-*MC/PR, Rel. Min.* MENEZES DIREITO).

Segundo essa interpretação, difundida amplamente sem os matizes presentes nos debates da Corte, *a SV 13 seria aplicável apenas a funções de confiança e cargos em comissão puramente administrativos, de livre nomeação e livre exoneração.* O provimento de *cargos políticos, mesmo os não eletivos*, não sofreria as limitações da proibição de nepotismo. É dizer: cargos de secretários municipais, secretários estaduais, ministro de estado, situados no cume da administração pública, poderiam ser titularizados por parentes imediatos do governante, sem a possibilidade de se qualificar o respectivo ato de designação como inválido por nepotismo.[10]

Para exemplificar de forma simples: o Prefeito Municipal não poderia nomear a sua esposa para o cargo de diretora de estabelecimento escolar, mas poderia nomeá-la para Secretária Municipal de Educação. Não poderia nomear o irmão motorista, mas poderia nomeá-lo Secretário de Transportes. Não poderia nomear o filho estudante de medicina diretor de hospital, mas poderia nomeá-lo Secretário de Saúde.

É equívoco afirmar, porém, que o STF tenha admitido a nomeação irrestrita de parentes para cargos de primeiro escalão da administração pública brasileira. A Corte, ao tratar da matéria, assentou em diversos julgados reservar-se a apurar caso a caso situações de abuso, nepotismo cruzado e falta de razoabilidade em designações de primeiro escalão, inclusive eventual ausência de qualificação técnica dos nomeados como indicativo de fraude à lei e aos princípios da impessoalidade, moralidade e eficiência na administração pública (STF, Rcl 8625/MG, Rel. Min. ELLEN GRACIE, J. 01/12/2009; Rcl 6938 MC/MG, Rel. Min. CÁRMEN LÚCIA, j. 22/08/2011; Rcl 11605 MC / SP, Rel. Min. CELSO DE MELLO, j. 29/06/2012; Rcl 14.497 MC, Rel. Min. JOAQUIM BARBOSA, j. 11/10/2012) Trata-se de orientação que atenua o problema, mas é evidentemente imprópria para uma Suprema Corte, que não deve cuidar de avaliar situações concretas,[11] cumprindo-lhe antes fixar critérios gerais e objetivos de aplicação da Constituição Federal na matéria.

Com o tempo e a sucessão de abusos, alguns Ministros em decisões de turma passaram a recusar explicitamente, para efeitos de censura por nepotismo, a relevância da distinção entre cargo administrativo/cargos político-administrativo, e a proclamar inválidas as nomeações familiares para cargos de primeiro escalão independentemente da análise concreta de aptidão técnica ou presença de fraude ou nepotismo cruzado nas nomeações. Essas decisões ora invocavam diretamente os princípios republicanos da impessoalidade, da eficiência e da moralidade, implícitos na Súmula Vinculante 13,[12] ora recusavam qualquer ressalva expressa a essas hipóteses na Súmula.[13]

Hoje a situação é de incerteza jurídica e quase loteria na Corte. Para alguns, a Constituição autoriza ampla liberdade para a designação unilateral dos agentes de primeiro escalão da administração pública e a SV 13 não os abrange; para outros, a Súmula 13 não cuida do tema, tendo sintetizado restrições apenas ao provimento de cargos administrativos simples, podendo ser objeto de reformulação ou alteração para abranger outras hipóteses; outros ainda, consideram a SV abrangente dos provimentos administrativos de primeiro escalão desde sempre, pois sintetiza princípios republicanos que colhem a todos os agentes públicos. A própria extensão do conceito de cargo político é problemática.[14]

A decisão uniforme dessa matéria sensível parece estar mais próxima. Em 19/02/2020 voltou ao Gabinete do Relator, Min. LUIZ FUX, já com todos os pareceres e informes cabíveis, os autos do *RE 1133118*, para fixação em Plenário do STF da legitimidade constitucional ou não da exclusão, em lei, do conceito de nepotismo para designação de cargos de primeiro escalão na administração pública. Em 15/06/2018 o Tribunal, por unanimidade, reconheceu a existência de repercussão geral para a questão constitucional suscitada, que passou a ser o *Tema 1000* na lista da Corte.[15] A decisão do caso terá efeito vinculante e fulminará, espera-se, a situação atual de insegurança jurídica para os gestores e para os próprios órgãos de controle. É um tema que merece atenção de todos, especialmente neste momento em que a credibilidade do poder público é essencial para a própria proteção da saúde pública.

Integridade e Governação

Em uma democracia, a decisão política de escolha de representantes deve ser livre e soberana, pois o titular da soberania é o povo. Ainda assim a liberdade não é plena, pois a própria Constituição Federal impede a criação e manutenção de partidos políticos que contravenham ao regime democrático, violem os direitos fundamentais da pessoa humana ou a soberania nacional, recebam recursos financeiros de governos estrangeiros ou utilizem organizações paramilitares. Mas as decisões administrativas subseqüentes, emitidas por governantes, estas devem estar sujeitas a limites e a escrutínio jurídico ainda mais rigoroso. É erro confundir eleição (forma de provimento vinculado) com nomeação unilateral (forma de provimento discricionário). Eleição respeita-se, observada a lisura do procedimento de escolha e exigências democráticas elementares; nomeação é ato administrativo vinculado a fins, o que em uma República significa observância de limites materiais incontornáveis. Exigências materiais que não se compatibilizam com o favorecimento de interesses domésticos na gestão pública, que contrastam com práticas que já deveriam estar superadas, inclusive por serem incompatíveis com a promoção da confiança pública.

Essa constatação é universal. Cada vez mais os governos, mesmo em Estados unitários, compõem sistemas de vários níveis, que não são administrados de forma imperial e exclusiva, mas em rede, mediante procedimentos cooperativos complexos (supervisão, co-decisão, transferências de competência e transferências financeiras), exigentes de confiança recíproca, profissionalismo e um alto nível de integridade. Governar hoje é em grande parte suscitar e fortalecer a confiança entre os parceiros privados, na população e entre os diversos níveis de governo da área pública. Não por acaso, na 36º Sessão do Congresso dos Poderes Locais e Regionais do Conselho da Europa, realizada em 2 a 4 de abril de 2019, foram aprovadas duas resoluções (as Resoluções 441 e 428) e um relatório especial dedicado à redução do nepotismo através de procedimentos de recrutamento claros, equitativos e transparentes. No item 3 da Resolução 441, por exemplo, a confiança pública é um dos motes do combate ao nepotismo:[16]

Confiança não é sentimento ou esperança. Não é delegação cega, mas crédito fundado em expectativas racionais e específicas. Como ensina LUHMANN, confiança vincula-se a cálculo de riscos, sendo forma de redução da complexidade sobre as múltiplas alternativas de atuação de outros no futuro.[17] Confiamos para decidir, inclusive para cooperar, pois para cooperar precisamos acreditar que o outro retribuirá a cooperação e será fiel ao compromisso assumido. Nessa crença há uma avaliação crítica do resultado e o risco de frustração das expectativas. A confiança suscita a presunção de estabilidade e continuidade, certa ilusão sobre as variáveis envolvidas e supõe comportamento consequente e coerente. Se a opinião pública, ou grande número dos cidadãos, identificar que as decisões administrativas não visam ao bem comum e sim apenas ao bem familiar ou de grupos próximos, em manifestação de nepotismo ou clientelismo, desmoronam os pilares da confiança pública, comprime-se o horizonte do tempo, e o compromisso com o futuro deixa de contar com a adesão dos agentes desiludidos. Em plena crise da pandemia do Covid-19 essa desilusão custa vidas.

NOTAS:

[1] Vários textos fundamentais do querido mestre e amigo gaúcho, publicados na década de oitenta e seguintes, foram reunidos em livro e são de consulta obrigatória: COUTO E SILVA, Almiro. Conceitos Fundamentais do Direito no Estado Constitucional. São Paulo: Malheiros, 2015. Vale conferir também os estudos em homenagem ao mestre reunidos por um dos seus discípulos mais próximos: ÁVILA, Humberto (org). Fundamentos do Estado de Direito: estudos em homenagem ao Professor Almiro do Couto e Silva. São Paulo: Malheiros, 2015. Trabalhei com ALMIRO em duas comissões de elaboração legislativa: a primeira destinada a preparar o anteprojeto da atual Lei de Processo Administrativo da União (Lei 9784/99) e a segunda destinada a esboçar o anteprojeto de nova organização administrativa da União, com substituição do Decreto-Lei 200/67, projeto ainda pendente de decisão política. Era um jurista fascinante e maduro, sóbrio e ao mesmo tempo espirituoso e bem humorado, um amigo de décadas que deixou uma lacuna enorme há exatos dois anos, em 16/04/2018. Pela coincidência das datas em que este texto foi escrito e pela lembrança forte do seu exemplo, dedico esse breve texto a este amigo inesquecível.

[2] Destaco, entre muitas monografias, no Brasil: ARAUJO, Valter Shuenquener de. O Princípio da Proteção da Confiança: uma nova forma de tutela do cidadão diante do Estado. Niterói: Impetus, 2016; ÁVILA, Humberto. Teoria da Segurança Jurídica. 4ª. Ed. São Paulo: Malheiros, 2016; MAFFINI, Rafael. Princípio da Proteção Substancial da Confiança no Direito Administrativo Brasileiro. Porto Alegre: Verbo Jurídico, 2006; BAPTISTA, Patrícia. Segurança jurídica e proteção da confiança legítima no direito administrativo: análise sistemática e critérios de aplicação no direito administrativo brasileiro. Tese (Doutorado em Direito do Estado) – Universidade de São Paulo, 2006; QUINTELA, Guilherme Camargo. Segurança Jurídica e proteção da confiança. Belo Horizonte: Fórum, 2013; SIMONETTI, José Augusto. O Princípio da Proteção da Confiança no Direito Administrativo. Rio de Janeiro: Lumen Juri, 2017; VALIM, Rafael. O Princípio da Segurança Jurídica no Direito Administrativo Brasileiro. São Paulo: Malheiros, 2010; DAL POZZO, Antonio

Aroldo Ferraz; DAL POZZO, Augusto Neves. Ensaio sobre o conteúdo jurídico da confiança legítima e sua incidência no setor de infraestrutura. São Paulo: Contracorrente, 2019.

[3] Cf., por exemplo, MOISÉS, José Álvaro (org). Democracia e Confiança: por que os cidadãos desconfiam das instituições públicas? São Paulo: Edusp, 2010. Confira também sob o ângulo de administradores: BOUCKAERT, Geert. Trust and public administration. Administration. 60. 91-115, 2012.

[4] Os itens dois e três desse artigo foram destacados e publicados pelo autor na Coluna Interesse Público, do Conjur, de 16 de abril de 2002, sob o título "Paralisia decisória, nepotismo e a pandemia da Covid-19", cf. https://www.conjur.com.br/2020-abr-16/interesse-publico-paralisia-decisoria-nepotismo-pandemia-covid-19

[5] Recordo aqui o conhecido "código do fracasso", que ROBERTO DROMI utilizou para explicar como alguns setores da administração pública argentina haviam se convertido em "caras máquinas de impedir": "Artigo primeiro: não pode. Artigo segundo: em caso de dúvida, abstenha-se. Artigo terceiro: se é urgente, espere. Artigo quarto: sempre é mais prudente não fazer nada". Ver DROMI, Roberto. Derecho Administrativo. 4. ed. Buenos Aires: Ciudad Argentina, 1995. p. 35.

[6] Não são hipóteses acadêmicas. Em diversos precedentes do STF o cargo de Secretário de Saúde, que mobiliza recursos expressivos, era o locus do questionamento. Ver, por exemplo, Rcl 26448 / RJ, Rel. Min. EDSON FACHIN, j. 12/09/2019 (nomeação do pai do vice-prefeito da cidade para o cargo de Secretário Municipal de Saúde); Rcl 33818 / MG, Rel. Min. RICARDO LEWANDOWSKI, j. 01/04/2019 (filha do Prefeito nomeada Secretária Municipal de Saúde); RE 579.951, Pleno, DJe 24.10.2008, Rel.Min. RICARDO LEWANDOWSKI (irmão de Vereador nomeado Secretário Municipal de Saúde); Rcl 26424 MC/RN, Rel. Min. MARCO AURÉLIO, J. 28/06/2018 (filho do Prefeito nomeado Secretário de Saúde). Os exemplos poderiam ser multiplicados à exaustão.

[7] Cf. ADC 12, Rel. Min. AYRES BRITTO, Tribunal Pleno, julgamento em 16/2/2006, DJ de 1º/9/2006; MS 23.780, Rel. Min. JOAQUIM BARBOSA, Tribunal Pleno, julgado em 28/09/2005, DJ 3/3/2006; RE 579.951 RG, Rel. Min. RICARDO LEWANDOWSKI, Tribunal Pleno, julgado em 20/08/2008, Dje de 24/10/2008, Tema 66.

[8] "A redação do enunciado da Súmula Vinculante 13 não pretendeu esgotar todas as possibilidades de configuração de nepotismo da Administração Pública, uma vez que a tese constitucional nele consagrada consiste na proposição de que essa irregularidade decorre diretamente do caput do art. 37 da Constituição Federal, independentemente da edição de lei formal sobre o tema" (STF, Rcl 15.451 AgR, Rel. min. DIAS TOFFOLI, P, j. 27-2-2014, DJE 66 de 3-4-2014).

[9] Cf. Rcl 12.478 MC, rel. min. JOAQUIM BARBOSA, dec. monocrática, j. 3-11-2011, DJE 212 de 8-11-2011; RCL 26424 MC/RN, Rel. Min. MARCO AURÉLIO, Julgamento: 04/09/2018, DJe-188 DIVULG 06/09/2018.

[10] Tratei com maior detalhe do tema em artigo escrito em 2012 e publicado em 2013 na coletânea organizada em homenagem a MARIA SYLVIA ZANELLA DI PIETRO: MODESTO, Paulo. Nepotismo em Cargos Político-Administrativos. In: MARQUES NETO, Floriano; MENEZES DE ALMEIDA, Fernando Dias; NOHARA, Irene Patrícia e MARRARA, Thiago (organizadores). Direito e Administração Pública. São Paulo: Atlas, 2013, pp. 260-298. O texto integral do artigo está disponível também na web: https://www.academia.edu/7789409 (Acesso em 15/04/2020). Ampliei também aspectos diversos do tema, a exemplo do princípio republicano e das exigências atuais da liderança pública, em texto escrito por ocasião das celebrações dos trinta anos da Constituição: MODESTO, Paulo. É possível superar o clientelismo na Administração Pública do Brasil? Argumentos jurídicos e sugestões para limitar a criação e o provimento abusivo de cargos públicos em comissão nos 30 anos da constituição de 1988.In: Revista Brasileira de Direito Público – RBDP | Belo Horizonte, ano 16, n. 62, p. 9-55, jul./set. 2018. Disponível também na web: https://www.academia.edu/37780364

[11] Cf. "Ementa: Direito Administrativo. Agravo interno em reclamação. Nepotismo. Súmula Vinculante 13. 1. O Supremo Tribunal Federal tem afastado a aplicação da Súmula Vinculante 13 a cargos públicos de natureza política, ressalvados os casos de inequívoca falta de razoabilidade, por manifesta ausência de qualificação técnica ou inidoneidade moral. Precedentes. 2. Não há nos autos qualquer elemento que demonstre a ausência de razoabilidade da nomeação. 3. Agravo interno a que se nega provimento." (Rcl 28024 AgR, Relator(a): Min. ROBERTO BARROSO, Primeira Turma, julgado em 29/05/2018, DJe-125 DIVULG 22-06-2018, PUBLIC 25-06-2018). Cf. também Rcl 23.131 AgR, Rel. Min. LUIZ FUX, Primeira Turma, DJe 18/04/2017).

[12] EMENTA: CONSTITUCIONAL E ADMINISTRATIVO. AGRAVO REGIMENTAL EM RECLAMAÇÃO. NEPOTISMO. SÚMULA VINCULANTE N. 13. CONCEITO DE PARENTESCO DO CÓDIGO CIVIL. INAPLICABILIDADE. PRINCÍPIO DA IMPESSOALIDADE. CARGO DE NATUREZA POLÍTICA. SERVIDOR COM VÍNCULO EFETIVO. CONFLITO DE INTERESSE CONFIGURADO. APLICABILIDADE DA SÚMULA. AGRAVO REGIMENTAL A QUE SE NEGA PROVIMENTO. 1. O nepotismo subverte os valores que devem pautar o desempenho das funções administrativas. Ao invés de se avaliar a pessoa subordinada à autoridade nomeante por critérios de eficiência, privilegiam-se critérios alheios ao bom desempenho da Administração. 2. A proibição ao nepotismo decorre diretamente dos princípios da impessoalidade, da moralidade e da eficiência e é evidente que eles também incidem sobre os chamados cargos políticos. Quanto mais próximo da legitimidade do voto popular, maior a responsabilidade do governante para afastar qualquer conflito de interesse que possa macular sua atuação. Quanto mais alto o cargo, maior deve ser a exigência pela obediência incondicional à Constituição e a seus princípios. 3. Quando a nomeação para cargo ou a designação para função recai sobre servidor que tem relação de parentesco ou relação íntima com a autoridade nomeante, há incidência da Súmula Vinculante n. 13, mesmo se houver vínculo efetivo, pois, nesses casos, tal como se dá com a nomeação de quem não o tem, o exercício do cargo passa a atender critérios que não são exclusivamente públicos e a confiança que se deve ter no desempenho da função pública é prejudicada. 4. O conceito de parentesco para efeitos da incidência da Súmula não coincide com o do Código Civil, pois o problema não é de definir quais são os parentes para efeitos civis, mas definir quais aquelas pessoas que, sob a classe de parentela, tendem a ser escolhidas, não por interesse público, mas por interesse de caráter pessoal. Precedentes. 5. Agravo regimental a que se nega provimento. Rcl 26448 AgR, Relator(a): Min. EDSON FACHIN, Segunda Turma, julgado em 20/12/2019, DJe-023 DIVULG 05-02-2020)

[13] Voto vencido do Min. MARCO AURÉLIO na Recl. 6650 MC-AgR/PR. E esse tem sido o seu entendimento, mantido em decisões monocráticas ao longo do tempo, por exemplo RCL 26424 MC/RN, Rel. Min. MARCO AURÉLIO, Julgamento: 04/09/2018, DJe-188 DIVULG 06/09/2018.

[14] O conceito de cargo político no Brasil não é preciso ou unívoco. Admite inteligência doutrinária e jurisprudencial ampla ou restritiva. No texto Nepotismo em Cargos Político-Administrativos, de 2012, sugiro que o regime jurídico dos

cargos políticos não é uniforme: há cargos políticos de provimento vinculado (v.g. cargos político-representativos, como os deputados, e cargos a que se acende por concurso público, como os juízes e promotores); cargos políticos de provimento condicionado ou compartilhado entre mais de um órgão (cargos político-funcionais, a exemplo dos embaixadores) e cargos de provimento unilateral e precário (cargos político-administrativos, a exemplo dos secretários e Ministros de Estado). Nos dois últimos casos, os cargos político-funcionais e cargos político-administrativos, a apuração sobre desvio na escolha do governante é sempre cabível, sendo possível cogitar inclusive de situações típicas de desvio de finalidade e ilegitimidade constitucional por nepotismo. Os cargos político-representativos não suscitam o tema do nepotismo por ser a eleição forma de provimento vinculado. E não se diga que esta diferenciação com base no provimento é artificial ou acadêmica. O STF tem atuado em casos paradigmáticos em matéria de provimento – por exemplo, em 2016, decisão do Ministro GILMAR MENDES no MS 34.070, considerou hipótese de "desvio de finalidade" e sustou nomeação do Ex-Presidente Lula como Ministro Chefe da Casa Civil (cargo político-administrativo típico, de provimento unilateral e precário); em 2017, na Reclamação (RCL) 26303, o Ministro MARCO AURÉLIO suspendeu decreto do Prefeito do Município do Rio de Janeiro, MARCELO CRIVELLA, que nomeava seu filho MARCELO HODGE CRIVELLA, para o cargo de secretário chefe da Casa Civil da Prefeitura. E muitas outras decisões poderiam ser referidas (v.g. Rcl8.625-ELLEN GRACIE, DJe 26.4.2010; RCL6.938 MC/MG-CÁRMEN LÚCIA, DJE 02/09/2011; Rcl 12.478-MC/DF, JOAQUIM BARBOSA).

[15] O inteiro teor da decisão encontra-se disponível no site do Supremo Tribunal Federal através do link: http://stf.jus.br/portal/processo/verProcessoPeca.asp?id=314646429&tipoApp=.pdf

[16] "Local and regional authorities are especially vulnerable to nepotism, and other forms of favouritism, due to their size, autonomy and proximity with citizens. As nepotism practices in these circumstances can be more visible to the general public, they have greater potential to damage the public trust The establishment of sound human resources management practices is therefore of utmost importance for underpinning public trust and fighting corruption." Em tradução livre: "As autoridades locais e regionais são especialmente vulneráveis ao nepotismo e a outras formas de favoritismo, devido ao seu tamanho, autonomia e proximidade com os cidadãos. Como as práticas de nepotismo nestas circunstâncias podem ser mais visíveis para o público em geral, elas têm

maior potencial para prejudicar a confiança do público O estabelecimento de boas práticas de gestão de recursos humanos é, portanto, de suma importância para sustentar a confiança pública e combater a corrupção". As resoluções são acompanhadas do relatório, de extraordinária clareza. Ver o inteiro teor do documento em https://rm.coe.int/fighting-nepotism-within-local-and-regional--authorities-governance-com/16809312c3 [acesso em 16/04/2020].

[17] LUHMANN, Niklas. Confianza. Tradução de Amanda Flores, corrigida e cotejada com original alemão por Dario Rodrigues Mansila. 1ª reimpressão. Barcelona: Anthropos Editorial, 2005, pp. 39e segs.

MP 966 e a Responsabilidade dos Agentes Públicos

A responsabilidade civil (patrimonial) e administrativa (disciplinar) dos agentes públicos não se define por presunção ou pela simples ocorrência de dano à administração ou a terceiros. É exatamente o contrário: a ação ou omissão de agentes no campo funcional presume-se de boa-fé e conforme ao direito.

Para que a responsabilidade dos agentes públicos irrompa é fundamental que o (1) dano ou o agravamento do risco de dano seja antijurídico (não se deva suportar ou tolerar), (2) seja relevante (não insignificante), (3) reprovável (possível de evitação e não justificado), (4) culpável (deliberado, previsível ou resultante de erro de conduta evitável) e (5) diretamente imputável à ação ou omissão específica do agente público (individualizável e vinculado ao exercício da função pública). Todos esses elementos exigem investigação e prova das circunstâncias concretas do agir ou da inação dos agentes no exercício de função e da presença de causas excludentes da responsabilidade.

Trata-se de responsabilidade subjetiva, diversa da responsabilidade objetiva do Estado. Na responsabilidade subjetiva, além do nexo de imputação e da lesão ao bem jurídico em si, perquire-se o dolo ou a culpa do suposto infrator. Qual o grau da culpa? Essa é questão esclarecida pela recente Medida Provisória 966, de 13 de maio de 2020, publicada no Diário Oficial do dia seguinte.

A rigor, a MP 966 introduz normas interpretativas e, caso venha a ser convertida, terá caráter de lei interpretativa. São enunciadas prescrições que detalham ou clarificam o disposto no artigo 28 da Lei de Introdução às Normas do Direito Brasileiro (LINDB), artigo introduzido pela Lei nº 13.655, de 25 de abril de 2018.

O que prescreve esse enunciado da LINDB? Ei-lo:

> "Art. 28. O agente público responderá pessoalmente por suas decisões ou opiniões técnicas em caso de dolo ou erro grosseiro."

A MP 366 contempla enunciados que interpretam o artigo 28 da LINDB em termos semelhantes ao do parágrafo primeiro que constava do artigo 28, vetado por ocasião da sanção da Lei nº 13.655/2018[1] e, por igual, ao enunciado do artigo 54 do Anteprojeto de Normas Gerais de Organização Administrativa, que antecedeu e influenciou a elaboração da LINDB.[2]

Qual o conceito interpretado pela MP 966? O conceito de erro grosseiro para fins de responsabilização patrimonial e disciplinar dos agentes públicos. Erro grosseiro é, nesse domínio, conceito equivalente ao de culpa grave e passou a ser invocado em sede de responsabilização dos agentes públicos a partir de decisões do STF sobre sanções aplicadas a pareceristas públicos e situações similares (v.g., MS 24.631/DF, Rel. Min. JOAQUIM BARBOSA, DJ de 1º/2/2008; MS 27867 AgR/DF, rel. Min. DIAS TOFFOLI, 18.9.2012; MS 30928 AgR, Rel. Min. ROBERTO BARROSO, DJe-171, 15-08-2016).

Essa jurisprudência, em decisão recente, foi explorada e aplicada com precisão por acórdão lavrado pelo Ministro LUIZ FUX, com invocação também da LINDB (MS 35196 AgR, Primeira Turma, julgado em 12/11/2019, DJe-022 04-02-2020).[3]

Pode parecer surpreendente que se precise editar Medida Provisória para reafirmar e detalhar disposição expressa de lei vigente, que aplica jurisprudência firme do STF, sob a argumento de premente necessidade de atenuar a insegurança jurídica neste momento de pandemia da Covid-19. É que, na prática, a disposição lacônica do Art. 28 da LINDB, desacompanhada dos seus parágrafos, permanece sofrendo resistência de alguns órgãos de controle. O TCU, por exemplo, decidiu, *litterim*:

> "O dever de indenizar os prejuízos ao erário permanece sujeito à comprovação de dolo ou culpa, *sem qualquer gradação*, como é de praxe no âmbito da responsabilidade aquiliana, inclusive para fins do direito de regresso (art. 37, § 6º, da Constituição Federal).

As alterações promovidas na Lei de Introdução às Normas do Direito Brasileiro (LINB) pela Lei 13.655/2018, em especial a inclusão do art. 28, *não provocaram modificação nos requisitos necessários para a responsabilidade financeira por débito*". (Acórdão 2.391/2018, Plenário, Tomada de Constas Especial, Rel. Min. BENJAMIN ZYMLER, Boletim de Jurisprudência do TCU n. 241 de 06/11/2018).[Grifo nosso].

Neste acórdão, o TCU fez uma distinção não contemplada no artigo 28 da LINDB: para a fins punitivos, seria exigida a prova de dolo ou culpa grave (erro grosseiro); para fins reparatórios, supostamente domínio fora do campo de incidência do artigo 28 e com fundamento no § 6º do artigo 37 da Constituição, seria exigida a prova de dolo ou da culpa simples.[4] Em outros Acórdãos, o TCU invoca a exigência de "especial zelo" e a figura idealizada do "administrador médio" como parâmetro de controle (Acórdão 2.860/2018 – Pleno).

Na MP 966, os artigos 2º e 3º cuidam de esclarecer aspectos da aplicação do conceito de erro grosseiro, assimilado à culpa grave, mas limitam essa inteligência à prática de atos relacionados, direta ou indiretamente, com as medidas de enfrentamento da emergência de saúde pública decorrente da pandemia da Covid-19 e o combate aos efeitos econômicos e sociais decorrentes da pandemia da Covid-19.

Em verdade, não seria sequer necessário limitar as disposições da MP 966 ao contexto do enfrentamento da pandemia da Covid-19. O ideal é que essa cláusula de restrição temporal fosse eliminada. A incerteza jurídica em praticamente todos os domínios hoje é paralisante e desincentivadora do bom gestor na Administração Pública brasileira e, por óbvio, toda ou qualquer atuação e controle de atuação deve considerar os itens I a IV do Art. 3º. da MP 966/2020, sintonizados perfeitamente com o Art. 22 da LINDB.[5]

Nada há de inconstitucional nesses dispositivos. Essa graduação da culpa traz realismo à gestão pública e ao controle e, embora apenas com a LINDB tenha sido proclamada em termos gerais, é usual a graduação da culpa em diversos diplomas infraconstitucionais precedentes quanto à responsabilidade de magistrados (art. 133 do CPC/73; art. 143, I, do CPC/2015 e art. 49 da LC 35/1979), membros do Ministério Público (art. 85 do CPC/1973; art. 181 do CPC/2015), advogados públicos (art. 184 do CPC/2015) e defensores públicos (art. 187 do CPC/2015).

A MP 966 interpreta e densifica o Art. 28 da LINDB para assegurar maior segurança jurídica a agentes que não contam com a cobertura de normas especiais de graduação da culpa e, no mesmo passo, cobra dos órgãos de controle atuação zelosa na fundamentação de suas decisões, que deixam de poder adotar para o juízo de censura de agentes públicos paradigmas abstratos, atemporais ou idealizados de "gestor médio",[6] conceitos presumidos ou a culpa simples. Todo e qualquer juízo de responsabilização, seja de reparação ou sanção punitiva, diante dos dispositivos ora expressos, passarão a exigir *avaliação contextual* e *individualizada*, pois deverá ser considerado no juízo de caracterização do erro grosseiro ou falta grave os obstáculos e dificuldades reais do agente público, pela complexidade da matéria e das atribuições exercidas, pela circunstância de incompletude de informações na situação de urgência ou emergência ou pelas circunstâncias práticas que houverem imposto, limitado ou condicionado a ação ou a omissão do agente público.

Essas disposições não afastam a responsabilidade penal, política ou a responsabilidade por improbidade de qualquer agente público. A expressão agente público é a mais ampla, como se sabe. Mas a responsabilidade tem vários rostos e a responsabilidade civil e administrativa dos agentes públicos são apenas duas das faces da responsabilidade. Nenhum agente de má-fé deixará de ser responsabilizado na esfera política, penal ou por improbidade em razão do art. 28 da LINDB ou dos Arts. 2º e 3º da MP 966/2020. Porém, o agente inábil ou que erra de modo escusável não deve ser equiparado ao gestor de má-fé ou ímprobo, este último punido por legislação especial (Lei 8429/1992), exigente de conduta dolosa ou, pelo menos, eivada de culpa grave (STJ, AIA 30/AM, Rel. Min. TEORI ZAVASKI, Corte Especial, Dje 28/9/2011).

O Art. 1º da MP 966/2020, no entanto, não pode ser mantido como foi redigido, pois padece de técnica legislativa inconsistente. Para enfatizar a aplicação de seus comandos durante a pandemia do Covid-19, a norma sugere uma suposta imunidade para tudo o mais, o que obviamente não é o que almeja prescrever, pois incidiria em inconstitucionalidade chapada. Espera-se que o Congresso Nacional altere radicalmente essa redação.

O "apagão das canetas", o "direito administrativo do medo" (conceito cunhado por FERNANDO VERNALHA),[7] o fetiche da culpa no controle público,[8] não são fenômenos nacionais exclusivos. LUC FERRY, filósofo e ex-ministro francês, refere como fenômeno global a "desculpabilização do medo", a transformação completa dos sentimentos associados ao medo, que deixa de ser percebido como algo essencialmente negativo e passa a ser introjetado e exibido sem causar vergonha. E, arremata, com uma analogia: "deve-se confessar que também o poder está paralisado pela angústia. Para cada projeto de reforma, ele mede o terreno, como banhistas que experimentassem, pusilânimes, com a ponta do pé, a água. Se estiver fria, retiram-se rapidamente. Não estando tão hostil, seguem pé ante pé, até a cintura, para uma meia-volta à primeira marola inoportuna. É trágico o resultado dessa situação: a impotência pública é tamanha que nossas democracias ficam praticamente sem ação".[9]

Essa matéria sensível não deveria ser lançada na agenda dos embates de narrativa política. No entanto, é o que ocorreu. Bastou a MP 966 ser editada que foi questionada por seis ações diretas de inconstitucionalidade com ilações várias, mas de escassa fundamentação jurídica (ADIs 6421, 6422, 6424, 6425, 6427 e 6428). Fala-se que foi editada para impedir o Presidente da República e seus assessores de serem responsabilizados por insistirem na indicação pública da "cloroquina", medicamento considerado de incerta eficácia no tratamento da covid-19. Trata-se de algo surpreendente, pois desconhece-se qualquer responsabilização disciplinar ou civil do Presidente da República na história do país!

É indiscutível que atuação de má-fé na esfera administrativa deve ser punida e avaliada com rigor. O mesmo deve ocorrer em face de crimes e atos de improbidade praticados por gestores públicos. Para os gestores de boa-fé, no entanto, o controle não pode ser uma surpresa, um incentivo para a inércia, um desincentivo para a inovação, o oráculo obrigatório a que ser consultado antes de qualquer decisão. No mundo dos nossos dias, processos de risco complexos desafiam a capacidade de compreensão e reação dos gestores; atividades em rede, envolvendo coordenação de interesses e a ativação de parceiros e órgão diversos, exigem flexibilidade, estratégia e, não raro, algum experimentalismo. A complexidade jurídica, elevada ao plano da juridicidade e não apenas da legalidade, oferece diversas trilhas de decisão. A mais desafiadora é aquela que apoia o planejamento da ação futura e viabiliza a preservação dos interesses das atuais e futuras gerações. Porém, esse processo decisório termina por ser insuportável quando até o passado é incerto e o entendimento dominante e fundamentado em um tempo histórico passa a ser avaliado no futuro, em termos retroativos, como desajustado ou ilegítimo. Trata-se de insegurança jurídica radical que paralisa a administração e não serve a qualquer interesse público. Na névoa dos nossos dias, essa paralisia não pode ser tolerada pelos seus graves custos humanos, administrativos e econômicos. (21.05.2020).

NOTAS:

[1] O § 1º do Art. 28 do Projeto de Lei nº 7.448, de 2017 (nº 349/15 no Senado Federal), enunciava: "§ 1º Não se considera erro grosseiro a decisão ou opinião baseada em jurisprudência ou doutrina, ainda que não pacificadas, em orientação geral ou, ainda, em interpretação razoável, mesmo que não venha a ser posteriormente aceita por órgãos de controle ou judiciais." O veto informava que o dispositivo atribuía "discricionariedade ao administrado em agir com base em sua própria convicção, o que se traduz em insegurança jurídica." (Cf. http://www.planalto.gov.br/ccivil_03/_Ato2015-2018/2018/Msg/VEP/VEP-212.htm). A justificativa do veto ao § 1º do Art. 28 do Projeto de Lei 7.448, de 2017, é inconsistente: a discricionariedade, se houver, será derivada da norma de competência e não do Art. 28 e, com o veto, mesmo o administrador apoiado em interpretação razoável e calçado em jurisprudência ou doutrina precedentes poderia sofrer censura quando a inteligência adotada divergisse de entendimento futuro (e incerto) de órgãos de controle. Na prática, o veto manteve em insegurança jurídica o gestor: reduziu a previsibilidade dos efeitos futuros de sua atuação presente, conquanto adotadas cautelas de fundamentação e motivação suficientes. Ocorre que não se tolera "infração por hemenêutica" quando

a interpretação é motivada e razoável, havendo inclusive duas Súmulas do STF nesta direção: Súmula 400: "Decisão que deu razoável interpretação à lei, ainda que não seja a melhor, não autoriza recurso extraordinário pela letra "a" do art. 101, III, da Constituição Federal"; Súmula 343: "Não cabe ação rescisória por ofensa a literal disposição de lei, quando a decisão rescindenda se tiver baseado em texto legal de interpretação controvertida nos tribunais".

[2] "Art. 54. Os órgãos de consultoria jurídica da administração, independentemente de sua função de assessoria, devem, no exercício do controle prévio de legalidade, prestar orientação jurídica quanto à adoção de medidas aptas a permitir a efetividade da ação administrativa, em conformidade com os preceitos legais.

§ 1º Os agentes dos órgãos a que se refere o caput deste artigo não serão passíveis de responsabilização por suas opiniões técnicas, ressalvada a hipótese de dolo ou erro grosseiro, em parecer obrigatório e vinculante para a autoridade a quem competir a decisão.

§ 2º Não se considera erro grosseiro a adoção de opinião sustentada em interpretação razoável, em jurisprudência ou em doutrina, ainda que não pacificada, mesmo que não venha a ser posteriormente aceota, no caso, por órgão de supervisão ou controle, inclusive judicial. Cf. a íntegra do projeto em MODESTO, Paulo (org). Nova Organização Administrativa Brasileira. Belo Horizonte: Fórum, 2009 (1a. Ed), p. 336. Confira ainda, na web, em https://www.academia.edu/1055240 [acesso em 19/05/2020].

[3] Ver em http://redir.stf.jus.br/paginadorpub/paginador.jsp?docTP=TP&docID=751913839 [Acesso em 19/05/2020].

[4] Sobre esse aspecto, o preciso artigo de Niebuhr, Joel Menezes. O Erro Grosseiro – Análise crítica do Acórdão nº 2.391/2018 do TCU, in: Contratos Administrativos, Licitação 14/11/2018. In: https://www.zenite.blog.br/o-erro-grosseiro-analise-critica-do-acordao-no-2-3912018-do-tcu Concorda-se com o autor nos seus três argumentos: a) a LINDB pode graduar a culpa, inclusive para fins ressarcitórios; b) o TCU ao criar a distinção realizou controle de constitucionalidade (interpretação conforme), atuando fora de sua competência (STF, MCMS 35.410/DF, Rel. Min. Alexandre Moraes, em 15/12/2017); c) o caso aplicou indevidamente o art. 37, § 6º , da CF, por se tratar de hipótese de dano à própria Administração Público e não a terceiros. No mesmo sentido, FERRAZ, Luciano. Alteração na Lindb e seus reflexos sobre a responsabilidade dos

agentes públicos. Interesse Público. https://www.conjur.com.br/2018-nov-29/interesse-publico-lindb-questao-erro-grosseiro-decisao-tcu#sdfootnote6sym

[5] " Art. 22. Na interpretação de normas sobre gestão pública, serão considerados os obstáculos e as dificuldades reais do gestor e as exigências das políticas públicas a seu cargo, sem prejuízo dos direitos dos administrados.

§ 1º Em decisão sobre regularidade de conduta ou validade de ato, contrato, ajuste, processo ou norma administrativa, serão consideradas as circunstâncias práticas que houverem imposto, limitado ou condicionado a ação do agente.

§ 2º Na aplicação de sanções, serão consideradas a natureza e a gravidade da infração cometida, os danos que dela provierem para a administração pública, as circunstâncias agravantes ou atenuantes e os antecedentes do agente.

§ 3º As sanções aplicadas ao agente serão levadas em conta na dosimetria das demais sanções de mesma natureza e relativas ao mesmo fato."

[6] Sobre o conceito de gestor médio, no TCU, confira-se PALMA, Juliana Bonacorsi de. Quem é o 'administrador médio' do TCU? https://www.jota.info/opiniao-e-analise/colunas/controle-publico/quem-e-o-administrador-medio-do-tcu-22082018

[7] VERNALHA, Fernando. O Direito Administrativo do Medo: a crise da ineficiência pelo controle. Revista Colunistas de Direito do Estado, 2016, n. 71, http://www.direitodoestado.com.br/colunistas/fernando-vernalha-guimaraes/o-direito-administrativo-do-medo-a-crise-da-ineficiencia-pelo-controle

[8] MODESTO, Paulo. O Controle Público e o Fetiche da Culpa. Revista Colunistas de Direito do Estado, 2016 n. 114. http://www.direitodoestado.com.br/colunistas/paulo-modesto/o-controle-publico-e-o-fetiche-da-culpa

[9] FERRY, Luc. Famílias, amo vocês. Política e vida privada na era da globalização. Trad. Jorge Bastos. Rio de Janeiro: Objetiva, 2008, p. 12-13.

Erro Grosseiro Administrativo em Tempos de Incerteza

Teoria da Decisão: pressuposto para o controle realista do erro administrativo

A idealização das condições de decidir do administrador público constitui um esporte nacional dos estudiosos de direito administrativo brasileiro. É ainda usual dizer-se que a discricionariedade assegurada em lei ao administrador é exercida com correção e validade apenas quando propicia a "melhor decisão" dentre todas as possíveis, alcança a "decisão excelente" e apta a concretizar à "perfeição" o interesse público, por ser dever incontornável dos agentes calibrar em "nível ótimo" o ato à finalidade da norma de atribuição e aos fatos em questão. Em uma palavra: a doutrina administrativa brasileira em geral espera dos agentes públicos a permanente *maximização da utilidade pública* quando a lei não programa uma única resposta de forma antecipada.

Essa exigência de maximização constante da utilidade pública é enunciada por afirmações fortes, otimistas, elogiáveis como propósito, mas sem sintonia com qualquer *teoria das escolhas racionais*, com a *racionalidade limitada das previsões humanas no tempo* e com as *condições concretas de decidir do administrador público brasileiro.*

Um importante segmento das decisões dos administradores reais adotadas na competência discricionária envolve *incerteza*, na modalidade *risco* (quando estão presentes variáveis conhecidas e mensuráveis em termos probabilísticos para obtenção de eventos futuros, mas quase nunca com a «certeza do ótimo») e na modalidade *incerteza elevada*, incerteza propriamente dita ou "incerteza knightiana" (quando sequer as variáveis ou todas as variáveis são conhecidas e, portanto, não se consegue mensurar a probabilidade de determinados resultados futuros).[1]

No limite, o erro pode ser inevitável na ocorrência de penumbra persistente sobre as variáveis relevantes. Em outras situações, o agente administrativo atua em processos de *decisão seqüencial*, reagindo estrategicamente a decisões de terceiros, que agem ora de modo convergente ora de modo concorrencial ao poder público. Nesses casos, a rigor, a "ótima" ou "sub-ótima" decisão em parte depende da reação futura ou da decisão incerta de terceiros. Não se deve esquecer ainda a frequente *insuficiência de informações*, a *assimetria de informações dos agentes em interação*, os *vieses inevitáveis,* e o desajuste entre o que se considera o ótimo e os meios disponíveis para a sua realização ao longo do tempo. A crise da Covid-19 é didática para todos nós sobre o que significa decidir em estado de incerteza severa ou incerteza em sentido estrito.

Esperar a maximização da utilidade *sempre*, presente a competência discricionária, e condicionar a validade da atuação administrativa ao atingimento desse estado ideal não é realista. E precisamos desesperadamente de *realismo* e *pragmatismo* na esfera pública e no controle público.[2] Uma teoria realista da decisão pública em situações de incerteza constitui o *pressuposto lógico* para o estabelecimento tanto de *critérios heurísticos* (voltados para o administrador) quanto de *critério de avaliação* (voltados para o controlador) sobre quando ou em quais situações a ação ou omissão administrativa pode ser qualificada como necessária e consistente ou caracterizar *erro grosseiro.*

Erro Grosseiro: ambiguidade e limites de sua invocação no controle público

Erro é conceito ambíguo, pois pode referir tanto a ação ou omissão administrativa lesiva apoiada em falsa representação dos fatos ou do direito aplicável quanto referir ao incumprimento dos deveres de cuidado inerentes *à avaliação contextual* que antecede a atos e omissões administrativas. Pode-se explorar o signo de erro grosseiro, portanto, a partir de dois conceitos operacionais.

Em uma primeira perspectiva, erro administrativo grosseiro é o falso juízo, inescusável, involuntário e reprovável de forma grave, imputado a agente público ou privado no exercício ou na omissão do exercício de função administrativa do Estado.

Essa primeira definição não refere a qualquer domínio empírico. Erro grosseiro é conceito normativo: não designa um conjunto específico de ações ou omissões, mas sim o *grau de reprovabilidade de determinado juízo equívoco, evitável e involuntário, identificado como pressuposto concreto da ação ou omissão lesiva*.

Erro, alguns afirmam, é a *ignorância que se ignora*. Porém, é mais do que isso: na base do erro há uma *ignorância negligente* de fatos e dados relevantes, que são indevidamente desconsiderados no processo de decisão e produzem lesão que o afetado não deve suportar. Erro grosseiro é a *falsa representação dos fatos ou do direito aplicável, que fundamenta ação ou omissão lesiva, evitável, antijurídica, grave e indesculpável.*

Por outra perspectiva, uma segunda definição pode olhar para o percurso decisório e, observado o contexto, identificar no tempo o *grave incumprimento do dever de diligência exigível*. Nesse caso, o *erro grosseiro confunde-se com a própria omissão grave no cumprimento da diligência exigível pelo administrador público quando da consideração do contexto fático e normativo antecedente da ação ou omissão.*

Como JANO (em latim: Ianus), deus dos inícios, das decisões e escolhas, o conceito de erro grosseiro aceita duas faces: a do antecedente (violação grave do dever de diligência exigível) e a do consequente (a ação ou omissão lesiva reprovável decorrente de falsa e culposa representação do contexto fático e jurídico). Perspectivas que olham para direções opostas, como o deus romano, mas que apreendem uma mesma infração jurídica.

O grau de *reprovabilidade* do juízo administrativo equívoco é amplamente dependente dos níveis de incerteza do contexto decisório, das possibilidades de decisão informada e dos meios à disposição do agente para o enfrentamento e controle da incerteza na tomada de decisão. Esse entender harmoniza-se com o Art. 22 da Lindb, que prescreve atenção ao *contexto real* na interpretação de normas administrativas, que devem ser avaliadas «considerados os obstáculos e as dificuldades reais do gestor e as exigências das políticas públicas a seu cargo, sem prejuízo dos direitos dos administrados», inclusive as «circunstâncias práticas que houverem imposto, limitado ou condicionado a ação do agente» (§1º.).

É certo que os conceitos tradicionais de «oportunidade» e «conveniência», empregados para aludir ao núcleo da discricionariedade, são «quase-ocos», elípticos ou insuficientes para uma descrição analítica do âmbito de exercício legítimo da competência discricionária. Possuem *fronteiras flexíveis* que, à luz do caso concreto, comprimem ou estendem as margens de apreciação da escolha pública legítima conforme o conflito imponha a prévia análise de custo-benefício, a avaliação de impacto e efeitos prospectivos, a precaução qualificada, a tutela da confiança, a necessidade ou não de normas de transição, entre outras situações comuns que podem conduzir em concreto a competência discricionária a zero. Presente essa circunstância, ocorre a *delimitação dinâmica da competência em concreto*, a exigir motivação específica do agente administrativo e do controlador, não bastando a simples invocação genérica da previsão abstrata da norma de competência.

Esse é um ponto fundamental, a ser frisado sempre que possível: observada a igualdade e a segurança jurídica, *entre o administrador público e o controlador público não deve haver assimetria nos deveres de avaliação e fundamentação*. O controle público da atividade administrativa não é simples ato de poder, mas *relação jurídica*, que exige *boa-fé, cooperação, segurança jurídica e motivação de ambos os polos do vínculo processual*. Também os órgãos de controle possuem *ônus argumentativos*, deveres de motivação, e não devem substituir prognoses e decisões públicas primárias sem critério preciso de fundamentação. Podem ser questionadas, por violação à segurança jurídica, ordens ou instruções de controle excessivamente indeterminadas, imprecisas ou sem fundamentação explícita e consistente.[3] A motivação do controlador deve incluir hoje também a indicação das "consequências jurídicas e administrativas" de suas decisões, como prescreve o Art. 21, caput, da Lindb.

A urgência ou a incerteza não autorizam por si a dispensa do dever de eficiência, da boa administração, da avaliação dos riscos e efeitos colaterais, da documentação dos fatos e dos custos, do cumprimento das normas de cautela e procedimentos legais cabíveis na atividade administrativa. Mas a emergência pública pode mitigar e até mesmo elidir a responsabilidade pessoal do gestor por erros, se estes foram escusáveis ou inevitáveis, assumidos em contexto de incerteza severa e com a preservação dos *deveres fiduciários de diligência na gestão pública*.[4]

Em situações de incerteza, a responsabilidade pessoal do gestor é condicionada diretamente pelo grau de *previsibilidade* e *evitabilidade* do dano, isto é, pela presença de condições necessárias ao cumprimento dos *deveres de cuidado e avaliação diligente e informada*. Esse aspecto foi objeto de atenção do legislador tanto no Art. 28 da LINDB, que impõe a responsabilidade pessoal do agente em caso de dolo ou erro grosseiro, quanto da MP-966/2020, que explicita abranger "as esferas civil e administrativa" e caracteriza o erro grosseiro como "o erro manifesto, evidente e inescusável praticado com culpa grave, caracterizado por ação ou omissão com elevado grau de negligência, imprudência ou imperícia" (Art. 2º).Gradua-se assim a responsabilidade pessoal de agentes públicos comuns de modo realista e em favor da segurança jurídica, à semelhança do previsto hoje para diversos agentes públicos: magistrados (art. 143, I, do CPC/2015 e art. 49 da LC 35/1979), membros do Ministério Público (art. 181 do CPC/2015), advogados públicos (art. 184 do CPC/2015) e defensores públicos (art. 187 do CPC/2015).[5]

Erro Grosseiro na Pandemia da Covid-19: a decisão do STF (ADIs 6421, 6422, 6424, 6425, 6427, 6428 E 6431 MC)

Nos dias 20 e 21 de maio de 2020, em julgamento da medida cautelar de sete ações de inconstitucionalidade, o STF enfrentou o conceito de erro grosseiro com aprofundamento e debate inéditos.[6] Presente a MP-966, o ministro relator LUÍS ROBERTO BARROSO proferiu voto que, acompanhado pela maioria, concedeu o *provimento parcial* da cautelar e fixou *interpretação conforme* sintetizada nas seguintes teses:

> "1. Configura erro grosseiro o ato administrativo que ensejar violação ao direito à vida, à saúde, ao meio ambiente equilibrado ou impactos adversos à economia, por inobservância: (i) de normas e critérios científicos e técnicos; ou (ii) dos princípios constitucionais da precaução e da prevenção."
>
> "2. A autoridade a quem compete decidir deve exigir que as opiniões técnicas em que baseará sua decisão tratem expressamente: (i) das normas e critérios científicos e técnicos aplicáveis à matéria, tal como estabelecidos por organizações e entidades internacional e nacionalmente reconhecidas; e (ii) da observância dos princípios constitucionais da precaução e da prevenção, sob pena de se tornarem corresponsáveis por eventuais violações a direitos."

A decisão despertou alegria e preocupação. Alegria pela seriedade e riqueza com que o tema foi debatido e pela manutenção do artigo 28 da LINDB sem qualquer ressalva. Contentamento também pelo consenso entre os ministros sobre a importância de combater o "apagão das canetas"(a inibição defensiva do gestor público submetido a orientações vagas e instáveis do controlador de plantão).

No tocante ao "erro grosseiro" na pandemia, segundo as regras da MP-966, alguma preocupação remanesce: a maioria formada não se satisfez em exigir decisão do gestor baseada em pareceres técnicos fundamentados. Demandou-se do gestor e do parecerista a observância de "normas, critérios científicos e técnicos", "tal como estabelecidos por organizações e entidades internacional e nacionalmente reconhecidas" e a obediência ao "princípio da precaução e prevenção". Mas quem acompanha a crise dos nossos dias sabe que, passados cinco meses, ainda é algo inseguro constatar harmonia entre as instituições internacionais e nacionais "reconhecidas" ou clareza quanto as formas de atender ao "princípio da precaução e prevenção" na matéria. São limitados os consensos e eles demoram a surgir (salvo o consenso sobre a imprescindibilidade do distanciamento social). Fora isso, trata-se de remissão em branco para normas e orientações de soft law, ditadas por organismos privados, convertidas em parâmetro direto de controle e responsabilização em matéria sancionatória.[7]

Talvez o Supremo tenha criado névoa em um momento de penumbra. Figuro o gestor inquieto em inúmeros municípios brasileiros interrogando a sua frágil equipe sobre qual é o entendimento técnico harmonizado na comunidade científica para cada matéria que irá decidir. Se não houver clareza sobre esse entendimento técnico pacificado, ele não decidirá? Se decidir, e o parâmetro for alterado, será considerado o direito intertemporal? A incerteza sobre o alcance da precaução e da prevenção na crise será fator de elevação da complexidade decisória e, consequentemente, do risco de decidir.

Na incerteza severa há sempre lacuna de informação relevante, pois não são conhecidos todos os processos subjacentes ou os resultados previsíveis. Nesse cenário pode ser problemático requerer harmonia ou consenso entre instituições científicas como pressuposto da decisão administrativa cautelosa. Deve-se exigir a consideração de manifestações técnicas reputadas, o reforço da fundamentação científica na gestão dos riscos, tradução necessária da diligência exigível em matéria complexa e sensível como a crise sanitária, mas parece inquietante exigir mais.

A administração pública em situações de incerteza deve observar, além das normas jurídicas, as normas técnicas que assegurem eficiência e segurança à atuação administrativa. Mas talvez não deva aguardar a *pacificação dos especialistas* para agir. A decisão do STF deve ser louvada, por ser prudente e fundamentada, mas suscitou novos problemas e não encerrou o debate sobre a questão do erro grosseiro em situações de grave incerteza. (30.07.2020)

NOTAS:

[1] Cf. KNIGHT, Frank H. **Risk, Uncertainty, and Profit** (Boston MA: Hart, Schaffner and Marx; Houghton Mifflin, 1921). Disponível em https://oll.libertyfund.org/titles/306 [Acesso em 27/07/2020]; SCHWARTZ, B., BEN-HAIM, Y; DACSO, C. What Makes a Good Decision? Robust Satisficing as a Normative Standard of Rational Decision Making. **Journal for the Theory of Social Behaviour**, 41, 2011, p. 209-227; ATTAGLIO, R.P., Jr., BELARDINELLI, P., BELLÉ, N. and CANTARELLI, P. Behavioral Public Administration ad

fontes: A Synthesis of Research on Bounded Rationality, Cognitive Biases, and Nudging in Public Organizations. **Public Admin Rev**, 79, 2019: 304-320. doi:10.1111/puar.12994

[2] No mesmo sentido, cf. JORDÃO, Eduardo. Por mais realismo no controle da administração pública. **Revista Colunistas de Direito do Estado**, n. 183, 03/06/2016. Disponível em: http://www.direitodoestado.com.br/colunistas/Eduardo-Jordao/por-mais-realismo-no-controle-da-administracao-publica [Acesso em 27/07/2020]; MODESTO, Paulo. O controle público e o fetiche da culpa. **Revista Colunistas de Direito do Estado**, n. 114, 21/03/2016. Disponível em http://www.direitodoestado.com.br/colunistas/paulo-modesto/o-controle-publico-e-o-fetiche-da-culpa [Acesso em 27/07/2020]; MARQUES NETO, Floriano de Azevedo. Os grandes desafios do controle da Administração Pública. In: MODESTO, Paulo (Coord.). **Nova Organização Administrativa Brasileira**. 2. ed. Belo Horizonte: Fórum, 2010; BINENBOJM, Gustavo; CYRINO, André. O art. 28 da LINDB: a cláusula geral do erro administrativo. **Revista de Direito Administrativo- RDA**. Edição Especial. Lei de Introdução às Normas do Direito Brasileiro. Rio de Janeiro: FGV, 2018; DIONÍSIO, Pedro de Hollanda. **O Direito ao Erro do Administrador Público no Brasil: contexto, fundamentos e parâmetros**. Rio de Janeiro: GZ Editora, 2019, pp. 09-36.

[3] Em sentido análogo, confira-se a crítica de André Rosilho à falta de clareza e assertividade das normas que definem competência e limites para a atuação do Tribunal de Contas da União. Para o autor, a fluidez das competências de controle e o estabelecimento de "deveres indefinidos" promove "três consequências práticas negativas pelo prisma do interesse público" (...): "(1) inibir , juntamente com a má gestão, a boa gestão; (2) prejudicar a eficácia e a eficiência dos controles; (3) elevar o grau de insegurança jurídica no ambiente público" (ROSILHO, André. **Tribunal de Contas da União: competências, jurisdição e instrumentos de controle**. São Paulo: Quartier Latin, 2019, p. 373).

[4] Em abordagem inovadora, Pedro Dionísio sugere quatro *critérios pragmáticos* para identificação da escusabilidade do erro administrativo: a) presença de grau mínimo de diligência na instrução da decisão (quanto mais intensa a diligência maior o espaço de tolerância, sendo essa diligência mínima calibrada pelo grau de urgência da medida, pela dificuldade de obtenção das informações e pela relevância da decisão); b) proximidade do cargo ocupado pelo gestor do erro analisado (quanto menos próximo for o erro das funções e conhecimentos exigidos pelo cargo, maior será o espaço de tolerância ao erro);

c) grau de incerteza fática ou jurídica envolvida na decisão (quanto maior o nível de incerteza, maior o espaço de tolerância) e d) "grau de aderência da escolha realizada em relação aos dados coletados pelo administrador ao longo do processo decisório" ("quanto mais coerente for a decisão em relação às informações obtidas, maior também deverá ser o espaço de tolerância ao cometimento de equívocos") (DIONÍSIO, Pedro de Holanda. Ob. Cit, p. 115-162). Sobre os *deveres fiduciários de diligência*, conceito invocado no direito privado para avaliar a responsabilidade do gestor das sociedades anônimas (Art. 153 da Lei das S.A), cf. PINTO JUNIOR, Mario Engler. O Dever Fiduciário de Diligência do Gestor Público. In: CUNHA FILHO, Alexandre; ISSA, Rafael; SCHWIND, Rafael Wallbach. **Lei de Introdução às Normas do Direito Brasileiro** - Anotada. Vol. II. São Paulo:Quartier Latin, 2019, pp. 34-39.

[5] Sobre esse aspecto, e outros, para evitar reproduções, remeto para artigo sobre a MP-966 que escrevi em 19.05.2020, publicado no dia 21.05.2020 na Coluna Interesse Público: MODESTO, Paulo. MP 966 e a responsabilidade dos agentes públicos. **ConJur - Interesse Público**. Publicado em 21-05-2020. Disponível em: https://www.conjur.com.br/2020-mai-21/interesse-publico-mp-966-responsabilidade-agentes-publicos ou https://www.academia.edu/43350504

[6] Erro grosseiro, no sentido de culpa grave, foi invocado em sede de responsabilização dos agentes públicos a partir de decisões do STF sobre sanções aplicadas a pareceristas públicos e situações similares (v.g., MS 24.631/DF, Rel. Min. Joaquim Barbosa, DJ de 1°/2/2008; MS 27867 AgR/DF, rel. Min. Dias Toffoli, 18.9.2012; MS 30928 AgR, Rel. Min. Roberto Barroso, DJe-171, 15-08-2016). Depois da Lei 13.655/18, com maior aprofundamento, mas sem maior debate, o tema voltou ao STF no julgamento do MS 35196 AgR, Primeira Turma, Rel. Min. Luiz Fux, julgado em 12/11/2019, DJe-022 04-02-2020.

[7] (...) "El empleo de actos e instrumentos de soft law es una práctica que difícilmente tiene encaje em el Derecho sancionador, donde la vinculación de la actuación administrativa a la Ley es el eje basilar a partir del cual se articula todo el sistema" (SARMIENTO, Daniel. **El «soft law» administrativo : un estudio de los efectos jurídicos de las normas no vinculantes de la Administración**. Navarra: Thomson Civitas, 2008, p. 180). Com observações pertinentes, cf. ainda MOREIRA, Egon Bockmann; CÂMARA, Heloisa Fernandes. Constitucionalidade da MP 966: expressão do Direito Constitucional globalizado? In: **Jota**, 28/05/2020. Disponível em http://www.jota.info/opiniao-e-analise/artigos/constitucionalidade-da-mp-966-expressao-do-direito-constitucional-globalizado-28052020 [Acesso em 29/07/2020].

O Controle Público e o Fetiche da Culpa

É um dado de nossa cultura a *individualização* e *dramatização* da culpa como a causa dos nossos infortúnios. Se há um dano, inquire-se sobre culpados e responsáveis. Sem a interferência de culpados, não haveria dano e a ordem das coisas seguiria o seu curso regular e virtuoso.

Há muita ingenuidade nestes pressupostos. Primeiro, há danos que decorrem de atividade lícita e regular, onde é impróprio demandar a expiação da culpa ou a punição de culpados. Segundo, há danos cuja origem não pode ser individualizada, pois decorrem do próprio funcionamento das organizações. Por fim, há danos produzidos por terceiros, às vezes licita às vezes ilicitamente, cuja responsabilidade pode ser transferida sem que se possa atribuir culpa ao final responsável, a exemplo dos decorrentes de atos multitudinários.

O paradigma da ação ou omissão culposa como causa geral de danos apresenta ainda outras imprecisões e inconvenientes. A atividade de controle é percebida como *atividade de restauração*. Busca-se restaurar o *status quo ante*, a ordem virtuosa anterior à perturbada interferência da ação culposa ou deliberada dos agentes responsáveis. O controle assume *feições expiatórias e repressivas, dirige a sua atenção ao passado e à sanção dos culpados*, sem perceber que muitas vezes a volta ao passado é impossível ou de elevado custo. Essa *indiferença ao custo* é também outra marca do paradigma quase religioso da expiação da culpa: não se avalia quanto custa o controle e seu impacto na cadeia social. O importante é o caráter exemplar da sanção ao erro, o seu efeito educativo, independentemente dos custos encartados nas soluções de controle.

O paradigma do controle fundado na culpa, simplificado aqui até o caricato, embora ainda muito forte entre nós, tem perdido vigência. É atacado por diversas frentes. Destaco aqui *três* delas.

A *primeira frente* enfatiza a *dimensão temporal do futuro* e deixa de perceber o controle como restauração: *o controle deve ser antes prevenção ou precaução*, pois os danos podem ser irreparáveis, inclusive para as futuras gerações. Há uma *responsabilidade intergeracional* coletiva que não se funda na culpa, pois os danos sequer precisam existir concretamente e o que se deseja é que sejam evitados para sujeitos que também ainda não existem. O aumento da influência do homem sobre os ecossistemas e sua capacidade para produzir resíduos deletérios para as futuras gerações em escala temporal sem paralelo é um fato há décadas denunciado por HANS JONAS, que propugnou a superação da "ética do próximo", limitada aos contemporâneos (Hans JONAS, El Principio de Resposabilidad: ensayo de una ética para la civilización tecnológica, Barcelona, Herder, 1995, cuja primeira edição alemã é de 1979). O problema do controle deixa de ser exclusivamente voltado aos danos próximos e certos e seu foco muda para a prevenção de danos futuros, muitas vezes incertos, porém prováveis.

Normas constitucionais que tutelam a democracia, promovem a dignidade da pessoa humana, a cidadania ou o desenvolvimento nacional não são dirigidas apenas aos contemporâneos e devem ser compreendidas à luz da justiça intergeracional. Em uma perspectiva diacrônica, como comunidade intergeracional, não pode ser qualificada de democrática uma decisão tomada hoje que não seja reversível democraticamente pelas futuras gerações. A política ultrapassa (ou deve ultrapassar) a dimensão de mero diálogo entre representantes e representados imediatos, para internalizar a dimensão de participação das futuras gerações. Não se trata de leitura moral de textos constitucionais, mas de compreensão alargada de direitos e deveres constitucionais.

As decisões fundamentais devem salvaguardar as condições de existência digna das futuras gerações, não por altruísmo, mas porque a Constituição é um *documento intergeracional por excelência*. É feita para proteger direitos e interesses das atuais e futuras gerações. E suas cláusulas, por isso mesmo, devem ser interpretadas sob o prisma da *sustentabilidade da própria comunidade intergeracional* (v. Raffaele BIFULCO, *Diritto e generazioni future*: problemi giuridici della responsabilità intergenerazionale, Milano, Franco Angeli Edizioni, 2008, p. 69-70).

Por vezes, a Constituição estabelece limites e deveres dirigidos a gerações futuras. São exemplo as normas constitucionais que limitam as reformas constitucionais, denominadas no Brasil de "cláusulas pétreas" ou "cláusulas de eternidade" ("eternity clauses"), a exemplo do Art. 60 da Constituição Federal. Essas normas são problemáticas à luz da *justiça intergeracional* e devem ser interpretadas estritamente, assegurando a abertura ao futuro da Constituição e as possibilidades de escolha das gerações vindouras (JOERG Chet TREMMEL, A *Theory of Intergenerational Justice*, London, Routledge, 2014, pp. 57-63; J. J. Gomes CANOTILHO, *Direito Constitucional e Teoria da Constituição*, 7 ed., 9 reimp., Coimbra, Almedina, 2003, p. 1436).

Na política e no direito, com clareza nova, não decidimos apenas para os que estão vivos. Decidimos para uma comunidade intergeracional, o que deve ser considerado também no controle de constitucionalidade das normas legais. Leis que promovam endividamento excessivo das próximas gerações, autorizem o esgotamento de recursos escassos ou adotem decisões irreversíveis devem ser submetidas a parâmetros rigorosos de proporcionalidade.

Em nossa Constituição essa exigência tem apoio em norma expressa, o Art. 225, que prescreve: "todos têm direito ao meio ambiente ecologicamente equilibrado, bem de uso comum do povo e essencial à sadia qualidade de vida, impondo-se ao Poder Público e à coletividade o dever de defendê-lo e preservá-lo para as presentes e futuras gerações". Nos diversos parágrafos e incisos deste artigo, resguarda-se o patrimônio genético, os processos ecológicos essenciais, exige-se estudo prévio de impacto ambiental para obras e atividades potencialmente causadoras de dano, o controle de substâncias degradantes, entre outras normas.

Essas normas repercutem, quase literalmente, princípios enunciados no *Relatório BRUNDTLAND*, da Comissão Mundial sobre o Meio Ambiente e Desenvolvimento, de 1987. Esse documento internacional define o *desenvolvimento sustentável como aquele que assume a responsabilidade perante as futuras gerações.*

Para usar uma metáfora proposta por EDUARDO GIANNETTI, pode-se afirmar que o direito e as instituições públicas devem superar a *miopia temporal* (atribuição de valor demasiado ao que se encontra perto de nós no tempo) sem recair na *hipermetropia temporal* (atribuição de um valor excessivo ao amanhã, em prejuízo das demandas e interesses correntes) (V. Eduardo GIANNETTI, *O Valor do Amanhã: ensaio sobre a natureza dos juros*, São Paulo, Companhia das Letras, 2005, p 12-13). Essa moderação dialética deve ser realizada por normas e instituições públicas, inclusive pela justiça constitucional, e são um tema fundamental do controle administrativo ou jurisdicional da contemporaneidade.

Em uma *segunda frente* o paradigma do controle fundado na culpa e sua repressão externa enfrenta dificuldades. Trata-se do debate sobre a *governance*, governação ou governança das entidades ou organizações. Parte-se aqui da análise dos custos do controle externo, de sua ineficácia para evitar danos, concretos ou reputacionais, e da necessidade de incorporar, interna e estruturalmente, nas diversas organizações controladas, diretrizes de transparência, processualidade, eficiência, informação, moralidade e impessoalidade suficientes para evitar conflitos de interesse e corrigir falhas de funcionamento e direção. O controle deixa de ser *expiação* e *repressão*, para ser *autoprogramação e autocontrole*, com exigências cada vez maiores de adequação organizacional. A *governação democrática*, que incorpora os agentes da base das organizações em processos decisórios das entidades, parece evitar mais amplamente condutas danosas e seus efeitos do que o controle posterior, sucessivo e repressivo, de organizações externas. Essa exigência, inicialmente imposta a entidades privadas de capital aberto, atualmente tem sido aplicada para o domínio das organizações da sociedade civil sem fins lucrativos e o domínio de diversas organizações públicas, cada vez mais sujeitas ao controle social e a institucionalização consistente de processos decisórios.

Por fim, em uma *terceira frente*, o controle tradicional é questionado. Deixa de ser julgamento e punição e passa a ser concebido como *acordo e monitoramento*. Contratos de gestão, acordos de gestão, compromissos de gestão se difundem em todo o planeta, em ordenamentos jurídicos completamente distintos, respondendo a exigências cada vez maiores de pactuação de resultados, programação de indicadores de desempenho, comprometimento direto dos agentes envolvidos na prossecução de resultados em regime de auto vinculação. Muitas vezes o que se pode conseguir com ordens diretas é objeto de negociação para estimular o envolvimento dos agentes e reduzir a insegurança jurídica na atividade de controle. Pactuado o resultado esperado e a forma de controle a organização atua com maior desembaraço e eficácia, com menores custos de transação e maior previsibilidade, por estar menos sujeita ao casuísmo na decisão de controle. Felizmente hoje ninguém mais discute a pertinência e a importância da adoção de instrumentos de avaliação de desempenho também no setor público. Pode-se criticar a eficácia das formas atualmente concebidas de avaliação, a sua precisão ou amplitude, mas são raras as vozes contrárias a existência de mecanismos de monitoramento, planejamento e verificação de resultados no setor público. A concepção de que a atuação administrativa do Estado se resume ao cumprimento regular da lei perdeu vigência. Exige-se do administrador público, a par do comportamento legal, atuação tempestiva e eficiente às demandas crescentes da sociedade e de diversos órgãos do próprio Estado. O mesmo deve ser exigido dos órgãos de controle, em especial os que realizam função administrativa, pois estão submetidos aos mesmos princípios constitucionais (Paulo MODESTO, Legalidade e autovinculação da Administração Pública: pressupostos conceituais do contrato de autonomia no anteprojeto da nova lei de organização administrativa, In: MODESTO, Paulo (org.). *A Nova Organização Administrativa*, Minas Gerais, Ed. Fórum, 2010, 2ª ed., pp. 173-174).

É preciso evitar o descontrole do controle, a superposição de controles, o retardamento inútil de medidas saneadores, a falta de motivação de medidas restritivas, a ausência de indicação de alternativas válidas de gestão. Numa palavra, é importante *parametrizar o controle* e oferecer segurança jurídica ao Estado e aos particulares tanto na atividade de controle quanto na atividade de gestão. O *controle não é uma atividade com fim em si mesma*; *é meio para a realização de fins materiais prezados pela comunidade e meio para garantir a dignidade humana.* Deve prevenir e precaver o dano, exigir autocontrole e governança nas organizações, monitorar e contribuir para parametrizar a atuação estatal e de seus parceiros, a inibir o arbítrio, a improvisação, a corrupção e o conflito de interesses. Pode e deve sancionar culpados, quando existirem, mas não é esta a sua tarefa principal. (21/03/2016)

NOTA:

Este texto é fragmento do prefácio que escrevi para o livro de PHILLIP GIL FRANÇA, Controle Público da Administração Pública, 4ª. Ed, Editora Revista dos Tribunais, 2016. Agradeço a Phillip a autorização para compartilhar neste espaço ao menos a primeira parte do Prefácio como texto autônomo em primeira mão.

Fake News Institucional: a crítica vazia ao projeto de lei 7448/2017

As *fake news* brotam por toda a parte. Antes limitadas a grupos marginais, que se escondiam em lugares sombrios, hoje são abertamente vendidas por profissionais ou criadas livremente por agentes públicos na intimidade dos palácios e repartições. Na sociedade em rede, o objeto das fake news também se expandiu: antes eram reputações que eram imoladas, agora tudo pode ser objeto de informação falsa intencional, inclusive programas governamentais, projetos de lei, ações judiciais, relatórios e leis.

Recentemente, o projeto de lei 7448/2017, que propõe alterações na Lei de Introdução às Normas do Direito Brasileiro (LINDB), foi vítima de ataque de fake news institucional. A proposta trata de limitar o arbítrio de autoridades administrativas exigindo motivação detalhada e especificação de responsabilidades. Paradoxalmente, por limitar o arbítrio e exigir dos órgãos de controle menor grau de discricionariedade em favor da segurança jurídica, foi difamada por representantes de auditores dos tribunais de contas, de juízes e membros do Ministério Público como um projeto voltado a facilitar o malfeito, para usar uma expressão que entrou em voga. As entidades pedem o veto integral ao projeto de lei, difundindo autenticas *fake news*.

O projeto foi aprovado a partir de texto elaborado por dois juristas ilustres, os professores CARLOS ARI SUNDFELD e FLORIANO DE AZEVEDO MARQUES. Foi debatido intensamente na comunidade jurídica, com majoritário apoio. Recebeu incentivo do senador ANASTASIA, que o acolheu. Fragmentos do texto foram retirados de outro projeto também elaborado por juristas, que tratava da organização administrativa, e que permaneceu na gaveta governamental por influência dos mesmos segmentos dos órgãos de controle. Deste último projeto participei, juntamente com CARLOS ARI SUNDFELD, FLORIANO AZEVEDO, MARIA SYLVIA ZANELLA DI PIETRO, ALMIRO DO COUTO E SILVA, MARIA COELI SIMÕES PIRES e SERGIO DE ANDRÉA, todos especialistas em direito administrativo e comprometidos com o combate à improbidade administrativa. É difícil construir uma narrativa que esse amplo grupo, com longo compromisso com o direito e o controle, desejava o descontrole e a vitória da corrupção.

É uma patologia do nosso tempo, já denunciada por FLORIANO em texto: em sociedades viciadas em desmandos e corrupção, como a nossa, as propostas para aperfeiçoar o sistema de controle frequentemente são percebidas como ardilosas tentativas de enfraquecer os controles e favorecer a bandalheira. É como se a corrupção amplamente vivenciada interditasse o debate para aperfeiçoamento do próprio controle. Porém, não é preciso ser muito inteligente para inferir que, se há altos índices de corrupção, o sistema de controle não se mostra eficiente ou exige aperfeiçoamentos.

Ampliar a segurança jurídica é reduzir o arbítrio; reduzir o arbítrio é reduzir as possibilidades de agentes públicos venderem o arbítrio para quem está disposto a pagar para se favorecer com ele. Ao fim e ao cabo, a segurança jurídica amplia o combate à corrupção, nunca o reduz. Mas em tempos de *fake news*, parece ter razão quem grita mais alto, mesmo com prejuízo à razão. (13/04/2018)

Silêncio Administrativo Positivo, Negativo e Translativo: a omissão estatal formal em tempos de crise

Introdução

A Administração Pública não está autorizada a ser indiferente a demandas que lhe sejam formuladas. Não pode legitimamente permanecer inerte ou ocupada apenas com assuntos internos ou burocráticos. Não pode dar às costas a pretensões formuladas ou deixar de emitir decisões expressas a requerimentos apresentados, validamente, por cidadão isolado, empresa, grupos ou atores políticos, representando a coletividade. A administração é função ativa, exercida por órgãos e agentes independentemente de requerimento do interessado, porém, quando este requerimento é exigido, a manifestação deve ser oportuna e eficaz.

É direito fundamental previsto, na Constituição Federal brasileira, ***o direito de todos a receber informações*** do Poder Público sobre assunto de interesse pessoal, coletivo ou geral (Art. 5º, XXXIII), o ***direito de petição*** em defesa de direitos ou contra ilegalidade ou abuso de poder (Art. 5º, XXXIV, "a") e o ***direito à obtenção de certidões*** em repartições públicas para defesa de direitos e esclarecimento de situações de interesse pessoal (Art. 5º, XXXIV, "b"). Em fórmula de síntese: **é dever institucional do Poder Público a *entrega de informação* e a *decisão expressa* de requerimentos formulados por particulares**, nos prazos da lei, ressalvadas apenas, quanto às informações, aquelas cujo sigilo seja imprescindível à segurança da sociedade e do Estado.

Porém, é um dado da realidade ser frequente o incumprimento pela Administração Pública brasileira – sem grande pudor - dos prazos previstos para o fornecimento de informação ou para a emissão de decisão, violando os direitos fundamentais aludidos, reconhecidos a todos, pessoas físicas ou jurídicas. Essa **inatividade formal do Poder Público** perante requerimentos apresentados por particulares, embora frequente, não deve ser tolerada, pois é violadora dos preceitos constitucionais referidos e também do direito fundamental ao **devido processo administrativo** (CF, Art. 5º, LIV e LV) e à exigência de **duração razoável do processo administrativo** (CF, Art. 5º, LXXVIII).

A resposta jurídica a esta **infração múltipla** a direitos fundamentais pode ser **repressiva** *ou* **preventiva**. Em termos de repressão ou censura *a posteriori*, cabe a responsabilização do Poder Público e dos agentes incumbidos de emitir a decisão ou fornecer a informação (e que dela se omitiram) e também, por óbvio, a intervenção do Poder Judiciário, com vistas a determinar a expedição de decisão expressa ou a reparação aos direitos lesionados. Essa via, entretanto, não será abordada no presente artigo.

É menos frequente no Brasil o tratamento do tema à luz de uma **resposta jurídica preventiva.** A resposta preventiva à frequente inatividade formal do Poder Público tanto pode atinar com **formas de aceleração do processo administrativo** (e incidentes que possam ser suscitados diante de seu ilegítimo prolongamento ou utilizados para abreviar a sua duração) quanto ao instituto do ***silêncio administrativo.***

Sustento que **o silêncio administrativo é uma das respostas preventivas do sistema jurídico à inatividade formal da Administração Pública**. Não se confunde com a inatividade administrativa *tout court* nem é a única resposta do sistema jurídico para inibir, prevenir ou reduzir o prolongamento excessivo do processo administrativo. Lamentavelmente, é um instituto entre nós relativamente pouco utilizado e pouco explorado em monografias especializadas pela doutrina nacional, salvo raras exceções. Entre as exceções, destaco o livro de ANDRÉ SADDY, *Silêncio Administrativo no Direito Brasileiro,* de 2013, publicado pela Editora Forense, didático e abrangente.

O silêncio formal é tema clássico do direito administrativo, diretamente relacionado ao descumprimento pela Administração Pública do **dever de decisão expressa** aos requerimentos formulados por particulares e também ao caráter revisor do contencioso administrativo, nos países em que este exige prévia decisão para ser manejado. Porém, tema clássico não significa imune a transformações ou a novas abordagens. Em tempos de crise econômica, quando exigências de eficiência desafiam de modo reforçado a atuação estatal, é urgente revisitar o tema sob novas perspectivas. Sugiro, neste breve texto, **uma nova abordagem do tema à luz *de uma perspectiva relacionada à organização administrativa.***

Processo administrativo, silêncio e organização administrativa

Processo administrativo é mais do que sucessão ordenada e encadeada de atos necessários e dirigidos à produção de um ato administrativo final. É mais do que uma atividade preparatória para a prática de atos administrativos.

Processo administrativo é mais do que um instrumento para assegurar transparência, legalidade, racionalidade e coerência à atuação administrativa – instrumento que a um só tempo serve de garantia aos particulares contra o abuso do poder e serve de meio de controle à própria Administração, por permitir a avaliação da legitimidade do percurso cognitivo e decisório do Estado até o ato final típico. O processo administrativo também cumpre funções de legitimação externa da decisão administrativa perante os demais órgãos de Estado e perante os interessados, pois favorece o controle social participativo e maior fundamentação do ato final. Mas não apenas isso.

No processo são divididas funções, tarefas, poderes e deveres entre diversos setores da Administração Pública. Numa palavra: define-se no processo se a atuação administrativa será **desconcentrada, centralizada, descentralizada, singular ou colegial, sumária, ordinária, acelerada ou compassada.**

É impossível pensar adequadamente a **organização administrativa** sem considerar também o **processo administrativo**. Por isso, SABINO CASSESSE definiu certa vez o **processo como o aspecto**

dinâmico da organização administrativa (*Las bases del derecho administrativo*, trad. Luis Ortega, INAP, 1994, p. 251).

O processo administrativo em geral cumpre, em síntese, **funções de garantia, de controle, de racionalização, de legitimação** e **funções organizativas**.

Essa última função explica porque nas leis de organização administrativa são comuns disposições processuais, atinentes ao modo de coordenação e articulação dos diversos setores do aparato administrativo, além de institutos tipicamente procedimentais como as conferências de serviço ou os acordos terminativos de procedimento.

No Brasil, a lei de processo administrativo da União, por exemplo, lei federal 9784/1999, logo em seu artigo 1º, informa que suas disposições visam, em especial, a "**proteção dos direitos dos administrados e o melhor cumprimento dos fins da Administração**". Logo, a própria lei nos indica a **dualidade em sua teleologia**: **proteger os cidadãos contra a ilegalidade** e o abuso do poder e **melhor instrumentalizar a Administração ao atendimento de suas finalidades**. A primeira finalidade é objeto de profundos estudos no Brasil, o que é saudável, dado o nosso histórico de autoritarismo e abuso de poder. Mas a segunda finalidade também merece estudo e reflexão – é tema também para juristas, não apenas para administradores. Cabe aos juristas – sem exclusividade - pensar estruturas administrativas e processos decisórios que permitam à Administração Pública melhor cumprir os seus fins, inclusive em situações de urgência pública.

Recusar refletir sobre a **eficiência do processo** e a **eficiência da organização**, de forma conjugada, é favorecer comportamentos autoritários e centralizadores e reduzir a transparência e a previsibilidade da atuação administrativa. A urgência também pode e deve ser prevista. O impasse, a inércia, o **abuso omissivo de poder administrativo** também pode ser prevenido e resolvido de forma processual e orgânica. Os juristas são especialistas habilitados para a tarefa de conceber respostas técnicas legítimas para a resposta oportuna a demandas sociais urgentes.

A demora da administração em decidir demandas e situações de urgência possui consequências sociais e econômicas graves, pois pode afastar investimentos, empregos, tornar ineficaz políticas públicas, reduzir arrecadação, inviabilizar empresas e a instalação de obras e serviços, para não falar da desatenção, em tempo socialmente útil, de grupos sociais desassistidos, pobres e doentes.

Por isso, o grande desafio da administração pública, na sociedade dos nossos dias, é conciliar o dilema entre administrar com máxima celeridade e administrar de modo processual e ponderando, com legalidade e custos adequados, mas também com presteza, os interesses públicos em jogo.

Fazer depressa, mas por decisão unipessoal, sem processualidade alguma, é um risco elevado, mesmo em situações de urgência. Sem dúvida o tempo é um bem escasso, sendo fundamental repensar formas de resposta à omissão formal da Administração Pública em processar pedidos, demandas ou mesmo em responder a situações de urgência previstas em lei.

"Quem cala, consente?"

Em direito administrativo, não vale o brocado popular segundo o qual "quem cala, consente". Se o particular pleiteia declaração, autorização, licença, permissão ou qualquer ato estatal formal necessário à tutela de seu direito e a Administração Pública permanece inerte, sem emitir decisão expressa, não se pode simplesmente disso presumir o consentimento. No direito civil, reversamente, o silêncio do particular é normalmente interpretado como consentimento tácito (Art. 111, CC).

Segundo a doutrina convencional, sem norma jurídica que impute efeitos expressos, da omissão ou inação administrativa não se pode deduzir qualquer declaração de direito. A omissão converte-se em silêncio administrativo apenas quando é prevista expressamente em norma, com enunciação também de efeitos *ope legis,* substitutivos da decisão ou declaração omitida pela Administração. Em termos sintéticos: ***silêncio administrativo é a omissão qualificada a que norma jurídica atribui efeitos substitutivos da decisão expressa da Administração Pública.***

Não se trata de uma simples omissão, mas de **omissão qualificada** pelo **incumprimento de um dever concreto de atuação** e, por conseguinte, caracterizada objetivamente em norma como **fato antijurídico** e **ensejador de precisos efeitos de direito**. Onde há silêncio administrativo há omissão *contra legem*, porém também medida substitutiva atenuadora do estado de indefinição decisória. No silêncio administrativo, tradicionalmente, a norma jurídica pode estabelecer a ficção concessória ou denegatória do pleito apresentado pelo particular, em face do vencimento de prazos estabelecidos para a emissão da decisão pela Administração Pública. A ficção concessória é denominada **silêncio positivo**; a denegatória, **silêncio negativo**.

O silêncio negativo é frequentemente denominado de **indeferimento tácito**, pois substitui o ato formal de indeferimento da pretensão apresentada pelo particular e sem resposta explícita da Administração Pública. O silêncio positivo é, por sua vez, designado de **deferimento tácito**. A rigor, não há ato algum, mas simples ficção legal com efeito substitutivo do ato expresso de deferimento ou indeferimento. A omissão ingressa no suporte fático da norma legal como **fato jurídico**, não como ato jurídico em sentido estrito.

Mas será esse entendimento tradicional compatível com a previsão constitucional expressa do princípio da "razoável duração do processo" (CF, Art. 5º, LXXVII), que também se aplica ao processo administrativo? Será compatível como princípio constitucional da eficiência (Art. 37, caput, CF)? Se a lei for silente quanto ao silêncio administrativo, ou não fixar prazo para a deliberação administrativa, deve o particular permanecer sem resposta jurídica? É comum dizer-se que justiça tardia é denegação de justiça. Na verdade, administração tardia também é denegação de administração e violação ao direito fundamental do devido processo administrativo.

Silêncio translativo

Há matérias administrativa que não se compatibilizam com presunções legais absolutas (*juris et de jure*) ou relativas (*juris tan-*

tum), pois **exigem análise fática e contextual necessária**. Não admitem, por isso, a técnica do silêncio positivo ou negativo na atividade administrativa. Isso pode ocorrer por diversas razões: complexidade da matéria, múltiplas implicações processuais ou materiais, gravidade das repercussões na comunidade, irreversibilidade dos efeitos práticos, fragilidade, escassez e relevância pública do bem jurídico, entre outros motivos.

Considere-se, por exemplo, o licenciamento ambiental. Não parece compatível com o sistema jurídico brasileiro, em particular à luz do Art. 225 da Constituição, normas que presumam o deferimento tácito de licenciamento ou o indeferimento tácito pelo simples transcurso do tempo, por inércia administrativa, sem que se apure concretamente o risco de dano, o dano inevitável ou se previna dano ambiental evitável. Sem prévio estudo de impacto ambiental não se pode realizar a "instalação de obra ou atividade potencialmente causadora de significativa degradação do meio ambiente" (Art. 225, IV, CF). Recusa o efeito positivo e negativo ao decurso do prazo de licenciamento, sem emissão da licença ambiental, expressamente a Lei Complementar 140/2011 (Art. 14, §3º). Isso não significa que os empreendimentos empresariais – frequentemente de grande interesse público – devam ficar em estado de indefinição por longos anos, pois a própria postergação de investimentos ou a interrupção de obras pode colocar em risco interesses coletivos relevantes, inclusive ambientais. Por exemplo, atrasos sucessivos de licenciamento ambiental de hidrelétricas podem significar a necessidade de utilização de usinas a carvão, muito mais danosas ao meio ambiente. Não é razoável, além disso, que submetidos à ditadura do tempo, empreendedores fiquem reféns de segmentos específicos da estrutura pública, detentores de grande margem de apreciação discricionária, inclusive na fixação de condicionantes, medidas mitigadoras e medidas compensatórias. O prolongamento indefinido da decisão administrativa não se compatibiliza com o princípio da "razoável duração do processo" (CF, Art. 5º, LXXVII), mas também não se harmoniza com o mesmo princípio a ausência de processualidade e do exercício da ponderação, segundo avaliação real de impactos ambientais, conforme vem sugerida em diversos projetos de lei sobre "licenciamento ambiental a jato" (ou "fast-track" ambiental) (cf. MOREIRA, Egon Bockmann - Licenciamento «a jato»: o caminho mais curto para desastres ambientais, Revista Colunistas de Direito do Estado, 2 fev. 2016, disponível em http://buff.ly/1SURRKe).

Nesses casos em que não é cabível a ficção clássica do silêncio positivo ou do silêncio negativo, mas também é intolerável a indefinição prolongada da Administração Pública, cabe prever o que denomino de **silêncio translativo.**

Silêncio translativo é a sub-rogação, por deslocamento previsto em lei, da competência decisória ou opinativa de um órgão para outro na organização administrativa, independentemente de presunção de deferimento ou indeferimento da pretensão do particular, em razão de inatividade formal e antijurídica da Administração Pública. Há também aqui efeito substitutivo, não do ato administrativo primário, porém do órgão que deve emiti-lo.

No silêncio translativo o órgão competente para decidir perde para outro órgão a competência para deliberar sobre o caso concreto ao deixar decorrer *in albis* o prazo previsto para seu pronunciamento, embora preserve a competência para todos os demais casos em que observe os prazos previstos para a decisão. Essa perda de poder, além das eventuais medidas de responsabilização funcional, constitui um incentivo ao cumprimento dos prazos previstos e ao mesmo tempo – embora sem resolver a questão de fundo – homenageia a segurança jurídica devida ao particular.

Em verdade, em todo silêncio negativo há um efeito translativo implícito, ao menos potencial, pois a recusa tácita do requerimento formulado abre ensejo ao recurso administrativo e, consequentemente, à deliberação revisora do órgão superior. Mas não são situações iguais. No caso do silêncio negativo, desde logo é previsto o efeito denegatório expresso, que independe da atuação de qualquer outro órgão estatal e mesmo da vontade recursal do interessado.

O silêncio translativo pode deslocar a competência decisória ou opinativa de um órgão para outro por determinação legal independente de decisão do particular ou de autoridade pública ou exigir manifestação especial do particular ou de agente público.

Por exemplo, a Lei 12.209/2011, Lei de Processo Administrativo da Bahia, prevê em seu Art. 55, o cabimento de recurso administrativo para suprir omissão ou recusa da autoridade em emitir decisão ou se manifestar acerca do requerimento apresentado. No §2º, desse dispositivo, a norma prevê que o recurso será dirigido à autoridade imediatamente superior, a qual poderá proferir a decisão ou adotar providências para suprir a omissão, sem prejuízo da apuração de responsabilidade. A norma legal, portanto, permite a **supressão de instância**, reconhecendo o **silêncio translativo** ao permitir que a autoridade superior decida ela mesma a pretensão e não, simplesmente, determine o suprimento pela autoridade inferior da omissão.

Não se deve confundir a hipótese referida com a simples **inércia administrativa**, que alguns também denominam de **silêncio preclusivo**. Na preclusão a competência de decidir – em regra em matéria de controle ou de manifestação – esgota-se com o transcurso do prazo, considerando-se desde logo o ato homologado ou aprovado tacitamente. Os efeitos administrativos decorrem diretamente da norma e independem de atuação substitutiva de outro órgão público. Para ANDRÉ SADDY, por exemplo, que não trata do silêncio translativo, o silêncio preclusivo é hipótese de "silêncio da Administração", mas não se confunde com o "silêncio administrativo", por "não nascer de uma pretensão de um particular dirigida à Administração" (ob. cit., p. 54).

Exemplo de **silêncio translativo** por determinação automática de lei pode ser encontrado na Lei Complementar n. 140, de 8 de dezembro de 2011. Essa lei, com fundamento nos incisos III, VI e VII do **caput** e do parágrafo único do art. 23 da Constituição Federal, disciplina a cooperação entre a União, os Estados, o Distrito Federal e os Municípios nas ações administrativas decorrentes do exercício da competência comum relativas à proteção das paisagens naturais notáveis, à proteção do meio ambiente, ao combate à poluição em qualquer de suas formas e à preservação das florestas, da fauna e da flora. Nesta lei, duas normas devem ser cotejadas, para o entendimento adequado da matéria: o art. 15 e 14.

Na forma do art. 15, "os entes federativos devem atuar em caráter supletivo nas ações administrativas de licenciamento e na autorização ambiental, nas seguintes hipóteses:

> "I - inexistindo órgão ambiental capacitado ou conselho de meio ambiente no Estado ou no Distrito Federal, a União deve desempenhar as ações administrativas estaduais ou distritais até a sua criação;
>
> "II - inexistindo órgão ambiental capacitado ou conselho de meio ambiente no Município, o Estado deve desempenhar as ações administrativas municipais até a sua criação; e
>
> "III - inexistindo órgão ambiental capacitado ou conselho de meio ambiente no Estado e no Município, a União deve desempenhar as ações administrativas até a sua criação em um daqueles entes federativos."

Por sua vez, o art. 14, prescreve:

> "Art. 14. Os órgãos licenciadores devem observar os prazos estabelecidos para tramitação dos processos de licenciamento.
> (....)
>
> "§ 3º O decurso dos prazos de licenciamento, sem a emissão da licença ambiental, não implica emissão tácita nem autoriza a prática de ato que dela dependa ou decorra, **mas instaura a competência supletiva referida no art. 15. [grifo nosso]**
>
> "§ 4º A renovação de licenças ambientais deve ser requerida com antecedência mínima de 120 (cento e vinte) dias da expiração de seu prazo de validade, fixado na respectiva licença, **ficando este automaticamente prorrogado até a manifestação definitiva do órgão ambiental competente." [grifo nosso]**

Trata-se de uma solução legal engenhosa, que associa ao mesmo tempo **silêncio translativo** (deslocamento da competência de um órgão para o órgão com competência supletiva) e **efeitos positivos precários** (prorrogação automática sob condição), visando a solução da omissão administrativa no licenciamento ambiental.

Evidencia-se assim, mesmo nesse recorte sumário, a **insuficiência da concepção binária tradicional do silêncio administrativo**, dividido singelamente entre silêncio positivo e negativo. A dinâmica da atividade administrativa é muito mais rica e exige de todos nós a constante renovação de conceitos, especialmente quando estes se relacionam com o sistema de incentivos disponível para reduzir a inatividade do Estado. Trata-se de tema que em tempos de crise exige maior desenvolvimento, especialmente à luz da organização administrativa, perspectiva que até o momento não tem sido explorada. (22.12.2016)

PS. Esse texto inspirou a apresentação, poucos meses após a sua publicação, do PLS 129/2017, apresentado no Senado Federal pelo eminente Senador ANTONIO JUNHO ANASTASIA (cf. http://anastasia.com.br/projetos/PLS129-2017.pdf). O PLS 129/2017 foi aprovado no Senado e tramita como PL 5473/19 na Câmara dos Deputados. Segue a transcrição do texto aprovado no Senado da República:

PROJETO DE LEI DO SENADO Nº 129, DE 2017

Altera a Lei nº 9.784, de 29 de janeiro de 1999, para dispor sobre os efeitos do silêncio da Administração no processo administrativo.

O CONGRESSO NACIONAL decreta:

Art. 1º A Lei nº 9.784, de 29 de janeiro de 1999, passa a vigorar com as seguintes alterações:

"Art. 42. ....

§ 1º Se um parecer obrigatório e vinculante deixar de ser emitido no prazo fixado, proceder-se-á conforme o disposto no § 1º do art. 49, responsabilizando-se quem der causa ao atraso. ...." (NR)

"Art. 49. ....

§ 1º Nos processos iniciados mediante requerimento do interessado, o silêncio após o decurso do prazo previsto no caput transferirá a competência para a autoridade imediatamente superior, que decidirá o processo, sempre que a lei não previr efeitos diversos, sem prejuízo da responsabilidade de quem deu causa ao atraso.

§ 2º No caso do § 1º, a autoridade que deveria ter decidido o processo poderá, a qualquer tempo, antes da decisão da autoridade superior, suprir a omissão.

§ 3º A transferência de competência de que trata o § 1º não afasta a necessidade de o processo administrativo ser adequadamente instruído com a realização de todas as etapas técnicas, previstas em legislação específica, anteriores à decisão atribuída à autoridade superior.

§ 4º Compete à autoridade superior providenciar a realização das etapas técnicas pendentes de que trata o § 3º anteriormente à sua decisão final, responsabilizando-se pelo cumprimento dos prazos fixados na legislação específica e pelos efeitos que decorrerem de sua decisão.

§ 5º Quando a decisão depender da manifestação de vontade de dois ou mais órgãos, entidades ou autoridades, o processo seguirá para a próxima fase, sem prejuízo do disposto no § 1º, mas o ato final só será considerado praticado após todas as declarações de vontade exigidas em lei." (NR)

Art. 2º Esta Lei entra em vigor após decorridos 60 (sessenta) dias de sua publicação oficial.

O Sentido Constitucional de Carreira no Serviço Público

O Conceito de Carreira

Etimologicamente, a palavra "carreira" origina-se do latim *via carraria*, estrada para carros. A palavra, quando empregada para o setor público, liga-se tradicionalmente ao conceito de **evolução funcional** ou **progressão funcional de servidores públicos**. É este o **sentido subjetivo** da palavra **carreira** no direito administrativo brasileiro: o percurso de elevação ou de desenvolvimento do servidor aos graus mais qualificados de sua função pública.

PONTES DE MIRANDA, ciente deste sentido etimológico da palavra, advertia que "não há carreira sem que se caminhe, se avance, ou se possa caminhar ou avançar; mesmo se a pessoa, excepcionalmente, foi incluída em degrau do alto sem ter subido pelos anteriores" (*Comentários à Constituição de 1967*, Tomo III, Rio, Ed. Forense, p. 422)

No entanto, carreira é também **forma de organização de cargos públicos,** pois denota **o conjunto de cargos de mesma natureza, com o mesmo conjunto de atribuições, que demandam idêntica preparação e formação, estruturado de modo a prever graus ascendentes de responsabilidade e remuneração.** É este o **sentido institucional** ou **objetivo** de carreira.

É neste segundo sentido que se pode dizer que, na **organização administrativa do Estado**, os cargos podem estar dispostos de modo **isolado** ou **em carreira.** O que distingue as duas hipóteses é a possibilidade ou não de progressão do titular destes cargos na atividade, vale dizer, a possibilidade de **promoção ou acesso a níveis ou graus ascendentes de responsabilidade no interior de um conjunto de cargos de igual natureza**. Por autonomásia, denominam-se "cargos de carreira" os cargos que admitem **evolução funcional vertical**, que são **agrupados e escalonados em classes**, por **possuírem**

denominação, atribuições e exigirem qualificação profissional e habilidades específicas afins. A promoção entre os níveis ou classes da carreira, tradicionalmente, decorre de juízo de merecimento ou verificação de antiguidade.

Carreira é, portanto, uma **unidade hierarquizada de cargos públicos afins**. Sem a nota da afinidade, que permite a **mobilidade vertical interna**, não há carreira, mas sucessão de cargos distintos, o que é vedado, pois denota o abandono da ideia de avanço, de **progresso na mesma trilha**, ínsito no conceito de carreira, que exige um **núcleo homogêneo de atribuições e habilitações comuns para não ser deturpado**. A superposição de cargos distintos, de forma ascendente, permite o ingresso do agente em cargo sem homogeneidade, isto é, a transformação ou a transmutação da investidura original, o que não se compatibiliza com a exigência de investidura em cargo ou emprego público através de concurso público (art. 37, II, CF).

Ressalte-se que a presença de um **núcleo homogêneo de atribuições e habilitações profissionais** foi considerada relevante pela própria Constituição da República para a "fixação dos padrões de vencimento e dos demais componentes do sistema remuneratório", elemento essencial na estruturação de qualquer carreira. O sistema de remuneração, nos termos da Constituição, deve observar "a natureza, o grau de responsabilidade e a complexidade dos cargos componentes de cada carreira, os requisitos para a investidura e as peculiaridades dos cargos" (art. 39, §1º, I a III, com a redação da EC19). Parece evidente, portanto, que se o sistema remuneratório obrigatoriamente deve considerar a natureza das funções desempenhadas, o grau de responsabilidade dos agentes, os requisitos para investidura, as peculiaridades e a complexidade das atividades inerentes aos cargos, também a disciplina das carreiras deve fazê-lo, uma vez que é impensável dissociar a hierarquização própria das carreiras da hierarquização das formas de remuneração no setor público.

Carreira na Constituição de 1988

A vigente Constituição da República prestigiou fortemente o instituto da **carreira,** especialmente após modificações introduzidas por diversas Emendas Constitucionais. Faz referência ao instituto, entre muitos outros, nos seguintes artigos:

a) **Art. 37, V**: reserva de parte dos cargos em comissão para "servidores de carreira" nos casos, condições e percentuais mínimos previstos em lei;

b) **Art. 37, XXII:** exercício das administrações tributárias da União, dos Estados, do Distrito Federal e dos Municípios por **servidores de carreiras específicas**;

c) **Art. 39, caput**: instituição pela União, os Estados, o Distrito Federal e os Municípios instituirão, no âmbito de sua competência, regime jurídico único e **planos de carreira** para os servidores da administração pública direta, das autarquias e das fundações públicas (consulte o leitor a ADIN nº 2.135-4);

d) **Art. 39, §1º.**: fixação de padrões de vencimento segundo a natureza, o grau de responsabilidade e a complexidade dos cargos componentes de cada carreira;

e) **Art. 39, § 2º**: obrigação de manutenção pela União, os Estados e o Distrito Federal de escolas de governo para a formação e o aperfeiçoamento dos servidores públicos, constituindo-se a participação nos cursos um dos requisitos para a promoção na carreira**;**

f) **Art. 39, §8:** possibilidade de instituição de subsídio para os servidores organizados em carreira;

g) **Art. 93, I**: forma de ingresso na carreira da magistratura;

h) **Art. 128, §§1º. e 3º**: escolha do Procurador-Geral do Ministério Público da União e dos Estados e do Distrito Federal a partir de lista tríplice formada entre integrantes da carreira;

i) **Art. 132**: organização em carreira das procuradorias estaduais e municipais;

j) **Art. 134, parágrafo único**: organização da defensoria pública em carreira;

k) **Art. 206, V**: valorização dos profissionais da educação escolar, garantidos, na forma da lei, planos de carreira;

O que se extrai imediatamente desse rico elenco de referências constitucionais é que os **dois sentidos da palavra carreira não devem ser considerados estanques ou independentes**.

Atualmente, carreira não é apenas a possibilidade de progresso do servidor na estrutura de cargos afins ao cargo que titulariza ou uma forma de organização de cargos públicos efetivos semelhantes.

Em primeiro lugar, é um **direito do servidor, por um lado; é uma obrigação para o Poder Público, por outro.**

A exigência de planos de carreira significa, como bem anotou ADILSON DALLARI, a instituição do "**direito à evolução funcional**" (*Regime Constitucional dos Servidores Públicos*, 2ª Ed., São Paulo, Ed. Revista dos Tribunais, 1990, p. 51).

Esse "direito à evolução funcional" deve se orientar por critérios objetivos, normativos, estruturantes da carreira, não pela escolha pessoal da autoridade.

No dizer do mesmo ADILSON DALLARI:

> "A evolução não é mais um favor, e sim um direito, cabendo a cada administração editar as normas que proporcionem seu efetivo exercício. Tais normas deverão dispor, entre outras coisas, dos graus e etapas de evolução. Esta, em alguns casos se fará pela mudança de cargos escalonados em carreira. Em outros casos a evolução se fará apenas na escala de vencimentos, sem mudança de cargo.
>
> Outro tema importante é o da periodicidade de cursos, avaliações e provas, que não podem ficar ao puro arbítrio da administração. Outro, ainda, é o do estabelecimento de critérios para tais avaliações de desempenho e concursos de promoção ou acesso." (idem, p. 53-54).

Nada obstante, acredito que o chamado direito à evolução funcional melhor seria designado **direito à carreira**. Neste direito, além da dimensão da evolução funcional, inerente à ideia de carreira, outras dimensões podem ser reconhecidas. O direito à carreira apresenta também **projeção no plano institucional e organizacional.**

Um exemplo é a legitimação para impetrar mandados de segurança quando se encontre ameaçada a carreira, ou se promova o seu esvaziamento, através da incorporação de cargos heterogêneos, a nomeação de agentes ilegítimos ou a transferência de atribuições próprias para cargos de condições de escolaridade, habilitação profissional ou complexidade de tarefas distinta. Trata-se aqui, na dicção do precedente aberto pelo famoso caso Roboredo, da tutela de um "direito-função", que visa resguardar a extensão das competências e prerrogativas que substantivam o exercício de uma função pública (STF, MS 21239/DF, Rel. Min. Sepúlveda Pertence, Julgamento 05/06/1991, Tribunal Pleno, DJ 23-04-1993 PP-06920 EMENT VOL-01700-02 PP-00237). Nesta ação, como se sabe, atacava-se o ato do Presidente da República de nomear, sem audiência da classe, novo Procurador-Geral da Justiça do Trabalho, em regime de cargo em comissão.

A Constituição Federal, ao **afirmar o direito à carreira**, não impediu o **acesso a cargos diversos de mesma natureza, no interior das carreiras**. Mas impediu o acesso a cargos de natureza distinta, de outras carreiras, bem como a constituição de carreiras com cargos heterogêneos, sem núcleo de habilitações e atribuições assemelhadas. Também impediu a efetivação de servidores precários em caráter permanente de carreiras previamente constituídas, mesmo que na origem tenham esses servidores transferidos realizado concurso público.

Nesta direção, a jurisprudência do Supremo Tribunal Federal tem seguido sem maior dissonância o *leading case* da ADI-231 / RJ, de 13.11.1992:

> EMENTA: "Ação Direta de Inconstitucionalidade. Ascensão ou acesso, transferência e aproveitamento no tocante a cargos ou empregos públicos. - O critério do mérito aferível por concurso público de provas ou de provas e títulos e, no atual sistema constitucional, ressalvados os cargos em comissão declarados em lei de livre no-

meação e exoneração, indispensável para cargo ou emprego público isolado ou em carreira. para o isolado, em qualquer hipótese; para o em carreira, para o ingresso nela, que só se fará na classe inicial e pelo concurso público de provas ou de provas títulos, não o sendo, porém, para os cargos subsequentes que nela se escalonam até o final dela, pois, para estes, a investidura se fará pela forma de provimento que e a "promoção". Estão, pois, **banidas das formas de investidura admitidas pela constituição a ascensão e a transferência, que são formas de ingresso em carreira diversa daquela para a qual o servidor público ingressou por concurso, e que não são, por isso mesmo, ínsitas ao sistema de provimento em carreira, ao contrário do que sucede com a promoção, sem a qual obviamente não haverá carreira, mas, sim, uma sucessão ascendente de cargos isolados**. - o inciso II do artigo 37 da Constituição Federal também não permite o "aproveitamento", uma vez que, nesse caso, há igualmente o ingresso em outra carreira sem o concurso exigido pelo mencionado dispositivo. Ação Direta de Inconstitucionalidade que se julga procedente para declarar inconstitucionais os artigos 77 e 80 do ato das disposições constitucionais transitórias do Estado do Rio de Janeiro." (STF. Tribunal Pleno. ADI-231 / RJ. Rel. Min. Moreira Alves. DJ. 13.11.92)

EMENTA: - "Relevância jurídica da arguição de inconstitucionalidade, perante o art. 37, II, da Carta Federal, da previsão de provimento derivado, a título de ascensão funcional, quando impropriamente considerada, como integrada, na mesma carreira, a série de cargos superiores, a ser preenchida com preterição da exigência de concurso público. Medida cautelar deferida." ((STF. Tribunal Pleno. ADIMC-1345 / ES. Rel. Min. Octavio Gallotti. DJ. 20.09.95)

EMENTA: AÇÃO DIRETA DE INCONSTITUCIONALIDADE. DISPOSITIVOS DAS LEIS COMPLEMENTARES 78/1993 E 90/1993 DO ESTADO DE SANTA CATARINA E DA RESOLUÇÃO 40/1992 DA ASSEMBLÉIA LEGISLATIVA DO ESTADO DE SANTA CATARINA. Inadmissibilidade, à luz da Constituição de 1988, de formas derivadas de investidura em cargos públicos. Inconstitucionalidade de normas estaduais que prevêem hipóteses de progressão funcional por acesso, transposição (em modalidade individual, diversa das exceções admitidas pela jurisprudência do STF), enquadramento a partir de estabilidade não decorrente de investidura por concurso público, acesso por seleção interna, transferência entre quadros e enquadramento por correção de disfunção relativamente ao nível de escolaridade do servidor. Ação prejudicada em parte, em decorrência da revogação de dispositivos atacados. Ação procedente na parte restante, para se declarar a inconstitucionalidade do art. 12, caput e § 1º, § 2º e § 3º, da Lei Complementar estadual 78/1993 e do inciso II, § 2º e § 3º do art. 17 da Resolução 40/1992 da Assembléia Legislativa do Estado de Santa Catarina. (STF, ADI 951 / SC - SANTA CATARINA, AÇÃO DIRETA DE INCONSTITUCIONALIDADE, Relator(a): Min. JOAQUIM BARBOSA, Julgamento: 18/11/2004, Órgão Julgador: Tribunal Pleno, Publicação DJ 29-04-2005 PP-00007, EMENT VOL-02189-01 PP-00094, LEXSTF v. 27, n. 318, 2005, p. 26-39)

Ementa: CONSTITUCIONAL E ADMINISTRATIVO. LEIS 2.875/04 E 2.917/04, DO ESTADO DO AMAZONAS. COMISSÁRIO DE POLÍCIA. CARGO DE NATUREZA ISOLADA. TRANSFORMAÇÃO, APÓS POUCO MAIS DE 3 ANOS, EM CARGOS DE DELEGADO DE POLÍCIA. QUEBRA DE HIERARQUIA FUNCIONAL. BURLA AO CONCURSO PÚBLICO CARACTERIZADA. INCONSTITUCIONALIDADE. 1. As leis estaduais impugnadas equipararam (Lei 2.875/04) e, logo após, transformaram (Lei 2.917/04) em delegados de polícia 124 cargos isolados de comissários de polícia, que haviam sido criados em 2001 com remuneração bastante inferior à daquele primeiro cargo e sem perspectiva de progressão funcional. 2. A forma pela qual foi conduzido o rearranjo administrativo revela que houve, de fato, burla ao postulado do concurso público, mediante o favorecimento de agentes públicos alçados por via legislativa a cargo de maior responsabilidade do que aquele para o qual foram eles aprovados em concurso. Não se verificou, no caso, um gradual processo de sincretismo entre os cargos, senão que uma abrupta reformulação da condição dos comissários de polícia, que em menos de três anos deixaram de ter suas características originais para passar a um cargo organizado em carreira. 3. Ação direta de inconstitucionalidade julgada procedente. (STF, ADI 3415, Relator(a): Min. TEORI ZAVASCKI, Tribunal Pleno, julgado em 24/09/2015, ACÓRDÃO ELETRÔNICO DJe-249 DIVULG 10-12-2015 PUBLIC 11-12-2015)

> "Em síntese, aduz o requerente que os dispositivos impugnados são inconstitucionais, por violarem o princípio do concurso público (...). (...). (...) as normas impugnadas autorizam a transposição de servidores do Sistema Financeiro BANDERN e do Banco de Desenvolvimento do Rio Grande do Norte S.A - BDRN para órgãos ou entidades da Administração Direta, autárquica e fundacional do mesmo Estado (...). 3. A jurisprudência desta Corte é firme no sentido da inconstitucionalidade das normas que permitem a investidura em cargos ou empregos públicos diversos daqueles para os quais se prestou concurso. (...) 5. Vale ressaltar que os dispositivos impugnados não se enquadram na exceção à regra do concurso público, visto que não tratam de provimento de cargos em comissão, nem contratação por tempo determinado para suprir necessidade temporária de excepcional interesse público. 6. Portanto, a transferência de servidores para cargos diferentes daqueles nos quais ingressaram através de concurso público, demonstra clara afronta ao postulado constitucional do concurso público." (STF, ADI 3552, Relator Ministro Roberto Barroso, Tribunal Pleno, julgamento em 17.3.2016, DJe de 14.4.2016)

Vale à pena, neste passo, ressaltar o preciso ensinamento de mestre CELSO ANTONIO BANDEIRA DE MELLO, segundo o qual:

> "... a exigência de formas de provimento derivadas, de modo algum significa abertura para costear-se o sentido próprio do concurso público. **Como este é sempre específico, para dado cargo, inserto em carreira certa, quem nele se investiu não pode depois, sem novo concurso público, ser transladado para cargo de carreira diversa ou de outra carreira melhor redistribuída ou de encargos mais nobres ou elevados**".(*Regime Constitucional dos Servidores da Administração Direta e Indireta*, RT, 1990, p.45.).

Embora com orientação uniforme sedimentada em termos doutrinários e jurisprudenciais, a questão não parece completamente superada no plano dos fatos e das práticas administrativas.

O provimento derivado – proibido pela Constituição da República e violência contra o direito à carreira dos agentes regularmente nomeados em caráter efetivo para o quadro funcional – encontra todos os dias novas formas de manifestação. As expressões legais são sutis: "reenquadramento", "estabilização de servidores cedidos", "incorporação ao quadro", "alteração do título dos cargos com readaptação", "redesignação", "transferência de quadro", "unificação de carreiras". Em geral, todas essas designações apenas encobrem a **transferência de servidor, ainda que concursado, de um cargo de carreira para outro cargo ou carreira distinta, submetido a outro regime de evolução funcional ou direção administrativa.**

Espanca-se com isso não apenas a exigência constitucional do concurso público, como em geral se refere, mas o **direito à carreira dos servidores regularmente investidos**, a proibição do provimento derivado e, com frequência, a própria iniciativa legislativa privativa do Poder Executivo para dispor sobre o regime jurídico dos servidores públicos e sobre a criação, transformação e extinção de cargos, empregos e funções públicas (CF, Art.61, § 1°, inciso II, letra 'c', c/c Art. 48, X, da Constituição Federal), neste último caso quando a transferência funcional ocorre por iniciativa direta de lei de iniciativa parlamentar ou de outro Poder.

Não por acaso a matéria exigiu expedição da **Súmula 685** pelo Supremo Tribunal Federal, segundo a qual «É inconstitucional toda modalidade de provimento que propicie ao servidor investir-se, sem prévia aprovação em concurso público destinado ao seu provimento, em cargo que não integra a carreira na qual anteriormente investido.» Posteriormente, na sessão plenária de **08/04/2015**, o mesmo tribunal converteu o enunciado da Súmula 685 no enunciado da **Súmula Vinculante 43**.

Mesmo a **cláusula de aproveitamento do servidor em disponibilidade**, que aparentemente sugere exceção constitucional à proibição do provimento derivado (Art. 41, § 3°, *in fine,* da Constituição Federal), tem sido interpretada pelo Supremo Tribunal Federal com extremo rigor, sendo admitida apenas quando respeitada a **similitude de atribuições e de remuneração** entre o cargo extinto ou declarado desnecessário e o novo cargo de aproveitamento do servidor. É o que decidiu o Tribunal, por exemplo, no ARE 656166 AgR e no RE 560464 AgR:

> EMENTA: AGRAVO REGIMENTAL NO RECURSO EXTRAORDINÁRIO COM AGRAVO. CONSTITUCIONAL. AUSÊNCIA DE PREQUESTIONAMENTO DA MATÉRIA CONSTITUCIONAL INCIDÊNCIA DAS SÚMULAS N. 282 E 356 DO SUPREMO TRIBUNAL FEDERAL. IMPOSSIBILIDADE DE APROVEITAMENTO DE SERVIDOR EM DISPONIBILIDADE EM CARGO COM ATRIBUIÇÃO E REMUNERAÇÃO DIFERENCIADA. INCIDÊNCIA DA SÚMULA N. 685 DO SUPREMO TRIBUNAL FEDERAL. AGRAVO REGIMENTAL AO QUAL SE NEGA PROVIMENTO. (STF, ARE 656166 AgR, Relator(a): Min. CÁRMEN LÚCIA, Primeira Turma, julgado em 22/11/2011, ACÓRDÃO ELETRÔNICO DJe-236 DIVULG 13-12-2011 PUBLIC 14-12-2011).

> EMENTA: AGRAVO REGIMENTAL NO RECURSO EXTRAORDINÁRIO. FISCAIS DE TRIBUTOS DO AÇÚCAR E DO ÁLCOOL. AUDITOR FISCAL DO TESOURO NACIONAL. APROVEITAMENTO. 2. O servidor público posto em disponibilidade tem o direito de ser aproveitado em outro cargo da Administração Pública Direta ou Indireta, desde que observada a compatibilidade de atribuições e vencimentos com o cargo anterior. 3. Agravo regimental a que se nega provimento. (STF, RE 560464 AgR, Relator(a): Min. EROS GRAU, Segunda Turma, julgado em 11/12/2007, DJe-026 DIVULG 14-02-2008 PUBLIC 15-02-2008 DJ 15-02-2008 EMENT VOL-02307-04 PP-00649 LEXSTF v. 30, n. 353, 2008, p. 297-300)

A questão da **fusão de carreiras**, reconhecida nas ADin's 2713/DF e 1.150/RJ, parece ser a única forma de calibração ou mitigação do direito à carreira admitida pelo Supremo Tribunal Federal. Sustento que nesses precedentes há muito mais uma **mitigação aparente** do que real, como uma análise atenta dos acórdãos referidos pode demonstrar. Mas a matéria exige outra coluna e apenas explicita ainda mais a gritante lacuna doutrinária existente sobre o tema do **direito à carreira.** (24.08.2016)

Desvio de Poder no Provimento Discricionário de Cargos Públicos

Desvio de Finalidade na Nomeação de Titulares de Cargos de Provimento Discricionário

Desvio de finalidade é vício jurídico residente no processo de decisão discricionária. Traduz **violação contextual da lei**, pois somente pode ser reconhecido em dada situação concreta, quando se consiga demonstrar ou inferir que a finalidade do ato jurídico praticado pela autoridade é divergente da finalidade pública preordenada, explícita ou implicitamente, na norma de competência (Art. 2º, e, e parágrafo único, e, da Lei 4717/1965). Pode haver desvio de poder (ou desvio de finalidade) no âmbito administrativo, jurisdicional e legislativo.

No plano administrativo, as normas legais concessivas de **margem de apreciação subjetiva para o administrador** precisam sempre ser harmonizadas com os princípios constitucionais da administração pública. Por criarem competência discricionária não estabelecem zonas impermeáveis à juridicidade ou imunes ao controle jurisdicional. As teias da lei podem ser mais apertadas ou mais frouxas, mas sempre vinculam o exercício da função administrativa. Os princípios constitucionais tornam esta **vinculação densa e evolutiva**, pois possuem capilaridade semântica para absorver novas concretizações no curso do tempo. No entanto, é equivocada, por irrealista, a ideia de controle total da discricionariedade com fundamento no complexo de princípios contemplados no sistema jurídico.

Os princípios da administração não eliminam a discricionariedade, mas podem **estreitar as fronteiras do mérito**, compreendido como domínio residual de decisão entre alternativas juridicamente equivalentes ou que atendem satisfatoriamente ao interesse público no plano concreto da experiência. Eles programam finalidades, aglutinam interesses, restringem opções valorativas abstratamente abrigadas pela norma de competência, **balizando a caracterização do interesse público no contexto a decidir**. Na bela lição de CAIO TÁCITO, "não basta (...) que a autoridade seja competente, o objeto lícito e os motivos adequados. A regra de competência não é um cheque em branco concedido ao administrador. A administração serve, necessariamente, a interesses públicos caracterizados. Não é lícito à autoridade servir-se de suas atribuições para satisfazer interesses pessoais, sectários ou político-partidários, ou mesmo a outro interesse público estranho à sua competência. A norma de direito atende a fins específicos que estão expressos ou implícitos em seu enunciado. A finalidade é, portanto, outra condição obrigatória de legalidade nos atos administrativos" (TÁCITO, Caio. *Temas de Direito Público*, 1º. Vol, Rio de Janeiro, Renovar, 1997, p. 52).

Na mesma senda, CELSO ANTONIO BANDEIRA DE MELLO, em clássica lição, diferenciava a **discrição na norma** e a **discrição no caso concreto**. Para o mestre paulista, a existência de discricionariedade ao nível da norma não significa que a mesma admita alternativas decisórias com a mesma amplitude perante o caso concreto. Em fórmula de síntese, escreveu que "a discrição suposta na regra de Direito é condição necessária, mas não suficiente, para que exista discrição no caso concreto; vale dizer, na lei se instaura a possibilidade da discrição, mas não uma certeza de que existirá em todo e qualquer caso abrangido pela dicção da regra"(*Curso de Direito Administrativo*, 32ª. Ed, São Paulo, Malheiros, 2015, p. 991).

Por isso, vícios de discricionariedade são **vícios de ponderação**. Ocorrem em concreto e apenas em concreto. Deles derivam decisões arbitrárias ou ilegítimas, por ausência de ponderação, deficiência de ponderação ou incorporação de elementos estranhos à ponderação prevista na norma de competência – nas modalidades desvio positivo ou negativo de ponderação, no dizer preciso de DAVID DUARTE (*Procedimentalização, Participação e Fundamentação: para uma concretização do princípio da imparcialidade administrativa como parâmetro decisório*, Coimbra, Almedina, 1996, p. 454-466).

Recordadas essas premissas, a caracterização do vício de ponderação na designação discricionária de titulares de cargos públicos é tormentosa. Duas dificuldades imediatas merecem registro.

A primeira dificuldade é a **prova do vício.** Raramente é possível colher prova documental, pericial ou testemunhal do desvio de finalidade. Em regra, a prova é indiciária, formada a partir de um **plexo de indícios convergentes**, elementos de convicção que, isolados, não são decisivos, mas que somados conformam um quadro nítido de ilegalidade na aplicação do direito. **O vício a demonstrar é objetivo**, independe da prova de intento ardiloso ou doloso da autoridade. A origem da prova pode ser desconhecida ou mesmo derivar de procedimento padecente de irregularidade jurídica. **O vício da prova não convalida o vício do ato ou impede a decretação da nulidade do ato por desconformidade teleológica**. A prova colhida de forma viciada não permite a sanção disciplinar, civil ou penal, do infrator, pois a inadmissibilidade da prova ilícita é garantia individual fundamental (Art. 5º, LVI); porém, repercute sobre a validade do ato, que deve guardar fidelidade à ordem jurídica. A formação da prova do vício de ponderação é questão que desafia permanentemente a argúcia dos órgãos de controle, pois o vício de desvio de finalidade é quase sempre oculto, clandestino, dissimulado com a máscara da regularidade jurídica.

A segunda dificuldade é de **natureza conceitual**. É equívoco tratar do tema em bloco, sem distinguir situações jurídicas diversas comportadas na lei, com quebra da homogeneidade. **As competências deferidas ao administrador para a investidura discricionária de agentes em cargos públicos não são uniformes**. Ao contrário do que advoga o saber convencional, **não há apenas cargos públicos efetivos e cargos de confiança na ordem jurídica brasileira**. Há situações de maior e menor campo de discrição administrativa, situações de discricionariedade exercida de forma unilateral ou de forma compartilhada, distinções dentro da própria categoria dos cargos comissionados pouco exploradas pela doutrina. A compreensão adequada do tema, por isso, pressupõe uma **renovada classificação dos cargos públicos no sistema administrativo brasileiro**. É o que se aborda a seguir.

Classificação dos Cargos Públicos no Brasil

A Constituição da República dispõe, em seu art. 37, II, o seguinte:

"II - a investidura em cargo ou emprego público depende de aprovação prévia em concurso público de provas ou de provas e títulos, de acordo com a natureza e a complexidade do cargo ou emprego, na forma prevista em lei, ressalvadas as nomeações para cargo em comissão declarado em lei de livre nomeação e exoneração;" (Redação dada pela Emenda Constitucional nº 19, de 1998).

O dispositivo pode ser interpretado como uma determinação de formas distintas de provimento ou de tipos distintos de cargos público, caracterizados pela forma do provimento. São enfoques diferentes para compreensão do mesmo enredo normativo: o primeiro enfatiza o **aspecto dinâmico do provimento**; o segundo, o **elemento estável dos cargos públicos**. Pelo primeiro, identifica-se no sistema jurídico a legitimidade de **provimentos vinculados** e de **provimentos discricionários** em matéria de acesso a cargos públicos. Pelo segundo enfoque, afirma-se uma discriminação positiva para tipos distintos de cargos públicos: a conhecida classificação entre **cargos efetivos** e **cargos em comissão**.

Trata-se de **classificação dicotômica** que permite identificar ao menos dois aspectos relevantes na caracterização dos cargos públicos.

Quanto *à vocação de permanência de seus titulares* os cargos públicos se dividem em:

a) cargos de **provimento definitivo** (os cargos de provimento efetivo e os cargos de provimento vitalício) e

b) cargos de **provimento precário** (os cargos de confiança ou cargos em comissão, de livre designação e exoneração).

Quanto à *natureza do ato de provimento*, os cargos públicos podem ser divididos em:

a) cargos de **provimento vinculado** (v.g., cargos investidos por concurso público);

b) cargos de **provimento discricionário** (cargos de livre nomeação e exoneração).

Essa classificação dicotômica revela-se didática: **os cargos efetivos são cargos de provimento definitivo e vinculado**, pois se caracterizam exatamente por permitir a aquisição da estabilidade (ou vitaliciedade) de seus titulares e por dispensarem a valoração subjetiva do administrador na escolha do agente a ser investido na função, uma vez que a investidura é submetida à observância criteriosa da ordem de classificação resultante do concurso público; os cargos em comissão, diversamente, são caracterizados pelo **provimento precário e discricionário,** pois não asseguram a permanência do titular na função e exigem sempre a avaliação subjetiva do administrador público quanto ao merecimento e capacidade do agente para a sua investidura no cargo.

A distinção entre cargos efetivos e cargos em comissão fez fortuna entre os administrativistas, sendo recebida como dogma e mencionada frequentemente como se esgotasse as categorias possíveis de cargos públicos quanto à forma de provimento na ordem constitucional brasileira.

No entanto, a Lei Fundamental, em diversas passagens, escapou à dicotomia entre **cargos em comissão**, de livre provimento e livre exoneração, e **cargos efetivos,** de provimento definitivo e vinculado, antecedido por concurso público. **A Constituição Federal encerra diversas hipóteses em que não há livre nomeação e livre exoneração no provimento de cargos públicos, mas também não há exigência de concurso público ou caráter definitivo no provimento**.

Em trabalho anterior, sobre estágio probatório, constatei a lacuna doutrinária na matéria, dedicando ao assunto uma singela nota de rodapé (MODESTO, Paulo. "Estágio Probatório: questões controversas", In: MODESTO, Paulo e MENDONÇA, Oscar (Org.). *Direito do Estado: novos rumos*. Tomo 2. São Paulo: Max Limonad, 2001, p. 59). Posteriormente, voltei ao assunto com maior desenvolvimento para tratar das questões jurídicas suscitadas pelo tema do nepotismo em cargos político-administrativos (MODESTO, Paulo. Nepotismo em Cargos Político-Administrativos. In: MARQUES NETO, Floriano de Azevedo [et ai.] (org.). *Direito e Administração Pública: estudos em homenagem a Maria Sylvia Zanella di Pietro*. São Paulo: Atlas, 2013, pp. 260-298). O fato é que permanece urgente uma revisão da classificação tradicional dos cargos públicos, especialmente com o aumento significativo do número de Agências Reguladoras no Brasil, entidades cujos dirigentes são nomeados em geral apenas após aprovação do Senado Federal e, uma vez empossados, passam a gozar de estabilidade por período determinado, não podendo ser exonerados **ad nutum**.

Na ausência de melhor designação, denominei essas hipóteses constitucionais de **cargos de provimento condicionado ou exoneração condicionada**, uma vez que, embora prescindam de concurso público e admitam avaliação subjetiva do administrador na escolha dos seus exercentes, apresentam como peculiaridade negar a livre nomeação, a livre destituição ou as duas decisões discricionárias típicas dos cargos em comissão. Exemplos não faltam: Presidente e diretores do Banco Central (Art. 52, III, *d, CF);* Governador de Território (Art. 52, III, c, CF); Procurador -Geral da República (Art. 52, III, *e, CF);* titulares de cargos que a lei determinar (art. 52, III, *f, CF);* Ministros dos Tribunais de Contas, indicados pelo Presidente da República (art. 52, III, *b, CF);* magistrados escolhidos pelo Poder Executivo, nos casos estabelecidos na Constituição (art. 52, III, *a, CF).* **Não é possível continuar a enquadrar essas hipóteses na categoria dos cargos em comissão de livre provimento ou livre exoneração**. Esses cargos possuem regime de provimento diferenciado, conquanto também sejam providos mediante decisão discricionária, pois revelam limitações à livre escolha ou à livre exoneração. **Tampouco exigem funções necessárias de direção, chefia ou assessoramento, reversamente do que ocorre com os cargos em comissão (Art. 37, V, da Constituição Federal)**. Sob o ângulo do observador da estrutura do processo de decisão, estes cargos podem ser nominados também como **cargos de provimento compartilhado ou cargos de provimento discricionário compartilhado,** tendo em conta a pluralidade de órgãos necessários para a plena eficácia do provimento.

O número de cargos de provimento ou desligamento condicionado não cessa de aumentar, tendo em vista a **cláusula aberta** do art. 52, III, *f*, da Constituição, que delega à lei prever novas hipóteses de prévia aprovação do Senado Federal para nomeação de agentes públicos. A previsão, como antes referido, tem sido aplicada com frequência para o provimento de cargos de conselheiros ou diretores de Agências Reguladoras, cuja designação prescinde de concurso público, exige a concordância do Senado Federal e confere ao titular, durante determinado lapso de tempo, garantias semelhantes à estabilidade dos servidores ocupantes de cargos de provimento efetivo (cf., v.g., Lei n. 9.427/96, art. 5º, caput e parágrafo único; Lei n º 9.472/97, art. 8º, §2º, 23 e segs; Lei no. 9478/97, art. 11, §2º e 3º.; Lei n. 9.986/2000, art. 5º. e segs.).

As classificações anteriores, enriquecidas com o novo tipo de cargo em face da forma do provimento, deixam de coincidir, pois **os cargos públicos de provimento condicionado** podem ser **vocacionados à permanência do titular** (v.g., Ministros dos Tribunais de Contas, Ministros dos Tribunais e Desembargadores egressos do quinto constitucional), **vinculados a mandatos fixos** (v.g., Procurador—Geral da República, diretores de Agências Reguladoras) **ou precários** (v.g., Presidente do Banco Central), conforme a hipótese concreta.

A classificação dos cargos públicos quanto ao provimento deve ser recomposta em termos **tricotômicos**:

a) quanto à vocação de permanência do titular no cargo público:

a.1.) cargo de **provimento definitivo**

a.2.) cargo de **provimento a termo**

a.3.) cargo de **provimento precário**

b) quanto à *natureza* do ato de provimento:

b.1) cargo de **provimento vinculado**

b.2.) cargo de **provimento condicionado**

b.3.) cargo de **provimento livre**

Embora fiel à riqueza do texto Constitucional Brasileiro, a nova classificação não deve ser interpretada de forma literal. Há sempre algum grau de vinculação em todo provimento de cargo público. **O provimento dos cargos públicos nunca é totalmente livre** (deve observar, em especial, os princípios constitucionais da legalidade, impessoalidade, moralidade, eficiência, publicidade e igualdade). O provimento condicionado **ora deriva de ato unilateral de direção** (sujeito a controle ou confirmação posterior) **ora exige prévio** (e restritivo) **ato de escolha ou concordância de outros atores institucionais** (decisão condicionada a listas tríplices, sêxtuplas, aprovação congressual etc). A homogeneidade em cada categoria é enganosa.

De qualquer forma, o **vício do desvio de poder somente pode ocorrer no provimento de cargos em comissão e na escolha dos titulares de cargos de provimento condicionado**. É óbvio que o aumento do grau de discricionariedade da escolha eleva o risco de favorecimento injustificável ou de vício no processo de decisão pública. **O vício do desvio de poder é vício residente na ponderação discricionária.** No desvio de poder, de que o nepotismo é o exemplo mais conhecido, o agente público deixa de realizar a **ponderação exclusiva dos interesses públicos relevantes** para incluir na estrutura do processo decisório administrativo a **tutela de interesses estranhos ao bem comum (*res publica*).**

Não há como cogitar de nepotismo ou de outra forma de desvio de poder no processo decisório destinado a provimento vinculado de cargo público. Se o concurso público é válido, a aprovação de parentes do governante não importa em qualquer vício de nepotismo ou desvio de poder. O que não significa que atos subsequentes incidentes sobre a carreira do agente nomeado, manejados a partir de competência discricionária, não possam por em causa o vício do nepotismo, a exemplo de cessões generosas e promoções sem critério material legítimo que beneficiem parentes da autoridade administrativa.

Os cargos públicos submetidos a sufrágio popular são também cargos públicos de provimento vinculado. A classificação destes cargos como **cargos políticos** considera a natureza das funções a serem exercidas e não a forma do provimento. A eleição é um processo seletivo válido para definição impessoal e vinculada de mandatários da coletividade. Os eleitos podem possuir parentes no serviço público; se há elegibilidade, a posse dos eleitos é válida e legítima. É ato vinculado. **É confusão classificar os cargos políticos como terceiro tipo de cargo, ao lado dos cargos em comissão e dos cargos efetivos, considerado o critério da forma de provimento.**

Cargos Políticos Como Cargos Públicos de Provimento Discricionário Unilateral, Provimento Vinculado ou Provimento Discricionário Compartilhado

Não há conceituação pacífica de **agentes políticos ou cargos políticos**.

Para HELY LOPES MEIRELLES os "agentes políticos são os **componentes do Governo nos seus primeiros escalões**, investidos em cargos, funções, mandatos ou comissões, por nomeação, eleição, designação ou delegação **para o exercício de atribuições constitucionais**", bem como as "**demais autoridades que atuem com independência funcional no desempenho das atribuições governamentais, judiciais ou quase judiciais**, estranhas ao quadro do funcionalismo estatutário". Na categoria, bastante ampla como se pode ver, inclui o autor os Chefes do Poder Executivo, seus auxiliares diretos, os membros do Poder Legislativo, da Magistratura, do Ministério Público, do Tribunal de Contas e os representantes diplomáticos (2003:75). Para o autor, os agentes políticos se caracterizariam pela **plena liberdade funcional**, desempenhando suas atribuições **sem submissão à hierarquia administrativa**, devendo sujeição apenas aos graus e limites constitucionais de suas respectivas funções. Exercitam "prerrogativas e responsabilidades próprias, estabelecidas na Constituição e em leis especiais. Têm normas especificas para sua escolha, investidura, conduta e processo por crimes funcionais e de responsabilidade, que lhe são privativos" (MEIRELLES,

Hely Lopes. **Direito Administrativo Brasileiro**. 28ª. Ed. São Paulo: Malheiros, 2003, p. 76).

Os agentes políticos (e consequentemente os cargos políticos) são conceituados de forma **mais restrita** por CELSO ANTÔNIO BANDEIRA DE MELLO como os "**titulares dos cargos estruturais à organização política do país**, ou seja, ocupantes dos [cargos] que integram o arcabouço constitucional do Estado, o esquema fundamental do poder" (2012: 251). Seriam agentes políticos apenas o Presidente da República, os Governadores, Prefeitos e respectivos vices, os auxiliares imediatos dos Chefes de Executivo (Ministros e Secretários), os Senadores, os Deputados federais e estaduais e os Vereadores. Os agentes políticos se caracterizariam por manter **liame de natureza política**, independente de habilitação profissional ou técnica, e por serem erigidos a representantes da sociedade a partir da **qualidade de cidadãos**, respondendo ainda pela formação da "vontade superior do Estado" (BANDEIRA DE MELLO, Celso Antônio. Curso de Direito Administrativo. 29ª.ed. São Paulo: Malheiros, 2012, p. 252).

MARIA SYLVIA ZANELLA DI PIETRO, realizando o registro fiel das duas posições doutrinárias, adere ao conceito mais restrito, destacando ser este preferível. Segundo a autora, "a ideia de agente político liga-se, indissoluvelmente, à de **governo** e à de **função política**, a primeira dando ideia de órgão (aspecto subjetivo) e, a segunda, de atividade (aspecto objetivo)" (DI PIETRO, Maria Sylvia Zanella. Direito Administrativo. 25 ed. São Paulo: Atlas, 2012, p. 582). A função política compreende, segundo a autora, basicamente as "atividades de direção e as colegislativas, ou seja, as que implicam a fixação de metas, de diretrizes, ou de planos governamentais" (idem, p. 582). A autora recusa incluir na categoriza de agentes políticos os membros da Magistratura, do Ministério Público e dos Tribunais de Contas, por não exercem funções de governo, mas reconhece que atualmente há uma "tendência a considerar os membros da Magistratura e do Ministério Público como agentes políticos" (idem, p. 583). Afirma que os primeiros podem ser incluídos na categoria de agentes políticos se redefinida a função política no sentido de "exercício de uma parcela da soberania do Estado", a "função de dizer o direito em última instância" (idem, p. 583). Neste sentido, cita a posição do STF no Recurso Extraordinário 228.977/SP, em que foi relator o Ministro NERI DA SILVEIRA, que se referiu aos magistrados como "agentes políticos, investidos para o exercício de atribuições constitucionais, sendo dotados de plena liberdade funcional no desempenho de suas funções, com prerrogativas próprias e legislação específica" (DJ 12/04/2002). Mas no tocante aos membros do Ministério Público, afirma MARIA SYLVIA que a inclusão na categoria de agentes políticos tem sido justificada pelas funções de controle que lhe foram atribuídas a partir da Constituição de 1988, mas não identifica nisso relevo suficiente para alterar a sua categorização como agentes administrativos, equivalente aos demais servidores estatutários (idem, p. 583).

Lamentavelmente, encontro dificuldades em seguir qualquer das duas orientações expostas. A primeira orientação parece excessivamente ampla; a segunda, excessivamente restritiva. Não é suficiente que se exercite função pública com ausência de subordinação direta para que se tenha agente político; é necessário que a atividade possua dimensão política, no sentido radical e original do termo, é dizer, **refira-se diretamente aos destinos da polis e ao poder soberano do Estado**. Funções administrativas exercidas com independência, sem subordinação hierárquica, mas que não expressam qualquer poder soberano do Estado e não possuam existência necessária, não devem arrastar seus titulares para o conceito de agentes políticos (v.g., os dirigentes de Agências Reguladoras, os reitores e os integrantes de colegiados consultivos etc.). Por outro lado, parece também excessiva restrição afastar os membros da magistratura, do Ministério Público e dos Tribunais de Contas do conceito de agentes políticos, pois cada um deles, de diferentes formas, exercitam função de soberania, com independência, regime jurídico peculiar e regime de responsabilidade igualmente diferenciado em relação aos demais agentes administrativos. Não por acaso a Constituição Federal prevê, expressamente, o julgamento desses agentes por crime de responsabilidade em diferentes disposições (Art. 52, II, 85, V, 102,I, c, da CF, regulamentadas pelas Leis 7.106/1983 e 1.079/1950). Não é por acaso também que os Ministros e Conselheiros dos Tribunais de Contas possuem as mesmas garantias, prerrogativas, impedimentos, vencimentos e vantagens dos Ministros do Superior Tribunal de Justiça ou dos Desembargadores dos Tribunais de Justiça Estaduais, conforme o caso (Art. 73, §3º, CF). Não é sem razão que a Constituição Federal considera **crime de responsabilidade do Presidente da República atentar contra a Constituição Federal**, com destaque para o **"livre exercício do Poder Legislativo, do Poder Judiciário, do Ministério Público e dos Poderes constitucionais das unidades da Federação"** (Art. 85, II, CF). Não é sem propósito que a Constituição atribui ao Chefe do Ministério Público a **iniciativa de lei** para a criação e extinção de cargos e serviços auxiliares no Ministério Público, a definição de sua política remuneratória e os planos de carreira (Art. 127, §2º, CF) e exige deliberação da maioria absoluta do Poder Legislativo para destituição dos Procuradores-Gerais de Justiça dos Estados e do Distrito Federal e Território (Art. 128, §4º, CF). É por reconhecer nessas funções especial caráter político, por fim, que a Constituição atribuiu ao Senado Federal o encargo de aprovar, previamente, por voto secreto, após arguição pública, a escolha de magistrados, nos casos estabelecidos na Constituição; Ministros do Tribunal de Contas da União, indicados pelo Presidente da República, e do Procurador-Geral da República (Art. 52, III, CF).

O Ministério Público, por seu Procurador-Geral, quando opina pelo arquivamento de inquérito policial, não exercita prerrogativa exclusivamente administrativa, mas função soberana, na medida em que a decisão é incontrastável pelo Poder Judiciário, ressalvada a hipótese de ilegalidade ou abuso de poder. Mesmo nestes casos, entrega-se novamente a deliberação do ***jus persequendi*** do Estado ao Ministério Público.

Neste cenário, considero agentes políticos todos os **agentes públicos que exprimam prerrogativas de soberania, a partir de vínculo profissional ou político, investidos por eleição, concurso, nomeação ou delegação, e sujeitos a restrições, deveres e responsabilidades especiais enumeradas e disciplinas na Constituição Federal.** Se acrescentarmos a esses atributos o da **plena independência funcional**, presente no regime jurídico de vários agentes políticos teríamos de retirar do conceito, por exemplo, os Ministros de Estado e os Secretários Estaduais e Municipais, entre outros agentes, o que parece igualmente exagerado, considerando diversas disposições constitucionais de destaque (v.g, Art. 76; 29, 84, II; 87; 91, VIII e Art. 102, I, c, todos da CF).

Portanto, considero **legítima a distinção entre cargos políticos e cargos meramente administrativos**. Em termos conceituais, a partir de dispositivos constitucionais relativos ao provimento, confirmação e permanência no cargo, regime de retribuição, incompatibilidades, deveres e responsabilidades, é possível extrair peculiaridades para caracterizar o regime jurídico dos titulares de cargos políticos. **O erro é considerar essa categoria uniforme**. Não há uniformidade. Há cargos **político-administrativos e cargos político-representativos**. Nos primeiros – os cargos político-administrativos - os agentes são investidos por designação unilateral da autoridade superior, o provimento é precário e sem condicionamento procedimental, enquanto nos segundos – os cargos político-representativos - os agentes são investidos por sufrágio, popular ou corporativo (isto é, realizado pelos próprios pares do investido) ou por concurso público, isto é, possuem provimento vinculado ou condicionado, definitivo ou a termo (exercem mandato). São situações completamente distintas, que exigem tratamento jurídico diferenciado. **Nos primeiros cabe sempre avaliar a legitimidade da designação por eventual nepotismo ou favorecimento indevido**, isto é, **cabem sempre as restrições antinepotismo ou repressoras do desvio de pode**r (ex. cargos de Ministros de Estado, secretários estaduais e municipais); nos demais, por definição, nunca cabe cogitar de nepotismo ou desvio de poder, **quando se tratar de provimento vinculado (nomeados por concurso público ou eleitos por sufrágio direto) ou pode caber** apenas de forma residual quando se entregar à autoridade o exercício de discricionariedade reduzida em decisão final de processo de provimento condicionado (escolha discricionária de agente a partir de lista de candidatos formada originalmente por outros órgãos ou quando se tratar de designação de agentes sujeita à aprovação por órgão diverso).

Portanto, se desejarmos elaborar uma classificação dos cargos públicos quanto à natureza das funções, um quadro mínimo deveria conter as seguintes distinções:

a) cargos administrativos

b) cargos políticos

b.1) **cargos político-administrativos** (designação por provimento unilateral e precário

b.2) **cargos político-representativos** (designação por provimento condicionado ou vinculado, definitivo ou a termo).

A dificuldade de precisar o conceito de agente político (e, consequentemente, de cargo político) deve servir como advertência à criação de distinções entre essa categoria de cargos e a de cargos administrativos em geral, sem base direta na Constituição quanto ao regime jurídico dos agentes neles investidos. Não é o caso de recordar aqui todo o debate que foi suscitado sobre a aplicação aos agentes políticos da ação de improbidade administrativa, sob o argumento de estarem submetidos à legislação especial, que versa sobre os crimes de responsabilidade e não à Lei 8.429/1992 (NEVES, Daniel Amorim Assumpção e OLIVEIRA, Rafael Carvalho Rezende. Manual de Improbidade Administrativa. Rio de Janeiro: Forense; São Paulo: Método, 2012, p. 46-53). **Por isso, sem presumir tratamento mais favorável ao provimento discricionário de cargos político-administrativos que o texto Constitucional não realizou, tenho como sem qualquer base constitucional as ressalvas que ao largo da Súmula Vinculante n. 13 vem sendo admitidas para afastar o amplo controle da escolha de titulares dos cargos político-administrativos (cargos de provimento unilateral).**

O fato de a Constituição Federal dispor ser o Poder Executivo exercido pelo Presidente da República, auxiliado pelos Ministros de Estado (Art. 76, CF), denota que a função desses auxiliares possui direta relevância política, mas não importa em qualquer imunidade quanto aos deveres de atuação impessoal, moral, igualitária, eficiente do Chefe de Estado na designação desses agentes de natureza político-administrativa.

Em uma República, exige-se do Chefe de Estado, mas não apenas dele, **conduta exemplar**, é dizer, paradigmática para os seus subordinados, obsequiosa do interesse público e não do interesse privado. Se o estatuto dos servidores da União, em norma singela, reproduzida em diversos outros diplomas legais no país, veda ao servidor público "manter sob sua chefia imediata, em cargo ou função de confiança, cônjuge, companheiro ou parente até o segundo grau civil" (Art. 117, VIII, da Lei 8.112/90), como aceitar, apenas pelo relevo das missões desempenhadas pelos Ministros de Estado, Secretários Estaduais e Municipais, que o Chefe do Poder Executivo possa realizar por designação discricionária unilateral exatamente o mesmo comportamento reprimido pela norma estatutária?

É útil recordar, nesse passo, FÁBIO KONDER COMPARATO sobre as bases do regime republicano:

> "A essência do regime político republicano encontra-se na distinção entre o interesse próprio de cada um em particular e o bem comum de todos, com exigência de este se sobreponha sempre àquele. Os indivíduos podem viver isoladamente em função do interesse particular. É a ideia expressa pelos pensadores políticos dos séculos XVII e XVIII, com a fórmula do 'estado da natureza'. Mas a convivência política exige o respeito superior ao interesse comum de todos os membros do grupo social ('o estado civi')"(COMPARATO, Fábio Konder. *Ética: direito, moral e religião no mundo moderno*. São Paulo, Companhia das Letras, 2006, p. 617-618).

Ora, respeitar o interesse comum, dirigir-se ao interesse público, exige do agente público republicano a adoção de critérios igualitários e de mérito no acesso aos cargos públicos de sua livre escolha, em qualquer estrato do Poder, dentro do Estado. Todos são iguais em uma República, são cidadãos, com cargas públicas e direitos iguais. **A proteção de privilégios de origem familiar na intimidade do Estado é a antítese do regime republicano**. Por igual, **sustentar a insindicabilidade de designações de agentes sem qualificação técnica para os mais elevados postos da administração** ou **a insindicabilidade do provimento unipessoal de cargos comissionados por sua natureza político-ad-**

ministrativa é manifestação ultrapassada de patrimonialismo. Os cargos públicos não são *propriedade* dos exercentes temporários do poder.

Os agentes que figuram nos escalões superiores da Administração Pública não estão alforriados dos princípios constitucionais da administração pública, em particular os previstos no Art. 37, da Constituição da República. **É equivocado introduzir distinção – independente da forma do provimento e suas características – entre cargos políticos e simples cargos administrativos, para dispensar o provimento dos primeiros de obediência aos princípios da moralidade, legalidade, impessoalidade, publicidade e eficiência**. Caberá distinção na intensidade de controle apenas quando couber distinção no tocante à forma de provimento: provimento vinculado, condicionado ou livre provimento unilateral (subdivididos, apenas estes últimos, em cargos comissionados administrativos ou político-administrativos).

No tema do nepotismo, espécie de desvio de poder, o Supremo Tribunal Federal, que no RE 579.951/RN, Rel. Min. RICARDO LEWANDOWSKI, DJE 12.9.2008, e na Reclamação 6650 MC-AgR/PR, Rel. Min. ELLEN GRACIE, DJe-222, 20/11/2008, publicação 21.11.2008, assentou que a Súmula Vinculante n. 13 era inaplicável a cargo de natureza política, deparou-se na sequência com diversos casos em que reconheceu a necessidade de censurar situações de fraude, abuso e desvio de finalidade na nomeação de parentes para cargos políticos de primeiro escalão e, aos poucos, passou a reverter a orientação inicial.

A reação contra abusos em matéria de nepotismo em cargos político-administrativos iniciou na RCL. 8.625, ELLEN GRACIE, DJe 26.4.2010. Merece referência também a decisão na RCL 6.938 MC/MG, CÁRMEN LÚCIA, DJE-169, 02/09/2011; na RCL 12.478-MC/DF, JOAQUIM BARBOSA, DJe 08/11/2011; a Rcl 11.605 MC/SP, CELSO DE MELLO,DJe 02/08/2012. Na Rcl 15.571 MC/RS, o Rel. Min. MARCO AURÉLIO, j. 24/05/2013, DJe-102 29/05/2013, recusou a reclamação e afirmou expressamente: "O teor do Verbete não contém exceção quanto ao cargo de secretário municipal". Na Rcl 16941 MG, Rel. Min. LUIZ FUX, 18/12/2013, DJe-022 31/01/2014, o relator recusou a reclamação, e foi além: considerou que os precedentes invocados na reclamação tratavam de situações subjetivas, sem guarida na Súmula Vinculante 13. Em todos esses processos, conquanto em causa nomeação de agentes para cargos político-administrativos, houve na jurisdição de origem censura judicial, anulação ou suspensão das nomeações por **desvio de finalidade**, sendo mantidas as decisões pelo Supremo Tribunal Federal. Todos trataram de cargos políticos-administrativos, espécie de cargos comissionados, cujo provimento é discricionário e unilateral.

Conclusão

No provimento discricionário de cargos em comissão, nomeadamente dos cargos político-administrativos, há campo para aplicação de todas essas noções fundamentais. O ato de nomeação desses agentes é pouco exigente em termos processuais formais, porque é ditado de forma unilateral e não compartilhada com outros órgãos estaduais, mas há limitações materiais evidentes.

A investidura não pode ser arbitrária, destinada a funções estranhas às de direção, chefia e assessoramento, restrição que não se observa no regime dos cargos de provimento condicionado ou compartilhado. A investidura não pode favorecer agentes sem capacitação profissional suficiente para a complexidade das funções a exercer, independentemente de o cargo contemplar atribuições simplesmente administrativas ou político-administrativas. A investidura pressupõe motivo legítimo e finalidade de interesse público. Não pode dirigir-se a cobrir interesses pessoais, familiares ou simplesmente partidários. Não pode voltar-se a intuitos de perseguição ou favoritismo. Tudo isso porque não há cargo público sem finalidade pública ou alheio aos princípios gerais da Administração Pública. A prova do desvio é delicada e tormentosa, mas é possível, desde que revelada por indícios convergentes, não podendo ser afastada pelo caráter genericamente político das funções exercidas.

O desvio de poder é atuação estatal particularmente grave. Permanece atual a advertência de CELSO ANTONIO BANDEIRA DE

MELLO, segundo a qual, o desvio de poder é violação "mais perigosa ainda do que aquela que resulta de violação desabrida da lei". Do seu controle não pode se demitir o Poder Judiciário ou os demais órgãos de controle, pois, como ensina o mesmo mestre:

> "Por ser mais sutil, por vestir-se com trajes de inocência, é mais censurável. Revela uma conduta soez, maculada pelo vício de má fé. E o Direito abomina a má fé. Assim, é vício de particular gravidade. Sobre sê-lo, é, também, de especial periculosidade. Isto porque, se o Poder Judiciário, em face dele, mostrar-se excessivamente cauto, tímido ou, indesejavelmente, precavido em demasia contra os riscos de invasão do mérito do ato administrativo, os administrados ficarão a descoberto, sujeitos, portanto, a graves violações de direito que se evadam à correção jurisdicional" (*Discricionariedade e Controle Jurisdicional*, São Paulo, Malheiros, 1992, p.58). (13.04.2016)

Remuneração, Subsídio e Indenização: notas para uma semântica republicana

1. Remuneração é signo ambíguo na Constituição Federal, pois ora designa **gênero**, sendo sinônimo de **retribuição**, abrangendo a **totalidade das espécies possíveis de estipêndio público** (v.g., arts. 37, XIII e 39, §8º da CF), ora designa **espécie** ou **tipo de retribuição** (v.g., arts. 37, X; 39, §6º da CF). Pode-se distinguir ainda entre remuneração do cargo (vg. Art. 39, §1º) e remuneração do agente (vg, Art. 39, §5º).

2. Subsídio é **espécie de retribuição,** prescrita a agentes públicos expressamente referidos em lei ou na Constituição, **definida em termos unitários,** sem fracionamento estipendial, **e submetida à reserva de composição constitucional,** pois inadmite a criação pelo legislador infraconstitucional de vantagens acessórias ou complementares (Art. 39, § 4º da CF).

O **caráter unitário** do subsídio implica a vedação à fragmentação dessa espécie de retribuição em parte fixa e parte variável, proibição ao fracionamento do subsídio em vantagens diversas ou sua decomposição em adicionais, abonos, prêmios, ou outro acréscimo de natureza remuneratória (Art. 39, § 4º, CF, com redação dada pela Emenda Constitucional nº 19, de 1998). O **caráter exclusivo** do subsídio veda a criatividade do legislador infraconstitucional na definição dessa espécie de retribuição.

3. Estão sujeitos a **regime retributivo de subsídio** apenas os membros de poder; detentores de mandato eletivo; ministros, secretários de estado e municípios; membros do MP Federal, Estadual e de Contas; magistrados; advogados da União; Procuradores dos Estados e do DF, inclusive o procuradores autárquicos; defensores públicos; servidores das carreiras de segurança pública; Conselheiros e Ministros dos Tribunais de

Contas e, **eventualmente,** servidores públicos organizados em carreira por expressa definição legal (Art. 39, §8º da CF). A relação é **rebarbativa e pouco técnica**, pois diversos agentes nominados de forma isolada são membros de Poder, sendo referidos em duplicidade pelo mesmo dispositivo.

4. Mas o subsídio pode ser percebido cumulativamente com **vantagens paralelas de assento imediato na Constituição Federal**, sem quebra de seu caráter unitário. A meu juízo são **nove vantagens**, a saber:

a) décimo terceiro salário (Art. 7º,.VIII, c/c Art. 39, §3º);

b) adicional noturno (Art. 7º, IX, c/c Art. 39, §3º);

c) salário-família (Art. 7º, XII, c/c Art. 39, §3º);

d) remuneração do serviço extraordinário (Art. 7º, XVI, c/c Art. 39, §3º);

e) adicional de férias (Art. 7º, XVII, c/c Art. 39, §3º);

f) abono de permanência (Art. 40, §19, CF);

g) adicional ou prêmio de produtividade por economia de despesa (Art. 39, §6º, CF);

h) gratificação de função (Art. 37, V, CF);

i) indenizações (Art. 37, §11, CF).

Não é possível subsídio de **emprego público**, por diversas razões. Primeiro, por uma questão sistemática. Na norma definidora dos subsídios consta expressa remissão ao art. 37, X, vale dizer, à norma que estabelece a exigência de lei específica para aumento ou fixação do subsídio. Essa norma, como se sabe, não se aplica aos empregados públicos de empresas públicas e sociedades de economia mista, que podem ter aumentos definidos em acordos ou dissídios coletivos. Por outro lado, parece incompatível com o regime de emprego público a possibilidade de transformação unilateral do regime retributivo, em princípio contratual, para um regime de valor unitário, sem vantagens e gratificações, unilateralmente fixado por lei pelo Estado.

Por igual, tampouco é adequado empregar o termo subsídio como substitutivo de provento ou pensão. Não cabe, por exemplo, prever **subsídio vitalício** para ex-governadores, ex-presidentes, ex-parlamentares ou situações equivalentes. As leis que preveem termos semelhantes são inconstitucionais, porquanto ferem o art. 40, caput, e §4º e §13, da Constituição Federal, instituindo modalidade de aposentadoria ou pensão segundo critérios especiais em hipótese não autorizada pela lei fundamental.

Por isso, o subsídio pode ser definido como a **contraprestação pecuniária regular, definida em valor único, por lei ou por ato com eficácia de lei, como retribuição ao exercício de cargo, função ou mandato público, incompatível com o acréscimo de vantagens complementares de matriz exclusivamente infraconstitucional.**

Todas as vantagens retributivas criadas exclusivamente com base em lei são incompatíveis com os subsídios. Estes apenas admitem as vantagens remuneratórias estabelecidas na própria Constituição Federal e, em termos genéricos, as vantagens indenizatórias.

A admissão das **vantagens constitucionais complementares ou paralelas ao subsídio**, previstas na Constituição Federal decorre, entre outros, do disposto no art. 39, §3º, com a redação da emenda constitucional 19, que reza:

"Art. 39, §3º. Aplica-se aos servidores **ocupantes de cargo público** o disposto no art. 7º, IV, VII, VIII, IX, XII, XIII, XV, XVI, XVIII, XIX, XX, XXII e XXX, podendo a lei estabelecer requisitos diferenciados de admissão quando a natureza do cargo o exigir."

O dispositivo referido não distingue o agente que percebe a sua retribuição em regime de subsídio ou de remuneração para fins de assegurar o gozo de **direitos sociais fundamentais**, como o 13º salário (Art. 7º,.VIII), o adicional noturno (Art. 7º, IX); o salário-família (Art. 7º, XII), a remuneração do serviço extraordinário (Art. 7º, XVI), o adicional de férias (Art. 7º, XVII). **Outros direitos constitucionais**, no entanto, seriam ineficazes se não conciliados também com a norma do art. 37, §

4º, da Constituição, como o direito de perceber abono de permanência (Art. 40, §19, CF), adicional ou prêmio de produtividade por economia de despesa (Art. 39, §6º, CF), gratificação de função (Art. 37, V, CF) e indenizações (Art. 37, §11, CF).

A fixação do subsídio não pode ser fracionada, deve ser feita em valor único, mas além do subsídio os agentes públicos titulares de cargos públicos poderão receber as vantagens indicadas, em paralelo, com especial destaque para as indenizatórias.

5. As **vantagens indenizatórias** se destacam pelas seguintes características:

a) são ***eventuais***, pois não são necessárias, ou inerentes, ao exercício do cargo público permanente;

b) são ***compensatórias,*** pois estão relacionadas a riscos, despesas, fatos ou ônus especiais;

c) são ***isoladas***, não se incorporando aos vencimentos, subsídios ou proventos para qualquer fim;

d) são ***impessoais,*** referidas a fatos e não à pessoa do servidor ou agente.

6. Por isso, em matéria de retribuição dos agentes públicos as indenizações podem ser definidas como **o valor eventual e isolado, destinado a recompor o patrimônio de agente público, em virtude de ônus, risco, despesa ou perda de faculdade jurídica por necessidade ou interesse do serviço, insuscetível de incorporação aos vencimentos, ao subsídio ou ao provento, sem natureza de acréscimo patrimonial, receita ou rendimento**.

7. É próprio das indenizações não caracterizarem acréscimo patrimonial, isto é, riqueza nova, passível de incidência no conceito de renda e de remuneração, a sujeitar o agente público ao desconto relativo ao imposto de renda e à contribuição previdenciária.

As indenizações são recomposições patrimoniais, não acréscimos patrimoniais, não oferecendo base para a incidência do imposto sobre a renda ou a contribuição previdenciária.

São exemplos de indenização: ajudas de custo em razão de mudança de sede, diárias de viagem, auxílio alimentação, indenização de férias não gozadas, abono de permanência, auxílio moradia em diversos casos, indenização de substituição, ressarcimento de despesa de capacitação, auxílio ou atuação em entrância diversa ou órgão distinto, entre outras.

8. A **natureza compensatória das indenizações** deve ser levada a sério. As indenizações devem guardar **proporcionalidade** com o dano ou o ônus adicional exigido do agente, despesa ou prejuízo que ressarcem, ou a perda ou adiamento do exercício de faculdade jurídica por necessidade ou interesse do serviço, sob pena de se descaracterizarem em vantagem remuneratória e perderem a legitimidade constitucional para a percepção simultânea ao subsídio.

Se não compensar atividade, ônus, risco ou despesa adicional, fora do âmbito das funções rotineiras ou ordinárias do agente público, ou a perda ou o adiamento do exercício de faculdade jurídica, sempre em razão do interesse público, a indenização será indevida e atrairá a incidência da proibição constante do art. 39, §4º, da Constituição Federal. Consultar, por exemplo, os **debates** ocorridos no **MS 30922**, CÁRMEN LÚCIA, Segunda Turma, j. 05/05/2015; **RE 609381**, TEORI ZAVASCKI, Tribunal Pleno, j. 02/10/2014; **RE 606358**, ROSA WEBER, Tribunal Pleno, j. 18/11/2015.

Não basta que a lei nomine a vantagem como indenização. O *nomen iuris* nada significa, salvo evidenciar a fraude, se a vantagem não guardar substrato material de legitimação. Não basta para a legitimidade da indenização que ela assim seja proclamada pelo legislador, especialmente quando em questão a **reserva constitucional de composição do subsídio** (art. 39, §4º, da Constituição Federal).

9. O pagamento de indenizações evita o **enriquecimento sem causa do Estado**. No entanto, o pagamento de indenizações sem base justificante provoca exatamente o oposto, **o enriquecimento sem causa do agente público**. É certo que a má-fé do agente não se presume. Existindo dúvida razoável sobre a interpretação da norma que autorizou o pagamento de indenização equivocada pela Administração Pública e ausência de interferência indevida do agente para a concessão da vantagem questionada, presume-se a sua boa-fé no recebimento da vantagem (ver. STF, MS 25.641-9/DF, Rel. Ministro EROS GRAU, DJE de 22 de fevereiro de 2008).

10. A precisa definição de remuneração, subsídio e indenização é – como já escrevi diversas vezes - um **imperativo ético** e um **imperativo republicano**, sem o qual é impossível conter hipóteses de apropriação da coisa pública por grupos restritos de agentes, especialmente nos estratos mais elevados do Estado.

Região Metropolitana, Estado e Autonomia Municipal: a governança interfederativa em questão

Todos sabem que o nosso federalismo é peculiar: o Brasil adota o **federalismo multinível**, pois foi concebido como unidade política indissolúvel da União, Estados, Municípios e Distrito Federal. É esta a nossa **arquitetura institucional e constitucional,** estampada no Art. 18 da Constituição da República. Não adotamos o federalismo dual, de dois graus ou duas unidades políticas, uma vez que conferimos aos municípios e ao distrito federal a qualidade de entidades políticas federativas componentes de nosso peculiar Estado constitucional.

No Brasil, foi reconhecido aos Municípios *autonomia política, administrativa e financeira*. É dizer:

> **(a)** ***autogoverno,*** *capacidade de eleger o comando de seu próprio Poder Executivo e Legislativo, de aprovar as leis próprias e constituir uma ordem jurídica individualizada, dotada de competência tributária específica e*
>
> **(b)** ***autoadministração,*** capacidade decisória para administrar os seus próprios interesses e gerir os seus bens e serviços, independentemente de delegação ou aprovação de qualquer outro ente federativo.

Mas a nossa Constituição foi lacônica quando tratou da **coordenação ou cooperação entre as unidades da Federação**. Concebeu poucas normas para tratar do **aspecto funcional, relativo à gestão e governança da cooperação interfederativa**.

Essa insuficiência normativa é grave, pois quase todo problema municipal hoje é **problema interfederativo ou intermunicipal**. Nenhum município pode funcionar isolado das demais unidades federadas. Os problemas urbanos são quase sempre metropolitanos. Os problemas nacionais e regionais repercutem imediatamente no solo dos municípios.

Na Constituição Brasileira a norma central no tema da **coordenação intermunicipal** é o **Art. 25, § 3º**, da Constituição Federal, que reza, *litterim*:

> "Art. 25. (...) § 3º. Os Estados poderão, mediante lei complementar, instituir **regiões metropolitanas**, aglomerações urbanas e microrregiões, **constituídas por agrupamentos de municípios limítrofes**, para **integrar** a **organização**, o **planejamento e a execução** de funções públicas de **interesse comum**." (Grifos nossos)

Essa norma instituiu **modalidade de gestão associada compulsória,** definida por lei complementar, independentemente da manifestação, autorização, homologação ou aprovação da adesão pelos municípios limítrofes.

Muito diferente é o **modelo de gestão associada voluntária**, previsto no Art. 241 da Constituição, que prescreve:

> "Art. 241. A União, os Estados, o Distrito Federal e os Municípios disciplinarão por meio de lei os **consórcios públicos** e os **convênios de cooperação entre os entes federados, autorizando** a gestão associada de serviços públicos, bem como a transferência total ou parcial de encargos, serviços, pessoal e bens essenciais à continuidade dos serviços transferidos (Redação dada pela Emenda Constitucional nº 19, de 1998)."

Os **consórcios públicos,** disciplinados pela Lei nº 11.107, de 6 de abril de 2005, e pelo Decreto nº 6.017, de 2007, exigem aprovação da adesão da entidade política por cada legislativo municipal e decisão integrada dos entes envolvidos. **Não há neste mecanismo de composição voluntária de interesses ameaça a autonomia municipal**, inclusive pela possibilidade de retirada, recesso ou afastamento voluntário da pessoa política do consórcio público formado. Exemplo disso é a ratificação por lei federal de protocolo de intenções firmado entre a União e outros entes da federação, a exemplo da criação da **Autoridade Pública Olímpica – APO**, pela Lei nº 12.396, de 21 de março de 2011, que ratifica o Protocolo de Intenções firmado entre a União, o Estado do Rio de Janeiro e o Município do Rio de Janeiro.

Quanto às **regiões metropolitanas**, porém, há muito maior incerteza e maiores riscos à preservação da autonomia dos entes políticos municipais. Um rosário de perguntas pode ser formulado, com ainda poucas respostas na doutrina. Destaco **dez questões** neste debate, de imediato interesse para os municípios:

> 1. O que são efetivamente as regiões metropolitanas? São pessoas políticas, pessoas administrativas ou simples unidades de coordenação sem personalidade jurídica?
>
> 2. Qual a liberdade dos Estados-membros para instituí-las? É preciso manifestação de interesse dos municípios componentes ou há liberdade de escolha dos Estados na composição da abrangência ou amplitude da região?
>
> 3. Quais as consequências da instituição de regiões metropolitanas para o exercício isolado da competência normativa municipal em assuntos de interesse comum?
>
> 4. Quais são as matérias de interesses comuns e quanto delas é reservado ainda a uma disciplina municipal isolada por cada entidade municipal?
>
> 5. O Estado-membro, além de exercer competência instituidora, pode integrar a região metropolitana como parte associada e participar dos processos deliberativos internos de condução dos interesses na região metropolitana?
>
> 6. Qual o papel do Estado em face de região metropolitana da qual não participe diretamente da gestão?
>
> 7. A região metropolitana pode absorver o poder concedente dos municípios participantes nos assuntos de interesse comum que caracterizem serviço público?
>
> 8. A lei complementar estadual pode outorgar a entidades estaduais, da administração indireta, os serviços públicos de alcance intermunicipal?

9. A lei complementar instituidora da região metropolitana pode transferir competência e regulação dos serviços públicos para o Estado?

10. A constituição de regiões metropolitanas impede os municípios de celebrarem consórcios públicos nas mesmas áreas?

Embora a matéria esteja relacionada à compreensão sobre o alcance do **Art. 25, § 3º**, da Constituição Federal, e as definições político-práticas de cada lei complementar estadual instituidora das regiões metropolitanas, **não considero que a disciplina geral do instituto das regiões metropolitanas escape da lei complementar nacional prevista no Art. 23, parágrafo único, da Constituição da República.** Neste âmbito o papel do **Senado Federal** pode ser decisivo. A lei complementar nacional prevista no **Art. 23** tem abrangência para **fixar normas para a cooperação voluntária ou compulsória** entre a União e os Estados, o Distrito Federal e os Municípios, tendo em vista o equilíbrio do desenvolvimento e do bem-estar de âmbito nacional.

Um amplo debate sobre algumas das questões ventiladas foi realizado pelo Supremo Tribunal Federal quando da decisão da **ADIN 1842/RJ**, relativa à instituição pelo Estado do Rio de Janeiro da Região Metropolitana do Rio de Janeiro (art. 1° da LC 87/1997/RJ) e da Microrregião dos Lagos (art. 2° da LC 87/1997/RJ), sobretudo porque a referida lei complementar transferira ao Estado do Rio de Janeiro funções e serviços de competência municipal, especialmente quanto ao serviço público de saneamento básico.

Nesta ação, cujo acórdão ocupa mais de trezentas páginas, algumas conclusões obtiveram adesão praticamente unânime dos ministros do Tribunal e outras foram objeto de *acesa controvérsia.*

São também **dez as definições unânimes**:

1. As regiões metropolitanas, aglomerados urbanos e microrregiões não são entidades políticas autônomas de nosso sistema federativo, e sim entes com **função administrativa e executória.**

2. Tais entes **não detêm competência político legislativa própria**.

3. A participação dos Municípios na região metropolitana é **compulsória**, não havendo direito de retirada ou necessidade de aprovação prévia do legislativo municipal (ADI 1841/RJ, Rel. Min. CARLOS VELLOSO, DJ 20.9.2002; ADI 796/ES, Rel. Min. NÉRI DA SILVEIRA, DJ 17.12.1999).

4. A compulsoriedade da integração metropolitana é compatível com a autonomia municipal.

5. A gestão associada compulsória dos municípios não transfere ou autoriza que se transfira automaticamente para os Estados as competências municipais.

6. A região metropolitana exige **personalidade jurídica aglutinadora**, dirigida por órgão próprio, de natureza colegiada.

7. O poder concedente para outorga dos serviços de interesse comum após a instituição de regiões metropolitanas não pertence mais, isoladamente, aos Municípios, ou ao Estado, mas ao **condomínio de entidades federativas** (colegiado interfederativo).

8. Neste colegiado nenhum ente federado pode deter controle absoluto, embora não seja obrigatória a instituição paritária na representação e no processo de decisão colegiada.

9. A instituição de regiões metropolitanas, aglomerados urbanos e microrregiões apenas pode ocorrer por lei complementar dos Estados, observados alguns requisitos:

(a) cabe apenas perante **municípios limítrofes;**

(b) cabe apenas para a **coordenação de interesses comuns**, entendido como tais **aqueles que atendem a mais de um município ou que, realizados em um único município**, sejam confluentes, dependentes, concorrentes de serviços supramunicipais;

(c) cabe apenas quando há **necessidade e viabilidade de integração intermunicipal**.

10. As decisões do colegiado das regiões metropolitanas não estão nem podem estar sujeitas a aprovação das Assembleias Legislativas Estaduais.

Não houve consenso, porém, quanto à **composição do conselho diretor da Região Metropolitana e sua governança.**

Para o **Ministro NELSON JOBIM**, o colegiado metropolitano corporifica o "somatório integrado das competências e atribuições dos **municípios formadores**". (grifo nosso). O interesse metropolitano é o "conjunto de interesses dos Municípios, sob uma perspectiva intermunicipal". Somente os Municípios podem autorizar ou conceder o exercício por órgão próprio ou por outro órgão (público ou privado) das funções administrativas e executivas da região metropolitana, através de decisão do conselho deliberativo, especialmente aqueles referentes ao saneamento básico. O Estado não participa do colegiado. O Estado tem apenas papel de instituir a região metropolitana, exerce competência procedimental. É um poder-dever, mas não é um cheque em branco para o legislador estadual.

Para o **Ministro GILMAR MENDES**, o *interesse comum* não é comum apenas aos municípios envolvidos, mas ao Estado e aos municípios do agrupamento urbano. Por isso, deve ser reconhecido a condição de poder concedente e da titularidade do serviço ao **colegiado formado pelos municípios e pelo estado federado**, não sendo necessário participação paritária, desde que não haja predomínio absoluto. Todos os municípios integrantes devem ser representados. Os que não compõem a região, mas podem ser afetados, são representados pelo Estado. A participação do Estado federado nesta organização é imprescindível.

Para o **Ministro MAURÍCIO CORREIA** seria viável a avocação estadual da matéria municipal com alcance intermunicipal e, por isso, regional. A constituição, pelo art. 25, § 3º, autorizaria isso. Os municípios com isso teriam autonomia condicionada desde a origem e não autonomia incondicionada eventualmente restringida. Ademais, em matéria de saneamento, as águas superficiais ou subterrâneas, fluentes, emergentes e em depósito, nos limites do território do Estado-membro, são bens deste (CF, art. 26, I).

Para o **Ministro JOAQUIM BARBOSA**, instituída a região, a titularidade do exercício das funções públicas comuns passa para a entidade público-territorial administrativa, de caráter intergovernamental. Estado e Municípios, em conjunto, devem dispor sobre a exploração de serviços públicos (**ADIN 1842/RJ**, p. 48).

Para o Ministro **RICARDO LEWANDOWSKI**, instituída a região, a titularidade dos serviços não mais pode ser imputada ao Estado ou aos Municípios, mas apenas ao conjunto, conformado em **autarquia territorial intergovernamental e plurifuncional, sem personalidade política (p. 243), isto é, dotado obrigatoriamente de personalidade jurídica (p. 266).** Nos colegiados também deve ser assegurada a participação ou representação popular, pois esta deve ser assegurada nas questões de decisão urbana.

Para o **Ministro TEORI ZAVASKI** os votos divergentes do voto do Ministro MAURÍCIO CORREA são claros em inadmitir a transferência automática de atribuições municipais para o Estado pela instituição da região metropolitana, mas não há sobre o tópico de como deve ser formatada juridicamente uma região metropolitana voto algum semelhante, que assegure uma solução uniforme.

No entanto, o redator para o acórdão, o eminente **Min. GILMAR MENDES**, fez constar da ementa a sua concepção sobre a necessária participação do Estado no colegiado dirigente da região metropolitana.

Divirjo respeitosamente dessa solução quanto à necessária participação do Estado-membro no colegiado dirigente da região metropolitana.

Concordo com o STF quanto à questão principal: a instituição das regiões metropolitanas se justifica, pois em questões urbanas e de interesse comum ocorre (i) a inviabilidade econômica e técnica de os municípios implementarem isoladamente determinadas funções públicas e (ii) a possibilidade de um único município obstar o adequado atendimento dos interesses de várias comunidades. A integração deve ser compulsória e não voluntária, nestes casos.

Os Estados devem legislar sobre a matéria das regiões metropolitanas, por lei complementar. São detentores de **competência normativa**

exclusiva para a instituição de regiões metropolitanas, mas, segundo penso, ao menos segundo a lei fundamental, não integram as regiões metropolitanas. Estas são "*constituídas por agrupamentos de municípios limítrofes*" (Art. 25, § 3º., da Constituição da República).

A União e o Distrito Federal também não integram a região metropolitana. Em relação ao Distrito Federal, o instrumento de cooperação federativa adequado é a Região Integrada de Desenvolvimento Econômico - RIDE, prevista no art. 43 da Constituição. Esta foi criada pelo Decreto nº 2.710, de 4 de agosto de 1998 – substituído pelo Decreto nº 7.469, de 4 de maio de 2011 – que regulamenta a Lei Complementar nº 94, de 19 de fevereiro de 1998. Esse fato não é grave: o próprio Estatuto da Metrópole estabelece que as suas disposições são aplicáveis, no que couber, às regiões integradas de desenvolvimento que tenham características de região metropolitana ou de aglomeração urbana, criadas mediante lei complementar federal com fundamento no art. 43 da Constituição Federal (Art. 22 da Lei 13.089/2015).

A legislação infraconstitucional tenta preencher esta lacuna constitucional.

Recentemente, foi publicada a Lei n. 13.089, de 12 de janeiro de 2015, denominada "Estatuto da Metrópole", que busca disciplinar aspectos da coordenação interfederativa.

A nova lei é mais restritiva do que o Art. 25 da Constituição. Segundo a Lei 13.089/2015, somente deve ser considerada "região metropolitana" a "aglomeração urbana que configure uma metrópole". (Art. 2, VII).

A aglomeração urbana, por seu turno, é definida como a "unidade territorial urbana constituída pelo agrupamento de 2 (dois) ou mais Municípios limítrofes, caracterizada por complementaridade funcional e integração das dinâmicas geográficas, ambientais, políticas e socioeconômicas" (Art. 2, I). Para a aglomeração urbana configurar uma metrópole é necessário que tenha influência nacional ou sobre uma região que abranja uma capital regional, conforme critérios do IBGE divulgados na internet. (Art. 2, V).

É possível a instituição de região metropolitana ou de aglomeração urbana que envolva Municípios pertencentes a mais de um Estado. Neste caso será necessário que a os Estados envolvidos aprovem as respectivas leis complementares (Art. 4).

A Lei define "governança interfederativa" como o "compartilhamento de responsabilidades e ações entre entes da Federação em termos de organização, planejamento e execução de funções públicas de interesse comum" (Art. 2, IV).

A aprovação do Estatuto da Metrópole, porém, não impede que os Municípios formalizem convênios de cooperação e constituam consórcios públicos para atuação em funções públicas de interesse comum no campo do desenvolvimento urbano, observada a Lei no 11.107, de 6 de abril de 2005. É o que reza o art. 23 da Lei 13.089/2015.

As regiões metropolitanas são *organismos administrativos intergovernamentais, sem autonomia política, compostos por municípios limítrofes ou interdependentes integrados compulsoriamente, instituídos por lei complementar estadual.*

Admitir ou mesmo exigir a participação necessária do Estado, ou dos Estados envolvidos, no Conselho Dirigente do organismo administrativo metropolitano, é proposta tendente a abolir, em concreto, a autonomia municipal. Afinal, o veículo que formata o processo decisório e o peso relativo das entidades integrantes da região metropolitana é a lei complementar estadual, o que pode permitir alquimia política suficiente para o Estado controlar - com a adesão de poucos municípios - um conjunto amplo de unidades políticas municipais ou, mais precisamente, os seus serviços fundamentais.

Não se trata de um problema ou ameaça teórica. Em 2014, o Estado da Bahia instituiu pela lei complementar n. 41/2014, a entidade metropolitana da região metropolitana de Salvador, sem transferir atribuições para si, mas desde logo inserindo-se no colegiado da entidade com peso deliberativo relevante. De imediato, o Governador do Estado enviou ofício ao Prefeito da Capital solicitando que este paralisasse o processo licitatório dos transportes urbanos municipais, com vistas a que o edital fosse submetido à entidade metropolitana para análise da repercussão do nos serviços de transporte intermunicipais.

O Partido Democratas - DEM, a pedido do Município de Salvador, ingressou com a **Adin 5155, da relatoria do Ministro CELSO DE MELLO**, ainda não apreciada. Invocava a perda de autonomia federativa e a invasão do seu campo decisório próprio. A Região metropolitana de Salvador existe desde 1973, porém composta pelos Municípios de Salvador, Camaçari, Candeias, Itaparica, Lauro de Freitas, São Francisco do Conde, Simões Filho e Vera Cruz (Lei Complementar 14/1973, Art.1°, § 5º).

Em 1973, em pleno período da ditadura militar, era previsto que em cada Região Metropolitana existiria um Conselho Deliberativo, presidido pelo Governador do Estado, e um Conselho Consultivo, criados por lei estadual (Art. 2º), composto por um representante de cada Município integrante da região metropolitana sob a direção do Presidente do Conselho Deliberativo. O conselho deliberativo, além do Presidente, era composto por 5 (cinco) membros, todos nomeados pelo Governador do Estado, sendo um deles dentre os nomes que figurem em lista tríplice organizada pelo Prefeito da Capital e outro mediante indicação dos Municípios integrante da Região Metropolitana (Art. 2°, §1°, da Lei Complementar 14/1973). É certo que cabia ao Estado prover, a expensas próprias, as despesas de manutenção do Conselho Deliberativo e do Conselho Consultivo. (Art. 2°, §3°, da Lei Complementar 14/1973). Mas essa governança fazia sentido no regime constitucional passado, centralista e autoritário, que menosprezava a autonomia municipal. Não pode ser reproduzida no regime da Constituição de 1988, de forma direta ou velada.

É importante não confundir a governança da entidade metropolitana, ou da própria região metropolitana, com o tema do alcance do interesse comum. É manifesto que **o interesse comum é interseção do interesse intermunicipal e do interesse estadual ou regional.** O interesse comum opõe-se ao **interesse local** ou paroquial, não ao interesse regional ou estadual. Há interesse do Estado-membro em instituir a região metropolitana e interagir com seu corpo dirigente e com os municípios coordenados. Mas essa convivência, diálogo ou parceria deve ser estabelecida através de **convênios de cooperação, consórcios ou estruturação de entidades públicas interfederativas.**

Por outro lado, segundo o STF, na **ADIN 1842/RJ**:

> "O **estabelecimento de região metropolitana não significa simples transferência de competências para o estado.**
>
> "O interesse comum é muito mais que a soma de cada interesse local envolvido, pois a má condução da função de saneamento básico por apenas um município pode colocar em risco todo o esforço do conjunto, além das consequências para a saúde pública de toda a região.
>
> "O parâmetro para aferição da constitucionalidade reside no **respeito à divisão de responsabilidades entre municípios e estado.** É necessário **evitar que o poder decisório e o poder concedente se concentrem nas mãos de um único ente para preservação do autogoverno e da autoadministração dos municípios."**

Por isso, o STF , na Adin 1849/RJ, fugiu ao dualismo que apaixonou a doutrina. Não reconheceu a titularidade do serviço de saneamento básico, quando instituída região metropolitana, nem a cada município integrado nem ao Estado-membro. **Atribuiu o poder concedente e a titularidade do serviço ao condomínio intermunicipal.** Afirmou ainda que **a participação dos entes nesse condomínio não necessita de ser paritária**, desde que apta a prevenir a concentração do poder decisório no âmbito de um único ente.

A competência do Estado para instituição da região metropolitana não autoriza que o Estado assuma para si a execução dos serviços de saneamento nem a titularidade do serviço (Art. 25, §3º, da CF). Essa decisão deve ser entregue à **deliberação dos municípios integrados**, preservando a autonomia de cada qual, ainda que exercida no âmbito do colegiado da região.

Não é correto dizer-se que, instituída a região metropolitana, o serviço de saneamento adquire a condição de serviço de interesse predominantemente regional e a titularidade é transferida para o Estado-membro. Foi o equívoco em que incorreu o saudoso e querido amigo CAIO TÁCITO, acompanhado por uma legião de seguidores, inclusive pelo notável ministro (à época advogado) LUIS ROBERTO BARROSO. Os serviços continuam a ser prestados no município, ainda que a outorga e a disciplina normativa seja entregue ao *condomínio de municípios* que dirige a região metropolitana. É o único modo de assegurar a disciplina coerente do serviço sem esvaziar completamente a autonomia decisória dos municípios afetados pelo serviço.

Em matéria de saneamento, tudo o que vem de ser dito é compatível com a Lei nº 11.445, de 5 de janeiro de 2007 (LSB), que prescreve sobre o regulador em regiões metropolitanas:

> Art. 14. A prestação regionalizada de serviços públicos de saneamento básico é caracterizada por:
>
> I - **um único prestador do serviço para vários Municípios, contíguos ou não;**
>
> II - **uniformidade de fiscalização e regulação dos serviços, inclusive de sua remuneração**;
>
> III - compatibilidade de planejamento.
>
> Art. 15. Na prestação regionalizada de serviços públicos de saneamento básico, **as atividades de regulação e fiscalização poderão ser exercidas:**
>
> I - por **órgão ou entidade de ente da Federação a que o titular tenha delegado o exercício dessas competências** por meio de convênio de cooperação entre entes da Federação, obedecido o disposto no art. 241 da Constituição Federal;
>
> II - por **consórcio público de direito público integrado pelos titulares dos serviços**.
>
> Parágrafo único. No exercício das atividades de planejamento dos serviços a que se refere o caput deste artigo, o titular poderá receber **cooperação técnica do respectivo Estado e basear-se em estudos fornecidos pelos prestadores**.
>
> Art. 16. A **prestação regionalizada** de serviços públicos de saneamento básico poderá ser realizada por:
>
> I - órgão, autarquia, fundação de direito público, consórcio público, empresa pública ou sociedade de economia mista estadual, do Distrito Federal, ou municipal, na forma da legislação;

II - empresa a que se tenham concedido os serviços.

Art. 17. O serviço regionalizado de saneamento básico poderá obedecer a **plano de saneamento básico elaborado para o conjunto de Municípios atendidos.**

As competências comuns estimulam e prestigiam o federalismo cooperativo, de mútua solidariedade e complementariedade entre os entes federativos. Não podem servir para esvaziar a autonomia política da unidade municipal. Porém, com a participação do Estado-membro no colegiado diretivo das regiões metropolitanas é inevitável o esvaziamento, inclusive pela dificuldade de muitos municípios em resistir a votar conjuntamente com o Estado no colegiado, por vínculos de dependência estreita, entregando àquele a direção de fato do colegiado intermunicipal.

A decisão do STF na **ADIN 1842/RJ** foi um marco do federalismo cooperativo no Brasil. Neste acórdão, no entanto, o Supremo Tribunal não determinou o **modelo de governança das regiões metropolitanas,** delegando ao legislador complementar estadual a liberdade para considerar as realidades locais. Mas na ementa foi-se além, incluindo-se a necessária participação do Estado no colegiado dirigente. Essa inclusão é, com todas as vênias, jurídica e politicamente problemática.

Por isso, é urgente o maior envolvimento do **Senado Federal**, como Casa da Federação, no debate sobre a **disciplina básica das regiões metropolitanas no Brasil**, com fundamento no Art. 23, parágrafo único, da Constituição Federal. Para preservar o que resta da autonomia municipal, é imprescindível afastar expressamente a participação dos Estados-membros nos colegiados diretivos intermunicipais, de forma a preservar o caráter aglutinador da região metropolitana, que pode ser união compulsória apenas se for **modalidade de autogoverno dos municípios integrados**. O relacionamento do Estado-membro com a entidade metropolitana deve realizar-se mediante convênios de cooperação ou consórcios, que são livremente pactuados, com o que se valoriza – a um só tempo – a expressão política das unidades municipais integradas na região e o equilíbrio do processo de governança interfederativa. (25.01.2016)

Homeschooling é um prejuízo aos direitos da criança e do adolescente

O ensino domiciliar no Brasil foi objeto de decisão do Supremo Tribunal Federal em setembro de 2018. No Recurso Extraordinário 888.815-RS, submetido à sistemática da repercussão geral, o tribunal adotou tese com o seguinte teor: "Não existe direito público subjetivo do aluno ou de sua família ao ensino domiciliar, inexistente na legislação brasileira" (Tema 822).

A simplicidade da tese proclamada esconde a riqueza do debate realizado no tribunal. No julgamento, *três orientações* foram assumidas pelos ministros da corte.

Para a *primeira* linha de compreensão, inaugurada pelo ministro LUÍS ROBERTO BARROSO, a Constituição Federal cuida exclusivamente do ensino oficial escolar, ministrado em estabelecimento público ou privado, mas não proíbe o ensino domiciliar, de que resulta uma autorização implícita. Para essa orientação, uma leitura não paternalista e oficialista da Constituição permite reconhecer o direito de opção dos pais para recusarem as instituições formais de ensino e assumirem a responsabilidade pela formação educacional de crianças ou adolescentes na intimidade do lar, mantida a obrigação de avaliações oficiais periódicas.

Nessa *primeira intelecção*, normas vagas sobre educação constantes da Constituição devem ser densificadas pelo intérprete, sendo viável encontrar fundamento para o *homeschooling* em seu artigo 227 ("É dever da família, da sociedade e do Estado assegurar à criança, ao adolescente e ao jovem, com absoluta prioridade, o direito (..) à educação") e no artigo 229 ("Os pais têm o dever de assistir, criar e educar os filhos menores, e os filhos maiores têm o dever de ajudar e amparar os pais na velhice, carência ou enfermidade").

O ensino domiciliar, ainda nessa *primeira orientação*, é compatível com a Constituição Federal e pode ser implementado mesmo antes de sua disciplina pelo Congresso Nacional, desde que os pais notifiquem as secretarias municipais previamente da opção realizada, observem as unidades curriculares oficiais e os educandos domésticos sejam submetidos às mesmas avaliações periódicas a que se submetem os demais estudantes de escolas públicas ou privadas. O *homeschooling* nessa leitura deve ser considerado modalidade específica de "ensino oficial e curricular", embora realizado no lar, e não se traduz em segregação domiciliar do educando porque este pode socializar com outros estudantes em atividades extraclasse.

Para uma *segunda* orientação, *de sentido oposto*, inaugurada pelo ministro LUIZ FUX, o ensino domiciliar "não pode ser considerado meio de cumprimento do dever de educação", sendo proibido pela Constituição Federal, pois a carta estabelece a obrigatoriedade do ensino escolar, exigindo dos pais a matrícula dos filhos em instituições oficiais de ensino, públicas ou privadas, assim como o dever de zelar pela frequência do educando à escola no ensino fundamental (artigo 208, parágrafo 3º, da CF: "Compete ao poder público recensear os educandos no ensino fundamental, fazendo-lhes a chamada e zelar, junto aos pais ou responsáveis, pela frequência à escola").

Para essa *segunda linha de compreensão*, o princípio do melhor interesse da criança, a função socializadora da escola, o princípio do pluralismo ideológico, religioso e moral inviabilizam inclusive o legislador infraconstitucional a autorizar modalidades de *homeschooling*. Práticas de desescolarização não se compatibilizam com o imperativo constitucional de formação integral e de socialização do educando.

Segundo ainda esta *segunda orientação*, a escolarização obrigatória encontra suporte em diversas normas constitucionais que valorizam a formação plural e complexa da criança e *associam o dever de educação ao ambiente escolar* (artigo 206, I; 208, I e IV; da CF) e, no plano infraconstitucional, são expressas na Lei de Diretrizes e Bases da Educação Nacional (artigo 6º) e no Estatuto da Criança e do Adolescente (artigo 55). Além disso, a escolarização obrigatória dificulta a formação de "bolhas sociais", o insulamento de elites em suas casas, cumprindo a escolarização o ideal republicano de respeito ao pluralismo (voto do ministro RICARDO LEWANDOWSKI).

Por fim, para uma *posição intermediária ou terceira orientação*, inaugurada pelo ministro ALEXANDRE DE MORAES, a Constituição Federal não seria incompatível em termos absolutos com o ensino domiciliar, porém essa modalidade estaria condicionada à aprovação de prévia base normativa emanada do Congresso Nacional.

Para essa *terceira orientação*, o ensino é obrigatório de 4 a 17 anos e, nos termos do artigo 227 da Constituição, família, sociedade e Estado devem assegurar a crianças e adolescentes convivência familiar e comunitária, não sendo admitida as espécies de *unschooling radical* (desescolarização radical), *unschooling moderado* (desescolarização moderada) e *modalidades de homeschooling puro*, por negarem a participação estatal solidária, inclusive na fixação de currículos básicos e fiscalizações decorrentes. Seria cabível no Brasil apenas o "*homeschooling* por conveniência circunstancial", isto é, quando esta modalidade de ensino privado individual se revelar "alternativa útil para prover os fins educacionais de modo tão ou mais eficiente que a escola" (ensino domiciliar "utilitarista").

Segundo este último entender, a delimitação das circunstâncias especiais de cabimento do "ensino domiciliar por conveniência" cabe ao legislador nacional, não sendo direito público subjetivo dos pais ou do educando. O Congresso Nacional não está obrigado a criar essa modalidade de ensino, embora possa fazê-lo, mas deve observar princípios e preceitos da Constituição e adotar cautelas para evitar "evasões escolares disfarçadas de ensino domiciliar", impondo frequência, supervisão, avaliação pedagógica e de socialização e fiscalização. Esses serviços de acompanhamento terão custos e mobilizarão agentes, eventualmente prejudicando o orçamento da educação pública, aspecto a ser livremente avaliado pelo legislador nacional infraconstitucional (voto do ministro GILMAR MENDES).

A orientação hermenêutica intermediária (terceira corrente) foi vitoriosa no debate do RE 888.815-RS, tendo obtido a maioria dos votos do tribunal, por isso o ministro ALEXANDRE DE MORAES lavrou o acórdão. Aprovada a repercussão geral e a tese no Tema 822, cumpre interpretá-la.

Desde logo a orientação vitoriosa assinala a *inconstitucionalidade de lei estadual ou municipal sobre educação domiciliar sem prévia regulamentação nacional, em bases gerais, dessa modalidade de ensino pela legislação de diretrizes e bases da educação nacional ou norma de igual hierarquia*. Por outro lado, a meu juízo, a deliberação deixa em aberto vários aspectos: quais circunstâncias fáticas podem autorizar o "ensino domiciliar utilitarista"? Se houver aprovação de legislação nacional genérica, sem especificação suficiente das chamadas "circunstâncias especiais de conveniência", incorrerá a lei aprovada em inconstitucionalidade por déficit de previsão? Quem decide em caso de conflito sobre a opção pela "escola privada individual": os pais ou o educando?

Sem recusar o entendimento adotado pelo Supremo Tribunal Federal, penso que deve ser rigorosa a avaliação jurisdicional da legitimidade da exceção ao ensino escolar formal obrigatório no Brasil. *O mesmo Estado que presta com deficiência o serviço escolar tende a controlar com ineficiência a qualidade do ensino doméstico*. Na prática, o ensino exclusivamente no recesso do lar sujeita crianças e adolescentes a *riscos agravados* que não devem ser negligenciados.

A escola é um espaço de aprendizado, de coexistência com o outro, de hétero e autorreconhecimento e, sobretudo, de equalização de diferenças. O ensino domiciliar promove o enclausuramento do educando e o torna *vulnerável a discursos homogêneos*, estritamente vinculados à ideologia dos pais ou de grupos em que estes estejam inseridos (igreja, partido, sindicato), sem participação plural ou o contraditório de outra instância crítica. Há perda da vivência comum ou coletiva, risco acrescido de *negligência e violência doméstica*, enfraquecimento do sentido de horizonte comum e de cidadania. Corre-se o risco até de criação de sistemas informais de ensino dominado por igrejas sectárias, sindicatos e partidos. Temores exagerados? Talvez.

Nesta passagem, recordo a advertência sempre atual de HANNAH ARENDT, em *A Condição Humana*, sobre a importância de esfera pública:

> "É em relação a esta múltipla importância da esfera pública que o termo 'privado', em sua acepção original de 'privação', tem significado. Para o indivíduo, viver uma vida inteiramente privada significa, acima de tudo, ser destituído de coisas essenciais à vida verdadeiramente humana: ser privado da realidade que advém do fato de ser visto e ouvido por outros, privado de uma relação 'objetiva' com eles decorrente do fato de ligar-se e separar-se deles mediante um mundo comum de coisas, e privado da possibilidade de realizar algo mais permanente que a própria vida" (Rio: Ed. Forense Universitária, 1989, p. 68).

Educação escolar não é apenas ensino formal, mas *experiência formativa ampla*, que pode proteger crianças e adolescentes dos vieses dos próprios pais e eventualmente até inibir a exploração infantil e a violência doméstica, permitindo à comunidade acompanhar, fiscalizar, influir e participar do processo do pleno desenvolvimento da criança e do adolescente como pessoa. A educação, *direito fundamental indisponível do educando*, constitui um dever não só da família e do Estado, mas da própria comunidade, interessada na escola "aberta a todos", aquela que fomenta a coesão social e o ethos republicano em regime de participação, solidariedade e pluralismo.

O ensino domiciliar complementar à escola é legítimo; o ensino domiciliar como alternativa excludente da escola é um prejuízo aos direitos da criança e do adolescente, salvo quando for a única ou a melhor forma de oferecer o serviço educacional para menores em situação de risco. É dizer: o educando tem o direito público subjetivo de ter acesso e permanecer na escola — direito assegurado na Constituição Federal (artigo 206, inciso I, e artigo 208, parágrafos 1º e 2º). *Esse direito fundamental deve ser resguardado pelo Estado inclusive da negligência dos pais e tutores.* Trata-se de hipótese de intervenção protetiva do Estado justificada pela falta de capacidade de autodeterminação dos menores e perante o déficit informativo do titular do direito fundamental, cuja não proteção pode acarretar danos irreversíveis a longo prazo.

Crianças enfermas de doenças contagiosas ou autoimunes, impedidas momentânea ou prolongadamente de frequentar a escola, devem receber serviço de ensino individual substitutivo, em casa ou no hospital. Jovens residentes em localidades desprovidas de escola habilitada ou com vaga devem poder legitimamente receber ensino domiciliar. Mas a generalização do direito à opção pelo ensino no recesso do lar parece um excesso em nosso país, além de experiência que *compromete as três finalidades constitucionais da educação*, enunciadas no artigo 205 da Constituição:

- o pleno desenvolvimento como pessoa do educando;
- o seu preparo para o exercício da cidadania; e
- a qualificação do educando para o trabalho.

A primeira finalidade – seu pleno desenvolvimento como pessoa – pressupõe seu amadurecimento como indivíduo em interação social. A segunda – o seu preparo para o exercício da cidadania – convoca o educando a reconhecer e valorizar o pluralismo ético, racial, religioso, sexual e ideológico. A terceira – qualificação do educando para o trabalho –, no mundo contemporâneo, reclama do educando o desenvolvimento de habilidades para o trabalho em equipe, formatado no diálogo de talentos e capacidades. São resultados do processo formativo difíceis de alcançar na escola e quase inviáveis na segregação do lar, sem contato próximo com os da mesma geração em processo educacional compartilhado.

O direito à educação deve ser interpretado à luz das peculiaridades do país e sobretudo da historicidade subjacente ao direito fundamental à escola no Brasil. Em nosso país, em que há assustadoras estatísticas de violência doméstica e trabalho infantil, evasão escolar e gritantes disparidades sociais, autorizar genericamente a educação domiciliar amplificará riscos sem qualquer garantia de que estes serão minimizados por um amplo e adequado acompanhamento do sistema de controle do Estado.

Não por acaso o direito à educação, que na lei maior anterior a 1988 era expressamente autorizado a ser ministrado "no lar e na escola" (artigo 176, EC1/69), na atual lei fundamental foi definido em bases coletivas, como evidenciam os princípios fundamentais estabelecidos no artigo 206, a exemplo da "igualdade de condições para o acesso e *permanência na escola*", "*liberdade de aprender*, ensinar, pesquisar e divulgar o pensamento, a arte e o saber", "*pluralismo de ideias* e de concepções pedagógicas e coexistência de *instituições* públicas e privadas de ensino". Essas foram as convocações normativas do constituinte de 1988. E espera-se que elas sejam consideradas pelo legislador infraconstitucional, de forma a inibir ou evitar que o extraordinário se transforme no novo normal, e a educação se converta em segregação educacional. (25.07.2019)

Uma Introdução à Teoria da Justiça Intergeracional e o Direito

Introdução

Justiça intergeracional, equidade intergeracional e *solidariedade entre gerações* são rótulos empregados para designar um relevante conjunto de preocupações éticas e jurídicas contemporâneas. No livro *Theory of Intergenerational Justice*, Reprint edition. London: Routledge, 2014, 256p, JOERG TREMMEL emprega as expressões "intergenerational justice", "generational justice" e "intergenerational equity" como equivalentes para designar "justiça entre gerações". Uma recensão a este livro pode servir como exercício para uma introdução didática a este importante tema do nosso tempo.

O livro sintetiza a versão revisada da tese de doutoramento em filosofia defendida pelo autor em 2008 na Universidade de Düsseldorf, Alemanha. JÖERG TREMMEL é atualmente professor do departamento de ciência política na Universidade de Eberhard Karls de Tübingen, Alemanha. É também Editor-Chefe da Intergenerational Justice Review e foi investigador bolsista, de 2009 a 2011, na Escola de Economia e Ciência Política de Londres.

Segundo o autor, as teorias sobre justiça intergeracional desenvolveram-se com atraso de dois mil e seiscentos anos depois das primeiras teorias sobre justiça entre contemporâneos. O marco teórico desta mudança teria sido o livro *O Imperativo da Responsabilidade*, de HANS JONAS, publicado originalmente em alemão em 1979.

HANS JONAS identificou o fato de a moderna tecnologia ter habilitado, a partir do século XX, o homem a produzir impactos irreversíveis na natureza e no futuro da humanidade. Antes disso, o homem não detinha a capacidade de prejudicar em definitivo a natureza em termos globais ou suprarregionais, pois a natureza era resistente, obrigando-o a se adaptar. No passado, assim, não houve necessidade de uma *ética de responsabilidade perante a natureza*. O homem foi estimulado a se aproximar da natureza para se aproveitar de seus recursos aparentemente ilimitados.

É mérito de HANS JONAS ter advertido para o significativo aumento da influência do homem sobre os ecossistemas e sua capacidade atual para produzir resíduos deletérios para as futuras gerações em escala temporal sem paralelo. Exemplo disso é a durabilidade do plutônio produzido para abastecer centrais nucleares. A Alemanha, segundo TREMMEL, possui em suas plantas de energia nuclear 118 toneladas de Plutônio (PU-239), cujo tempo de meia-vida é de 24.110 anos. Estima-se que um 1 grama (g) de plutônio pode permanecer ativo como resíduo por 310.608 anos, sendo que 1 g é suficiente para ser letal a um ser humano. Se considerarmos que a história escrita da humanidade é de apenas 10.000 anos de idade, o fardo que as atuais gerações estão colocando sobre os ombros das gerações futuras é evidente e supera em escala toda a história do homem até este momento.

Para TREMMEL, a mudança climática provocada pelo homem, o esgotamento dos oceanos através da pesca insustentável, o desmatamento e a perda de biodiversidade, não são ocorrências novas, mas no passado eram limitados a determinadas áreas, ao passo que agora ocorrem em escala global e em ritmo acelerado. O enorme aumento de poderes da humanidade no século XX explica esses fenômenos e ainda porque filósofos morais do passado prestaram pouca atenção sobre os nossos compromissos com a posteridade.

Segundo HANS JONAS, o universo da ética tradicional é limitado aos contemporâneos, é uma *ética do próximo* ('neighbour ethics'), o que não é mais suficiente. No dizer de TREMMEL, se HANS JONAS estiver certo, a filosofia moral tradicional ainda vive na *era newtoniana*.

Ambiguidade do Debate

JOERG TREMMEL reconhece que a ampliação do universo da ética tradicional enfrentou a resistência de muitos filósofos, que consideraram as questões atinentes à responsabilidade entre gerações como falsos problemas éticos.

A resistência é considerada natural, pois durante milênios o pensamento ético acreditou que o futuro seria semelhante ao passado e o reproduziria. Refere VITTORIO HÖSLE, para quem o foco da ética tradicional é estabelecer um modelo de justificação e julgamento de regras morais destinadas a ajustar o comportamento entre interesses egoísticos, em termos de reciprocidade, com imposição de sanções e reprovações dirigidas aos que as violassem. Esse modelo não se adapta aos "direitos das futuras gerações", pois aqueles que viverão apenas em cem anos dificilmente poderiam impor sanções aos que estão lhe causando danos hoje.

As denominadas "éticas remotas" ("remote ethics") foram acusadas de imprecisão. Os limites entre as éticas inter e intrageracionais, por exemplo, dependeriam da definição em cada autor para os termos geração e justiça geracional. Em algumas teorias a justiça intergeracional pode abranger tanto a justiça entre a presente e a futura geração (*gerações intertemporais*) quanto a justiça entre o jovem e o velho (*gerações temporais*), inclusive dentro da família. É certo que justiça intergeracional não é concebível entre pessoas da mesma idade, mas conforme a orientação pode alcançar *gerações superpostas,* que convivem no mesmo horizonte temporal, ou *gerações sucessivas*, sem acesso ao mesmo tempo cronológico. No plano espacial, a justiça intergeracional pode ser concebida em escala *global, nacional ou regional.*

A justiça intergeracional não se restringe à questão ambiental, mas envolve outras dimensões da vida pública. Segundo TREMMEL, já no século XIX, THOMAS JEFFERSON considerava a *dívida pública nacional um problema de ética intergeracional.* Métodos de contabilidade geracional estão sendo desenvolvidos para determinar encargos das futuras gerações em diferentes aspectos da vida coletiva. O interesse sobre a temática cresce e aumenta o número de estudos sobre a situação dos mais jovens, cuja expectativa é a de que viverão no futuro situação mais gravosa do que a vivida por seus pais hoje. Esses jovens são chamados de "boomerang generation", "géneration précarité", "Generation Praktikum".

Segundo o autor, embora existam vários textos precedentes sensíveis ao tema da justiça entre gerações, a exemplo da conhecida proposição JOHN RAWLS sobre "o princípio da poupança justa" (1971), a maior parte dos textos especialmente dedicados à justiça intergeracional são posteriores a 1980.

Na década de 1990, o tema da justiça intergeracional foi em parte absorvido pelos conceitos de sustentabilidade e desenvolvimento sustentável. TREMMEL considera útil realizar a distinção: sustentabilidade é conceito que abrange, com o mesmo peso, tanto a justiça intergeracional quanto intrageracional no plano normativo. A exigência de justiça intergeracional conduz a sustentabilidade a dois campos de atividade, a ecologia e as finanças (sustentabilidade ecológica e sustentabilidade financeira), enquanto a justiça intrageracional remete à justiça internacional (justiça Norte/Sul), a justiça social (pobres/ricos dentro de um país), a justiça entre os homens e as mulheres, a justiça entre diferentes etnias e religiões, entre outras dimensões.

A Contribuição da Filosofia

Qual a contribuição da filosofia neste debate sobre justiça geracional? O debate nesta temática gira frequentemente em torno da política ambiental, da política de pensões, da política financeira e, com menor frequência, da política cultural e educacional. As ciências individuais oferecem a sua contribuição, mas a filosofia apresenta uma abordagem distinta. Segundo TREMMEL, a *filosofia é a única ciência que lida diretamente com a questão da justiça*.

Somente a filosofia pode dar respostas a perguntas como: (a) o que é a justiça e em que medida se pode estabelecer princípios de justiça a serem aplicados em contextos intergeracionais?; (b) o que vai ser realmente importante para as gerações futuras? (c) podemos reconhecer as necessidades e as preferências das gerações futuras? (d) como determinar a herança que uma geração deve passar para os seus sucessores?

A filosofia tende a se concentrar em toda a questão, a fazer "perguntas globais", interrogantes éticos, metafísicos, além de considerações epistemológicas sobre a própria validade das perguntas formuladas. Embora o autor não mencione, a perspectiva que adota sobre o papel da filosofia é semelhante à adotada por ORTEGA Y GASSET, que definia a filosofia como "saber autônomo e pantônomo" (ver José ORTEGA Y GASSET, El nivel de nuestro radicalismo, in Obras Completas, Tomo VIII, 1965, p. 282).

O tema justiça geracional origina questões relativas à identidade e personalidade do próprio homem, discutidos sob o denominado "paradoxo da não-identidade", o que não pode ser objeto de atenção de qualquer ciência individual. Por isso, TREMMEL insere a sua pesquisa no campo da *filosofia*, embora afirme que adotará uma abordagem multidisciplinar, pois pretende oferecer uma revisão bastante completa ("fairly complete") e sistemática da literatura disponível sobre o tema em ética, ciência política, economia e disciplinas ambientais.

Principais Argumentos e Conceitos

Por economia discursiva, pode-se resumir em grandes linhas o desenvolvimento do projeto *abrangente e multidisciplinar* do autor nos aspectos seguintes.

Se as declarações sobre a justiça intergeracional pressupõem comparações entre gerações é fundamental eliminar a ambiguidade do termo geração. Este signo recebe usualmente quatro sentidos, diretamente associados a quatro domínios distintos: *familiar* (gerações familiares ou genealógicas); *sócio-cultural* (gerações sociais ou societais); *cronológico-temporal* e *cronológico-intertemporal.*

Tremmer destaca que as raízes etimológicas do termo "geração" referem a relações familiares (em latim, "generatio" significa procriação, a capacidade procriativa). *Gerações genealógicas* são os graus de filiação sucessivos de uma mesma linhagem (os filhos constituem a segunda geração, os netos a terceira geração etc.). Essas relações não necessariamente indicam uma hierarquia etária, pois tios podem ser mais jovens do que seus sobrinhos e sobrinhas.

Geração em sentido social (ou sociológico), ao revés, denota um grupo de pessoas cujas crenças, atitudes ou problemas sejam uniformes ou compartilhados. São indivíduos associados a experiências políticas, econômicas ou culturais semelhantes dentro de um determinado período de tempo (v.g., "Geração X ", "Geração Net", Geração de "11/9"). Segundo TREMMEL, a idade não é um fator decisivo para a geração em sentido social, mas a diferença de idade entre os seus membros raramente é superior a uma década.

Geração em sentido cronológico-temporal designa um grupo de indivíduos de mesma idade (jovens, meia-idade, idosos) em uma sociedade. Neste sentido, várias gerações convivem no mesmo tempo cronológico. Segundo TREMMEL, pessoas abaixo de 30 anos geralmente são consideradas «a nova geração», enquanto aqueles entre 30 e 60 representam «a geração de meia-idade» e, a partir dos 60 anos, os indivíduos são identificados como «a velha geração». O corte cronológico é usualmente o período de trinta anos.

Por outro lado, geração em *sentido cronológico-intertemporal* designa todos os indivíduos que vivem hoje. Usada neste sentido, somente existe uma geração em cada momento temporal. Este conceito permite distinguir a *geração vivente*, a *geração passada* e a *geração futura*.

As teorias de justiça geracional empregam a palavra geração em *sentido cronológico*. O critério do ano de nascimento é preciso; o critério social, vinculado a atitudes, não é. Mas é preciso separar abordagens que consideram relações entre as pessoas vivas hoje e as pessoas que viverão no futuro em contraponto às relações entre gerações dentro do mesmo horizonte cronológico. TREMMEL, por isso, convenciona que usará o termo *justiça temporal entre gerações* para tratar da justiça entre jovens, pessoas de meia-idade e idosos vivos hoje; *justiça intertemporal* designará a justiça entre as pessoas que viveram no passado, pessoas vivas hoje e as pessoas que viverão no futuro e *geração futura* como a geração que não existe em um determinado momento de referência. *A teoria da justiça intergeracional ocupa-se da justiça intertemporal e da justiça temporal entre gerações.*

Gerações podem ser comparadas sob o ângulo cronológico de forma *vertical, diagonal, horizontal ou em cursos de vida total,* empregando um diagrama Lexis, no qual o eixo vertical mostra a idade e o eixo horizontal mostra o fluxo do tempo. As comparações diagonais e comparações de cursos gerais de vida são cruciais para declarações sobre a equidade intergeracional. As comparações também podem ser *indiretas (v.g.* compara-se idoso de ontem com idoso de amanhã ou o jovem de ontem com o jovem de hoje*) ou diretas (*v.g. jovem hoje e idoso hoje*).* Segundo TREMMEL, as comparações de percursos de vida - uma forma especial de comparações indiretas entre gerações - podem fornecer informações significativas sobre a justiça geracional. (Contra uma metódica fundada em análise de segmentos totais da vida, ver SUZANA TAVARES DA SILVA, O Problema da Justiça Intergeracional em Jeito de Comentário ao Acórdão do Tribunal Constitucional n. 187/2013, Cadernos de Justiça Tributária, abril/junho, 2013, p. 12).

As objeções teóricas à consistência dessas comparações entre gerações exigiram do autor o enfrentamento de duas questões: a) uma crítica ao *problema da não-identidade* (também denominado "paradoxo da não-identidade"); e b) uma crítica à concepção segundo a qual *indivíduos futuros não poder ter direitos.*

A tese da não identidade ("non-identity thesis") sustenta que as nossas ações no presente não afetam apenas as condições de vida dos futuros indivíduos, mas definem também a própria existência das pessoas do futuro (se existirão e quais existirão). O problema da não-identidade relaciona-se com a falta de interesse e legitimidade de alguém no futuro reclamar de sua situação, em razão de ações ou omissões de seu predecessor, sem as quais o indivíduo sucessor talvez não tivesse existido ou nascido. TREMMEL invoca um exemplo dado por Axel Gosseries para demonstrar o emprego do argumento na teoria da justiça intergeracional: imagine-se um pai que realiza o percurso do escritório para casa toda noite e assim polui o meio ambiente; caso a sua filha o censure, ele poderia responder que chegar mais cedo em casa influenciou o tempo disponível para relações sexuais com sua esposa. Se ele tivesse utilizado de bicicleta, ele não teria poluído o ambiente, mas sua filha não teria nascido, porque provavelmente um espermatozoide diferente teria fecundado o óvulo de sua esposa. A pessoa x teria nascido em vez de y. Por conseguinte, se a moralidade de nossas ações depende de suas consequências para indivíduos particulares, torna-se impossível comparar os efeitos de duas ações se duas pessoas diferentes existem por causa deles.

Para TREMMEL, é comum utilizar-se um argumento fraco em resposta ao paradoxo da não-identidade: afirma-se que devemos cuidar do bem-estar dos indivíduos futuros, independentemente de suas identidades. É um argumento correto, mas logicamente confunde a indeterminação com a contingência. O argumento não-identidade tem base na contingência e não na indeterminação.

No entanto, para os problemas intergeracionais habituais, como guerras, proteção do ambiente ou da dívida pública é irrelevante a identidade futura de indivíduos específicos. A geração futura ou sucessiva é percebida com unidade, composta necessariamente por indivíduos, independentemente de suas identidades. No exemplo dado por Gosseries, se alguém polui o meio ambiente com seu carro, o prejudicado não é apenas a própria filha do motorista, mas todos os seus amigos e a população circundante. Se alguém derrama lixo tóxico em um rio que abastece com água potável a cidade, prejudicará as crianças, eventualmente até crianças de gerações futuras; se o filho do poluidor é afetado, o problema da não-identidade é aplicável, mas isso não autoriza o prejuízo para todas as demais crianças, razão pela qual o comportamento do homem é imoral em face dos membros das atuais e futuras gerações.

Outro modo de refutar o problema da não-identidade é invocar a argumento do "efeito borboleta" ("butterfly-effect argument"). Pelo argumento da não-identidade, uma ação realizada por um agente no presente é causa para a existência de um indivíduo no futuro; logo, esta ação não pode ter prejudicado esta pessoa, pois sem ela ele nunca teria existido. O "efeito borboleta" questiona a causalidade. Sustenta que o argumento da não-identidade descreve causalidades que não podem ser provadas. Enlaces causais são complexos e inúmeras variantes podem produzir um dado resultado. Para novamente empregar o exemplo didático dado por Gosseries, se alguém polui o meio ambiente com seu carro, o fato de chegar meia hora mais cedo em casa não assegura o nascimento de determinada criança (ele pode gastar minutos acariciando o gato ao chegar em casa, perder tempo em engarrafamentos, realizar um lanche e mil outros fatores podem tornar indeterminado o resultado de sua ação), sem considerar que, a cada segundo, 200 milhões de gametas são renovados no homem, razão pela qual não é possível assegurar a existência ou a identidade específica de alguém no futuro a partir de determinado comportamento.

Na sequência, trata o autor da objeção às teorias de justiça intergeracional relacionadas à recusa do reconhecimento de direitos às gerações futuras. Mas o faz com cautelas, pois sustenta que é possível formular uma teoria da justiça intergeracional sem empregar a referência a "direitos" para as gerações futuras. Entende que mesmo se fosse válido argumentar pela inexistência de direitos das futuras gerações, disso não se deduziria que seria moralmente permitido prejudicá-las.

Para TREMMEL, dificilmente algum filósofo afirma explicitamente que as pessoas futuras não só terão direitos no futuro, mas já os possuem hoje. As exceções são Elliot e Partridge. Considera essas posições insustentáveis, pois "os direitos não são algo que flutuam no ar a espera de um portador vir a existir. Futuras pessoas não têm direitos (de qualquer tipo) agora" (p. 211).

O autor sustenta que as futuras gerações não possuem direitos legais hoje, mas possuirão direitos no futuro. O fato não justifica que a geração atual possa violar os direitos dos indivíduos hoje futuros, ou que a proteção desses direitos não possa ser reconhecida pelo direito positivo em cada país. O nascituro tem direitos reconhecidos e protegidos antes mesmo de vir à luz, inclusive o direito de não ser morto, se as condições de aborto não forem cumpridas.

TREMMEL trata os direitos humanos como direitos morais, que podem ser reconhecidos às futuras gerações, pois são inerentes a todo e qualquer ser humano, de qualquer tempo.

No entanto, direitos legais são questão de convenção, não são auto evidentes, não sendo logicamente inviável cogitar da proteção dos direitos das futuras gerações.

Pessoas futuras obviamente não podem renunciar a seus direitos no presente, mas o mesmo se aplica a muitos contemporâneos, como doentes em coma ou bebês, e isso não significa que eles não possuem direitos. É errado supor que a capacidade de renunciar a um direito é pré-requisito para ter direitos.

Também não é requisito para ter direitos a capacidade de entender os próprios direitos. As crianças são normalmente representadas por órgãos ou assessores nomeados pelo Estado. Portanto, os futuros direitos das pessoas que ainda não nasceram pode ser representado por mandatários ou procuradores com poderes para falar em seus nomes.

Os direitos legais das futuras gerações dependem de previsão no direito positivo de cada país e no direito internacional. A crescente aceitação de nossa responsabilidade para com a posteridade tem produzido a introdução de normas constitucionais nas últimas décadas protetoras das futuras gerações, a exemplo da França, Alemanha, Argentina, Brasil, África do Sul, Hungria e muitos países do Leste Europeu. Essas cláusulas constitucionais podem ser agrupadas em *três categorias*: disposições gerais para proteger pessoas do futuro, disposições para protegê-los no campo da ecologia e disposição para protegê-los no campo das finanças. Por outro lado, algumas disposições verbalizam direitos básicos de cada cidadão enquanto outras identificam obrigações (ou objetivos) do Estado. Apenas três constituições, segundo TREMMEL, explicitamente concedem direitos às gerações futuras: o artigo 11 da Constituição japonesa de 1946, o artigo L 110 b, al 1, da Constituição da Noruega e o artigo 7º da Constituição boliviana, alterado em 2002.

Essas cláusulas constitucionais, na concepção do autor, não devem enunciar direitos legais presentes de pessoas do futuro (e nenhuma delas o faz, segundo ele). Mas todas as expressões como "o Estado deve proteger os direitos das pessoas futuras" não são passíveis de crítica. Outra novidade legal é a substituição do termo "gerações futuras" por "gerações seguintes" em algumas constituições, o que autoriza incluir não só as gerações que ainda não nasceram, mas também as crianças presentes e adolescentes na norma de proteção. Essa abertura permitiu que, nas Filipinas, o advogado ANTONIO OPOSA e quarenta e três crianças tivessem sucesso em processar o governo contra a destruição da floresta tropical por autorizações de desmatamento concedidas a particulares. O Tribunal Constitucional das Filipinas julgou procedente o pedido em 30 de julho de 1993.

No campo do direito internacional, destaca-se que, em 1972, em Estocolmo, as novas gerações foram explicitamente mencionadas na primeira conferência das Nações Unidas sobre proteção do meio ambiente: Princípio 1 da Declaração de Estocolmo: "O homem tem o direito fundamental à liberdade, à igualdade e a adequadas condições de vida, em um ambiente de qualidade que permita uma vida digna e de bem-estar, e ele tem uma solene responsabilidade de proteger e melhorar o ambiente para a presente e as futuras gerações".

Desde então outros diplomas ofereceram proteção às futuras gerações, a exemplo das declarações do Rio (1992), Johanesburgo (2002) e da Convenção sobre Diversidade Biológica (1992). Em 12 de Novembro de 1997, a UNESCO aprovou uma Declaração sobre as Responsabilidades das Gerações Presentes para as Gerações Futuras.

TREMMEL, no entanto, embora não reconheça erro lógico em falar em direitos dos membros das gerações futuras, considera a especulação sobre direitos um *complicador* na teoria da justiça intergeracional. Considera mais importante do que saber se as gerações futuras terão «direitos» é saber *o que deve ser reservado às futuras gerações* (problema axiológico).

Indaga-se, qual a proposição correta: (a) "uma sociedade é justa intergeracionalmente se satisfaz as necessidades da presente geração sem comprometer a capacidade das gerações futuras em satisfazer as próprias necessidades"; (b) "uma sociedade é justa intergeracionalmente se o bem-estar da futura geração é maior ou tão elevado quanto o bem-estar da atual geração". Na primeira proposição o enfoque volta-se para uma cesta de bens, o "capital coletivo", uma variedade de elementos (físicos, tecnológicos, culturais, naturais, políticos, institucionais, relacionais) que uma geração transmite à geração seguinte. Na segunda proposição, o objetivo é transmitir o "bem-estar", objetivo genérico, que se traduz em estados de satisfação, felicidade, sociedade, segurança, entre outros que podem ser medidos pelo Índice de Desenvolvimento Humano (IDH).

Segundo TREMMEL, o capital é apenas um meio para alcançar o aumento do bem-estar e não deve ser o critério de paralelo entre gerações, inclusive porque é impossível quantificar o valor do capital cultural ou institucional. Quanto vale uma Constituição? Ela pode ser uma bênção ou um fardo para as futuras gerações. Reversamente, o critério do bem-estar, que aparentemente é vago e subjetivo, conhece atualmente mecanismos precisos de medição.

Finalmente, o estudo lida com a questão da aplicação de critérios de justiça em contexto intergeracional e indaga: como o bem-estar pode ser distribuído entre as gerações de uma forma justa? Três concepções adotadas em contextos intrageracionais de justiça foram examinadas quanto à sua aplicabilidade ao contexto intergeracional: *justiça como imparcialidade*, *justiça como igualdade* e *justiça como reciprocidade*. O fio condutor inicial da análise é a aplicação do recurso à "posição original" de JOHN RAWLS, com o seu "véu da ignorância", considerado um modelo frutífero para reconstruir decisões imparciais na justiça, pois "cria uma situação de escolha, não de negociação" (D'Agostino), em "contexto de escassez moderada", sem pressupor o altruísmo, e identifica um ponto de vista universalizável a ser escolhido.

TREMMEL reconhece que na A Theory of Justice, publicado em 1971, JOHN RAWLS apresentou uma das primeiras abordagens modernas sobre a questão da justice intergeracional. O famoso parágrafo 44, do segundo capítulo da segunda parte do seu livro de RAWLS, relativo ao "problema da justiça entre gerações" e à necessidade de cada geração assegurar uma "poupança" para as gerações seguintes causou uma ampla repercussão entre os especialistas. Mas TREMMEL critica o fato de RAWLS não levar em conta uma eventual perda de bem-estar das novas gerações devido à destruição ecológica e concentrar o dever mais importante de cada geração apenas em criar e preservar instituições garantidoras das liberdades fundamentais, segundo o princípio da poupança. Critica também mudanças no emprego do termo geração e a perspectiva dos participantes do processo deliberativo de RAWLS. Sem embargo, TREMMEL considera viável traduzir o modelo da justiça como imparcialidade para o contexto intergeracional.

A concepção da justiça como igualdade, no entanto, não é considerada uma opção. A igualdade de oportunidades não é possível, pois nenhuma geração tem exatamente as mesmas oportunidades iniciais de outras, porque o passado não pode ser mudado e o tempo é unidirecional. Ações passadas são irreversíveis e a justiça só pode ser implantada em uma direção. Podemos influenciar o IDH de futuras gerações, mas cada geração deve ter o direito de explorar plenamente seu potencial, desde que não se imponha às gerações sucessivas cargas superiores a que suportou.

Segundo TREMMEL, a noção de "reciprocidade como um equilíbrio de dissuasão" também parece inaplicável em contextos de justiça intergeracional, pois as gerações futuras ainda não existem e não nos podem ameaçar, o que inviabiliza a construção de acordos de reciprocidade entre as gerações que não se sobrepõem. O princípio da reciprocidade, porém, pode ser aplicável a gerações familiares e gerações sobrepostas.

TREMMEL sustenta que uma ética intergeracional deve considerar como objetivo buscar a melhoria em vez de igualdade entre gerações. Os nossos deveres para com a posteridade seriam mais extensos do que se supõe. Na sua compreensão, a presente geração deve evitar tudo o que possa perturbar ou mesmo reverter a histórica tendência de elevação do IDH até agora. Em uma fórmula de síntese, propõe o seguinte enunciado: "A justiça intergeracional é alcançada se as oportunidades do membro médio da próxima geração para atender suas necessidades são melhores do que as do membro médio da geração anterior".

Essa concepção refere-se a "necessidades" (em vez de "interesses", "desejos", "preferências", "aspirações", etc.), adota como objetivo axiológico a garantia de "oportunidades" (em vez de "distribuição de bens") e reduz o compromisso da atual geração a uma geração sucessora, pois somente assim, através de comparações indiretas de duas gerações subsequentes, criam-se condições de comparação e uma cadeia de obrigações que afetam, em última instância, todas as gerações futuras. Além disso, compara oportunidades entre "membros médios de uma geração" e não entre gerações como unidades, pois o número de indivíduos de cada agregado poderia distorcer a comparação.

Reflexão Conclusiva

Em seu livro *Theory of Intergenerational Justice*, JOERG TREMMEL apresenta uma abordagem *abrangente* dos principais tópicos envolvidos na temática da justiça entre gerações. Em linguagem direta, encadeia argumentos contrários e favoráveis ao desenvolvimento deste campo de pesquisa ainda pouco explorado na área jurídica, sobretudo no Brasil. Embora resultado de uma tese de doutoramento, o livro oferece antes um *panorama do cenário geral* do que uma fotografia nítida e detalhada de qualquer tópico específico. Para uma *introdução ao tema*, cumpre o importante papel de apresentar de forma acessível e didática a temática da justiça geracional.

É correto afirmar que o aumento dos poderes de interferência do homem sobre o seu ecossistema, de forma positiva ou negativa, evidencia a nossa *responsabilidade intergeracional*. Todavia, o reconhecimento da responsabilidade intergeracional exige uma abordagem ética específica. Não se trata apenas de um novo olhar para os problemas clássicos de convivência entre *gerações superpostas* (gerações distintas no mesmo horizonte histórico) ou de *sucessão de gerações* (heranças ou encargos transmitidos a sucessores ou provenientes de antepassados). Na ética intergeracional o que se objetiva é *acautelar a própria existência do futuro* e *impedir a produção de decisões irreversíveis*, que inviabilizem as novas gerações de decidirem sobre a condução de seu destino ou de usufruírem de condições mínimas de existência digna. Para além dessa dimensão central, buscam-se ainda identificar meios e formas de assegurar um *desfrute equitativo* dos *recursos naturais, financeiros, sociais ou institucionais entre gerações.*

Em termos jurídicos, esses objetivos são adequadamente traduzidos por uma "gramática de deveres fundamentais", e não mais por uma "gramática dos direitos", pois as gerações futuras podem ainda sequer existir. (ver JOSÉ CARLOS VIEIRA DE ANDRADE, que destaca a dimensão essencial de "deverosidade" dos chamados direitos de solidariedade, *Os Direitos Fundamentais na Constituição Portuguesa de 1976*, 2012, p. 63). Mas essas considerações estão em grande medida ausentes da abordagem de JOERG TREMMEL, que no curso de seu trabalho mostrou pouco interesse em explorar os fundamentos de uma *teoria jurídica da responsabilidade intergeracional*, sobretudo sob o prisma dos deveres fundamentais, posto considerar os direitos e os deveres das futuras gerações uma simples decisão conjuntural de natureza política, uma convenção, uma questão empírica. Para TREMMEL, as obrigações éticas surgem antes das obrigações jurídicas e é nelas que concentra o seu interesse.

Porém, é uma simplificação inaceitável condicionar os deveres de proteção das futuras gerações a inscrição nas leis fundamentais de enunciados expressos que lhes façam referência. Há cláusulas constitucionais vocacionadas a reger o futuro, inclusive proteger as futuras gerações no presente, sem qualquer signo intergeracional expresso. Seria absurdo conceber a existência de ordens jurídicas indiferentes à sobrevivência do próprio homem e de si mesmas, vocacionadas apenas a valorizar uma "ética de proximidade" ou a convivência de contemporâneos, alheias à preservação da vida, da natureza e das próprias instituições constitucionais. (cf. RAFFAELE BIFULCO, *Diritto e generazioni future,* 2008, p. 69-70). Normas constitucionais que tutelam a democracia, promovem a dignidade da pessoa humana, a cidadania, o desenvolvimento nacional não são dirigidas apenas aos contemporâneos e podem ser compreendidas à luz da justiça intergeracional.

Em uma perspectiva diacrônica, como comunidade intergeracional, não pode ser qualificada de democrática uma decisão tomada hoje que não seja reversível democraticamente pelas futuras gerações. A política ultrapassa (ou deve ultrapassar) a dimensão de mero diálogo entre representantes e representados imediatos, para internalizar a dimensão de participação das futuras gerações. Não se trata de leitura moral de textos constitucionais, mas de compreensão alargada de direitos e deveres constitucionais.

As decisões fundamentais devem salvaguardar as condições de existência digna das futuras gerações, não por altruísmo, mas porque a Constituição é um documento intergeracional por excelência. É feita para proteger direitos e interesses das atuais e futuras gerações. E suas cláusulas, por isso mesmo, devem ser interpretadas sob o prisma da sustentabilidade da própria comunidade intergeracional. (v. Supremo Tribunal Federal, *ADPF 101*, Min. CÁRMEN LÚCIA, Tribunal Pleno, j. 24/06/2009, RTJ 224-01, PP-00011)

Por vezes, a constituição estabelece limites e deveres dirigidos a gerações futuras. São exemplo as normas constitucionais que limitam as reformas constitucionais, denominadas no Brasil de "cláusulas pétreas" ou "cláusulas de eternidade" ("eternity clauses"), a exemplo do Art. 60 da Constituição Federal. Essas normas são problemáticas à luz da justiça intergeracional e devem ser interpretadas estritamente.

Na política e no direito, com clareza nova, não decidimos apenas para os que estão vivos. Decidimos para uma comunidade intergeracional, o que deve ser considerado no controle de constitucionalidade das normas legais. Leis que promovam endividamento excessivo das próximas gerações, autorizem o esgotamento de recursos naturais ou adotem decisões irreversíveis devem ser submetidas a parâmetros rigorosos de proporcionalidade.

Fora das referências de textos constitucionais expressos indicados por TREMMEL, a Constituição do Brasil enuncia, no Art. 225, que "todos têm direito ao meio ambiente ecologicamente equilibrado, bem de uso comum do povo e essencial à sadia qualidade de vida, impondo-se ao Poder Público e à coletividade o dever de defendê-lo e preservá-lo para as presentes e futuras gerações". Nos diversos parágrafos e incisos deste artigo, resguarda-se o patrimônio genético, os processos ecológicos essenciais, exige-se estudo prévio de impacto ambiental para obras e atividades potencialmente causadoras de dano, o controle de substâncias degradantes, entre outras normas.

Essas normas repercutem, quase literalmente, princípios enunciados no *Relatório Brundtland*, da Comissão Mundial sobre o Meio Ambiente e Desenvolvimento, de 1987. Esse documento internacional define o desenvolvimento sustentável como aquele que assume a responsabilidade perante as futuras gerações.

Para usar uma metáfora proposta por EDUARDO GIANNETTI, pode-se afirmar que o direito e as instituições públicas devem superar a *miopia temporal* (atribuição de valor demasiado ao que esta perto de nós no tempo) sem recair na *hipermetropia temporal* (atribuição de um valor excessivo ao amanhã, em prejuízo das demandas e interesses correntes) (ver EDUARDO GIANNETTI, *O Valor do Amanhã: ensaio sobre a natureza dos juros*, 2005, p 12-13). Essa moderação também pode ser realizada por normas e instituições públicas, inclusive pela justiça constitucional. Mas estas questões estão ausentes do livro *teoria da justiça intergeracional*, de JOERG CHET TREMMEL, inclusive porque fora do seu escopo imediato, o que pode estimular a novas pesquisas e leituras por estudiosos do direito. (20/10/2016).

Anteprojeto de Nova Lei de Organização Administrativa: síntese e contexto

Organização Administrativa Brasileira: Casuísmo e Imprecisão Conceitual

A Administração Pública contemporânea pouco se assemelha à Administração unitária, coesa, pequena e hierarquizada conhecida no século XIX, herdeira do liberalismo e do Estado-mínimo burguês. Descrita metaforicamente como "galáxia administrativa",[1] por encerrar diversas formas organizatórias e diferentes entes autônomos, à semelhança de um sistema composto por planetas e satélites, a Administração Pública do nosso tempo afasta-se cada dia mais da metáfora de uma "pirâmide decisória", vertical e integrada, encerrada nos livros mais tradicionais de direito administrativo.

No Estado-liberal, o direito administrativo cuidava especialmente de disciplinar a relação Estado-cidadão, estabelecendo os limites de interferência do Estado e as garantias básicas reconhecidas ao cidadão. O Estado atuava em áreas limitadas, mas era caracterizado por seu **caráter agressivo e restritivo**, pois se limitava a regular e a policiar os interesses privados em face do interesse comunitário, basicamente através de atos unilaterais e imperativos. Nesse contexto, as normas de organização apresentavam interesse secundário, sendo percebidas como normas não jurídicas ou, quando muito, normas jurídicas de relevo exclusivamente interno.

A **fragmentação organizatória**, resultado de diferenciação cada vez mais complexa de interesses e tarefas assumidas pelo Estado social, ao menos desde a segunda metade do século XX, mudou radicalmente esse cenário. O Estado passou a ser demandado intensivamente por serviços e bens, a responder com velocidade ao atendimento de interesses sociais relevantes e, frequentemente, precisou apoiar-se na colaboração dos particulares para o desempenho de suas próprias atividades. Multiplicaram-se as estruturas de organização, sendo várias delas disciplinadas por um **regime jurídico misto**, submetido ao direito privado e ao direito público ao mesmo tempo.[2] Entrou em evidência a necessidade de coordenar essa complexa estrutura administrativa, seja com a disciplina coerente do procedimento e do processo administrativo (inclusive o direito de participação e audiência do cidadão), seja com o estabelecimento de sistemas transversais de tratamento de informação e direção normativa (*v.g.* sistemas unificados de pessoal, gestão orçamentária, assessoramento jurídico, gestão patrimonial). Além disso, aos poucos, mudou a forma dos escalões superiores do Estado lidarem com os escalões inferiores ou subordinados. O ato administrativo de comando, a emissão de ordens unilaterais, hierárquicas ou de supervisão, foi sendo substituído pelo recurso frequente a acordos, compromissos, pactos, contratos de gestão ou de autonomia, adotados com a função de substituir ou preparar a edição dos atos unilaterais subsequentes.[3] A própria relação com os particulares foi substancialmente alterada, com destaque para a prestação de serviços públicos, o fornecimento de bens e utilidades concretas e a emissão de atos favoráveis ao cidadão, com o consequente aumento na utilização do contrato administrativo. Intensificou-se ainda a atividade de fomento público, veículo através do qual o Poder Público procura formar parcerias econômicas e parcerias sociais com particulares, o que por vezes conduz à formação de organizações mistas, formadas pelo Estado e pela iniciativa privada, com ou sem fins de lucrativos.

No Brasil, embora essas transformações gerais de fundo também se apresentem, lamentavelmente a disciplina sobre a organização administrativa permanece o **capítulo mais inconsistente do direito administrativo nacional**. As disposições jurídicas atinentes à organização administrativa do Estado Brasileiro, em particular sobre a organização das entidades da administração indireta, caracterizam-se ainda pelo **casuísmo** e pela **imprecisão conceitual.**

Há marcado **casuísmo**, no sentido técnico, a partir da própria normatividade constitucional. A Constituição Brasileira, por um lado, estabeleceu que "somente por **lei específica** poderá ser **criada** autarquia e **autorizada** a instituição de empresa pública, sociedade de economia mista e de fundação (...)" (Art. 37, XIX), estabelecendo ainda que "depende de autorização legislativa, **em cada caso**, a criação de subsidiárias das entidades mencionadas"(...) ou a "participação de qualquer delas em empresa privada" (Art. 37, XX); por outro lado, a Constituição **aparentemente** não reclamou a existência de uma **lei orgânica geral da administração pública**, destinada a conceder sistematicidade, previsibilidade e clareza conceitual às diferentes formas organizacionais de expressão do Poder Público.

A ausência de uma norma geral atualizada em matéria de organização administrativa permitiu e permite que em cada lei ordinária se **redefina conceitualmente as entidades da administração indireta do Estado.** A **lei específica** que cria ou autoriza a criação de entidade pública pode estabelecer disciplina que vale **casuisticamente** para **aquela** entidade criada ou autorizada, mas não para as demais, em aspectos sensíveis, como o âmbito de autonomia da entidade, a composição dos seus quadros dirigentes e o controle ou supervisão de sua atuação pela Administração Direta. Falta um **quadro normativo nítido** do regime jurídico das entidades públicas e sobram soluções originais, **desencontros conceituais** e **mal entendidos** em matéria essencial para o funcionamento regular e ágil da Administração Pública.

O **casuísmo** certamente gera imprecisão, mas também é **retroalimentado por vacilações conceituais e terminológicas da própria legislação,** lamentavelmente a partir da Lei Fundamental, mas com reforço especial na legislação ordinária, em particular no Decreto-Lei 200, de 25/2/1967, expedido com fundamento no Ato Institucional 4, de 1966, em plena ditadura, composto por nada menos de **215 artigos**. Não é preciso buscar muito: o inciso XX, do art. 37, da Constituição Federal, já referido, ainda em sua redação original, reclama autorização legislativa específica tanto para **criação de subsidiária** como para a **participação em empresa privada** de **qualquer** das entidades referidas no inciso IX da art. 37, o que é tecnicamente uma impropriedade evidente, **pois não**

parece concebível que autarquias e fundações participem do capital de empresas privadas! O Decreto-Lei 200/67, de sua parte, confunde com freqüência institutos díspares, como a descentralização e a desconcentração (v.g, art. 10), além de adotar conotações problemáticas para definir autarquia e fundação pública, entre outras graves inconsistências, assinaladas reiteradamente pela doutrina. Essa conclusão vale também para o âmbito estadual e municipal que, embora detentores de autonomia para disciplinar a própria organização administrativa, habitualmente têm adotado em grande medida o modelo da legislação federal.

O **casuísmo na disciplina da organização administrativa,** ao contrário de ser algo positivo, terminou por produzir **grave confusão** no próprio **legislador**, no **administrador**, na **jurisprudência** dos Tribunais e entre **juristas**, gerando **incerteza e ineficiência** no que se refere ao *modus operandi* específico de cada tipo de entidade, o regime jurídico predominante e a sua forma de relacionamento com os órgãos de controle interno e externo.

A atuação administrativa do Estado brasileiro parece percorrer uma via sujeita a **névoa e penumbra**, com altíssimo risco de colisão entre os órgãos de atuação e entre estes e os órgãos de controle. A confusão em matéria organizatória apresenta repercussões práticas imediatas, pois (a) estimula demandas judiciais, (b) engendra indefinição de limites de agir dos órgãos e entidades públicas; (c) promove atrasos no processo decisório da administração; (d) inibe os administradores a adotarem iniciativas criativas de gestão, com receio da responsabilização posterior; (e) acrescenta custos desnecessários no desenvolvimento de serviços públicos e sociais da maior significação pública.

Reação Inicial ao Casuísmo Organizatório: EC 19/98

A Emenda Constitucional n. 19, de 1998, inicia uma clara tendência de reversão do casuísmo na disciplina da organização administrativa brasileira

Com efeito, o legislador reformador expressou a necessidade de parâmetros gerais em vários setores da organização administrativa:

a) Fundações: nova redação do art. 37, XIX reclama **lei complementar** para definição das áreas de atuação das fundações criadas pelo Estado com personalidade jurídica de direito privado, o que assegura uma padronização mínima;

b) Empresas estatais: lei ordinária quadro para definição uniforme do estatuto jurídico das **empresas estatais e suas subsidiárias**

c) Previsão de **contrato** para ampliação da autonomia de órgãos e entidades (Art. 37,§8º), com estabelecimento de disciplina geral uniforme de flexibilidades gerenciais, orçamentárias e financeiras tanto para órgãos quanto para entidades.

No entanto, foi em uma **disposição transitória** que o legislador da reforma deixou assinalada a intenção de **reverter esse estado de indefinição e casuísmo organizacional de forma global, sistemática, abrangente de todas as entidades da administração indireta**. No art. 26 do seu texto, a Emenda Constitucional n. 19, prescreveu:

> Art. 26. No prazo de dois anos da promulgação desta Emenda, as entidades da administração indireta terão seus estatutos revistos quanto à respectiva natureza jurídica, tendo em conta a finalidade e as competências efetivamente realizadas.

A disposição não foi regulamentada nem foi efetivamente aplicada, não tendo ocorrido a revisão dos estatutos nem um programa para análise da transformação da natureza jurídica de entidades em **dissonância organizacional com as suas finalidades ou competências efetivamente realizadas**. Essa revisão, imposta em norma constitucional de cumprimento obrigatório, no entanto, somente parece viável se existente um **quadro coerente e global sobre a tipologia das formas estruturais da organização administrativa**, referencial para as revisões reclamadas. É dizer: o art. 26 da Emenda Constitucional n. 19/98 pode ser considerado base para a exigência não apenas para a revisão da forma jurídica das entidades da administração indireta, mas **base de exigência para uma nova lei orgânica da administração pública**, apta a revogar o Decreto-Lei 200/67 e oferecer sistematicidade e alguma clareza conceitual a organização administrativa brasileira.

O Anteprojeto de Nova Lei de Organização Administrativa

Em 10 de dezembro de 2007, o Diário Oficial da União publicou a Portaria nº 426, de 6.12.2007, do Ministério do Planejamento, Orçamento e Gestão, posteriormente alterada pela Portaria nº 84, de 23.4.2008, instituindo comissão destinada a elaborar anteprojeto de Lei Orgânica da Administração Pública Federal e entes de colaboração. A comissão foi composta pelos professores: ALMIRO DO COUTO E SILVA, CARLOS ARI SUNDFELD, FLORIANO DE AZEVEDO MARQUES NETO, MARIA SYLVIA ZANELLA DI PIETRO, MARIA COELI SIMÕES PIRES, PAULO EDUARDO GARRIDO MODESTO, E SÉRGIO DE ANDRÉA FERREIRA.

A Comissão concluiu os seus trabalhos com a entrega do anteprojeto ao Ministro PAULO BERNARDO e ao Secretário MARCELO VIANA ESTEVÃO DE MORAES, atual Secretário de Gestão, em 16 de julho de 2009, depois de quinze reuniões, realizadas no interregno de dezoito meses de trabalho. Os trabalhos da comissão, não remunerados, realizados com plena autonomia, sem interferências ou diretrizes vinculantes, foram uma extraordinária experiência de convívio intelectual, em sessões que consumiam frequentemente dois ou três dias de debate intenso.

O anteprojeto foi debatido amplamente no Poder Executivo e, de forma detalhada, objeto de consideração de representantes de diferentes segmentos sociais durante o II Congresso Brasileiro de Controle Público, realizado em Salvador, Bahia, em novembro de 2009.[4] Para a divulgação pública do projeto foi elaborado um livro, contendo estudos de todos os membros da comissão de especialistas responsável pela elaboração do anteprojeto, além de estudos de administradores renomados e outros juristas convidados.[5]

O anteprojeto encontra-se aos cuidados da Casa Civil da Presidência da República, para análise e avaliação, tendo recebido apoio relevante do CONSAD, Conselho Nacional dos Secretários de Estado da Administração (CONSAD), por seu Presidente, e apoio da Advocacia-Geral da União, por seu Ministro-Chefe, LUÍS INÁCIO LUCENA ADAMS.

Embora inviável resumir todo o projeto no espaço desta breve comunicação, algumas diretrizes gerais e decisões fundamentais podem ser indicadas.

Em primeiro lugar, o anteprojeto propõe uma lei de normas gerais de âmbito nacional em matéria de organização administrativa. A comissão considerou inviável criar novos perfis de entidades da administração indireta, com derrogação de normas do direito civil (relativas a pessoas jurídicas, competência privativa da União – art. 22, I) com eficácia restrita apenas à União. Além disso, a diferenciação no regime de funcionamento das entidades exigiu uma diferenciação também no campo das licitações ou contratações – regras especiais para entidades estatais de direito privado e normas específicas para a celebração de parceria com terceiro setor (contrato de colaboração pública), disciplina de caráter igualmente nacional (CF, Art. 22, XXVII). Por igual, identificou que compete igualmente a normas nacionais a disciplina das paraestatais, em particular os serviços sociais autônomos e as corporações profissionais (competência privativa da União para dispor sobre corporações profissionais e serviços sociais autônomos (CF, Art. 8º; Art. 22, I XVI; Art. 240).

O trabalho considerou as insuficiências, contradições e imprecisões do Decreto-lei 200, de 25-2-67, a necessidade de dispor sobre aspectos relevantes das emendas constitucionais 19/98 e 32/01, o crescimento da agenda organizatória, sobretudo com a emergência das parcerias com o terceiro setor e a ampliação dos serviços sociais, a fragmentação de iniciativas em matéria de organização e perda de visão de conjunto das alternativas no modo de funcionamento do aparato administrativo do Estado.

Além da Administração Direta, o anteprojeto considerou adequado isolar (a) entidades estatais (subdivididas em entidades de direito público e entidades de direito privado), (b) entidades paraestatais (igualmente subdivididas em entidades de direito público e de direito privado) e (c) entidades de colaboração (inserindo nesta categoria todas os vínculos de parceria do Estado com as entidades sem fins lucrativos que atuam nos serviços de relevância pública).

A **Administração Direta é** organizada com base na hierarquia e na desconcentração, sendo composta por órgãos, sem personalidade jurídica, **os quais podem dispor de autonomia**, nos termos da constituição e da lei. Os órgãos da administração direta não possuem personalidade jurídica, mas poderão dispor de autonomia, nos termos da Constituição e da lei. Afasta-se, desse modo, o preconceito ainda presente contra o reconhecimento de graus de autonomia administrativa a órgãos, consideradas situações especiais em que este reconhecimento se impõe. Essa orientação permitirá o aprofundamento da temática das relações interorgânicas, a aplicação adequada do artigo 37, § 8º, da Constituição Federal e o tratamento coerente de unidades orgânicas peculiares, a exemplo dos conselhos consultivos, órgãos constitucionais autônomos e órgãos deliberativos com participação social.

No âmbito da Administração Direta, o anteprojeto disciplina os **decretos de organização** (CF, Art. 84, VI, a), inseridos pela Emenda Constitucional n. 32/01, os quais, respeitas as competências previstas em lei, poderão:

I - estabelecer a estrutura interna dos órgãos do Poder Executivo, observada a estrutura básica prevista em lei;

II - desmembrar, concentrar, deslocar ou realocar atribuições de órgãos;

III - fazer remanejamento e alterar a denominação de órgãos; e

IV - redistribuir cargos, empregos e funções entre órgãos.

A Administração Indireta, como antecipado, compreende (i) **entidades estatais de direito público**: autarquias; (ii) entidades estatais de direito privado: empresas estatais, fundações estatais e consórcios públicos com personalidade de direito privado. O anteprojeto disciplina também a criação de s**ubsidiárias heterogêneas ou homogêneas,** vale dizer, subsidiárias de mesma natureza ou de natureza heterogênea.

Autarquia é definida como pessoa jurídica de direito público, criada por lei específica, para prestar serviço público ou exercer outra atividade administrativa que implique poderes próprios do estado. São definidas também as **autarquias regionais (**instituídas pelas pessoas político-administrativas para atuação isolada ou conjugada em determinado complexo geoeconômico e social) e as autarquias especiais (aquelas a que a Constituição ou a lei atribui **maior grau de autonomia**, por meio, entre outros, da garantia de mandato fixo e estabilidade a seus dirigentes e da impossibilidade de revisão de seus atos, salvo pelo Poder Judiciário). Os consórcios públicos permanecem regidos por lei especial.

Empresa estatal é definida como pessoa jurídica de direito privado, de fins econômicos, controlada direta ou indiretamente por entidade ou entidades estatais, que executa serviços públicos ou explora atividade econômica caracterizada pela produção ou comercialização de bens ou pela prestação de serviços em geral.

Por outro lado, o anteprojeto trata, de forma pioneira, sobre a empresa cujo controle seja assumido por entidade ou entidades estatais mediante **doação, dação em pagamento, herança ou legado,** estabelecendo que este ativo deve ser alienado, salvo expressa disposição legislativa, ficando submetida ao regime das empresas estatais ao fim do exercício subsequente ao da assunção do controle.

Fundação estatal, por outro lado, é a **pessoa jurídica de direito privado** sem fins lucrativos, instituída e mantida por entidade ou entidades estatais, **em conjunto ou não com particulares**, com autorização legal específica, qualquer que seja sua denominação. A fundação estatal pode ser instituída e mantida por mais de uma pessoa político-administrativa , nos termos das leis autorizativas específicas e, neste caso, integrará a administração indireta das pessoas político-administrativas instituidoras, salvo previsão em contrário de suas normas específicas. O anteprojeto que as fundações, quando exercitarem prerrogativas de autoridade, devem ser consideradas autarquias, submetendo-se à disciplina deste outro tipo de entidade. Essa orientação permite esclarecer o regime jurídico próprio e específico das fundações estatais, atualmente objeto de controvérsia imobilizante.[6]

É previsto um específico regime de funcionamento para as entidades estatais de direito privado, com disciplina básica das licitações das empresas e fundações estatais e a previsão de regulamentos próprios, observadas diversas normas essenciais constantes do anteprojeto (art. 24, 12 incisos). É previstas a divulgação pública do quadro de pessoal, forma de administração e remuneração dos dirigentes e do regulamento sobre processos seletivos, precedido de consulta pública.

O anteprojeto apresenta detalhada regulamentação do contrato de autonomia, conferindo eficácia plena a previsão constitucional **do** artigo 37, § 8º, da Constituição Federal, deixando de lado a expressão contrato de gestão, que vinha sendo utilizada, por entender que a mesma gera confusão, de modo inconveniente, com o ajuste adotado, com a mesma denominação, pela Lei nº 9.637, de 15-5-98, que disciplina as chamadas organizações sociais. O contrato de autonomia é definido como o acordo celebrado entre a entidade ou órgão supervisor e a entidade ou órgão supervisionado, por seus administradores, para o estabelecimento de metas de desempenho do supervisionado, com os respectivos prazos de execução e indicadores de qualidade, tendo como contrapartida a concessão de flexibilidades ou autonomias especiais. Para o supervisor, o contrato de autonomia é forma de autovinculação e, para o supervisionado, condição para a fruição das flexibilidades ou autonomias especiais com vistas a promoção da melhoria do desempenho do supervisionado. O seu prazo de vigência não poderá ser superior a 5 nem inferior a 1 ano.

O anteprojeto também disciplina a articulação administrativa, que se dá por meio da (a) coordenação e (b) supervisão. A Coordenação destina-se a simplificar, integrar e unificar a ação administrativa – ex. compartilhamento de informações, racionalização de meios, unificação de procedimentos, sendo exercida em todos os níveis por atuação das chefias e comissões de coordenação. A Supervisão objetiva a coesão política e a implementação das políticas públicas, distinguindo-se a supervisão hierárquica ou supervisão por vinculação.

Em matéria de controle, o anteprojeto mantém diversos princípios já assentados no Decreto-lei 200/67, como a diretriz de supressão de controles meramente formais ou cujo custo seja evidentemente superior ao risco e a simplificação de procedimentos, além de assentar diretriz para prevalência do controle *a posteriori*, constituindo exceção o controle prévio ou concomitante de natureza decisória (sem embargo do controle preventivo usual, de natureza cautelar) e a diretriz para a eliminação de sobreposição de competências e de instrumentos de controle, bem como o dever, para os órgãos ou entes de controle, de verificação da existência de alternativas compatíveis com as finalidades de interesse público dos atos ou procedimentos que sejam por eles impugnados e a responsabilização pessoal do agente que atuar com incúria, negligência ou improbidade.

Na temática do controle da administração, além disso, o anteprojeto estabelece a exigência de publicação dos relatórios de atividade dos órgãos e entidades públicas, por meio eletrônico, até 31 de março de cada ano – com indicação das metas e resultados alcançados e circunstanciados os obstáculos encontrados, bem como a possibilidade dos órgãos de controle público poderem propor a assinatura de termos de ajustamento de gestão (TAG's) para o efeito de afastar a aplicação de penalidades ou sanções e adequar os atos e procedimentos do órgão ou entidade controlada aos padrões de regularidade.

O anteprojeto também prevê que os órgãos de consultoria jurídica não são passíveis de responsabilização por suas opiniões técnicas, ressalvada a hipótese de dolo ou erro grosseiro, em parecer obrigatório e vinculante para a autoridade a quem competir a decisão. Essa medida visa impedir que, por incerteza na matéria de controle, os órgãos de consultoria jurídica adotem posturas tímidas, conservadoras ou simplesmente limitada à rotina, para evitar responsabilização pessoal dos seus agentes. O controle social também é disciplinado amplamente, sendo previsto nos processos de planejamento, acompanhamento, monitoramento e avaliação das ações públicas.

Trata-se também das pessoas paraestatais – pessoas que não integram a administração, mas atuam paralelamente, manejando poderes públicos conferidos por Lei. São entidades paraestatais: I – as corporações profissionais, com **personalidade jurídica de direito público; II** – os serviços sociais autônomos, com **personalidade jurídica de direito privado.** As entidades paraestatais não se submetem às normas das entidades estatais sobre contratação administrativa e servidores públicos, devendo adotar **procedimentos próprios de gestão financeira, contratação e seleção de pessoal que assegurem a eficiência e a probidade na aplicação de seus recursos**, publicando anualmente suas demonstrações financeiras e **prestando contas nos termos do parágrafo único do art. 70 da Constituição**, as quais devem ser apreciadas, pelo Tribunal de Contas da União, dentro dos limites determinados pelo respeito à autonomia que lhes foi conferida por lei.

Na parte final, o anteprojeto também cuida amplamente das entidades de colaboração, as pessoas jurídicas de direito privado não estatais, sem fins lucrativos, constituídas voluntariamente por particulares, que desenvolvam **atividades de relevância pública**, essenciais à coletividade, objeto de incentivo e fiscalização regular do Poder Público. O vínculo da entidade estatal com as entidades referidas no caput será estabelecido exclusivamente por **contrato público de colaboração,** inclusive nas modalidades de contrato de gestão, termo de parceria, convênio ou outra prevista em lei específica. O contrato público de colaboração deve ser precedido de **processo de chamamento público.** São normas que ampliam o controle sobre os vínculos de parceria estabelecidos pelo Estado com o terceiro setor, suprindo omissões e carências ainda presentes na legislação atual, garantindo a boa aplicação dos recursos públicos e o atendimento eficaz do cidadão em serviços de relevância pública.

Conclusão

A organização administrativa, no dizer de NIGRO, é o "primeiro momento da atividade", sendo natural que reflita as tensões e as necessidades da própria atividade administrativa. Por isso, no momento atual, a organização administrativa em todo mundo reinventa-se, transforma-

-se, renova-se. Mas, ao contrário do que ocorria no passado, **a reforma da organização administrativa do Estado hoje não é apenas uma questão de modificação e adaptação da arquitetura institucional do próprio Poder Público** (reforma orgânica), mas também uma **transformação nas formas de interação do Estado com outros atores sociais**. São dois movimentos paralelos.

A organização administrativa hoje, por um lado, amplia-se e atualiza-se através da instituição de novas formas de parceria do Estado com a sociedade civil (cujos atores, disciplinados em diversos aspectos pelo direito administrativo, funcionam a rigor como "longa manus" do Estado em diversos setores sociais ou, quando menos, como parceiros relevantes). Nessas relações, os particulares perdem parte de sua liberdade de atuação em face da sujeição a obrigações de direito público necessárias à prevenção contra abusos de gestão, sem se tornarem Estado, sem se transformarem em autarquias e sem assumirem também, ao menos integralmente, a defasagem estrutural entre o ritmo da sociedade e do Estado. É o que vem ocorrendo nas **parcerias sociais** (v.g., contratos de gestão com Organizações Sociais e termos de parceria com Organizações da Sociedade Civil de Interesse Público)[7] e nas parcerias econômicas (v.g, nos contratos de concessão comum ou nas concessões patrocinadas).[8]

Além disso, a organização administrativa transforma-se também pelo emprego de formas de atuação não autoritárias, fundadas em acordos, consensos e conciliação de interesses (v.g, art. 10, § único, da Lei 11.029/2001), bem como pela multiplicação de entidades compostas por acordo de **pluralidade de administrações** (com direitos iguais) e por órgãos ou entidades mistas (integradas por representantes do poder público e do setor privado). Exemplifico o primeiro tipo de entidade com os consórcios públicos, de direito público ou privado, disciplinados pela Lei nº 11.107/2005; o segundo, exemplifico com os Comitês de Bacia Hidrográfica, previstos na Lei 9.433/97, compostos por representantes da União; dos Estados e do Distrito Federal cujos territórios se situem, ainda que parcialmente, em suas respectivas áreas de atuação; dos Municípios situados, no todo ou em parte, em sua área de atuação; dos usuários das águas de sua área de atuação; das entidades civis de recursos hídricos com atuação comprovada na bacia. Outro exemplo de entidade de composição mista é o Comitê Gestor da Internet (CGI), instituído pela Portaria Interministerial nº 147, de 31 de maio de 1995 e alterada pelo Decreto Presidencial nº 4.829, de 3 de setembro de 2003, para coordenar e integrar todas as iniciativas de serviços Internet no país.[9]

Por fim, a organização administrativa renova-se ainda pela **diferenciação e reestruturação do aparato administrativo** do próprio Estado e pelo incremento no emprego de **estruturas estatais de direito privado, sejam elas entidades privadas tradicionais** (empresas públicas, sociedade de economia mista e fundações estatais de direito privado) ou entidades inovadoras. Esse movimento pela diferenciação e incremento no uso do direito privado, que é sempre uso impuro do direito privado, no entanto, vem acompanhado de um contramovimento de uniformização de regras básicas no tratamento com entidades privadas do próprio Estado (v.g., previsão de estatutos gerais, como a exigência de um estatuto comum das empresas públicas e para a delimitação das áreas de atuação das fundações estatais; identificação mais precisa das formas de atuação do Estado na área social e econômica; estabelecimento de maior flexibilidade na reestruturação e modificação do funcionamento de órgãos no interior da administração direta, através de decretos de organização, como autorizado expressamente pelo art. 84, VI, Constituição Federal, com a redação dada pela Emenda Constitucional 32/2001).[10]

Diante do crescimento do papel político e econômico do Estado, inclusive na esfera dos serviços sociais, direta ou indiretamente, o desafio da administração pública, na sociedade dos nossos dias, é assegurar ao próprio Estado conciliar o **fazer com celeridade**, de modo efetivo e eficaz, e o **fazer de forma adequada e segura,** ponderando, com legalidade e custos razoáveis, equidade e controle, os interesses públicos em jogo. O desafio posto ao administrador público hoje é **criar valor público, satisfação no usuário direto e indireto da Administração Pública**, em contextos de grande complexidade, empregando instrumentos de atuação pensados em outro momento histórico.

A essas exigências comparece o direito administrativo. O direito administrativo não está em crise. Pelo contrário, amplia horizontes, dispondo sobre diferentes domínios da atividade econômica, dos serviços sociais e dos serviços públicos. Ampliou a sua temática e a sua importância. Em crise está o modelo individualista e liberal de direito administrativo implantado no século XIX na França e importado, sem maiores reservas, para o Brasil. O direito administrativo do bloqueio, do formalismo excessivo, do casuísmo e da unilateralidade está em crise. O direito administrativo pluralista, da cooperação e das parcerias, dos serviços públicos e da regulação, da competição ordenada e da racionalidade, este não está em crise. Para este último, como escrevemos na exposição de motivos, o anteprojeto reduz ambiguidades e contradições, otimiza a ação administrativa, impedindo que ela seja paralisada por desacordos conceituais ainda existentes entre os órgãos de controle e no interior do próprio aparato administrativo, sobre os limites e as formas legítimas de ação das entidades administrativas ou de colaboração. Para responder a essas exigências, o anteprojeto procurou atualizar a estrutura administrativa aos desafios dos nossos dias, oferecendo condições ao gestor para atuar com segurança e agilidade, moralidade e fidelidade ao interesse público, sem o receio de ser mal compreendido a cada passo, motivo invocado por muitos agentes para refugiarem-se na rotina e no imobilismo. (05.05.2011).

NOTAS:

[1] GARCIA DE ENTERRIA, Eduardo; FERNANDEZ, Tomas-Ramon. Curso de Derecho Administrativo. Madrid: Civitas, 1998. t. I, p. 34.

[2] Cf. ESTONINHO, Maria João. A Fuga para o direito Privado: contributo para o estudo da atividade de direito privado da Administração Pública. Coimbra, Almedina, 1996, p. 29-96.

[3] Sobre o tema, cf. MODESTO, Paulo. Legalidade e autovinculação da Administração Pública: pressupostos conceituais do contrato de autonomia no anteprojeto da nova lei de organização administrativa. In: MODESTO, Paulo (org.). A Nova Organização Administrativa, Minas Gerais, Ed. Fórum, 2010, 2ª ed., p. 115-174. Em termos parciais, conferir: MODESTO, Paulo.

Autovinculação da Administração Pública, disponível na internet: http://direitodoestado.com.br/codrevista.asp?cod=466 , acesso em 05.05.2011, e Contrato de Gestão no Interior da Organização Administrativa como Contrato de Autonomia, http://direitodoestado.com.br/codrevista.asp?cod=473, acesso em 05.05.2011.

[4] Para acessar o texto completo do anteprojeto, confira Para acessar o texto completo do anteprojeto, confira https://b43c612d-05f3-4d26-9938-d249ebc0609a.filesusr.com/ugd/5ec538_3c85a7536c494f37a6f687b34a200f28.pdf

[5] Além de estudos sobre a organização administrativa atual e o detalhamento das propostas do anteprojeto, realizados pela Comissão de Elaboração, foram publicados estudos de Luiz Arnaldo Pereira da Cunha Júnior, Humberto Falcão Martins, Fernando Luiz Abrucio, Alice Gonzalez Borges, Rita Tourinho e Durval Carneiro Neto. Cf. MODESTO, Paulo (org.). A Nova Organização Administrativa, Minas Gerais, Ed. Fórum, 2010, 2ª. Ed., 444p.

[6] Cf. MODESTO, Paulo. As fundações estatais de direito privado e o debate sobre a nova estrutura orgânica da Administração Pública. Revista Brasileira de Direito Público – RBDP, Belo Horizonte, ano 5, n. 19, p. 9-22, out./dez. 2007. O texto também foi publicado na coletânea Direito administrativo e seus novos paradigmas, coordenada por Alexandre Aragão e Floriano de Azevedo Marques Neto. Belo Horizonte: Fórum, 2008. p. 539-552, e na Revista Eletrônica sobre a Reforma do Estado – RERE, n. 14, jun./jul./ago. 2008. Disponível na internet: http://www.direitodoestado.com/revista/RERE-14-JUNHO-2008-PAULO%20MODESTO.PDF

[7] Sobre o tema das Organizações Sociais e Organizações da Sociedade Civil de Interesse Público, v. MODESTO, Paulo. Reforma do Marco Legal do Terceiro Setor no Brasil. Revista de Direito Administrativo (RDA), Rio de Janeiro, Renovar, n. 214, p. 55-68, out.dez., 1998 e na Revista Trimestral de Direito Público (RTDP), São Paulo, Malheiros, n. 24, 75-86, 1998. O texto foi também incorporado como capítulo do livro FALCÃO, Joaquim; CUENCA, CARLOS (ORG.). Mudança Social e Reforma Legal: estudos para uma nova legislação do Terceiro Setor, Brasília, Conselho Comunidade Solidária, UNESCO, BID, FBB, 1999. (Série Marco Legal do Terceiro Setor, n. 3). Disponível também na internet: http://www.direitodoestado.com/revista/RERE-5-MAR%C7O-2006-PAULO%20MODESTO.pdf Acesso em: 17/02/2011.

[8] Sobre a natureza das parcerias sociais e econômicas, conferir MODESTO, Paulo. Reforma do Estado, formas de prestação de serviços ao público e par-

cerias público-privadas: demarcando as fronteiras dos conceitos de 'serviço público', 'serviço de relevância pública' e 'serviços de exploração econômica para as parcerias público-privadas". In: SUNDFELD, Carlos Ari (org). . Parcerias Público-Privadas. São Paulo, Ed. Malheiros, 2005, p. 433-486. Disponível também na internet: http://www.direitodoestado.com/revista/REDAE-2-MAIO-2005-PAULO%20MODESTO.pdf Acesso em 15/02/2011.

[9] Registre-se que o CGI criou uma entidade civil, sem fins lucrativos, denominada "Núcleo de Informação e Coordenação do Ponto BR" - NIC.br", para ser agente de execução responsável pelo registro de nomes de domínio, a administração e a publicação do DNS para o domínio <.br>, base da gestão da internet no Brasil. Além disso, criou o CERT.br, o Centro de Estudos, Resposta e Tratamento de Incidentes de Segurança no Brasil; o CETIC.br, Centro de Estudos sobre as Tecnologias da Informação e da Comunicação; o CEPTRO.br, Centro de Estudos e Pesquisas em Tecnologia de Redes e Operações; o W3C.br, escritório do World Wide Web Consortium no Brasil.

[10] Sobre o tema dos decretos de organização, e seus limites estritos no direito brasileiro, conferir MODESTO, Paulo. Os regulamentos de organização no direito brasileiro e os decretos autônomos de extinção de cargos públicos vagos: uma distinção necessária, Revista Brasileira de Direito Público, Belo Horizonte, ano 8, n. 28, jan. 2010. Na internet, http://www.direitodoestado.com.br/codrevi

A Lei 13.019 e as Transformações das Parcerias Público-Sociais

Parceria e Parcerias Sociais

Parceria é signo que evoca, em sentido amplo, associação estável e duradoura de interesses comuns, fundada na reciprocidade e no reconhecimento mútuo da complementariedade dos pontos fortes e fracos dos partícipes, disciplinada pelo direito e geradora de obrigações jurídicas, voltada à implementação de serviços ou projetos compartilhados, independentemente da criação de pessoa jurídica.

Parceria é conceito que não designa uma estrutura relacional uniforme, passível de descrição objetiva, mas *arranjos variados de colaboração duradoura, voluntária e estável, com manifesto acento no aspecto funcional ou finalístico.* Parceria é *conceito jurídico funcional*: a tônica é a prossecução de um *valor comum* aos parceiros e não o atendimento de um interesse exclusivo de uma das partes, a contratação de unidades de serviço, a especificação dos meios para obtê-lo ou a qualidade dos sujeitos intervenientes na relação jurídica. Ao envolver a Administração Pública, presume-se que o valor comum ou compartilhado envolvido na parceria é um *valor de interesse público*. Sem embargo da relevância do aspecto finalístico, no vínculo de parceria há também um aspecto *estrutural (a mútua complementariedade da atuação dos envolvidos) e* um *aspecto jurídico-formal (a criação ou modificação de obrigações jurídicas).*

Porém, o fato de não existir, nas parcerias entre o Poder Público e particulares, com ou sem fins lucrativos, uma estrutura relacional uniforme, não pode conduzir a doutrina à *anemia conceitual.* Parceria não é folia: não é dança com qualquer parceiro, vínculo de qualquer espécie, signo sem qualquer rigor. Não pode ser conceito sem fronteiras precisas, empregado para evasão de situações típicas ou para controle arbitrário de vínculos disciplinados pelo direito.

Embora pouco estudados pela doutrina, existem limites conceituais mínimos para as parcerias entre o Poder Público e particulares. Em direito público, além da necessária *complementariedade dos pontos fortes e fracos dos envolvidos*, a voz parceria exige que *o valor comum ou compartilhado entre o Poder Público e os particulares* seja *dirigido à satisfação de terceiros ou do interesse público*, objeto de atenção convergente dos partícipes do vínculo. *O valor compartilhado – referido no conceito genérico de parceria - não pode ser o interesse privativo de qualquer dos signatários do vínculo.* Não há autêntica parceria no âmbito do direito público se o vínculo se destina a oferecer serviços, bens ou pessoal tendo como destinatário final apenas um dos sujeitos da parceria. As atividades envolvidas na parceria não podem ter como destinatário o próprio aparelho estatal ou interesses exclusivos do parceiro privado. *Haverá simples contratação, não parceria, quando ausente o interesse comum entre os partícipes, quando faltar complementariedade na capacidade de atuação das partes envolvidas ou destinação pública no vínculo estabelecido.*

Sobremais, toda parceria para prestação de serviços ou para implementação de projetos comuns deve ser voluntária. *Parceria compulsória é uma contradição em termos.* Nas parcerias há relação jurídica bilateral ou multilateral, geradora de obrigações jurídicas recíprocas, caracterizada pela paridade, equilíbrio e voluntariedade, pois o vínculo pretende traduzir um esforço comum e autônomo para a prossecução de fins compartilhados.

Há parcerias econômicas, institucionais ou sociais. Econômicas, em sentido estrito, são as parcerias que autorizam o partícipe a apropriar-se do resultado econômico mediato ou imediato da colaboração para *utilização livre*. Sociais são as parcerias nas quais o resultado econômico do vínculo deve ser *integralmente reinvestido* na própria atividade social desempenhada, ou incorporado a fundo patrimonial de contingência, diretamente relacionado à sustentabilidade da prossecução da atividade social fomentada e à realização dos valores comuns, não sendo os recursos reservados passíveis de distribuição a partícipe no fim do exercício ou por ocasião da extinção da entidade. Institucionais são as parcerias que não envolvem transferência de recursos entre os parceiros, constituindo colaboração de troca de informações ou de simples atuação conjunta, sejam os partícipes apenas entidades públicas ou envolvam entidades públicas e privadas.

Quanto às parcerias sociais, é dever do Estado reconhecer e apoiar as entidades privadas de solidariedade social ou de fins públicos, como expressamente acentuam os artigos 199, § 1; 204, I; 205, caput; 213; 215; 227, § 1., todos da Constituição Federal, mas com uma importante mudança cultural. O fomento social no Brasil ainda se ressente de uma *cultura autoritária*, segundo a qual o Poder Público sempre se apresenta como o intérprete preferencial do interesse coletivo, a voz determinante de todos os termos essenciais do vínculo, cabendo aos particulares que com ele se relacionem a simples obediência, mesmo em face de parceria sem fins econômicos. Porém, parceria é conceito que não rima bem com subordinação e arbítrio, indeterminação e insegurança, porquanto pressupõe uma *cultura de colaboração e reciprocidade,* definição equilibrada de deveres complementares entre os partícipes, raiz profunda para autênticas formas de colaboração.

A Lei 13.019/2014 e as Parcerias Público Sociais (PPS)

Na nova redação da Lei 13.019/2014, modificada pela Lei 13.204/2015, parceria é voz definida para os seus fins como "conjunto de direitos, responsabilidades e obrigações decorrentes de relação jurídica estabelecida formalmente entre a administração pública e organizações da sociedade civil, em regime de mútua cooperação, *para a consecução de finalidades de interesse público e recíproco*, mediante a execução de atividade ou de projeto expressos em termos de colaboração, em termos de fomento ou em acordos de cooperação" (Art. 2º, III, grifamos). Trata-se de *conceito ao mesmo tempo finalístico e auto referido*, pois é inteligível de modo completo apenas a partir da definição que a própria lei confere para o que denomina *termo de colaboração, termo de fomento e acordo de cooperação.* Por isso, não é vinculante para o emprego doutrinário, sendo legítimo o uso da voz *parceria* e do conceito de *parceria social* também fora do âmbito de aplicação da Lei 13.019/2015, nomeadamente nos vínculos jurídicos afastados de sua cobertura, como os mantidos entre o Poder Público e as organizações sociais. Sem embargo disso, a centralidade do conceito de parceria na nova legislação é indiscutível e um avanço legislativo importante que pode colaborar para a *superação da cultura autoritária* antes referida na compreensão de normas constantes de vínculos de fomento público regidos por outras leis específicas.

Tradicionalmente, a atuação do Estado no fomento à *entreajuda e à cooperação social entre particulares* limitava-se a *funções de reconhecimento e credenciamento* (razão última para a criação de diversos títulos administrativos qualificadores de entidades privadas de fins públicos) e *funções de subvencionamento e apoio* (fomento econômico direto ou indireto). Essas são funções administrativas distintas, mas não inteiramente independentes: a colaboração com alguma expressão econômica oferecida pelo Estado às entidades privadas sem fins lucrativos ordinariamente dependia no passado do exercício prévio da *atividade certificadora* pelo próprio Poder Público. Cartórios públicos foram constituídos, destinados a gerir títulos e qualificações administrativas, e o Poder Legislativo – abusivamente e violando às escâncaras a separação constitucional de funções – também passou a atribuir por ato legislativo títulos jurídicos de fomento. Foram testemunhas desse tempo o título de utilidade pública (no âmbito federal, Lei 91, de 28/08/35; Lei 6.639, de 08/05/79, ambas hoje revogadas) e o título de entidade de fins filantrópicos, hoje entidade beneficente de assistência social (Lei 8.742, de 08/12/1993; Lei 12.101, de 27/11/2009; Lei 12.868, 15/10/2013).

É necessário constatar que o aumento do número de certificações e de *parcerias público-sociais* conduziu a uma lenta transformação de elementos característicos desse paradigma de relacionamento. No passado o fomento social era dominado pelas ideias de *unilateralidade* e *liberalidade* do Poder Público. As contrapartidas devidas pelas entidades fomentadas eram inespecíficas, consistindo o incentivo público verdadeira *doação pública* ou *favor oficial*, quase sempre sem controle posterior detalhado da aplicação efetiva dos recursos concedidos. E os vínculos de parcerias considerados acordos precários, sem consistência para criar autênticas obrigações recíprocas. Porém, nos últimos vinte anos, por toda parte, as relações de fomento e as parcerias sociais passaram a ser cada vez mais *parametrizadas, especificar prazos, indicadores de desempenho, metas a cumprir, custos a respeitar, procedimentos decisórios a atender, exigindo-se detalhadas e cada vem mais abrangentes prestações de contas do particular pelo bom uso dos recursos públicos transferidos ou das vantagens tributárias concedidas*. O fomento passou a exigir *vínculos bilaterais* ou multilaterais consistentes (contratos de gestão, termos de parceria, convênios mais específicos) e *controle de resultados auditado* pela administração ou por terceiros independentes. São testemunhas da segunda etapa deste processo de relacionamento as leis criadoras dos títulos de organização social (no plano federal, Lei nº 9.637, de 15 de maio de 1998) e de organização da sociedade civil de interesse público (Lei nº 9.790, de 23 de março de 1999).

Aos poucos o fomento e as parcerias público-sociais passaram a colocar em evidência uma nova ordem de complexos desafios: o aperfeiçoamento dos indicadores de qualidade dos serviços oferecidos, a métrica adequada para avaliar soluções exclusivamente locais, o desenvolvimento de indicadores de avaliação do grau de retorno do investimento financeiro em projeto sociais (*Social Return on Investment* - SROI), a sustentabilidade de parcerias em períodos de escassez de recursos, o planejamento da sucessão em parcerias de longo prazo, as formas de controle e participação das comunidades beneficiadas na definição do modo e da extensão das prestações, a definição das melhores práticas de governança para o funcionamento dos conselhos e diretorias de associações e fundações, a gestão de riscos nos projetos, a atuação de "empresas sociais" no mercado, adoção de metodologias de "balanced scorecard" para organizações não lucrativas, problemas de fusão de entidades e articulação de projetos em rede e, na base de tudo isso, o grau de aplicação do direito público a pessoas privadas sem fins lucrativos exercentes de *atividades de relevância pública* (conceito que insistentemente emprego há dezenove anos, calçado em expressa disposição constitucional).

A celebração das parcerias sociais cada vez mais abrangentes, além de exigir a observância rigorosa do *princípio da igualdade e da impessoalidade no fomento*, também alçou ao primeiro plano problemas relacionados ao fim das parcerias, a desmobilização de estruturas envolvidas com serviços vitais para a realização de direitos fundamentais, aspectos relacionados à continuidade dos serviços, a afetação das comunidades envolvidas e eventuais situações de assimetria de informação entre as partes no vínculo.

Não é incomum que a Administração Pública ora figure como *agente instabilizador de vínculos de parceria* (a promover atrasos no repasses de recursos ao parceiro privado, a exercer controles abusivos, a impor exigências burocráticas não acordadas previamente, entre outras práticas) e ora figure como *refém de vínculos de parcerias firmados* (porquanto incapacitada para dar continuidade, por si ou por outra entidade privada acreditada, aos serviços essenciais realizados depois de longo tempo por entidade privada parceira).

Por outro lado, a entidade privada subvencionada, gestora de recursos públicos de fomento, move-se em zona marcada por *quatro travas essenciais*:

a) como entidade privada, rege-se pelo direito que lhe é próprio, salvo norma legal expressa (*princípio da congruência entre a forma de organização e a forma jurídica da ação*);

b) como entidade privada, é *titular de direitos fundamentais*, assinalados na Constituição da República, inclusive o *direito das associações a não sofrerem interferência do Poder Público em seu funcionamento* (Art. 5º, XVIII, da CF);

c) como gestora de recursos públicos, é responsável pela *prestação de contas do correto uso dos valores recebidos* (Art. 70, §único, da CF);

d) como entidade contratada ou fomentada, assume compromissos vinculantes assinalados no contrato de gestão, termo de parceria ou instrumento equivalente (autovinculação ou heterovinculação por adesão).

É certo que os recursos públicos no fomento social preservam a sua destinação pública. Os recursos de fomento possuem destinação específica, que deve ser prevista expressamente no instrumento de detalhamento do vínculo. Porém, decisões posteriores do gestor público quanto ao modo de prestação de contas podem valer para órgão subordinados, não para entidades parceiras, que não estão sujeitas à hierarquia administrativa. Estas devem se guiar pelo instrumento do vínculo, pelas regras regulamentares vigentes e pela legislação de controle.

Atualmente, no domínio das parcerias e do fomento social, o Estado compromete-se, *autovincula-se* e edita *atos administrativos favoráveis que se destinam a criar situações de confiança legítima (protegida) e garantias mobilizadoras da atuação privada no setor social ou da solidariedade social.* No passado este conjunto de medidas estava sujeito, de modo permanente, à *precariedade dos atos de benemerência*, sendo possível ao Poder Público invocar prerrogativas de autoridade para cancelar, discricionariamente, qualquer benefício concedido ou prometido. Essa instabilidade, com o crescimento exponencial da expressão econômica e do número de vínculos de parceria, não pode ser mais admitida, seja em homenagem à *segurança jurídica*, seja em razão da consciência paulatinamente construída da necessidade de emprestar *estabilidade, consistência e responsabilidade às relações administrativas de fomento público.* Hoje convênios, termos de parcerias, contratos de gestão, termos de fomento, termos de colaboração ou acordos de cooperação são *vínculos estruturados e bilaterais de fomento*, sem caráter comutativo ou sinalagmático (como é próprio dos vínculos de fomento), mas não mais admitem a instabilidade, a discricionariedade e o autoritarismo de outrora.

A Lei 13.019/2014 *consolida* de modo expressivo essa terceira etapa evolutiva das parcerias público-sociais no Brasil. Não cria qualquer título jurídico novo. Disciplina vínculos de parceria social entre o Poder Público e entidades privadas sem fins lucrativos, mas sem pressupor prévia atividade certificadora pública. As modificações promovidas pela Lei n. 13.204/2015 apenas acentuaram este aspecto. O centro da disciplina normativa deixou de ser a caracterização prévia de *estruturas orgânicas do terceiro setor* diretamente envolvidas nas parcerias público-sociais para focar na própria relação de fomento e parceria, isto é, na *dinâmica das relações de colaboração do Poder Público com as organizações da sociedade civil de fins públicos.* Há uma *ruptura* com o paradigma tradicional da *certificação-fomento.* Esta talvez seja a grande novidade da lei.

Organizações da sociedade civil é, na Lei 13.019/13.204, apenas uma *definição denotativa*: uma designação abrangente para as diferentes formas jurídicas de entidades de colaboração referidas no texto legal. A novidade é que agora, expressamente, ao lado das tradicionais entidades privadas sem fins lucrativos, a lei incorpora ao conjunto das entidades cobertas pelas parcerias público-sociais as cooperativas de trabalho; as cooperativas integradas por pessoas em situação de risco ou vulnerabilidade pessoal ou social; as cooperativas alcançadas por programas e ações de combate à pobreza e de geração de trabalho e renda; as cooperativas voltadas para fomento, educação e capacitação de trabalhadores rurais ou capacitação de agentes de assistência técnica e extensão rural e, por fim, as cooperativas "capacitadas para execução de atividades ou de projetos de interesse público e de cunho social" (Art. 2, I, b, Lei 13.019/2014, com redação da Lei 13.204/2015), bem como as "as organizações religiosas que se dediquem a atividades ou a projetos de interesse público e de cunho social distintas das destinadas a fins exclusivamente religiosos" (Art. 2, I, b, Lei 13.019/2014, com redação da Lei 13.204/2015). Porém, o mais importante: as certificações concedidas pelo Estado deixam de ser exigidas como condição para celebração das parcerias, salvo exigência expressa da política pública específica constante de legislação especial (Art. 9º, Decreto n. 8726, de 27/04/2016), e as organizações da sociedade civil fazem jus, "independentemente de certificação", a "I - receber doações de empresas, até o limite de 2% (dois por cento) de sua receita bruta; II - receber bens móveis considerados irrecuperáveis, apreendidos, abandonados ou disponíveis, administrados pela Secretaria da Receita Federal do Brasil; III - distribuir ou prometer distribuir prêmios, mediante sorteios, vale-brindes, concursos ou operações assemelhadas, com o intuito de arrecadar recursos adicionais destinados à sua manutenção ou custeio" (Art. 84-B da Lei 13.119, introduzido pela Lei nº 13.204, de 2015).

A qualidade dos sujeitos não deixa de ser relevante no estudo das relações de parceria social, inclusive porque a lei e a Constituição conferem a entidades privadas sem fins lucrativos certificadas tratamento favorecido em variadas situações, mas a centralidade assumida pela relação de fomento e parceria social na nova lei pode ser fundamental para superação de uma série de equívocos conceituais que ainda contaminam a doutrina e a legislação. Parece hoje evidente que não se conseguirá melhorar o *ambiente regulatório, o controle e a segurança do investimento estatal social ou do investimento privado de fins públicos sem se precisar o objeto a ser regulado, isto é, a relação jurídica de parceria público-social,* tema a que tenho dedicado especial atenção desde dezembro do ano passado, a partir da publicação da Lei 13.204/2015, inclusive à luz do direito comparado, mas que não cabe aqui explorar em maior detalhe.

Não é sem caráter simbólico que a Lei 13.204/2015 extinguiu o título da utilidade pública federal e revogou a Lei n. 91/1935 de uma única penada, sem qualquer transição (Art. 9º, I). A insistência da doutrina em abordar quase exclusivamente a estrutura jurídica de cada título ou pessoa jurídica envolvida nas parcerias – ao invés das parcerias mesmas, a própria relação e não os sujeitos da relação – talvez tenha também contribuído para várias das incompreensões acentuadas na década de noventa do século passado, embora com resposta direta na legislação vigente. Em reação a este estado de coisas, a ordem jurídica brasileira parece caminhar na contracorrente desses preconceitos a cada nova produção legislativa, tornando aos poucos obsoletos cartórios públicos concessivos de títulos.

As novas leis parecem indicar uma diretriz precisa: aperfeiçoar a governança das entidades, os seus processos de autocontrole e transparência social, bem como disciplinar com maior precisão todas as etapas do vínculo de parceria, com a redução da discricionariedade e do voluntarismo dos gestores públicos ao longo da relação de fomento, talvez seja o melhor caminho para aprimorar a segurança e emprestar consistência a vínculos de cooperação social. *A concessão de títulos não consegue apreender a realidade processual das parcerias.* O Poder Público é péssimo controlador e seus cartórios de títulos são pouco mais do que inúteis. Ele precisa da sociedade civil para controlar a si próprio e a suas parcerias sociais, o que se viabiliza apenas com vínculos estruturados, estáveis e detalhadamente planejados e divulgados. Esses vínculos devem parametrizar a avaliação dos resultados do investimento público, o controle mais preciso dos custos envolvidos em cada prestação, eventualmente até melhor até do que o controle de custos das estruturas da própria Administração Pública, quase sempre opacas no tocante ao seu custo de funcionamento. Mas tudo isso não pode originar novos cartórios nem autorizar a imposição de *exigências e procedimentos fúteis ou desnecessários*. Em parcerias não se deve pensar apenas no que exigir, mas também no que deixar de exigir, valendo aqui o paradigma "menos é mais". Exigências devem ser relevantes e previsíveis, antecipadamente conhecidas e de fácil apuração, para não sufocar a iniciativa de entidades privadas de colaboração, que devem ser regidas preponderantemente pelo direito privado e responder com presteza a demandas de uma sociedade complexa e carente de respostas ágeis.

Não parece correto dizer que a superação da antiga precariedade dos vínculos de parceria se reduza a "matar os convênios" ou "superar os convênios", como muitos apregoam. Convênio é categoria jurídica, não se confundindo com um simples instrumento formal. Categoria jurídica prevista na Constituição Federal, como alternativa aos contratos de direito público celebrados entre o Poder Público e particulares, nomeadamente as entidades sem fins lucrativos. É testemunha eloquente disso o Art. 199, § 1º, da Constituição Federal, *litterim*:

> "Art. 199. A assistência à saúde é livre à iniciativa privada.
>
> § 1º - As instituições privadas poderão participar de forma complementar do sistema único de saúde, segundo diretrizes deste, mediante contrato de direito público ou convênio, tendo preferência as entidades filantrópicas e as sem fins lucrativos."

A Lei 13.019/2014, alterada pela Lei 13.204/2015, talvez porque não pudesse desconsiderar a expressa previsão dos convênios no Art. 199 da Constituição, preserva o convênio no âmbito do Sistema Único de Saúde, recusando a sua aplicação em todas as demais parcerias sociais sujeitas a sua incidência (Art. 3º, IV). Mas o que são os termos de colaboração, termos de fomento ou acordos de cooperação? São contratos de direito público típicos? São convênios? Entendo que são claramente convênios, nada significando o emprego de outro *nomen iuris*. Convênios, como categoria jurídica, são *vínculos estruturados de parceria, bilaterais ou multilaterais, expressivos da convergência de interesses e da complementariedade de encargos entre os partícipes, destituídos de contraprestação sinalagmática, paritários por natureza e, por isso mesmo, alérgicos à presença de cláusulas exorbitantes e privativas da Administração Pública, essencialmente finalísticos por serem vocacionados a promover projetos e serviços compartilhados de interesse comum dos partícipes.* A Lei 13.019/13.204 disciplina formas estáveis e consistentes de convênios, sob a designação de termo de colaboração, termo de fomento ou acordo de cooperação, o que é um avanço, porém isso não retira do vínculo o caráter de negócio jurídico paritário, de natureza administrativa, voltado a incentivar projetos e serviços compartilhados sem contraprestação sinalagmática. Por serem assim, não se confundem com os simples contratos administrativos, ao menos em seu sentido estrito (*stricto sensu*).

Os convênios público-sociais precisam ser *reavaliados*, redefinidos como categoria jurídica que são, pois estão previstos em nosso direito positivo em posição paralela aos contratos de direito público, e não podem ser abandonados ou esquecidos no reino da arbitrariedade, unilateralidade e precariedade, como eram percebidos em tempos idos. Não tem sentido que esse modo anacrônico de os conceber sobreviva no âmbito de serviços de saúde, setor onde investimentos vultosos são feitos e relações jurídicas exigem estabilidade, previsibilidade e segurança. Não é crível que a Lei 13.019 reservasse aos serviços de saúde esse destino ingrato ao admitir neste âmbito a celebração de convênios com esse caráter ultrapassado.

Todas essas transformações sumariamente indicadas se refletiram em soluções normativas que tentaram imprimir maior racionalidade e segurança às parcerias sociais, com valorização do controle de resultados e fixação de prazos de controle mais rigorosos, mas ainda muito falta a fazer. (02/12/2016).

NOTA:

Este artigo é fragmento do Prefácio que escrevi para a coletânea "Parcerias com o Terceiro Setor: as inovações da Lei n. 13.019/14", coordenada pelos eminentes professores FABRÍCIO MOTTA, FERNANDO BORGES MÂNICA e RAFAEL ARRUDA OLIVEIRA, publicada pela Editora Fórum, Minas Gerais, lançada este mês na cidade de Natal, durante o XXX Congresso Brasileiro de Direito Administrativo. Espero que a divulgação do texto estimule a leitura dessa importante coletânea de estudos, que reúne dezoito trabalhos de notáveis especialistas em direito do terceiro setor

Inaplicabilidade da Lei 13.019/13.204 a Organizações Sociais Qualificadas nos Estados, Distrito Federal e Municípios

Segundo o Art. 3º, III, da Lei 13.019/2004, diploma amplamente reformulado pela Lei 13.204/2015, as suas normas *não são aplicáveis* "aos contratos de gestão celebrados com organizações sociais, *desde que cumpridos os requisitos previstos na Lei nº 9.637, de 15 de maio de 1998"* (Redação dada pela Lei nº 13.204, de 14 de dezembro de 2015).

A Lei nº 9.637, de 15 de maio de 1998, é a *lei federal* das Organizações Sociais e a Lei 13.019/2014 apresenta-se como *lei nacional de normas gerais das relações de parceria social* (Art. 2º, II). Esse aparente paradoxo **não** deve sugerir que as organizações sociais qualificadas nos Estados, no Distrito Federal e nos Municípios passaram a ter o funcionamento e a prestação de contas disciplinada pelas Leis 13.019/2014 e Lei n. 13.204/2005.

Existem no mínimo duas razões para essa compreensão.

Primeiro, consoante o Art. 15 da Lei n. 9.637/1998, relevante para o tema proposto, as leis estaduais e municipais que não contrariarem os preceitos da lei federal e a legislação específica de âmbito federal podem receber a extensão dos efeitos da legislação federal tanto da declaração de utilidade pública (atualmente extinta) quanto das normas regentes da destinação de recursos orçamentários e bens públicos necessários ao contrato de gestão. É dizer: a Lei Federal assegurou o mesmo tratamento concedido ao regime jurídico regente das entidades qualificadas no âmbito federal às entidades qualificadas em estados, distrito federal e municípios, desde que os princípios da norma federal fossem respeitados na legislação local, sem adulteração do modelo. Essa mesma *diretriz funcional expansiva ou extensiva* deve guiar a compreensão do disposto no Art. 3º, III, da Lei 13.019/2004, com a redação da Lei 13.204/2015, de forma que "cumprir os requisitos previstos na Lei 9.637, de 15 de maio de 1998", deve ser compreendido como *o cumprimento de legislação local compatível com os princípios e as exigências constantes da Legislação Federal das Organizações Sociais.*

Seria evidente contradição a Lei 13.019 definir-se como lei nacional de normas básicas de parcerias e ser aplicada unicamente a organizações sociais estaduais, distritais e municipais, sobretudo quando a legislação local mimetizar em grande parte a legislação federal das organizações sociais. A equivalência entre exigências básicas estabelecidas por leis de organizações sociais no âmbito da federação deve servir para aplicação das mesmas normas básicas nacionais, excludentes ou includentes de dado regime jurídico nacional especial, preservando o caráter uniforme do critério adotado.

Segundo, diversas normas da Lei 13. 019/2014, com a redação da Lei 13.204/2015, estabelecem exigências incompatíveis com o modelo das organizações sociais, ao menos como adotado na União e na grande maioria das unidades subnacionais. Esta decisão, por si, não significa muita coisa: é apenas a decisão de diferenciar *o regime geral* e *regimes especiais de parceria público social* (Paulo MODESTO, *Parcerias Público Sociais - PPS: categoria jurídica, sustentabilidade e controle em questões práticas, no prelo, págs. 34-35*). Basta referir a proibição, constante do inciso III do Art. 39 da Lei 13.019/2014, com redação dada pela Lei 13.204/2015, segundo a qual "ficará impedida de celebrar qualquer modalidade de parceria prevista nesta Lei a organização da sociedade civil que: (...) III - tenha como dirigente membro de Poder ou do Ministério Público, ou dirigente de órgão ou entidade da administração pública da mesma esfera governamental na qual será celebrado o termo de colaboração ou de fomento, estendendo-se a vedação aos respectivos cônjuges ou companheiros, bem como parentes em linha reta, colateral ou por afinidade, até o segundo grau". Como se sabe, na legislação federal e em parte da legislação subnacional, agentes públicos são designados para compor o Conselho de

Administração de organizações sociais qualificadas, especialmente quando estas celebrem contratos de gestão com o Poder Público, veículo de parceria típica. É previsto no Art. 45 da Lei 13.019/2014, com a redação da Lei n. 13.204/2015, a proibição de o vínculo de parceria "pagar, a qualquer título, servidor ou empregado público com recursos vinculados à parceria, salvo nas hipóteses previstas em lei específica e na lei de diretrizes orçamentárias". Não está claro o alcance da expressão lei específica neste dispositivo, nem interessa aqui neste momento explorar, pois o pagamento de servidores públicos cedidos a organizações sociais é previsto expressamente no Art. 14, §2º, quando em causa pagamento de adicional relativo ao exercício de função temporária de direção e assessoria no âmbito da entidade fomentada por agente público cedido.

Essas breves considerações sobre o tema em epígrafe mostram o *equívoco da interpretação literal ou pedestre* da Lei 13.019/2014, com a redação dada pela Lei 13.204/2015, cuja compreensão redutora somente é plausível para os que, ao invés de mirarem a floresta, miram uma pequena árvore destacada de seu conjunto e não a compreendem. (21/07/2016).

Do fomento às Organizações Sociais ao fomento do consumo livre e direto de serviços sociais: avanço ou retrocesso?

Não obstante a resistência – ideológica, doutrinária, política, sindical – ao modelo das Organizações Sociais (Lei nº 9.637/1998), facilmente identificável pelo estoque de argumentos desenvolvido na ação direta de inconstitucionalidade 1923 e pelo tom quase escatológico da doutrina brasileira na abordagem do tema, as relações de parceria segundo este modelo estruturado de colaboração avançaram em todo o país nos últimos dezesseis anos. Os seus resultados, sobretudo no campo das ciências, da cultura e da saúde não podem ser ignorados. Erros e abusos devem ser reprimidos, como devem ser censurados os desvios na administração direta e indireta do Estado, mas tendem a reduzir com a ampliação do debate na academia e na administração após a decisão do Supremo Tribunal Federal de 16 de abril de 2015.

A decisão vinculante emitida pelo Supremo Tribunal Federal na ação direta de inconstitucionalidade 1923 oferece aplicação não apenas ao modelo das organizações sociais. Pode ser estendida em grande medida também às relações de parceria mantidas sob o abrigo do título de organização da sociedade civil de interesse público e até mesmo relações regidas pela Lei n. 13.019, de 31 de julho de 2014, em período de *vacatio legis* até janeiro de 2016. Embora esta última norma não se aplique às organizações sociais, por decisão expressa, não deixa de receber o influxo das diretrizes estabelecidas pelo Supremo Tribunal Federal na ADI 1923 quanto ao grau de interferência do Estado no funcionamento de entidades privadas fomentadas.

Fomento é atividade administrativa, submetida ao direito público, de oferta de incentivo, proteção ou auxílio a pessoas públicas ou privadas, dirigida a facilitar, persuadir ou incrementar o desempenho, autônomo e espontâneo pelos destinatários, de determinada atividade de interesse comum ou público, exercida de direito próprio pelos beneficiários, independente de delegação em sentido formal. Mas a entidade fomentada, quando privada, não é transportada integralmente ao direito público, submetida a normas de direito administrativo à semelhança dos integrantes da administração pública, pois deve observar apenas o núcleo dos princípios constitucionais da administração (valores republicanos essenciais de gestão dos recursos transferidos) e as normas públicas de prestação de contas e responsabilidade de seus dirigentes pelo bom uso dos recursos recebidos.

Para o sucesso das parcerias tem-se exigido muito das entidades privadas e pouco do Estado. A sustentabilidade das parcerias sociais exige que o Poder Público não atrase transferência de recursos vinculados ao contrato de gestão, qualifique seus órgãos internos para o controle eficaz de resultados (não apenas de procedimentos) e organize a atuação em rede das entidades fomentadas. As entidades privadas devem exercer as suas tarefas com autonomia e responsabilidade, mas com segurança jurídica, sem receio do administrador de plantão e seus humores. É momento de prever fundos garantidores das parcerias sociais, que confiram previsibilidade aos desembolsos públicos e seriedade aos compromissos assumidos.

As organizações sociais podem contribuir para a profissionalização dessa relação de parceria. De modo organizado ou coletivo podem denunciar tentativas de aplicação indevida do modelo das organizações sociais e práticas informais de administradores contrárias à ética pública. Devem convocar a participação mais estreita dos cidadãos no acompanhamento do contrato de gestão e na fiscalização dos resultados obtidos. As parcerias são *relações jurídicas administrativas multipolares* (FRANCISCO PAES MARQUES, *As Relações Jurídicas Administrativas Multipolares,* Coimbra, Almedina, 2011), que envolvem e afetam uma multiplicidade de atores diretamente (administração supervisora, usuários, organizações em rede e fornecedores). Esses agentes devem partilhar controles e responsabilidades.

Todo este programa é trabalhoso e envolve investimento em capacitação e mudança cultural. Mas os valores sociais envolvidos o justificam. Entretanto, é *paradoxal* que segmentos da doutrina condenem a utilização das *parcerias publico-privadas sociais*, realizadas sob estrito acompanhamento e supervisão do Poder Público, e saúdem o crescimento imoderado de programas de transferência direta de recursos para usuários de serviços sociais, de manejo livre pelos indivíduos e transferidos imediatamente para organizações empresariais sem qualquer controle, programação ou acompanhamento do Poder Público.

A transferência direta de recursos aos beneficiários de bens sociais, que depois escolherão o serviço prestador (empresarial ou não), estratégia típica das "bolsas" (v.g, bolsa-ensino ou financiamento estudantil subsidiado, entre outras), não deixa de constituir forma de liberar a Administração Pública da prestação direta de serviços sociais.

Na contratação de entidades sem fins lucrativos, em regime de parceira, esta dispensa da execução direta ocorre acompanhada de intensa supervisão do Poder Público, que mantém poderes de regulação do modo de prestação da atividade pelo parceiro privado e utiliza o contrato de gestão para definir as prioridades e a qualidade do desempenho dos serviços à luz do interesse público.

Na transferência direta de recursos a pessoas físicas beneficiárias há simples subvenção, sem que a Administração Pública detenha poderes para determinar o modo de realização da prestação de serviços pelas empresas ou organizações escolhidas autonomamente pelos beneficiários. Na transferência direta, adicionalmente, há risco de favorecimento especial de grandes grupos econômicos que atuam na área social (a exemplo de educação e saúde), capazes de seduzir o maior número de usuários com sofisticadas técnicas e recursos de propaganda.

Em 2014, por exemplo, apenas o FIES (O Fundo de Financiamento Estudantil), destinado a financiar diretamente cursos de graduação em instituições não gratuitas, transferiu 13,8 bilhões de reais para o setor privado, com um crescimento real de 1.100% em relação às cifras de 2004. O FIES constitui hoje "o maior item de desembolso federal em educação, a exceção dos gastos em pessoal" (M. J. A MENDES, Despesa Federal em Educação: 2004-2014. Brasília: Núcleo de Estudos e Pesquisas/ CONLEG/Senado, abril/2015, disponível em: http://www12.senado.gov.br/publicacoes/estudos-legislativos/tipos-de-estudos/boletins-legislativos/bol26, p. 4). Com o crescimento do Fies, afirma o mesmo estudo, "multiplicaram-se os alunos e as escolas privadas financiadas pelo programa. Várias dessas escolas viraram potências empresariais, com ações em bolsa de valores, financiadas principalmente pelos recursos do programa." (ob.cit, p. 4).

É certo que o FIES se apresenta como um empréstimo que o Governo Federal faz aos estudantes, a ser quitado no futuro, mas nele há "subsídio creditício" "não contabilizado como despesa pública" e alta perspectiva de inadimplência, pela flexibilidade das garantias adotadas nos últimos anos (Mendes, ob. cit., p. 5). De outra parte, são limitadas as exigências de qualidade mínima dos cursos privados aptos a receber estudantes e reduzidíssimas as exigências de desempenho acadêmico dos estudantes financiados, o que coloca em risco o efetivo retorno social dos recursos investidos.

Programas de incentivo, bolsas para serviços e financiamento direto devem existir, e cumprem um papel relevante de atendimento a segmentos mais carentes. Porém, o que se questiona é a sustentabilidade deste crescimento vertiginoso da despesa pública, sem balancear as suas reais vantagens em relação à ampliação da prestação direta de serviços sociais ou a utilização de modelos estruturados de parceria, que autorizam o controle e a programação de resultados pelo Poder Público.

É certo que muitos são céticos quanto às possibilidades da verdadeira ativação da cultura da participação e da solidariedade no mundo contemporâneo, base para parcerias sociais legítimas. O individualismo mais rudimentar parece dominar a juventude em termos globais e desconfia-se da autenticidade de pessoas jurídicas altruístas. No entanto, poucas vezes na história foram manejados recursos pela sociedade civil organizada na escala que hoje assistimos. Céticos e críticos da sociedade do nosso tempo, embora destacando o aumento do hedonismo e do cinismo individualista, reconhecem que as doações humanitárias atingem cifras inéditas e programas de assistência e caridade recebem atenção e forte promoção da mídia (Giles LIPOVETSKY, *A Sociedade Pós-moralista*: o crepúsculo do dever e a ética indolor dos novos tempos democráticos, Trad. Armando Braio Ara, São Paulo, Manole, 2005, p. 104-122). Desastres naturais, desastres humanitários, crises políticas violentas e crises de saúde ou pandemias mobilizam milhões de pessoas em poucas horas, como se o próprio esgarçamento das redes tradicionais de sociabilidade ativasse o voluntariado e assegurasse alguma forma de identificação social compensatória.

Acresce que o Estado não é mais percebido como o único responsável pela assistência social e a oferta de bens vitais. Ao menos não é percebido como um garante seguro. A crise do Estado na década de 80 mostrou a fragilidade do aparato estatal no enfrentamento da pobreza e na prestação de serviços sociais. Progressivamente, o conceito de participação cidadã deslocou-se das grandes utopias políticas para o campo social e conquistou presença normativa. Estimulou-se a criação de associações de moradores, consumidores e cidadãos, a lei passou a exigir em várias matérias a realização de audiências públicas como antecedente necessário à validade de regulamentos administrativos e até de leis, a exemplo dos planos diretores de desenvolvimento urbano no Brasil (v.g, Lei n. 10.257/2001, Art. 40, §4º, I, e Art. 44) e a própria responsabilidade social do empresariado recebeu estímulo fiscal crescente. O Estado passou a duvidar da sustentabilidade de sua própria organização e estrutura, aprovou leis de contenção fiscal e de restrição ao endividamento (JOSÉ ESTEVE PARDO, *La Nueva Relación entre Estado y Sociedad*: aproximación al trasfondo de la crisis, Madrid, Marcial Pons, 2013, p. 138-142) e buscou controlar o seu déficit estrutural em margens razoáveis ou estabelecidas por estruturas supranacionais (como a União Europeia), muitas vezes invocando a responsabilidade com as gerações futuras.

Neste contexto complexo e contraditório, como ensinam SUZANA TAVARES DA SILVA e CLÁUDIA DIAS SOARES, buscou-se superar a "visão dicotómica Estado/mercado que imperou até a década de 90' do século XX", perspectiva a que se pode somar "um novo olhar sobre os 'novos' aspectos administrativos dessas entidades privadas subordinadas a vinculações de direito público, na medida em que atuem como cooperantes, colaboradores ou entidades subsidiárias na realização das tarefas públicas, beneficiando para o efeito de transferências de dinheiros públicos e/ou de 'despesa fiscal' decorrente de isenções e benefícios fiscais" (TAVARES DA SILVA, Suzana; SOARES, Cláudia Dias. *Regime Fiscal das Entidades da Economia Social e Civil.* Porto: Vida Económica, 2015, p. 17 e 20). Trata-se de movimento que foi global e recebeu no direito público brasileiro desenvolvimento destacado a partir da instituição do modelo das organizações sociais, referendado neste ano de forma definitiva e com força vinculante pelo Supremo Tribunal Federal. (01/12/2015)

PARTE - III

MEMÓRIA E HISTÓRIA

O Direito Administrativo para além do imediato

Breves Palavras Ao Homenageado e ao Organizador

Participar de um evento em homenagem ao Professor **CELSO ANTÔNIO BANDEIRA DE MELLO** é sempre **uma honra** e **um convite à humildade**. Diante da obra do autor, referencial obrigatório para todos os estudiosos do direito administrativo brasileiro, somos convocados a refletir o quanto insignificante pode ser a nossa contribuição a este debate público.

Quase todas as **avenidas temáticas da disciplina** foram exploradas por CELSO ANTÔNIO, com coragem bandeirante, no tempo do legalismo mais pedestre. Quando todos prestavam juras de amor à ordem autocrática, Celso recordava os direitos fundamentais e a eficácia dos direitos sociais enunciados na Constituição; enquanto muitos aceitavam o casuísmo das portarias e dos atos de exceção, ele invocava a racionalidade dos regimes jurídicos e a limitação dos regulamentos à legalidade. CELSO foi e é **advogado do direito administrativo da cidadania**, do **direito administrativo como direito defensivo do cidadão** (como ele refere), e um incentivador permanente da pesquisa séria do direito administrativo em nosso pais.

Tenho-o como mestre e amigo há mais de vinte e nove anos e minhas filhas o chamam de tio CELSO. Esse carinho e admiração nunca foram abalados, nem sofreram ruído, independentemente de eventuais divergências teóricas e até políticas. **O tempo destila as amizades verdadeiras e denuncia as amizades de interesse.** Décadas de admiração e respeito por CELSO ANTÔNIO BANDEIRA DE MELLO evidenciam para mim o acerto que lá atrás, no início dos anos 90, fiz ao escolher o mestre CELSO ANTÔNIO como condutor de meus primeiros passos na pesquisa jurídica. Devo-lhe muito em lições de direito, humildade e humanidade e pela confiança constante, que sempre me distinguiram mais do que mereço. **CELSO ANTÔNIO é uma das glórias do pensamento jurídico brasileiro e merece todas as homenagens deste Congresso.**

Agradeço ao Professor **RAFAEL VALIM** o convite para participar desse extraordinário **Congresso Internacional Direito Administrativo e Estado Democrático de Direito.** Embora tenha regressado ao Brasil há menos de cinco dias e encontrado em minha terra diversas tarefas profissionais urgentes, não medi esforços para estar aqui e atender na medida do possível (e com a precariedade inevitável) a confiança desse jurista que admiro, especialmente por seus textos sobre segurança jurídica e disciplina do fomento.

Tendências ou Rumos do Direito Administrativo: Visão Para Além Do Imediato

O tema da mesa – Direcciones de la Teoria del Derecho Admnistrativo - é bastante abrangente e o tempo de exposição limitado, pois compartilhado com autores que tenho especial prazer em ouvir. saúdo com admiração os professores **RICARDO MARCONDES MARTINS (Brasil)**, **MÁRIO AROSO DE ALMEIDA (Portugal)** E **EDUARDO JORDÃO (Brasil).** São apenas vinte minutos disponíveis, razão pela qual o discurso não escapa de ser telegráfico.

O direito administrativo como disciplina científica repercute diretamente as transformações do Estado e da sociedade do nosso tempo mediante:

(a) **ampliação temática** – decorrente da expansão de fronteiras do próprio direito administrativo objetivo, que hoje apresenta zonas de incidência fora do âmbito estatal nacional e dos delegatários do Poder Público, sendo aplicado sobre ações privadas beneficiadas com **fomento público** (exemplo frisante é o *direito administrativo do terceiro setor*, sobre o qual escrevo desde 1998, e o *direito das subvenções e parcerias econômicas*, que cuida, por exemplo, dos incentivos à inovação, à pesquisa científica e à transferência de tecnologia do setor privado para o setor público, como as parcerias de desenvolvimento produtivo);

(b) **multiplicação e internacionalização de fontes** - incorporação de *novos parâmetros de avaliação de legitimidade e conformidade jurídica da atuação administrativa*, em face do *controle de convencionalidade* e de parâmetros derivados da entronização no direito interno de acordos internacionais ou mesmo de decisões diretas de comunidades jurídicas supranacionais, como ocorre hoje com intensidade no *direito administrativo europeu*;

(c) **sofisticação metodológica** – necessidade da teoria não apenas oferecer ao administrador e ao controlador subsídios para a **interpretação de signos normativos**, mas elementos para a aplicação desses signos na **dimensão do tempo** – ex. técnicas de modulação, convalidação e proteção da confiança –; na **dimensão do espaço** – a ponto de ser objeto de estudo particular hoje a dimensão transnacional do direito administrativo; na **dimensão da intensidade da aplicação das normas de direito público** – com o sofisticado manejo do controle de proporcionalidade, das exigências de concordância prática, análise de impacto e análise de alocação de riscos.

O direito administrativo como saber metódico efetivamente reflete a concepção dominante de Estado e da sociedade em cada momento histórico. Porém, parece pouco realista adotar **abordagens unitárias e gerais** sobre a evolução e as tendências do direito administrativo.

O direito administrativo não é um conjunto normativo homogêneo e de desenvolvimento linear no tempo histórico. Embora seja reformado e relido dinamicamente a cada geração, como microssistema normativo possui dentro de si **trilhas evolutivas variadas** que é impróprio uniformizar. Há segmentos que avançaram em velocidade maior do que outros ou foram intensamente alterados e manipulados ao longo do tempo – noutro dizer, talvez em termos mais poéticos, **há nele vielas sem luz ao lado de avenidas iluminadas e muito exploradas**. Não é viável comparar, por exemplo, ao menos no Brasil, a evolução do direito administrativo do planejamento, dos bens públicos, da organização administrativa, para referir alguns dos **bairros menos visitados** dessa nossa **cidade normativa**, com as transformações do direito administrativo dos contratos públicos, do processo administrativo e das limitações administrativas na área econômica. **Tratar de forma unitária sobre a evolução do direito administrativo significa, mesmo no plano interno, uma excessiva redução de complexidade.**

Essa **assimetria evolutiva** do direito administrativo objetivo traduz-se também em **assimetria do direito administrativo como disciplina teórica nos campos temáticos correspondentes**, salvo raríssimas exceções. Porém, embora isso seja certo, talvez não constitua abuso falar em um **mínimo denominador geral evolutivo** que percorre todos as **províncias do direito administrativo objetivo.** Embora a evolução não seja linear nos diversos domínios dessa ordem normativa há entre os departamentos interferências recíprocas e eventual cabimento para extrapolações e aplicação analógica.

Em todos os domínios da administração pública exige-se hoje maior **eficiência, sustentabilidade e transparência do Poder Público e participação do administrado**. Em alguns domínios, a **participação é requisito de validade da decisão administrativa e até de validade da lei administrativa** (ex. planos diretores urbanos no Brasil são leis e são declaradas inconstitucionais se não precedidas de audiências públicas no processo de sua elaboração e atos normativos de agências reguladoras, em diversos casos, são considerados inválidos se afrontam a obrigação de prévia audiência ou consulta pública antes de edição da norma ou decisão regulatória).

O fomento, a transferência de recursos públicos a particulares, justifica a aplicação – ainda que apenas em **aspectos do controle** – do direito administrativo a entidades privadas fora das atividades de delegação pública, isto é, quando estas entidades atuam com autonomia e por **direito próprio**. Essa aplicação deve ser adequadamente dosada e restringida, sob pena da "publicização" esvaziar o dinamismo, a criatividade e a capacidade de resposta ao interesse público de particulares em regime de colaboração.

Os tratados internacionais de direitos humanos, os acordos internacionais de combate à lavagem de capitais, à exploração do trabalho escravo, ao tráfico de pessoas e os que sancionam o abuso econômico no comércio internacional impõem com frequência a edição de normas administrativas e decisões administrativas relevantes e evidenciam a superação do rígido sistema de fontes estaduais e nacionais do passado para um **sistema de fontes complexo**, no qual **dialogam jurisdições e ordenamentos** e sobre os quais pode incidir **juízos de convencionalidade**.

A norma legal e a norma administrativa não são mais percebidas como simples sentidos objetivos de atos de vontade, abstratas e sujeitas a singelas operações de intelecção e aplicação pelo decisor caso a caso. Cada vez mais a **produção, a interpretação e o controle** dos atos normativos administrativos impõem a consideração conjugada do seu impacto sobre a realidade concreta. Nesse cenário, o direito administrativo é percebido como **direito amplamente afetado pelo contexto empírico e realizado mediante conciliação ponderada de interesses públicos em tensão constante.**

O controle de validade da norma legal, da norma administrativa e das decisões concretas derivadas hoje não é indiferente à **democraticidade do processo de decisão**, exigente de **permeabilidade aos diversos interesses em jogo**, bem como a uma adequada avaliação de risco e resultado sobre dimensões variadas dos interesses sociais. Esses efeitos devem ser considerados **antes, durante e depois de sua efetiva vigência.** O administrador público não deve ser idealizado ingenuamente como agente racional perfeito, sem vieses e sem ilusões cognitivas.

O direito administrativo atual também deve cuidar da inteligibilidade, coerência e consistência dos atos jurídicos administrativos em face da segurança jurídica. **As relações administrativas são cada vez mais poligonais e não simplesmente bilaterais**, eventualmente afetando terceiros visíveis e invisíveis, cujos interesses podem ser densos e convergir com o interesse público.

Temas como **legística** não são mais indiferentes ao direito administrativo. Estudo de impacto normativo são hoje frequentemente exigidos na edição de regulamentos e atos de limitação à atividade econômica. Temas relacionados ao **direito transitório**, à disciplina administrativa de transição, não são mais excepcionais, mas integram imposições gerais do sistema, explicitadas no Art. 23 da Lei de Introdução ao Direito Brasileiro.

Há também evidente desvalorização do componente hierárquico no atual cenário da administração pública e de **valorização de decisões em rede e mediante coordenação de interesses**. Acordos endo processuais, termos de ajustamento de conduta, conferências de serviços, acordos de gestão, são signos de uma **administração mais flexível e adaptativa**, pragmática e sensível ao contexto, inclusive diante da escassez dos recursos disponíveis. A metódica desses acordos é ainda insuficientemente regulada e estudada.

São frágeis também os instrumentos que conferem **subsídio diretamente ao cidadão** e sua compreensão doutrinária. Trata-se da hipótese em que o Estado não entrega ao cidadão serviços, mas "vouchers", bolsas, recursos para livre escolha pelo cidadão do prestador privado. Essa política por vezes deixa o cidadão prisioneiro da propaganda massiva e favorece a concentração econômica privada e ganhos de escala de agentes econômicos. Essa política – que em si não é negativa - envolve custos de informação, que frequentemente não podem ser suportados pelo cidadão, e apresenta desenho padronizado, que desconsidera diferenças na matriz de beneficiários. Esses institutos não devem ser confundidos com a **renda básica universal**, programa político fundamental, igualmente pouco estudado na teoria do direito administrativo.

Derrubar barreiras mentais não é simples. O direito administrativo das prerrogativas de autoridade, centrado no Estado nacional e seus poderes, ainda é vivido difusamente em muitas cabeças, como já denunciava CELSO ANTÔNIO, que há décadas propõe um **direito administrativo focalizado nos deveres do Estado, seus limites e condicionamentos**.

Para complicar, sublinhe-se que **o Estado não é a única autoridade reguladora em cena**. Não apenas o Estado estabelece restrições unilaterais ao cidadão ou condiciona o funcionamento de empresas. Agências governamentais, entidades híbridas (ao mesmo tempo privada-intergovernamental) e entidades privadas internacionais, por exemplo, definem a disciplina dos nomes de domínio na internet, indicam os alimentos que podem ser exportados ou importados, enunciam padrões de qualidade de produtos que podem ser comercializados, classificam a solvência dos bancos nacionais e das contas nacionais, entre outros assuntos, impondo restrições a dimensões cada vez mais relevantes da atividade econômica e para o exercício de liberdades fundamentais. Governos, empresas e indivíduos precisam manejar **camadas regulatórias superpostas e seus eventuais conflitos**. Essas normas, restrições e atos, por vezes camufladas como advertências ou recomendações, compõem o direito administrativo? Devem integrar o direito administrativo apenas quando normas emitidas pelo Estado as incorporam ou reenviam como ingrediente da disciplina pública?

O Estado de Direito assenta no vínculo entre o exercício da autoridade e o consentimento democrático. A supremacia da lei é justificada por essa legitimação popular de origem. Mas a lei é feita por uma geração e pode provocar danos com repercussões amplamente gravosas para as futuras gerações. Como incorporar nas decisões administrativas e nas políticas públicas a **dimensão intergeracional**, a equidade intergeracional, preservando a legitimidade da decisão pública administrativa? Sustentabilidade, por exemplo, é conceito que convoca um **horizonte temporal alargado** e a **necessidade de resguardar o interesse dos ausentes**, isto é, daqueles que ainda não nasceram ou que ainda não são votantes, mas que terão de suportar os efeitos de políticas públicas hoje assumidas (por exemplo, o endividamento do Estado e a fragilidade dos orçamentos públicos futuros). A teoria do direito administrativo está preparada para oferecer **argumentos heurísticos** ao administrador público na complexa "**sociedade de risco**"?

Em resumo telegráfico, esses parecem ser alguns dos **desafios básicos** para uma teoria contemporânea do direito administrativo diante dos rumos atuais das normas de direito administrativo objetivo:

1) avaliar as **possibilidades de extensão** de alterações na disciplina jurídica de segmentos da administração pública para outros setores da administração de menor visibilidade ou evolução, verificando eventual incidência de regimes ou princípios transversais;

2) dar conta da **ampliação temática** decorrente da expansão de fronteiras do próprio direito administrativo objetivo que, ao contrário de retrair, avançou sobre parte do território do direito privado;

3) desenvolver formas de incorporar na análise de problemas concretos a **multiplicação e internacionalização de fontes,** avaliando atos e políticas públicas nacionais à luz das convenções internacionais e dos direitos fundamentais reconhecidos pelo Estado no plano internacional;

4) **aperfeiçoar o tratamento metódico da dimensão do tempo, da dimensão espacial e da intensidade de aplicação das normas administrativas no contexto decisório** - desenvolvendo critérios de emprego da modulação temporal, espacial e objetiva, aperfeiçoamento da análise de proporcionalidade de decisões administrativas e do controle da equidade de regimes transitórios, de forma a permitir uma avaliação criteriosa da validade de decisões discricionárias em face do contexto empírico em causa;

5) **incorporar na análise dos institutos e temas do direito administrativo a dimensão intergeracional**, a equidade entre gerações, aferindo a legitimidade dos atos praticados também quanto aos riscos assumidos em face dos interesses que transcendem o imediato;

6) por fim, colaborar para **preservar a legitimidade democrática das decisões públicas**, denunciando e identificando em termos hermenêuticos fundamentados situações de direito constitucional abusivo e o abuso de prerrogativas administrativas, ocultadas sob as vestes de exercício regular do Poder, nacional ou internacional.

O futuro é sempre um horizonte de múltiplas possibilidades. Se não podemos visitar o futuro, ao menos podemos incorporar o futuro como dimensão presente de nossa avaliação dos atuais atos e contratos públicos. Bem o dizia SANTO AGOSTINHO, o correto não é enunciar-se passado, presente e futuro, porém o **presente do passado, o presente do presente e o presente do futuro**. Na sua forma poética, ensinava o filósofo, que "o presente do passado é *memória*; o presente do presente é *intuição direta*; o presente do futuro é a *espera*".

O direito administrativo como teoria encerra, à semelhança do tempo existencial, uma confluência das múltiplas dimensões temporais. Ele não pode abandonar a sua memória e os seus legados, sintetizados em capítulos fundamentais do Estado de Direito, ou renunciar ao diálogo desafiante com a nossa intuição direta do presente, pois essas são as bases essenciais para interpretar os sinais que nos aproximam do futuro. Como nos diz a canção, depois de ouvirmos e lermos CELSO ANTÔNIO BANDEIRA DE MELLO, podemos dizer: "a lição sabemos de cor /só nos resta aprender". (14/10/2019).

NOTA:

Texto-base da exposição realizada no Congresso Internacional Direito Administrativo e Estado Democrático de Direito, na cidade de São Paulo, em 12/10/2019, no âmbito do XVIII Foro Iberoamericano de Derecho Administrativo. O evento foi realizado em homenagem ao Prof. Celso Antônio Bandeira de Mello e organizado pelo Prof. Rafael Valim, tendo reunido mais de 100 professores estrangeiros. A exposição foi realizada em mesa sob a presidência da Professora Maria Nazaré Lins Barbosa (SP), tendo ainda a participação ilustre dos Professores Ricardo Marcondes Martins (SP), Mário Aroso de Almeida (Portugal) e Eduardo Jordão (RJ). O título da exposição "evoca" ou homenageia também o meu querido amigo e mestre J. J. Calmon de Passos, que escreveu o artigo "Administração da Justiça no Brasil: visão para além do imediato" em 1983 (In Bahia forense, n. 21, p. 17-33, jul./set. 1983). Assim, de uma única vez, no limite de vinte minutos, pude render homenagem direta e indireta a dois dos meus maiores incentivadores - Celso Antônio Bandeira de Mello e J.J. Calmon de Passos.

Tributo a Alice Gonzalez Borges

Na gramática das Academias **homenagens póstumas** recebem um lugar de destaque. Não é por nostalgia. Nessas sessões especiais adquirimos a **consciência do tempo** e **transmitimos um resumo do legado**, intelectual e humano, dos que nos antecederam. As **sessões de saudade** são oportunidades para a Academia **armar pontes entre gerações** e **fundir no horizonte temporal** passado, presente e futuro.

A consciência do tempo não é o tempo, mas a experiência subjetiva possível do tempo, que é fluxo e, como tal, inapreensível. SANTO AGOSTINHO bem o dizia: o correto não é enunciar-se passado, presente e futuro, porém o **presente do passado, o presente do presente e o presente do futuro**. Na sua forma poética, ensinava o filósofo, que "o presente do passado é *memória*; o presente do presente é *intuição direta*; o presente do futuro é a *espera*". Por isso, digo eu, o **tempo subjetivo ou existencial é a conjugação simultânea em nós das múltiplas dimensões do tempo objetivo ou cronológico.** Sem consciência do passado, ou do presente passado, permanecemos ingênuos; sem a consciência do presente futuro, sucumbimos ao imediatismo e à melancolia. O mesmo ocorre com as Academias: **amadurecem a sua consciência do tempo quando reconhecem a coexistência temporal,** que é fusão e síntese, e não se abandonam à simples sucessão e mudança de integrantes.

Hoje homenageamos ALICE GONZALEZ BORGES, **intelectual pioneira:** a primeira mulher a ingressar nesta Casa, a sua primeira mulher presidente e a primeira presidente a ser reeleita. Mas ALICE foi muito mais do que uma mulher vitoriosa.

Tenho comigo uma *soma de lembranças e afetos*, mas antes de falar sobre minha relação com ALICE, quero registrar um pouco mais de sua história pessoal.

Alice Gonzalez Borges: Intelectual Pioneira

ALICE MARIA GONZALEZ BORGES nasceu em *19 de abril de 1929*, alguns meses antes do "*Crash*" da Bolsa de Nova York, que ocorreu em 24 de outubro de 1929. Período tumultuado, que desencadeou uma crise econômica mundial sem precedentes e derrubou o preço internacional do café, que representava à época 70% das exportações brasileiras. No plano político, a crise favoreceu a deflagração do Golpe de 30, que depôs WASHINGTON LUIS, impediu a posse do presidente eleito, JULIO PRESTES, e conduziu ao governo GETÚLIO VARGAS. Era um período conservador nos costumes, caracterizado por ainda exaltar a figura feminina tradicional, submissa e preparada para as atividades domésticas. O voto feminino, por exemplo, somente veio a ser consagrado no Brasil em 1932.

ALICE GONZALEZ BORGES veio ao mundo nesse contexto, porém soube estar à altura e até além de seu tempo. Filha única de uma empregada doméstica, de nome GUIOMAR, com o galego VENANCIO, dono de uma pastelaria no Cabeça, a "Casa Moderna", aos *dez meses* de idade foi deixada sob os cuidados da patroa de GUIOMAR, a dentista ALICE PAVIE MERCEZ, em razão da definitiva separação de seus pais. VENANCIO regressou para a Espanha e somente voltou a Salvador quando ALICE GONZALEZ já contava quase cinco anos de idade; da mãe natural, GUIOMAR, não se conhece o paradeiro. O nome ALICE – de origem francesa, que significa "de qualidade nobre", "de linhagem nobre", versão francesa de Adeliz, Alesia, Aliz – foi-lhe dado por influência de ALICE PAVIE, quem efetivamente a criou e foi a sua verdadeira mãe por toda à vida.

ALICE PAVIE era uma mulher extraordinária, que nasceu na Bahia, mas fez toda a sua formação escolar inicial em Paris, pois era filha de pais franceses. Regressou a Salvador aos treze anos sem falar uma única palavra em português e precisou continuar seus estudos. Foi uma aluna muito aplicada, tendo concluído o curso de odontologia com distinção, algo raríssimo à época. Formou-se cirurgiã-dentista aos 19 anos de idade, no ano de 1908. Superou a morte do pai e passou grandes dificuldades financeiras com os seus três irmãos e a mãe. Foi uma *mulher batalhadora e estudiosa*, que lutou por toda a vida contra o preconceito contra a mulher e, no belo relato de ROSELENA GONZALEZ BORGES, influenciou com seu *exemplo de independência, perseverança e coragem* a pequena ALICE, conseguindo tornar-se "uma dentista afamada, com grande clientela entre as famílias mais ilustres da Bahia, especialmente mulheres e permaneceu solteira."

ALICE BORGES aprendeu a ler muito cedo, aos 5 anos de idade, tendo passado a frequentar a escola da Santa Casa de Misericórdia, depois a Escola da Professora Quinquinha e a Escola Antonio Maria, onde ganhou prêmio aos oito anos de idade do Rotary Club. O seu ingresso no Colégio da Bahia foi um desafio. Na primeira tentativa, perdeu. Na segunda, depois de reforçar os estudos sem descanso, foi a melhor aluna na seleção de ingresso, sendo conhecida no Colégio da Bahia como a "menina do 100", por haver obtido nota 100 em todas as matérias.

Recebeu *sólida formação religiosa*, sobretudo espírita, por influência de sua mãe de criação. Nas terças-feiras e nos domingos ALICE GONZALEZ frequentava a União Espirita da Bahia. Nesse local, sua mãe de adoção conheceu ALFREDO MERCEZ, vindo a casar-se com ele. ALFREDO MERCEZ foi depois eleito Presidente da União Espírita da Bahia e foi uma influência marcante na criação de ALICE GONZALEZ, pois – por estímulo de ALFREDO – ela venceu a timidez e passou a ser pregadora na União Espírita, descobrindo assim desde cedo a sua capacidade de *elocução didática*.

No Colégio da Bahia ALICE conheceu aquele que viria a ser seu esposo, JAFÉ BORGES. Ela contava dezoito anos; ele, vinte e um. O encontro foi definitivo: JAFÉ *sequer pediu* ALICE em namoro, convidando-a de pronto a casar-se com ele. Ela aceitou, o que causou espanto em todos à época, pois eram dois jovens, sem emprego e sem sustento próprio.

Mas ALICE era uma *mulher decidida*: no último ano do curso no Colégio da Bahia, iniciou sua preparação para o vestibular da Faculdade de Direito da Bahia (futura Faculdade Federal) e ao mesmo tempo estudava para o concurso público destinado ao provimento de cargo de serventuário do Tribunal de Justiça. Foi aprovada em ambas as seleções e, enquanto aguardava a nomeação para o Tribunal de Justiça, passou a ensinar francês no Ginásio Brasil para manter-se e pagar seus estudos.

Na Faculdade de Direito da Bahia ganhou o prêmio ANFILÓFIO DE CARVALHO, cujo júri era presidido por NELSON SAMPAIO, e que assegurava a gratuidade ao vencedor de um ano de Faculdade. Naquele tempo a Faculdade de Direito da Bahia era paga.

Foi quando se preparava para o concurso do Tribunal de Justiça que ALICE travou seu primeiro contato com o direito administrativo. Na Faculdade de Direito, porém, detestava a matéria, embora gostasse de seu professor, LAFAYETTE DE AZEVEDO PONDÉ. A disciplina foi a única em que ALICE não foi aprovada de pronto, tendo ficado para a prova final, prova oral, adiada várias vezes por LAFAYETTE. Em cada um dos adiamentos da prova ALICE estudava mais a disciplina e foi assim que terminou enamorando-se pelo direito administrativo. Os vários adiamentos da prova oral também provocaram adiamentos sucessivos do casamento de ALICE, que não admitia casar enquanto estivesse em mora com o seu curso. Concluiu a sua graduação em 1952.

No Tribunal de Justiça, ALICE fez carreira brilhante, ascendendo aos principais cargos da área administrativa. Conduziu processos administrativos disciplinares; secretariou os concursos do tribunal; colaborou na reforma do órgão; ajudou na criação do serviço de estatística e do serviço de ementário; participou da criação da Revista Jurídica do Tribunal (depois renomeada para Bahia Forense); coordenou a reorganização da Biblioteca, assessorou a Presidência do Tribunal em diversas tarefas, tendo atuado como Procuradora de Justiça "ad hoc" em sessões quando ausente algum Procurador de Justiça. O Tribunal retribuía os seus esforços confiando-lhe missões de relevo, como representar o órgão nos estudos da reforma administrativa de 1966 e organizar e documentar encontros científicos e institucionais de responsabilidade da Corte. Foi em um desses encontros que ALICE conheceu OSWALDO ARANHA BANDEIRA DE MELLO, nesse momento desembargador e presidente do Tribunal de Justiça de São Paulo. Por impedimento, em razão do cargo ocupado no Tribunal, nessa época ALICE não advogava, mas por algum tempo auxiliou JAFÉ no escritório de projetos industriais destinados à análise da SUDENE.

Quando foi criada a Procuradoria Geral do Estado, ALICE participou do primeiro concurso para Procurador, tendo sido aprovada e bem classificada. Novamente pioneira: **foi a primeira mulher a ser aprovada em seleção pública para a Procuradoria do Estado da Bahia.** Na Procuradoria, foi conduzida a atuar junto à Secretaria de Administração, sendo depois transferida para a procuradoria especializada administrativa, onde trabalhou com PAULO SPÍNOLA, sendo depois convidada para assistente do Procurador-Geral. Disciplinada e metódica, ALICE chamou a atenção de DILSON DÓREA, que sugeriu que ela ensinasse na UCSAL. A ideia foi bem acolhida por MANOEL RIBEIRO, que a ajudou a assumir algumas turmas de direito administrativo.

Anos mais tarde, ALICE escreveu tese para concorrer a professora titular de direito administrativo da UCSAL, o conhecido livro **Normas Gerais no Estatuto de Licitações e Contratos Administrativos**, Ed. Revista dos Tribunais, 1991, 2ª. tiragem, 1994. Foi vitoriosa também nesse projeto, sendo ainda indicada para professora titular da Universidade Salvador. Além desse livro, escreveu mais de *sete dezenas de artigos e ensaios*, alguns dos quais reunidos no livro **Temas de Direito Administrativo Atual**, vol. 1, Belo Horizonte: Ed. Fórum, 2004. ISBN 85-89148-41-6 e no livro **Temas de Direito Administrativo Atual, vol. 2. Estudos e Pareceres**, Belo Horizonte: Ed. Fórum, 2010. ISBN 978-85-7700-360-0. Participou também de diversas coletâneas de trabalhos acadêmicos, com juristas e professores de todo o país. Muitas vezes fomos *colegas de sumário.*

A sua produção acadêmica revela ampla gama de interesses, é abrangente, mas também nela é legítimo identificar alguns **temas obsessivos,** como ocorre com quase todo intelectual inquieto com os frutos que deixa cair pelo chão em seu percurso investigativo. Entre esses *temas obsessivos,* destaco: licitações e contratos administrativos, desapropriação, concessões de serviço público, contratos de arrendamento portuários, servidores públicos, reforma administrativa, interesse público, controle jurisdicional da administração, reforma administrativa, responsabilidade patrimonial do estado e a aplicação do código civil ao direito administrativo.

ALICE GONZALEZ também foi atuante em diversas associações científicas. Foi membro do Instituto dos Advogados da Bahia e da Comissão de Estudos do IAB; Titular da Cadeira cadeira n. 30 desta Academia de Letras Jurídicas da Bahia (1994); Membro do Conselho Superior (a partir de 1994), Instituto Brasileiro de Direito Administrativo; Membro do Instituto dos Advogados Brasileiros (1992); Membro do Instituto de Direito Administrativo Paulista - São Paulo (1991); Presidente do Instituto de Direito Administrativo da Bahia e integrante do Conselho Científico da Sociedade Brasileira de Direito Público – SBDP.

Depois de se aposentar na Procuradoria Geral do Estado, completados *trinta e seis anos de serviço público*, passou a advogar em Salvador, exercendo a consultoria e a advocacia especializada em direito administrativo. Em sua homenagem, a Associação dos Procuradores do Estado da Bahia criou, em 2004, o *Prêmio ALICE GONZALEZ BORGES*.

MARIO DE FIGUEIREDO BARBOSA, outro confrade que evoco com saudade, responsável pela saudação na posse de ALICE nesta Academia, registrou a mensagem que ALICE fez constar do seu pedido de aposentadoria na Procuradoria do Estado da Bahia, que merece também aqui transcrição. Escreveu ALICE na petição do pedido de sua aposentadoria:

> "Saio desta casa, como entrei: pela porta larga, generosa, do concurso público, sempre aberta para aqueles que, como eu, nunca tiveram nada com que contar além de suas humildes forças, e sempre pronta a acolher os méritos forjados através do esforço"

Em 2016, ALICE foi agraciada pela Câmara Municipal de Salvador com a **Medalha THOMÉ DE SOUZA.** A sessão solene de outorga foi proposta pelo vereador CLÁUDIO TINOCO. Ela estava radiante nesse dia.

Na ocasião, indagada sobre sua longa carreira jurídica, ALICE GONZALEZ BORGES afirmou:

> "Nosso País vive dias muito difíceis, num momento verdadeiramente hegeliano, em que se debatem duas grandes contradições. De um lado, é grande o progresso que alcançamos, com a progressiva vitória contra as extremas dificuldades que assoberbavam nossa população em décadas passadas e com a irreversível ascensão de sua redemocratização. De outro lado, porém, graças à liberdade de imprensa, nunca foram tão expostas as mazelas do poder com a proliferação de uma corrupção administrativa generalizada, justamente entre aqueles que, por determinação constitucional, deveriam ser os guardiões da democracia".

E continuou:

> "Aos operadores do Direito, com seus estudos, com seu afanoso labor diário, cabe dar sua contribuição, ainda que individualmente modesta, para construir a síntese ideal a que todos almejamos: um Estado brasileiro verdadeiramente democrático, próspero e socialmente justo. A todos quantos sonham com esse ideal, só resta fazer como ensinava Martin Luther King: 'se soubesse que o mundo se desintegraria amanhã, ainda assim plantaria a minha macieira'."

Essa fala retrata bem ALICE: mulher independente, disciplinada, trabalhadora incansável, otimista, porém não alienada, pioneira desbravadora de seu tempo. Era uma intelectual de valor e mulher aguerrida, que serve de exemplo para os tempos obscuros em que vivemos.

Mas outras dimensões de ALICE também merecem registro, além da intelectual e acadêmica. Mas preciso ser breve. ALICE foi uma mãe dedicada à família e teve com JAFÉ três filhos: DOLORES, médica; ROBERTO, engenheiro químico, e ROSELENA, arquiteta. Acolhia com carinho os amigos dos filhos em sua casa de praia e teve a felicidade de conhecer seus sete netos e três bisnetos. Falava dos filhos com orgulho e era derramada pelos netos.

ALICE era uma pessoa muito positiva, alegre, e uma excelente pianista. Fez curso completo de piano e, na adolescência, chegou a dar aulas de piano. Tocava de ouvido e, quando criança, adorava brincar embaixo de um piano de cauda que tinha em sua casa. Era também doceira e aos sábados gostava de cozinhar, fazer bolos e sobremesas. Por fim, conforme relato de sua filha, também excelente bordadeira: costurava para os filhos e netos, sempre com sorriso no rosto.

Estive com ela no hospital antes de seus últimos dias. Estava magra, frágil, porém alerta e carinhosa como sempre. Deixou o plano terreno no dia 31 de março de 2018

Minha Relação Com Alice

A palavra de ALICE para mim sempre foi doce e de uma só cor. Ela me incentivava intensamente, assumindo muitas vezes um papel maternal: fez-se amiga de toda a minha família, acompanhou o desenvolvimento de minhas duas filhas, que a chamavam de vovó ALICE, conspirava com minha mulher para que eu dormisse um pouco mais, ou fizesse regime, ou não assumisse tantos compromissos fora da Bahia para palestras ou aulas. Cobrava que eu escrevesse mais e não protelasse projetos antigos. Sempre foi para mim um exemplo de mulher corajosa e determinada, disciplinada e interessada pelo outro e aberta ao novo, com quem eu podia dialogar sem reservas. ALICE era generosa afetivamente e ao mesmo tempo contida. Não se exibia, deixava-se exibir, assumindo os riscos de opinar de forma franca. E era livre, como todo intelectual digno, pois não corrompia o seu pensamento para atender a modas e aos gostos da ocasião.

Sei que serei devedor de ALICE por toda a vida, eternamente insolvente, pois ela me tratava como filho intelectual e sempre foi comigo generosa e muito paciente. Sou devedor assim também de CALMON DE PASSOS, que me ensinou muitíssimo e me acolheu como pai intelectual. Temos muitos pais e mães afetivos, além dos nossos pais biológicos, cujo amor filial nunca podemos negar.

DOSTOIÉVSKI, em *Notas do Subterrâneo,* definia o homem como um ser *bípede e ingrato*. Lutei minha vida toda para negar essa definição. Sempre busquei ser justo e reconhecido aos que comigo partilharam as alegrias, dores e desafios dessa jornada. Mas, com frequência, sou tomado pelo sentimento de incidir na sentença amarga de DOSTOIÉVSKI. Espero não ter sido assim com ALICE.

Eu também a incentivei na medida de minhas possibilidades. Convidei ALICE para diversas palestras em congressos que organizei, sugeri a ela criarmos o *Instituto de Direito Administrativo da Bahia,* insistindo para que ela assumisse a sua primeira Presidência, convidei-a para comissões federais de juristas destinadas a elaboração de anteprojetos de lei para regulamentação da reforma administrativa de 1998, quando estive na Assessoria Jurídica do Ministério da Administração Federal e Reforma do Estado; colaborei na revista Controle e Gestão que ela concebeu junto ao Tribunal de Contas e fiz o que me pediu nos anos em que atuou como Presidente deste Sodalício. Gravei em vídeo e publiquei no site direitodoestado.com.br a história pessoal de ALICE, nos marcos do projeto Depoimentos Magistrais, fonte de várias informações que compartilhei esta noite (http://www.direitodoestado.com.br/tvdireito/depoimentos-magistrais/alice-gonzalez-borges). Em cinco vídeos ALICE conta a sua história, que já foi assistida por mais de 17.391 pessoas. Em 2006, organizei congresso jurídico nacional de dois dias inteiros em homenagem a ALICE GONZALEZ BORGES, que foi saudada por juristas de todo o país. Houve sempre entre nós muita parceria, boas conversas, admiração mútua, carinho extremado. São lembranças que não quero borrar e sim recordar – voz que provém do latim *re-cordis*, que significa literalmente "voltar a passar pelo coração".

A Eternidade Possível: O Presente Reconciliado

A beleza profunda da vida humana é a *certeza do incerto*. Sem programa original, sem essência determinadora, somos em grande parte o que decidimos ser existencialmente, dentro das condições históricas e sociais presentes. Ninguém é pior, melhor, mais trabalhador, menos trabalhador, mais inteligente ou menos em razão de raça, cor, sexo, idade, origem familiar ou orientação sexual. A ausência da essência original, ou de qualquer determinação original, é que nos autoriza e ao mesmo tempo nos obriga a receber a todos os seres humanos como iguais, com igual dignidade, pois todos somos **projetos abertos à espera de realização.** A pluralidade humana na história é o que há de mais fascinante na espécie humana. "Sê plural como o Universo" é a incitação penetrante de um dos aforismos de FERNANDO PESSOA.

Por isso, nunca deixei de repetir para mim mesmo o genial fragmento de GIOVANNI PICO DELLA MIRANDOLA, no *Discurso sobre a dignidade do homem,* ao imaginar o que Deus disse a Adão quando o criou:

> "Coloquei-te no meio do mundo para que daí possas olhar melhor tudo o que há no mundo. Não te fizemos celeste nem terreno, nem mortal nem imortal, a fim de que tu, árbitro e soberano artífice de si mesmo, te plasmasses e te informasses, na forma que tiveres seguramente escolhido. Poderás degenerar até aos seres que são as bestas, poderás regenerar-te até às realidades superiores que são divinas, por decisão do teu ânimo"

O homem – enquanto espécie - é este ser inacabado e inacabável: livre para escolher seus próprios fins, condenado a escolher e determinar a sua própria essência. Não nos diferenciamos dos animais por sermos racionais, mas por estarmos condenados a avaliar as nossas próprias escolhas na dimensão da necessidade e de nossos interesses, porém também na dimensão ética e política, que nos liga a todos, aos nossos contemporâneos, aos nossos antepassados e aos nossos sucessores.

Alguém já disse que a maior orfandade é a do coração. Poderia sentir o mesmo pelo passamento de ALICE GONZALEZ BORGES. Mas essa orfandade somente se consuma se e quando matarmos a presença de ALICE. Enquanto a mantivermos presente, a homenagearmos, recordarmos o seu exemplo, ela vive.

Iniciei falando da consciência do tempo, que é *sempre consciência da mudança e da finitude.* E defendi que o tempo é fluxo, pois apenas se identifica como objeto quando distinguimos *transformações e transições.* E concordei com SANTO AGOSTINHO, que dedicou ao tempo imperecíveis lições no capítulo XI das Confissões. Mas é hora de encerrar, porém nesse último lance ousarei divergir – com temor e reverência – do filósofo e bispo de Hipona.

Escreveu SANTO AGOSTINHO que "o presente, se fosse sempre presente e não se tornasse passado, não seria presente, e sim eternidade". E para ele eterna é apenas a presença de Deus, que fez o próprio tempo. "E nenhum tempo é *coeterno contigo*", diz o filósofo dirigindo-se a Deus, "porque tu permaneces; mas ele, se permanecesse, não seria tempo". Para SANTO AGOSTINHO, o presente, para ser tempo, se dissolve logo que acontece – é um átimo entre dois nadas, o passado e o futuro. O presente somente pode "ser" ao "deixar de ser". Isso pode ser aceito quando miramos a Deus, ou postulamos a sua eterna presença, mas não quando miramos ao homem.

Para o ser humano, o presente é a única presença: o presente do presente, o presente do passado, o presente do futuro. Um fato passado que não é presença, é esquecimento. Uma projeção que não é sonho, é delírio. "O presente é tão grande, não nos afastemos, Não nos afastemos muito, vamos de mãos dadas", escreveu CARLOS DRUMMOND DE ANDRADE.

A eternidade não é o contrário do tempo, como acreditava SANTO AGOSTINHO. **A eternidade é o próprio tempo presente, preenchido pela confluência de todas as dimensões temporais.** Não há sabedoria no esquecimento nem no delírio. Somos condenados a decidir no agora, sempre no presente, mas com a firme recordação do passado e com a clareza possível de alternativas de futuro. No presente somos convocados a reconciliar e fundir o fluir do tempo. **Não há completude no imediatismo dos frívolos ou na cega adoração do passado pelos nostálgicos.**

No plano jurídico também é assim e apenas tolos não se colocam problemas de eficácia intertemporal. O tempo jurídico exige análise do que hoje incide porque deve incidir agora (eficácia imediata), o que incide hoje da lei vigente ontem (ultratividade da norma revogada), o que se preserva da incidência da lei nova (direito adquirido), o que incide ontem embora de lei nova (retroatividade), o que merece proteção razoável por sua longa duração no tempo (proteção à confiança na retrospectividade), o que somente deve incidir em outro tempo (modulação de efeitos e vacatio legis). **O presente jurídico é, como o tempo existencial, uma *confluência das múltiplas dimensões temporais.*** Algo que a física contemporânea também aprova, mas ao custo de romper com a unicidade, direção e unidade do próprio presente em *uma miríade de tempos próprios*, como ensina o fascinante livro de CARLO ROVELLI, *A Ordem do Tempo.*

A saudade de ALICE GONZALEZ BORGES nos recorda a sua vitória sobre o paradigma de mulher intelectual de sua época, por isso ela foi pioneira, mas também que reviver a sua presença enriquece o nosso presente e o prepara para os desafios do futuro, que já se projetam. **Viver o presente com toda a intensidade e toda a sua complexidade exige que o reconciliemos com o passado presente e a lembrança dos que nos antecederam.** Esse é o papel das Academias e nossa contribuição para o presente e para o futuro. Que seja esta a última lição convocada por ALICE: neste Sodalício é proibido esquecer, é proibido fazer tábula rasa dos nossos antecessores, pois somente assim realizamos no presente a única eternidade possível. (17/10/2018)

NOTA

O presente texto foi apresentado como discurso de saudade à Professora Alice Gonzalez Borges, por ocasião da sessão especial em sua homenagem realizada na Academia de Letras Jurídicas da Bahia em 16 de outubro de 2018. Algumas informações utilizadas no texto foram extraídas do site DireitodoEstado.com.br, Projeto Depoimentos Magistrais, Depoimento de Alice Gonzalez Borges, e estão disponíveis em: http://www.direitodoestado.com.br/tvdireito/depoimentos-magistrais/alice-gonzalez-borges Acesso em 14 e 15 de outubro de 2018. Também foram relevantes informações colhidas de Roselena Gonzalez Borges, filha da homenageada, e diretamente pelo autor na prolongada convivência com Alice Gonzalez Borges. Agradeço ao Presidente da Academia de Letras Jurídicas da Bahia, Acadêmico Rodolfo Pamplona Filho, e à família da homenageada o convite para funcionar como orador oficial da sessão de saudade.

Calmon de Passos: múltiplo e inesquecível (16.05.1920 – 18.10.2008)

Penso que ao menos concordaremos nisso: *JOSÉ JOAQUIM CALMON DE PASSOS* foi *múltiplo* e *inesquecível.* Cada um dos amigos que dele falou ressaltou um aspecto de sua personalidade e de sua contribuição, sem ocultar que CALMON foi jurista, membro e líder do Ministério Público, advogado e "batonnier" dos advogados, professor, secretário de estado, chefe de família e escritor. CALMON foi uma personalidade complexa e plural, que não se descreve a partir da recordação isolada de cada um de nós. É mais do que isso, mas a nossa recordação, parcial e precária, é a única que podemos assumir de forma autêntica. Recordá-lo, conquanto exercício doloroso neste momento, é a convocação que nos fazem. *Recordar*, como se sabe, do latim *re-cordis*, é literalmente *tornar a passar pelo coração.*

Não costumo ler as minhas intervenções. Mas, amigo de CALMON há vinte anos, desde que os nossos caminhos se cruzaram em 88, tenho encontrado grande dificuldade em falar sobre ele sem o apoio de um texto escrito. A sua ausência ainda me causa dor e surpresa. Preferia ficar em silêncio, ruminando a saudade de suas palavras amigas, lembrando as suas anedotas e lições, mas também não quero deixar de registrar fatos e reflexões que presenciei. Por ser escrita, farei uma intervenção breve e direta, contendo assim a emoção inevitável de falar sobre a sua ausência.

JOSÉ JOAQUIM CALMON DE PASSOS faleceu nos primeiros minutos do último dia 18 de outubro, com oitenta e oito anos, praticamente um dia após proferir a sua última conferência. Na noite dessa última conferência, CALMON foi aplaudido de pé ao fim da exposição. Ele empolgara o auditório, exibindo o vigor intelectual e a liberdade de ser e dizer que conquistara com a maturidade. Era um expositor único, inigualável na capacidade. de seduzir a audiência, de fazer rir e chorar em uma breve sucessão de segundos. Crítico feroz, desconcertante, empregava argumentos incisivos, com o objetivo de provocar o interlocutor a reagir e a celebrar com ele as liturgias do pensamento. CALMON amava a polêmica, desde que realizada de forma livre e fundamentada, sem pose, sem formalismos e sem reservas de conveniência. Despedimo-nos dialogando no longo trajeto até a sua casa, trocando ideias sobre o direito e o país, sem a consciência de que essa seria a nossa última conversa.

Nas primeiras horas da manhã do sábado, dia 18, recebi a notícia do seu falecimento por infarto do miocárdio. BERTA, sua filha, ligara para avisar do óbito do meu mestre e amigo de tantos anos, pedindo-me que avisasse autoridades e amigos, pois o enterro ocorreria na tarde do mesmo dia e a família não mantinha contato com a comunidade jurídica. Não conseguia acreditar. Fiquei perplexo e incrédulo. Há mais de dez anos ouvia CALMON falar que era candidato a defunto, iminente candidato, mas de tanto ouvir já me acostumara com a ideia de que essa seria uma realidade ainda distante. Cancelei imediatamente a conferência que faria na mesma manhã e iniciei o contato dos amigos. CALMON foi enterrado com dignidade, mas de forma simples, como gostaria, cercado por todos os seus filhos (BERTA, ERIDAN e EMERSON) e por familiares, admiradores, amigos e autoridades em grande número. A sua esposa querida, dona ELISA, foi poupada, por encontrar-se enferma e fragilizada.

CALMON DE PASSOS não era doutor ou mestre, mas foi um dos maiores juristas deste país. Nasceu em Salvador, em 16 de maio de 1920. Passou a infância e a adolescência na cidade, de modo confortável, filho de uma família de classe média alta, como ele mesmo afirmou em depoimento gravado sobre a sua vida, com uma hora de duração, disponível no site <www.direitodoestado.com.br> (projeto Depoimentos Magistrais). Mas aos 13 anos perdeu seu pai e aos 14 sua mãe, passando por graves dificuldades financeiras, tendo respondido inclusive pelo sustento e criação dos seus irmãos. Para sobreviver, deixou os estudos aos 14 anos, trabalhando como entregador de mercadorias no comércio e balconista.

Aos 16 anos tentou voltar a estudar. Conseguiu vaga para o Colégio da Bahia, após apelar para ISAÍAS ALVES, então Secretário de Educação do Estado. O depoimento de CALMON, de suas dificuldades e de sua vontade de estudar, comovera o secretário, que lhe assegurara vaga para continuar os estudos. Concluído o secundário, migrou com toda a família para Alagoas, para o povoado de São José da Laje, onde familiares o aguardavam. Recife. era a capital mais próxima de São José da Laje, razão pela qual fez o seu curso de bacharelado em direito na Universidade Federal de Pernambuco. Neste período conhece e rapidamente contrai núpcias com Dona ELISA, então com 19 anos, companheira que o apoiará por mais de sessenta e nove anos e a quem ele dedicava o mais sincero amor. Concluiu o curso de direito em 1946.

Formado, casado, retornou a Salvador, onde prestou concurso para promotor público em 1948, sendo lotado no município de Remanso. A partir daí, desenvolveu uma vitoriosa trajetória como jurista, professor, escritor e consultor. Foi professor emérito da Universidade Federal da Bahia (UFBA), livre docente da Faculdade de Ciências Econômicas, catedrático de Processo Civil da Faculdade de Direito da Universidade Federal da Bahia, fundador do Centro de Cultura Jurídica da Bahia (CCJB), Procurador--Geral de Justiça do Estado, presidente da Ordem dos Advogados da Bahia e membro da Academia de Letras Jurídicas da Bahia e do Conselho de Desenvolvimento Econômico e Social da Presidência da República.

Publicou inúmeras obras, entre as quais destacamos: *Comentários ao Código de Processo Civil*, vol. 3 (até a 9ª edição), *A ação no direito processual civil brasileiro*, *Da Jurisdição*, *Esboço de uma teoria das nulidades aplicadas* às *nulidades processuais*, *Mandado de segurança coletivo, mandado de injunção e habeas data*, *Inovações no Código de Processo Civil*, além de *Direito, Poder, Justiça e Processo: julgando os que nos julgam*.

CALMON declarava que sempre desejara cursar direito. Considerava-se uma pessoa com muita imaginação, com carisma para envolver auditórios e pessoas. Gostava de contar histórias. Chegou a escrever uma novela de ficção científica. A vida toda trabalhou. Sempre foi um autodidata. Esteve sete anos no interior, como Promotor, e aproveitou esse tempo para estudar solitariamente. Revelava dificuldade em trabalhar em equipe. Gostava de trabalhar com poucos autores e ler seguidamente os grandes autores: PONTES DE MIRANDA, CALAMANDREI, LOPES DA COSTA, CHIOVENDA, ruminando e reciclando o pensamento desses mestres com o seu próprio pensar.

Não fazia tampouco discurso erudito. Usava experiências do cotidiano e a linguagem coloquial para manter unido o direito e a vida. Procurou sempre dar um sentido pragmático ao direito. Foi também filho dedicado de mãe religiosa (era o filho mais velho, dos cinco filhos do casal). Durante muito tempo manteve a promessa que fez no leito de morte de sua mãe de não falar mal dos padres.

Como professor universitário foi, inicialmente, formal e rigoroso. Depois aprendeu a tratar os seus alunos como iguais. Como professor, inicialmente foi aceito por seus pares, mas, quando se aproximou dos alunos, foi se afastando dos colegas de ofício.

Não pretendia, em princípio, ensinar processo civil. Mas ROGÉRIO DE FARIA, catedrático da matéria, era o primeiro mestre a se aposentar. Casou com a disciplina por interesse, como ele conta em seus depoimentos, mas se apaixonou, revolucionando o ensino do processo na Faculdade de Direito da Bahia, pois a abordagem tradicional era praxista e sem consistência dogmática. Foi um divisor de águas.

Mas nunca gostou de ser exclusivamente dogmático. Sempre estimulou o estudo dos fundamentos do direito. Nos últimos anos, frisava constantemente os fundamentos políticos, sociais e econômicos das normas vigentes. Não desprezava a dogmática. Considerava que a dogmática civilizava o pensamento dos juristas e restringia o arbítrio, evitando a cegueira das emoções e o impressionismo. Mas reclamava uma percepção mais consciente da base política do direito, combatendo o que ele denominava *romantismo pernicioso dos juristas*.

Para ele, os juristas após a CF 88 venderam ao país a ilusão de que os problemas nacionais seriam resolvidos pelo direito ou com reformas da legislação, sendo os magistrados os redentores e artífices da emancipação. Para ele o discurso sobre o direito como via de emancipação era um discurso criminoso, pois afastava o povo da arena política, a única via real de conquista de liberdade.

CALMON afirmou diversas vezes que a CF de 1988 foi uma vitória da elite brasileira, pois assegurava apenas formalmente o paraíso na terra, enviando uma mensagem perversa de desmobilização para o povo brasileiro: vocês não precisam lutar por qualquer direito, pois todos já estão assegurados na Constituição e o acesso ao judiciário estará facilitado. Tudo o poder judiciário pode. Logo, não pode nada, imerso em sua impotência, o que somente eleva o descrédito do próprio judiciário.

Para CALMON era imperioso recuperar a função específica do direito, como instrumento assegurador da liberdade conquistada na arena política. Quem deve dizer o espaço de liberdade da sociedade é a própria sociedade, politicamente.

Para o mestre, o direito não emancipa; somente a mobilização política o faz. O direito tem outra função: estabilizar o pacto de convivência entre dominante e dominado, garantindo nitidez aos limites transigidos pelo dominador para viabilizar a convivência com o dominado. O papel do direito é semelhante ao de um soldado que luta nas trincheiras, cuja função é a de consolidar as fronteiras do que já foi conquistado. O compromisso do jurista deve ser o de assegurar o dominado que não será vítima de uma dominação ilegítima. O direito não assegura a liberdade que se quer, mas a liberdade que se conquistou politicamente.

CALMON não era um homem sereno em público. Era amigo da polêmica. Talvez porque, como BOBBIO, considerasse que a serenidade é a "mais impolítica das virtudes" (BOBBIO, Elogio *da serenidade*, 2002). Como pretendia adotar um discurso mobilizador, recusava a serenidade, que sempre foi o padrão de comportamento esperado do acadêmico.

CALMON tinha notórios acessos de ira, santa ira, fundada no inconformismo com as mazelas sociais. Muitos tinham medo de conversar com ele, com receio de receber uma descompostura. Na verdade, no trato pessoal, CALMON sempre foi tolerante, condescendente, amigo de seus alunos, sempre os recebendo após a aula para solução de problemas práticos que retiravam da lida profissional. Irritava-se, é verdade, com os medíocres, especialmente os que posavam de doutores, arrogantes, escondendo em frases pomposas ou obscuras a própria ignorância. Quantas vezes ao meu lado, ouvindo algum palestrante, falava quase para ser ouvido, como se conversasse ao meu ouvido: que imbecil! Eu ficava corado, mas respeitava o mestre.

CALMON gostava de ser visto como realista. Nunca um idealista. Gostava de ter os pés no chão e na história. Para CALMON os juristas precisam ser realistas, o que ele traduzia como a necessidade de procurar as raízes do direito nas bases sociais, econômicas e políticas da sociedade, não em ideias puras ou importadas de contextos sociais distantes. Para ele, o realismo é uma orientação de pensamento que adota como postulado a impossibilidade de algo ser ontologicamente lícito ou ilícito.

Para CALMON, o conteúdo do direito é sempre político. O direito corporifica um sistema de dominação e institucionaliza sanções no interesse da concretização de um dado modelo político. É sempre uma visão de justiça parcial, vinculada a um projeto com base econômica concreta e política determinada.

CALMON gostava de fazer ironia, de ser cômico e caricato, para provocar o outro ou desarmá-lo da pura argumentação lógica. A ironia era nele uma arma de mobilização, não um divertimento. Para alguns, a ironia e a crítica feroz que ele vocalizava traduzia pessimismo. Mas CALMON não era pessimista nem melancólico. O seu discurso de provocação e crítica não convocava à passividade, mas exatamente o contrário.

CALMON se dizia um velho terminal, um velho professor no final da vida, despreocupado de seu futuro e de seu passado, capaz por isso de assumir a *ousadia libertária das crianças*, que vivem apenas o tempo presente, sempre precário e efêmero. Com a coragem e a desinibição das crianças, mas com a ira e a consciência dos que já viveram, ele poderia dizer o que muita gente sabe e vive, mas não tem coragem de afirmar em público, com receio de ser incompreendido.

CALMON era cronologicamente um octogenário, mas psicologicamente era um entusiasmado, um agitador, um jovem, sensível e amigos dos amigos.

No discurso em que me recebeu na Academia de Letras Jurídicas da Bahia, CALMON iniciou a sua fala com um *hino* à *amizade*. O texto está publicado, em livro que fizemos juntos <http://www.academia.edu/1035310>, mas eu me permito ler apenas o trecho inicial como uma *homenagem final ao mestre e a todos os seus amigos que participam desta sessão*:

> "A vida é curiosa. Um caminhar que não sabemos por onde será nem quanto durará. E, em nossa caminhada, nunca estamos sós. Há sempre companheiros de viagem. Alguns, por toda a vida; outros, ocasionais. E ambos se colocam ao nosso lado ou porque tentamos acompanhá-los, ou porque simplesmente passamos por eles ou eles passaram por nós. Companhias transitórias, algumas palavras, frágil interação, tão estranhas para nós quanto a roupa que trocamos inúmeras vezes em nossa vida. Outras, ao contrário, quase que se tornam afetivamente xifópagas, ficamos presas a elas e tão prazerosamente que jamais pensamos em nos submeter à delicada cirurgia de nossa separação. Nem ela é necessária, porque não nos fazemos um biologicamente, mas nossa unidade é fruto de vínculos que submetem afetivamente e nos deixam livres física e intelectualmente.
>
> Eu posso dizer que sou uma pessoa afortunada, desse ponto de visita. Minha vida é rica de vínculos com pessoas às quais me uni e das quais jamais pretendi nem pretendo me libertar. Desde aqueles que me deram a vida até aquela que escolhi para com ela perpetuar a vida, somando a isso os muitos que foram, são e serão, assim espero, meus amigos.

Preciso deles como preciso de oxigênio para sobreviver. Há uma ressalva, entre- tanto. Sou uma pessoa desabrida, sem capacidade de conter meus ímpetos, meus sentimentos e minhas paixões, por isso mesmo incapaz de conviver com quem quer que seja que de mim exija reserva, cuidado e cautela. Quando isso não é possível, simplesmente ponho à margem quem não consigo ver num espelho cristalino, ou simplesmente sepulto em meu cemitério particular os que preciso esquecer que existem ou já existiram."

CALMON DE PASSOS era este homem apaixonado pela vida, pelo direito, pela família e pelos amigos, com quem tive a honra de estudar, conviver e trabalhar. Fundamos juntos o Centro de Cultura Jurídica da Bahia. Trabalhamos em mais de uma comissão de elaboração legislativa do Governo Federal, preparando projetos que depois se transformaram em leis. Escrevemos textos comuns e programamos iniciativas culturais com um respeito, uma confiança mútua e um carinho sincero incomuns nos dias atuais. Regamos a *flor da amizade*, que um texto apócrifo traduziu de forma simples, nos seguintes termos:

A Flor da Amizade

Era uma vez uma flor que nasceu no meio das pedras.

Ninguém sabe como, conseguiu crescer e ser um sinal
de vida no meio de tanta tristeza.

Passou uma jovem e ficou admirada com a flor.

Logo pensou em Deus. Cortou a flor e a levou para a Igreja.

Mas após uma semana a flor tinha morrido.
Passou um homem, viu a flor, pensou em Deus,
agradeceu e a deixou ali;

não quis cortá-la para não matá-la.

Mas dias depois veio uma tempestade e a flor morreu...

Passou uma criança

e achou que aquela flor era parecida com ela: Bonita, mas sozinha.
Decidiu voltar todos os dias. Um dia regou, outro dia podou,

depois fez um canteiro, colocou adubo...

Um mês depois, lá onde tinha só pedras e uma flor, havia um jardim!

Assim se cultiva uma amizade...

Agradeço a atenção e a presença de todos. Muito obrigado. (13.11.2008).

NOTA:

* Sessão em homenagem a J. J. Calmon de Passos promovida pelo Diretório Acadêmico Rui Barbosa e pelo CEPEJ, UFBA,13.11.2008.

Entrevista de Paulo Modesto concedida a Augusto Neves Dal Pozzo e Ricardo Marcondes Martins

REVISTA DE DIREITO ADMINISTRATIVO E INFRAESTRUTURA (RDAI) – A primeira pergunta é a mais pessoal. Conte-nos um pouco sobre a escolha do Direito? E pelo Ministério Público? Como o senhor vê a instituição do Ministério Público hoje? Possui uma visão crítica? Ele vem cumprindo a contento seu papel institucional?

PAULO MODESTO – Aos quinze anos de idade eu identifiquei claramente que meu objetivo era estudar Direito. Mas não apenas Direito - eu também tinha enorme atração por filosofia. Gostava de estudar nessa primeira fase sobretudo os gregos. Lembro de ter descoberto e lido – com deslumbramento – obras de Aristóteles e Platão já nesta época. Mas, Direito era o interesse dominante. Quando eu concluí o segundo grau, fiz duas faculdades de Direito. Portanto, era bem convicto de que desejava estudar Direito! (risos) Fiz vestibular para a Universidade Católica e para a Universidade Federal da Bahia para direito e fui aprovado em ambas, as únicas faculdades existentes. E comecei a cursar as duas Faculdades, porque eu não sabia qual era a melhor! Então, na incerteza sobre qual era a melhor, eu resolvi fazer empiricamente o teste. Optei pelo curso de direito da Federal e abandonei a Católica. Em seguida, fiz alguns semestres no curso de filosofia na Universidade Federal da Bahia, em disciplinas opcionais – basicamente, Teoria do Conhecimento, estudei por um ano a teoria do conhecimento de Kant. Mas fui convidado na mesma época para assumir compromisso de estágio em Direito perante o serviço do patrimônio histórico da União e acabei deixando a Faculdade de Filosofia. O Direito foi uma ideia fixa. Por quê? Não sei! Talvez porque as relações humanas sempre me fascinaram e a disciplina jurídica das relações humanas era algo que imediatamente me interessou.

O Ministério Público não foi uma paixão de primeira hora. Surgiu como ideia muito depois. No início da faculdade escrevi um artigo sobre a reforma educacional que à época se debatia. A faculdade promoveu um dia de encontros para a discussão do tema. Esses debates ocorriam em várias salas e em uma delas era conduzido pelo Prof. José Joaquim Calmon de Passos, um jurista renomado nacionalmente. Fui para essa sala e, com a ousadia dos jovens, resolvi debater com o professor Calmon. Ele não me conhecia, nem eu o conhecia ainda pessoalmente e viramos amigos ali no debate. Foi um encontro decisivo. Ele me chamou para fazer o curso de especialização dele logo que entrei na faculdade. Eu disse: "Professor, não tenho a menor condição de fazer o curso de especialização, estando no primeiro ano da Faculdade, mas quando eu tiver condição, faltando dois anos para terminar, eu faço sim". Ele disse: "Você vai ser meu aluno irregular, não se preocupe" (risos) Fiquei dois anos fazendo curso de especialização dentro do curso de graduação, inclusive escrevendo artigos, e me tornei amigo fraterno de Calmon de Passos. Calmon era fascinante... E foi ótimo, porque se não fosse isso eu teria largado a Faculdade de Direito... alguns professores eram ruins durante o meu curso de graduação e Calmon me deu um outro entusiasmo. Hoje a UFBA está amplamente renovada. E Calmon foi durante toda a vida membro do Ministério Público e somente depois de aposentar passou a advogar. Ele me influenciou profundamente: era um homem franco, direto, apaixonado pela vida e pelo drama do homem, crítico por excelência. Mesclava direito e filosofia, direito e literatura, direito e ciências sociais. Foi a primeira vez que pensei no Ministério Público.

Mas eu queria aprofundar estudos e assim decidi mudar para São Paulo para fazer mestrado na PUC/SP e estudar com Celso Antonio Bandeira de Mello, jurista que admirava no direito administrativo. Não era comum naquela época se formar e fazer mestrado; eu vim fazer mestrado porque desejava continuar a estudar e não tinha condições de advogar na Bahia. Ao mesmo tempo, havia começado a namorar minha atual mulher, Monika... seis meses aqui em São Paulo e eu sentia uma saudade enorme... Disse: "Vou trazer Monika para o 'estágio probatório', para ficar comigo um tempo, morando; se eu gostar e nos entrosarmos bem, eu caso com ela". Foi o que fiz. Então fiquei morando com Monika aqui, em frente à PUC, um período excelente, maravilhoso, em que eu só estudava. Vivi de bolsa da CAPES, de forma super simples, pois meus pais não tinham condição econômica para me sustentar em São Paulo. Ajudaram muito no início, mas depois vivi de bolsa, o que é quase um milagre. Mas no final do curso, já querendo casar com Monika, tive que fazer uma opção profissional. Um amigo meu, Wellington César Lima e Silva, falou-me sobre um novo concurso para o Ministério Público. E, assim, diante da necessidade de casar e da conclusão do meu curso, que já estava se aproximando, eu resolvi fazer o concurso para o Ministério Público. Fiz as provas do Ministério Público enquanto estava no último semestre do mestrado aqui. De forma meio tumultuada, estudando na véspera do carnaval, eu me recordo que enquanto eu estudava, na casa da minha avó, na Barra, em Salvador, o carnaval pipocava na Bahia e eu com um fone de ouvido estudava Direito Penal, com a mesa balançando! Com uma dedicação rara... precisava casar. Passei nos primeiros lugares logo nessa primeira tentativa... não sei como, porque foi uma forma de estudo completamente descompensada. Portanto, a pergunta é meio esquisita por isso: eu não escolhi o Ministério Público, nem identifiquei qualquer vocação para ele na adolescência ou na infância. Foi por necessidade de ter uma atividade profissional estável, que me desse segurança para estudar e ao mesmo tempo casar com Monika, amor da minha vida.

Mas confesso que gostei muito, porque o Ministério Público brasileiro, pelo menos após a Constituição de 1988, é uma instituição que confere aos seus membros ampla liberdade. É até um certo problema isso. Porque a coordenação, o Procurador-Geral, é uma espécie de rainha da Inglaterra; ele (ou ela) não tem a capacidade de comandar de perto os membros da Instituição, seja porque nós temos autonomia de opinião, para requerer e propor medidas, seja porque os próprios membros do Ministério Público elegem o Procurador-Geral e, portanto, o dirigente não pode nunca ser um ditador perante os colegas, alguém que tente impor sua vontade isolada para os colegas. Na prática, eu tinha uma total liberdade para concordar e divergir do meu Procurador-Geral e, de certa forma, fiz isso, até quando não era tradição na Bahia. Eu me recordo de um discurso que fiz, ainda no estágio probatório, contra o Procurador-Geral, na sede da Procuradoria, na frente dele, perante a classe inteira, dizendo que nós precisávamos chegar na idade da razão no Ministério Público, nós precisávamos parar com certos atos administrativos arbitrários de designação de colegas sem pagamento de substituição, porque se usava o artificio de dizer que a promotoria não estava criada ou instalada para negar direitos. Eu falei: "Se a promotoria não está criada, não há competência para atuar na Comarca. Portanto, se eu não tenho competência, eu não tenho que estar lá. Se eu tenho que estar lá, para atuar em atos processuais numa Comarca que já existe, é porque existe a Promotoria. Essa Promotoria existe porque, inclusive, pela Constituição baiana, onde há uma Comarca há uma Promotoria. Consequentemente, há criação automática, por lei, da Promotoria. E também havia a previsão de que se você acumulasse duas funções, você tinha direito à gratificação de acumulação, que era pequena, de 10%, mas significava uma economia de 90% para o Estado, que se dispensava de manter outro promotor permanente onde não existia demanda suficiente para isso". Escrevi um recurso administrativo e um longo texto doutrinário sobre o tema. O Procurador-Geral se recusava a pagar. Eu fiz um discurso violento, virei representante da classe, inclusive houve uma eleição posterior por conta desse discurso, e eu virei representante do primeiro grau, e o Procurador ficou furibundo comigo, mas não pôde fazer nada, eu cumpria todos os meus deveres, as minhas funções, entregava os processos no prazo, ganhava prêmios etc.

Ou seja, primeira pergunta: por que eu escolhi o Direito? Porque identifiquei desde os quinze anos uma vocação e um interesse nas relações humanas. Por que o Ministério Público? Por simples casualidade, necessidade de estabelecer uma família, com autonomia estável, com liberdade e com tempo para estudar.

Tenho uma visão crítica em relação ao Ministério Público? Sim, tenho. Sempre tive, desde que entrei, inclusive. O Ministério Público, hoje, no Brasil, reúne um grupo tão qualificado de membros que ele se diferenciou dentro da máquina pública. O corpo de promotores hoje é muito qualificado, gente preparada e de espírito público. Mas tem também quem se deslumbra, quem não tem maturidade para exercer funções de alto impacto social e desconsidera o efeito sistêmico de medidas adotadas. Portanto, é preciso sempre selecionar pessoas não apenas pelo conhecimento acadêmico, mas com um mínimo de maturidade. Maturidade que se adquire com o tempo, com experiências em outras atividades também. Tenho convicção de que ninguém pode ser bom controlador sem antes ser controlado. É algo que há muitos anos eu sugiro: que as pessoas tenham, claramente, uma experiência prévia como controlado, para depois ser controlador. Isso é feito na França. Uma vez eu estive representando o Brasil em um convênio que envolvia análise do funcionamento do Conselho de Estado e entrevistava um funcionário que me disse isso, com todas as letras, com muita simplicidade: ele estava ali, no Conselho de Estado, porque havia optado por estar ali, já que ele foi um dos primeiro colocados no concurso de acesso ao serviço público francês. Depois que ele foi aprovado no concurso, passou um ano na Escola Nacional de Administração, na ENA, estudando Direito Administrativo, e também sendo avaliado. Por ter sido duplamente bem avaliado, ele pôde escolher onde trabalhar e escolheu ir para o Conselho de Estado. Mas não colocaram ele no Conselho de Estado. Colocaram primeiro um tempo no órgão controlado pelo Conselho de Estado e só depois no Conselho de Estado. Porque era importante que ele tivesse a experiência de decidir na penumbra, no mundo da vida, com as incertezas que o mundo da vida oferece, para depois controlar, percebendo que o controlador tem diante de si a vida documentada, não a vida real com suas complexidades e, de certo modo, por isso, deve ser de algum modo deferente ao órgão controlado. Em resumo: o Ministério Público tem cumprido seu papel institucional, com pequenos desvios de rota, individuais, mais do que institucionais, penso eu.

REVISTA DE DIREITO ADMINISTRATIVO E INFRAESTRUTURA (RDAI) – V. Sa. foi o grande responsável por dois sites muito importantes na área jurídica. Primeiro, o site direitopublico.com.br. Após, e ainda hoje no ar, direitodoestado.com.br. Pode nos contar um pouco sobre como esses sites surgiram e eventuais dificuldades em implementá-los? No primeiro, era publicada a *Revista Diálogo Jurídico*. No segundo, as revistas *REDE*, *RERE*, *REDAE* e hoje a *Revista Colunistas*. Há também, nesse último, uma série de entrevistas com os maiores nomes do Direito Administrativo, "Depoimentos magistrais". É indiscutível que se trata um dos maiores portais da área jurídica do Brasil. Existe a intenção desses projetos continuarem? Há novos projetos para o futuro?

PAULO MODESTO – Quando eu trabalhava em Brasília, em 1995, a internet ainda engatinhava no Brasil, por incrível que pareça. Mas já mostrava as suas potencialidades. Nessa época eu comecei a registrar domínios (eu devo ter uns 30, 40 domínios jurídicos): "Direitoadministrativo.org.br", "direitomunicipal.com.br", "noticiasjuridicas.com.br", entre muitos outros. Quando retornei de Brasília, minha mulher que tinha permanecido muito tempo sem trabalhar, e reclamava disso, sendo da área de turismo e de eventos... Eu disse: "Tudo bem, vamos cuidar disso agora, eu vou projetar um evento para você fazer". E comecei a esboçar, fizemos o primeiro evento pensado para 600 pessoas e apareceram quase 1300 pessoas. E eu precisava, na época, mesmo na preparação do evento, divulgá-lo. Aí me veio a ideia de fazer um portal que servisse para a divulgação de eventos jurídicos, mas prestasse serviços, que não fosse um portal com objetivo exclusivamente comercial ou de propaganda, fosse um portal ou um site de serviço, de memória jurídica, por um lado, oferecendo acesso a publicações... Porque uma das coisas que me chamava muito a atenção, na Bahia, é de que na minha geração o acesso à informação era muito difícil. Na minha geração, na minha época de estudante, o grande problema não era encontrar pessoas inteligentes, era encontrar pessoas bem informadas, por conta exatamente da enorme carência das bibliotecas baianas. A biblioteca da minha faculdade era um horror, poucas bibliotecas boas existiam e eram particulares, tinham acesso restrito. Portanto, quando eu cheguei a São Paulo, uma das coisas que mais me fascinaram era o acesso a bibliotecas, de boa qualidade, com obras que eu não tinha a menor ideia que existissem. Quando a internet surgiu, a primeira coisa que me veio à cabeça foi democratizar o acesso à informação. Tentar facilitar para as pessoas que estão na Bahia, que estão na Amazônia, que estão no interior do país, e onde não se encontram bibliotecas bem estruturadas, acesso à informação de qualidade, qualificada, que está disponível... e que eu tinha conseguido acesso através de contatos pessoais, de relacionamentos, experiências que eu tive ao longo da minha vida chance de ter. Então, a ideia era: "Vamos fazer algo que seja bom para democratizar a informação, de qualidade e que, ao mesmo tempo, por atrair os interessados da área, sirva como trampolim de divulgação para os eventos, e vice-versa, as pessoas ao receberem folders de eventos realizados por nós para a divulgação do Direito público, ao se inscreverem nos eventos, descobrissem que ali existe também um portal com informação qualificada, que merece continuar sendo visitado. A ideia era fazer um espaço, portanto, de convivência de acadêmicos, interessados em Direito Público, pessoas que participam dos eventos, e ao mesmo tempo consolidar informação do Direito público. Isso foi feito realmente. Primeiro foi o site direitopublico.com.br e, depois, o site definitivo: direitodoestado.com.br. O site direitodoestado dá uma boa despesa, mas ao mesmo tempo foi possível transferir recursos de propagandas dos eventos para ele. Os eventos mantinham o site. O problema agora é esse. Como o poder público está num processo de contingenciamento brutal da verba da capacitação de pessoal, os eventos foram suspensos em 2018-2019, por inviabilidade. O instituto deixou de manter o site; estou mantendo o site com meus recursos pessoais.

Eu tenho interesse em retomar o site. Interesse não econômico, interesse de preservar esse espaço de divulgação do direito público brasileiro. Andei conversando com alguns escritórios de amigos, de Curitiba, do Rio, alguns de São Paulo, com a ideia de montar espaços para escritórios que tenham acadêmicos, mantenham espaços qualificados dentro do site, próprios, de divulgação da produção de seus membros e do próprio escritório, com pagamento de uma mensalidade que dê para sustentar o site, pagar hospedagem e outros serviços, e eu possa retomar, com a intensidade que eu tinha, a atualização através de empregados do site. Hoje, quem mantém o site sou eu, quem atualiza o site sou eu, quem insere notícias, artigos de colunistas, quem faz as imagens de divulgação sou eu, gastando meu tempo e meus recursos. Mas isso eu vou deixar para retomar com mais intensidade no final de 2019, por enquanto eu mesmo vou mantendo. O site tem diminuído sua velocidade de atualização por isso. Mas acho que ele ainda é útil. O site tem um acervo muito bom, de vídeos, de artigos, um histórico que eu quero preservar. Tem uma rede de professores que se acostumaram a visitá-lo, a consultá-lo, o que é impressionante. É um site muito visitado por professores. A repercussão que ele tem me impressiona muito. Vários professores amigos já disseram isto: "Olha, publicamos em outro site, mas não tem a repercussão na comunidade de professores que o Direito do Estado tem, mesmo hoje em que a velocidade de atualização dele está diminuída. A explicação disso? Não sei, talvez ocorra isso porque basicamente eu só publico textos de professores. É a pequena restrição que faço. Não tenho como ficar controlando texto de ninguém. Eu não controlo, eu só peço que seja feito por um professor. A própria comunidade e a reputação que o autor tem a preservar obriga que ele apresente algo minimamente digno. Eu só recusei um trabalho uma vez, não pela qualidade do texto, mas pela virulência do texto. Era um texto que começava na primeira frase atacando pessoalmente um professor amigo nosso. Aí eu disse: "Olha professor, o senhor é amigo meu, ele também é amigo meu, vai parecer que eu estou subscrevendo um ataque pessoal, não precisa ter ataques pessoais, nós podemos divergir sem ter ataques pessoais, não tem necessidade disso, repense essa forma aqui, eu acho que o senhor está no calor da emoção".

Eu acredito que há espaço ainda para esse tipo de site acadêmico, não comercial. Eu penso ainda em coisas mais avançadas, como cursos dentro do site, a possibilidade de nós vendermos o curso, um tema específico, com cinco aulas sobre algum tema, aí o aluno compraria aquelas cinco aulas, o professor receberia um percentual, o site receberia outro para manter e hospedar os vídeos, e o site se viabiliza. Eu não recebo um tostão do site; ao contrário, eu o financio. Minha ideia nunca foi ganhar dinheiro com o site, a ideia sempre foi que o site fosse autossustentável. Até hoje ele não é. Antes os eventos mantinham, hoje sou eu que mantenho; no futuro talvez seja um misto de coisas, desde cursos a mensalidades de apoiadores e escritórios, seja de outra forma. Mas, em princípio, acho que há espaço sim porque ainda hoje no Brasil há muitos lugares que não têm acesso à informação qualificada, por um lado; e, por outro lado, mesmo tendo acesso à internet, não conseguem filtrar essa internet. Você tem hoje uma série de portais jurídicos que publicam tudo, inclusive com violações a direitos autorais, gente que faz simplesmente plágio de artigos e publica como se fossem artigos originais, e não são, publica artigos com normas que estão revogadas e outras barbaridades. Da mesma forma que acontecia no passado com um conhecido autor de direito administrativo, que publicava livros sobre a Constituição de 1988, e que não eram. Há isso ainda hoje. Então, você ter uma filtragem de qualidade e uma missão a cumprir ainda de acesso à informação é o que justifica o site direitodoestado.

REVISTA DE DIREITO ADMINISTRATIVO E INFRAESTRUTURA (RDAI) – Em 1994, por força do I Congresso Mineiro de Direito Administrativo V. Sa. escreveu o trabalho "Controle jurídico do comportamento ético da administração pública no Brasil". Nele, tratou do princípio da moralidade administrativa. 1) Qual o significado da moralidade administrativa para V. Sa.? 2) Seria possível a propositura de ação popular para responsabilização de um agente público a partir do entendimento de que a omissão em responsabilizá-lo atenta contra a moralidade?

PAULO MODESTO – Esse foi o primeiro Congresso em que eu atuei como palestrante na minha vida. 1994 foi também o ano em que comecei a lecionar na UFBA, após ser aprovado em primeiro lugar no concurso público para professor efetivo de Introdução ao Estudo do Direito. Somente vários anos depois passei a lecionar regularmente direito administrativo na UFBA, também como professor efetivo. O artigo ficou dormindo em minha gaveta por vários anos. Na verdade, não o entendo como um artigo – eram as minhas anotações para a palestra que fiz no Congresso e as pessoas queriam publicar, eu não queria, porque achava que precisava dar um acabamento àquilo e completar com outras reflexões, mas acabou sendo publicado. Na época, a minha preocupação não era tanto a moralidade administrativa, mas o tema da boa-fé. Essa era uma das minhas preocupações básicas. A minha preocupação com a moralidade administrativa estava relacionada à objetivação da moralidade administrativa. Eu encontrava, na época, no conceito de boa-fé uma objetivação e uma sedimentação dogmática que permitia um certo controle dos próprios controladores, os controladores não começarem a poetizar excessivamente o conceito de moralidade a tal ponto de que tudo coubesse nele. Então, a ideia era tentar dar objetividade, mas ao mesmo tempo tratar dessa objetividade dentro de marcos um pouco mais ricos do que tradicionalmente se trabalhava o conceito de boa-fé. O conceito de boa-fé no Brasil apenas como ignorância do erro ou ignorância da ilicitude era insuficiente... e a dogmática da boa-fé objetiva, lá fora e mesmo no direito civil brasileiro, já havia identificado uma série de outras consequências, como mudança de opinião muito retardada do controlador que anulava depois de longo período, violando o que hoje nós chamaríamos de proteção da confiança — na época era, simplesmente, boa-fé —, comportamento emulativos, situações várias que eu lá abordo relacionadas à boa-fé que obviamente também traduziam violação à moralidade administrativa. A autovinculação, que eu lá menciono na palestra, da Administração quando divulgando uma oferta, um programa governamental, depois não cumpre o que promete e viola a própria promessa, também seria violação da boa-fé e da moralidade. Portanto, havia, ali, componentes de moralidade não só relacionados ao tema ético, à honestidade, mas, sim, relacionados à violação da palavra e o descompasso com o tempo razoável de exercício de direitos. Portanto, outras dimensões em que a moralidade incidia, mesmo que a desonestidade, a corrupção etc. não estivessem em causa. Essa era a preocupação da época. Portanto, uma visão da moralidade administrativa muito mais ampla do que apenas o tema da honestidade e da desonestidade, que ainda é uma obsessão de vários segmentos dos órgãos de controle. A minha visão de moralidade administrativa envolvia certo compromisso com uma ética pública da exemplariedade, mais com o ethos público e menos com a moral pública. Quando se violava um *ethos* de bem servir e servir com seriedade, fidelidade, com compromisso ao cidadão, estava-se violando a moralidade. Porém, isso não podia ser defendido sem densificação dogmática e, na época, eu considerava que o conceito de boa-fé oferecia uma série de situações típicas que o órgão de controle deveria considerar. Ou seja, dois lados: um, que a moralidade era, sim, fundamental, envolvia muito mais do que desonestidade, portanto, ela era ampla; e, por outro lado, ela não poderia ser um conceito amplo e vazio, ela deveria ser um conceito densificado. E a partir do conceito de boa-fé nós poderíamos avançar um pouco mais, mas se chegássemos aos limites do conceito da boa-fé objetiva já era um grande ganho, porque nós teríamos uma aplicação certa, uma aplicação tecnicamente precisa e que ultrapassava o que à época seduzia os órgãos de controle.

É possível a propositura de ação popular para responsabilização de agentes públicos por omissão? Sim, se se caracterizar claramente uma omissão intolerável. Não é qualquer omissão que é objeto de responsabilidade. Eu escrevi em 2001 um artigo sobre o tema da responsabilidade do Estado por demora da prestação jurisdicional. Na época, eu entendia que a Constituição não fazia exclusão da responsabilidade objetiva por lesão decorrente de omissão. Havia apenas um detalhe importante: na responsabilidade objetiva por omissão, a responsabilidade que de fato cabe reconhecer ao Estado é a responsabilidade por dano injustificável. Se a Administração tem de manter as vias em bom estado de conservação, e vem fazendo isso, porém um raio cai no meio da via ou uma situação qualquer anômala de terremoto ocorre e abre-se um buraco na via, naquele instante é preciso discutir: se alguém cai ali naquele buraco a responsabilidade do Estado vai incidir ou não vai incidir? No meu entender, depende; se o comportamento da Administração foi dentro do razoável, do admissível, de cumprir os seus deveres e, portanto, a Administração pode invocar uma excludente especial da diligência possível. Embora a responsabilidade seja objetiva, poderia existir uma excludente também objetiva... e dizer: "Olha, eu estive toda semana, mantive um programa de manutenção, cumpri o orçamento disponível, eu estou fazendo e executando; agora, caiu um raio, não tive nem tempo de atender essas pessoas, nem de deixar um aviso, nem de fazer um trabalho emergencial, a pessoa caiu nesse buraco e, portanto, eu não posso ser responsabilizada". Outra coisa muito diferente é a Administração deixar que o buraco fique durante um mês e a pessoa cai, nesse caso, trata-se de uma omissão em que cabe a responsabilidade e a excludente especial não vai incidir, porque é injustificável que ela não tenha tido atuação. Não é propriamente um problema de culpa em causa, mas a ausência da excludente objetiva de diligência exigível. Portanto, é possível uma ação popular? Sim. E se for possível identificar que o dirigente tinha conhecimento, foi alertado, não tomou providências, a ele, pessoalmente, poderá ser atribuída não uma responsabilidade objetiva, mas sim uma responsabilidade subjetiva, porque deixou de atuar quando devia. Essa é a resposta que me parece cabível sintetizar nesse momento.

REVISTA DE DIREITO ADMINISTRATIVO E INFRAESTRUTURA (RDAI) – V. Sa. trabalhou com o Ministro Bresser Pereira no Ministério da Reforma de Estado. Pode nos contar como se deu sua ida para o Governo e como foi o trabalho realizado? O Sr. tem alguma crítica às reformas empreendidas? Por força de sua participação no XXIII Congresso Brasileiro de Direito Administrativo, V. Sa. elaborou o trabalho "Notas para um debate sobre o princípio constitucional da eficiência". Mais recentemente, tornou público que foi o responsável pela introdução desse princípio no *caput* do art. 37 da CF/88. Pode nos contar sobre como se deu essa alteração constitucional.

PAULO MODESTO – Eu concluí os créditos do curso de Mestrado e fui trabalhar no Ministério Público, no interior da Bahia. Fiz o concurso para a Universidade Federal da Bahia e comecei a dar aulas, como antecipei. Nesse período, recebi uma ligação do Professor Celso Antônio Bandeira de Mello dizendo que um amigo dele tinha ascendido ao Ministério, o Professor Bresser Pereira, e perguntava a Celso sobre alguém para assumir a consultoria jurídica do Ministério, e ele teria lembrado do meu nome e já havia me indicado, apenas ficando de me consultar. Eu disse ao Celso, que foi outra influência decisiva na minha vida, que eu precisava consultar a autoridade competente, isto é, a minha mulher. Depois da autorização dela, sim, eu poderia aceitar, seria uma honra, seria uma experiência com certeza enriquecedora. Consultei Monika, ela disse que tudo bem; consultei a Universidade, ela teve que me dispensar; consultei o Ministério Público, também disseram que me dispensavam... então, informei que poderia aceitar se o convite se confirmasse. Aí eu vim a São Paulo conversar com o Bresser, que queria me entrevistar antes de me aceitar. Ele disse que tinham muitos processos na consultoria jurídica do MARE... o MARE era a cabeça do sistema brasileiro de pessoal. Então muitas questões de pessoal, por via de recurso, chegavam ao Ministério e ele precisava resolver. Tinha lá uns oito advogados para cuidar dessas muitas ações. Eu perguntei: "Quantas ações são?". "Há umas 400". Eu falei: "Mas 400 eu tenho na minha promotoria, sozinho, eu comigo mesmo, não vejo nenhuma dificuldade com oito advogados, não vejo problema nisso". Ele conversou comigo vários assuntos, testou meu conhecimento em direito, filosofia, literatura e outros assuntos e eu fiquei respondendo. Eu nunca dei importância para autoridade, acho engraçado isso, nunca dei relevo maior para títulos ou cargos. Eu admiro a inteligência, se o sujeito é inteligente eu respeito, tenho até medo; cargo não dou a menor importância, não dou bola, pode ser Ministro, Presidente, não dou nenhuma importância para cargo, nem para título... "Eu sou Doutor"... muito bem, vamos sentar um minuto e conversar.... (risos) Ele ficou um pouco impressionado com isso, eu acho, porque eu não fiz cerimônia de ele ser Ministro da Administração, isso não me dizia nada, mas eu conhecia um pouco a figura do Bresser como intelectual, o seu estilo dialogal me agradava... Ele gostou de mim e me chamou para o MARE.

Quando cheguei em Brasília, eu vi que o Ministério era um pouco esquizofrênico porque ele tinha um enorme grupo de órgãos que cuidava do dia a dia da Administração federal, e que tinha passivos – estoque de processos – e outro que cuidava do futuro Estado, que estava sendo pensando muito além, para além de 10, 20 anos, que pensava a modificação e a transformação desse Estado. Então, o MARE era Ministério da Administração e Reforma do Estado, o Ministério da Administração era um e o Ministério da Reforma de Estado era outro. Todos os dois no mesmo corpo, um único Ministério, mas com duas agendas bastante distintas. O Ministro recebia pressão de todo lado e começou a querer que eu participasse de todas as reuniões ao lado dele. Então, eu ficava no Gabinete dele, do lado dele, recebendo governador, prefeito, que vinham com propostas incríveis e frequentemente absurdas. Depois, eu tinha que escrever para ele porque a proposta era absurda e porque ele não podia fazer aquilo, aceitar aquilo. Meu papel era um pouco crítico e, ao mesmo tempo, eu conheci um pouco do Brasil real ali.

O Brasil real é incrível, é fascinante. Políticos que se apresentavam em público como federalistas ou municipalistas vinham pedir para que tal ou qual assunto não fosse da competência estadual ou municipal! (risos).... "O senhor aprova uma lei complementar aqui, põe na emenda uma lei complementar, porque lá no meu Município eu não consigo aprovar isso, ou não consigo aprovar no Estado, tem que ser uma lei complementar, se for possível disciplinar diretamente na Constituição melhor, porque aprovar isso vai me custar muito na Câmara dos Vereadores ou na Assembleia Legislativa". E eu só ouvindo. E eu pensava: "Não acredito que esse cara, que se vendeu a vida inteira como municipalista, está aqui pedindo para o Município não ter competência!". Esse era o mundo real.

Mas ao mesmo tempo eu disse ao Ministro: "Eu não posso ficar 24 horas no Gabinete – nós ficávamos às vezes até as dez da noite no Gabinete – e lá o Ministério da Administração aguardando que o Consultor Jurídico desça do Gabinete do Ministro para despachar os processos. E eu descobri, também uma coisa muito comum, que eu não podia delegar muito, porque havia muita gente em quem eu não podia ter confiança. Eu dizia aos advogados: "Aqui os processos rotineiros, nesta outra pilha os processos que exigem uma análise mais delicada ou que tenham repercussão econômica relevante para eu levar para casa, estudar com calma". Frequentemente, processos de grande relevância ou impacto econômico estavam na primeira pilha para eu assinar e criar uma dívida de duzentos milhões para o Governo Federal, trezentos milhões, via Consultoria Jurídica. Então eu disse ao Ministro: "Não posso ser assessor seu da Reforma do Estado se eu for consultor jurídico do Ministério da Administração, não dá". E, além disso, eu descobri que, a rigor, numa interpretação constitucional rigorosa, eu não poderia estar na Consultoria Jurídica. Porque a Consultoria Jurídica passou a ser um órgão da AGU e eu não posso ser da AGU. Aí o Ministro, que é muito bem-humorado, disse: "Então vou lhe nomear para assessor de esportes!" (risos). Eu falei: "Não, Ministro, não precisa me nomear assessor de esportes, nomeie-me como assessor especial para a reforma constitucional". Eu saí da Consultoria Jurídica, mas, ao mesmo tempo não era viável no mesmo Ministério dois consultores jurídicos. Indiquei ao Ministro um novo consultor jurídico para o Ministério, o hoje professor Egon Bockmann Moreira, que foi meu colega no mestrado da PUC, virando um grande amigo; ele ficou lá 2 ou 4 meses e depois saiu, pois não ficava feliz com a burocracia. Depois eu indiquei a Maria Teresa Correia da Silva, Professora de Direito Administrativo no Rio, mas que já tinha todo um histórico dentro do Estado e, portanto, estava acostumada com aquilo. Eram amigos, e por isso nunca haveria uma colisão, nem minha com o Egon, que é um velho amigo, nem com Maria Teresa. Então, nós tínhamos dois consultores jurídicos no Ministério: eu, que era consultor jurídico do Ministro, assessor especial para o Mare e a reforma constitucional, e outro que era consultor jurídico do Ministério da Administração.

Era fascinante a experiência de trabalhar com o Bresser, porque ele era professor e, portanto, aceitava críticas. No Mare havia um colegiado restrito, que é uma forma muito interessante de trabalhar, em que o

Ministro se reúne com o staff, os seus secretários e seus assessores principais, uma vez por semana, na terça feira de manhã, para uma espécie de *briefing* geral, em que cada um conta seus projetos, e os outros tentam colaborar de alguma forma, ou alertar os erros jurídicos ou outros erros que podem estar acontecendo. Eu, em pleno colegiado, dizia: "Esta proposta é um absurdo por isso, por isso e por aquilo, e não vai obter tais resultados por isso e por aquilo, é um erro do Ministério". E indicava outras alternativas juridicamente mais consistentes. E muitas vezes o Ministro voltava atrás. Isso é raríssimo em Brasília. Eu não precisava do cargo, eu tinha minha função garantida no Ministério Público e na Universidade, não precisava estar ali para viver e, portanto, podia dizer com toda sinceridade quando eu achava que algo estava errado ou outro caminho era possível. Meu papel era, de certo modo, de fazer uma crítica do que estava acontecendo. Se vocês observarem bem, a proposta original da reforma tinha duas ou três páginas. Era muito restrita, muito contida, tratava de tópicos muito específicos.

É necessário contar uma história, algum dia, demoradamente, sobre todo o processo da reforma da Administração... nunca contei isso, mas talvez seja uma oportunidade de contar. Quando ela chegou na Comissão Especial, o Deputado Moreira Franco foi nomeado relator na Câmara, e ele era a pessoa de confiança do Eduardo Jorge. O Eduardo Jorge era Secretário-geral da Presidência da República, mas até a véspera da posse do Governo do FHC seria o Ministro da Administração. O Bresser era para ser Chanceler, era para ser Ministro das Relações Exteriores. Na véspera quase da nomeação do Ministério, os embaixadores fizeram um movimento contrário a alguém externo à chancelaria, e o Fernando Henrique deslocou o Bresser para o Ministério da Administração e colocou o Eduardo Jorge na Secretaria Geral, que na época ele achou que era uma *capitis diminutio* e ficou revoltado com Bresser, achou que Bresser havia conspirado contra ele. A primeira coisa que você aprende em Brasília é que o problema do governo não é a oposição, é a situação, é lutar contra o fogo amigo o tempo todo é que é o grande problema. A oposição nunca é o problema, a oposição, em geral, é oportunidade.

A irritação do Eduardo Jorge e do Clovis de Carvalho com o Bresser, por outros motivos, que nem eu sei muito bem, é que criaram uma série de atritos e dificuldades para a Reforma Administrativa. O Bresser conseguiu viabilizar a reforma através de um movimento muito curioso de colocação do tema na agenda do país, aos poucos, antes mesmo do envio da proposta. E o Fernando Henrique, percebendo a fragilidade da reforma da previdência, acabou colocando em destaque também a reforma da administração, para tirar um pouco a má impressão que o processo da reforma da previdência tinha causado... porque na Comissão Especial a reforma da previdência caiu e só foi resgatada pelo Michel Temer em substitutivo global de plenário.

Há uma série de peculiaridades na tramitação das reformais constitucionais, que poucos juristas prestam atenção. Uma é essa: o Congresso muitas vezes aplica, quando não deve, aspectos da tramitação das leis à tramitação das reformas e em outros casos usa de artifícios regimentais que não teriam nenhum cabimento. O substitutivo individual criativo do Relator é um deles, mas eu vou voltar ao meu tema. Quando chegou na Comissão Especial, o projeto foi relatado pelo Moreira Franco, que ficou uma semana no Ministério ouvindo todas as propostas, tentando identificar todo o cenário... calado... nessa época, todo mundo falava, e ele só ouvia, anotava, ouvia... muitas pessoas foram lá, o Gilmar, na época, era assessor do Jobim, o Jobim foi, muita gente, eu convivi com essas pessoas, e todos relatando as ideias e propostas para o Moreira Franco. Quando ele saiu, ele começou a conspirar contra o Bresser para o Eduardo Jorge. Disse ao Eduardo Jorge que se o Bresser continuasse responsável pela reforma na comissão especial, a reforma não passaria na Câmara. Ele dizia para o Eduardo Jorge, e ele sabia que o Eduardo Jorge detestava o Bresser: "Eduardo, o Bresser não me deixa negociar as coisas, ele fica me tutelando na Câmara, não me permite negociar os pontos da reforma, acrescentar ou ampliar vários tópicos e modificar o que ele apresentou, e isso está me dificultando muito, a reforma vai cair da mesma forma que a reforma da previdência". Aquilo era música nos ouvidos do Eduardo Jorge, que na mesma hora levou o Moreira

Franco para o Presidente, pedindo para que o Moreira relatasse o que havia lhe dito. Moreira relatou para o Presidente, deixando Fernando Henrique preocupado. A solução palaciana foi delegar a supervisão da tramitação da reforma na Câmara como encargo do Eduardo Jorge, com quem Moreira iria negociar. Só que a essa altura Eduardo Jorge já tinha descoberto que a Secretaria Geral da Presidência da República detinha muitas competências – e muito poder, sobretudo na indicação de membros dos conselhos de estatais e fundos de pensão com participação do Poder Público. Um lugar perigosíssimo! (risos). Ao mesmo tempo, aquilo ocupava muito o tempo dele. Então, o Moreira sabia que o Eduardo não teria tempo de fiscalizá-lo. Ao afastar Bresser, ele conseguia liberdade plena, que era o que ele queria. O Moreira Franco, na sequência, chamou um Desembargador do Rio de Janeiro, o Menezes Direito, que depois veio a ser Ministro do STF por causa do Moreira Franco, para assessorá-lo. Imagine, um Desembargador, ativo, do Tribunal do Rio de Janeiro, foi para a comissão especial da Câmara, acho que licenciado ou de férias, para trabalhar como assessor do Moreira Franco. Fez um substitutivo gigantesco, com mais de 60 páginas, que era inviável. E era inviável até por normas draconianas que ali estavam previstas. Ele fazia coisas assim, tipo: o servidor público receberá tais, tais e tais vantagens, essas e essas não vão para a aposentadoria... isso não iria ser aprovado, isso iria ser atacado e foi, mas era o que ele queria. A lógica do Moreira era a lógica de que quanto mais ataques, quanto mais demorasse a discussão da reforma administrativa, melhor para ele, ele ficaria mais tempo nos holofotes. A preocupação dele não era ser rápido, de aprovar rápido, ou atender à missão do governo. Era atender aos interesses políticos dele, do Rio de Janeiro inclusive, inclusive interesses muito particulares, a exemplo da norma que tratava sobre aposentadoria de titulares de cartório, tinha norma falando de tudo no substitutivo Moreira Franco da reforma administrativa. Foi um trabalho terrível para limpar, para fazer uma lipoaspiração depois daquilo. Inacreditável o trabalho que deu! Eu ficava louco com aquilo, e eu dizia ao Bresser: "E agora, vamos fazer o quê, o senhor vai renunciar? O que vai fazer?". Ele disse: "Calma, Paulo, política é um dia depois do outro. Se eu disser, para qualquer jornal, para qualquer pessoa, que eu não sou mais o responsável pela reforma, eu terei que fazer realmente isso, pedir demissão, mas eu acho que eles vão se atropelar e atrapalhar muito, vão se perder muito no caminho e isso vai voltar para mim, então vou continuar fazendo palestras e reuniões, influindo na agenda, pois para todos os efeitos eu estou conduzindo a reforma administrativa, eu sou o responsável por aquilo tudo lá".

E eu participava na época de Congressos Jurídicos, fazia palestras e ouvia as pessoas atacando o Bresser, diziam que ele era do mercado, ou que ele não era homem do mercado e sim do "supermercado"! (risos). Segundo os debates simplistas que assisti, ele teria uma visão privatista, que desejava destruir tudo. Eu falava comigo mesmo: "Meu Deus, nada disso é do Bresser, é do Moreira Franco, vocês estão loucos". E eu observava aquilo tudo, mas eu não podia dizer: "Olha, vocês estão falando de um mundo que não existe, não é isso que está sendo discutido, não é isso que se quer, não é isso que vai ser aprovado". Ao mesmo tempo, a tática do Moreira era inteligente em outro sentido, para o bem do governo e para o mal do governo. Curiosamente, as coisas nunca são boas ou más simplesmente. Existe um problema em qualquer reforma constitucional – e em projetos de lei também – que é o governo conseguir manter o texto em face de "DVS". DVS são Destaques de Votação em Separado, que é uma arma das minorias, que, ao atacar aspectos polêmicos de um projeto, obriga o governo a colocar no tema polêmico os 3/5. O governo consegue reunir os 3/5 para aprovar em bloco o projeto original, mas aprova primeiro o bloco ressalvados os destaques. Nos destaques é que mora o perigo. Nessa hora dos destaques, cada partido tem, conforme o número de deputados, um certo número de destaques, cinco, seis, sete, oito destaques para apresentar. Então, qual era a lógica do Moreira, por um lado? Vou colocar uma porção de absurdos para que os DVS migrem para esses absurdos, e o que o governo quer aprovar fique incólume, e passe ao largo dos DVS. Porque quando você vai para um tema polêmico há um grande risco de que a própria base aliada, os deputados que votam com o Governo, tenham defecções e acabem votando com a oposição em alguns temas e, consequentemente, você perca aqueles temas mais sensíveis. Se for um tema essencial, pode tornar inútil uma reforma constitucional. Então, inchar é para atender, por um lado, interesses espúrios e, por outro lado, para atender uma necessidade regimental, parlamentar, de lipoaspiração necessária, que vai acontecer, através das DVS. Então, você incha a proposta para depois dos destaques ficar do mesmo tamanho, pois a tendência é reduzir. Quando chegou já no final da votação do primeiro turno, antes do segundo turno de votação na Câmara, o Eduardo Greif, que era uma pessoa muito séria, sociólogo e assessor parlamentar direto do Presidente, me chamou num canto e disse: "Paulo, estou vendo aqui que tem muita loucura nesse projeto". Eu disse: "Eu sei, já alertei em relatórios, diversos comentários sobre normas introduzidas pelo substitutivo e mandei para a Presidência". Alguns, o Governo colocava até em tabela para deputados; outras, não. Eu disse: "Mandei para você, lá, para sua assessoria, vários desses absurdos. Seus assessores lhe mostraram?" E ele, dizia: "Não mostraram. E agora, como a gente faz?". Eu falei: "Olhe, a única solução é tirar o relatório das mãos do Moreira Franco, porque ele não aceita o que eu falo, se você voltar a autoridade para o Ministério a gente consegue recuperar isso". Ele disse: "Falarei com o Fernando Henrique para voltar a autoridade para vocês". E voltou para a gente, já no finalzinho, na votação do segundo turno da Câmara. Então, a tática do Bresser, de manter as aparências de que a tramitação, na Câmara, tinha sido sob controle dele, foi ótima, porque preservou o Ministério, preservou ele, e preservou a possibilidade de interferir na reforma nas últimas etapas da Câmara, na segunda votação do plenário, e no Senado. Era o que nós imaginávamos e, realmente, conseguimos fazer uma lipoaspiração básica na Câmara. Quando chegou na hora do Senado, eu vivenciei um dos dramas da minha vida, que foi o Brasil sofrer um ataque especulativo da moeda, foi a época que sofremos a crise – salvo engano – da Rússia. Atacaram a moeda russa, o Governo russo teve que fazer uma maxidesvalorização; aqui também atacaram nossa moeda, e usavam a reforma administrativa como uma das justificativas da fragilidade do Brasil, a reforma estava demorando muito... Então veio uma ordem do Governo para aprovar do jeito que estava. E eu tinha umas 14 ou 15 coisas que eu queria mudar ainda (risos). Algumas, eu consegui alterar por emenda de redação, sem votação em plenário e sem voltar para a Câmara. O princípio da eficiência foi uma delas. Não existia o princípio da eficiência no projeto aprovado na Câmara dos Deputados.

O Governo não enviou a proposta de reforma com o princípio da eficiência. O *caput* do art. 37 não introduzia novo princípio. Se você consultar a PEC 173-A, que originou a reforma, não se propôs a introdução de princípio algum. Ao contrário, havia uma proposta do Gilmar Mendes, que o Nelson Jobim não apoiou, de inclusão do princípio da proporcionalidade no *caput* do art. 37, o da razoabilidade pelo menos. O Jobim disse: "Não, isso traz muita arbitrariedade judicial, muita confusão, não vamos botar isso". E foi contra a inclusão de qualquer novo princípio na cabeça do art. 37. Não havia nenhuma disposição, na PEC 173, sobre o *caput* do art. 37, salvo a exclusão da expressão administração fundacional. Quando o Moreira colocou lá a referência à "qualidade do serviço prestado" eu fiquei louco. Eu falei: "Isso é uma bagunça com a cabeça do art. 37, porque ele não trata só de serviço, trata de polícia, fomento, regulação... qualidade do serviço prestado como princípio geral da administração é uma desmoralização total". Quando a PEC chegou no Senado, autorizado pelo Ministro, eu fiz contato com um parlamentar conhecido, que foi líder de vários governos, o Senador Romero Jucá, então líder do governo no Senado e que foi designado para relator na Comissão de Constituição e Justiça. A tramitação no Senado é diferente da tramitação na Câmara, não existe comissão especial no Senado. A Comissão de Constituição e Justiça é a mesma comissão que delibera sobre admissibilidade e faz as emendas de mérito no Senado. Na Câmara não, são duas comissões distintas. Na de admissibilidade, na Câmara, foi relator o Deputado Prisco Viana, que era contra quase tudo, e por isso eu tive que fazer um relatório enorme sobre a reforma administrativa, junto com o Gilmar, que na época era assessor espacial do Ministro Jobim no Ministério da Justiça, fizemos em poucos dias um texto de 60 páginas defendendo a reforma em seus vários artigos. O relatório foi usado para preparar votos de outros deputados. Conseguimos derrubar todo o voto do Deputado Prisco Viana, o relatório dele não foi aceito e foi aprovada a admissibilidade da reforma. Na sequência, na Comissão Especial, foi Relator o Dep. Moreira Franco. Bom, quando chegou no Senado foi designado Relator o Sen. Romero Jucá sozinho, e eu fui escalado para ajudá-lo. Fiz um relatório dizendo que qualidade do serviço prestado na verdade significava "eficiência". Explicava que o texto aprovado na Câmara era tecnicamente impreciso, que dizia menos do que queria, pois o que proposta queria dizer era eficiência, signo constitucional já presente no artigo 74 da Constituição, na parte dos órgãos de controle dos internos. Se o órgão de controle poderia controlar a eficiência é porque a eficiência já era um princípio, uma exigência desde logo obrigatória para a administração ativa em geral. Também estava lá na parte da polícia, no art. 144, §7º. Enfim, o suposto princípio da qualidade do serviço prestado era o princípio da eficiência. E era mais adequado tecnicamente usar eficiência porque outras atividades administrativas não estavam comportadas na ideia de serviço. Ele concordou e conseguiu aprovar a mudança de redação, e assim foi. Aí eu ouvi em Congressos Jurídicos dizer que o Banco Mundial e o FMI haviam solicitado a inclusão do princípio da eficiência. Mas fui eu que solicitei! (risos). Não tive nunca contato com o Bando Mundial, nem com o FMI, nada. É uma coisa absurda. Eu ouvi ao longo do tempo as coisas mais absurdas... O FMI inicialmente foi contra a reforma administrativa. O FMI tinha uma visão sequencialista da vida da Administração. O FMI achava que nós tínhamos que sair de uma administração patrimonial, passar para uma administração burocrática e daí chegar à administração gerencial, como se a vida fosse sequencial. A vida não é sequencial! Você vai encontrar no Brasil hoje a administração patrimonial, gerencial e burocrática ao mesmo tempo convivendo em diferentes espaços do território nacional, em diferentes órgãos, no mesmo domínio da administração central. A vida não é sequencialista; a vida é bem mais complexa do que isso.

Mas, enfim, foi uma experiência muito rica, pois realmente pouco se sabe nos Congressos Jurídicos sobre como são feitas as leis no mundo real. Na Comissão do Senado eu vi a seguinte cena: eu fiz o relatório, como eu disse, contendo várias sugestões, as 14 sugestões de emenda do Ministério, e os Senadores subscreviam as minhas sugestões de mudança, e apresentaram aquilo como propostas deles de mudança do projeto. Mas quando veio a tal da crise e a decisão do governo de aprovar, eu vi uma cena, na sessão, que cheguei triste no Ministério. O Ministro me perguntou: "Por que você está triste, nós ganhamos tudo!". Eu disse: "Ministro, os Senadores, que apresentaram as propostas de alteração, votaram contra a própria proposta que apresentaram. As próprias emendas que eles estavam propondo, que corrigiam tecnicamente o projeto de imperfeições vindas da Câmara, eles votavam contra, porque essa era a orientação do governo pura e simples. Então, a orientação do Governo na época era: "Não vamos corrigir"... lá, por exemplo, o contrato de gestão, eu gostaria de corrigir algumas coisas, e outras também... eles votaram contra. Quer dizer, nós ganhamos, mas o texto ficou com imprecisões, com problemas. Ele disse: "Vamos tentar, na evolução da legislação e, eventualmente, em reformas futuras corrigir isso, porque normas perfeitas você não vai ter, normas cartesianas você não vai ter, o que hoje é a síntese política do país permite aprovar isto... vamos trabalhar com o que temos". Assim, ele me acalmou, porque eu estava muito irritado com as imprecisões que eu imaginava que poderiam ser corrigidas. Isso é para provar que as coisas são muito mais acidentais do que a gente imagina. Me recordo que o Bresser conseguiu um financiamento – aí sim ele fez um trabalho enorme de convencimento do Banco Mundial, da relevância da reforma administrativa, aprovada já, porque no início eles foram contra, o Banco Mundial era contra, o FMI também, mas ele fez um trabalho enorme de mostrar que aquela reforma valia ser apoiada. O Bresser era impressionante, tendo fortalecido um organismo internacional de debate sobre a reforma na América Latina, uma porção de coisas que ninguém sabe, para convencer vários organismos internacionais e conseguir financiamento a fundo perdido ou a taxa de juros muito baixas, para a criação de projetos-piloto e iniciativas nos Estados em reforma administrativa. Conseguimos, à época, acho que trezentos milhões de dólares, na época era muito dinheiro, para projetos de implementação da reforma. Conseguimos a aprovação disso, ele já não estava mais no Ministério, nessa época a Cláudia Costin assumiu, porque ele foi ajudar o Fernando Henrique a montar o escritório de campanha, ele se afastou do Ministério e a Cláudia Costin assumiu, mas em caráter temporário. Na época Cláudia fez uma declaração pública contra a aprovação de uma vantagem remuneratória que os assessores do Senado estavam querendo, por via de ato interno, estender para si - tratava-se de uma gratificação dos servidores dos Tribunais de Contas da União. Ela fez a crítica publicamente e conseguiu impedir a aprovação da extensão. O Senador Antônio Carlos Magalhães, que era Presidente do Senado, ficou violentamente contra ela e contra o Ministério, e aí segurou todo o financiamento dos Estados. Eu me lembro que o Bresser voltou da campanha e foi falar com o Antônio Carlos para dar andamento ao financiamento internacional. O Antônio Carlos, vomitando poder, depois de ser bastante elogiado – o Bresser elogiou o filho dele, disse que havia sido muito importante o papel do Luís Eduardo Magalhães, e realmente foi, não disse nada falso – disse: "Que dia o senhor quer que aprove?". "No dia que for possível". "Então na próxima sessão estará aprovado". Eu estava na sessão do Senado, o Eduardo Suplicy, que era amigo do Bresser, levantou para defender o financiamento dos Estados, e antes de ele conseguir chegar no microfone, estava aprovado. Foi uma experiência fascinante acompanhar a reforma, eu diria. Sofri desgastes em alguns grupos de acadêmicos pela defesa que fiz da reforma e fiquei longe da vida acadêmica por vários anos, mas conheci o Brasil. Há coisas que eu possa criticar? Sim, algumas eu até registrei em artigos. Mas foi uma experiência muito rica no mundo real. Penso que professores de Direito Administrativo devem ter experiência administrativa e até experiência política, eu diria, porque as duas experiências, seja na Administração, seja no Parlamento, dão um pouco mais de senso de realidade. Há pessoas inteligentes que recortam nuvens, e vivem no mundo das nuvens conceituais, esquecendo que o trabalho da Administração é complexo e opera com o ambiente político o tempo todo.

REVISTA DE DIREITO ADMINISTRATIVO E INFRAESTRUTURA (RDAI) – Em 2001 V. Sa. coordenou junto com Oscar Mendonça a obra "Direito do Estado: novos rumos", como três tomos, publicada pela Max Limonad. No tomo dedicado ao Direito Administrativo, publicou o trabalho intitulado "Estágios probatório: questões controversas". Se o servidor não cometeu faltas funcionais durante o estágio probatório, é legítimo rescindir seu vínculo com a Administração Pública? Essa possibilidade — extinção do vínculo por questões alheias ao cometimento de faltas funcionais — não é uma porta aberta para a neutralização dos servidores ao combate à corrupção?

PAULO MODESTO – Esses três livros derivam do primeiro congresso que nós fizemos ao retornar a Salvador depois da experiência do Ministério, que foi o Congresso Brasileiro de Direito do Estado. Foi esse Congresso que eu mencionei antes, um enorme sucesso, que reuniu mais de mil e trezentas pessoas em Salvador. Nós, então, reunimos, em três tomos, todas as palestras principais, dos palestrantes que nos ofereceram os textos. Quanto à questão do estágio probatório, eu me vinculei a esse tema, pois fui diretamente responsável pelo texto que hoje consta da Constituição. Esse tema já constava da versão original da PEC 173. Desde o Ministério eu escrevi o texto que foi enviado e aprovado, que adotou como condição para a aquisição da estabilidade o estágio probatório. Por quê? Na tradição, pelo menos da Bahia, estágio probatório não existia como algo efetivo. Simplesmente, era um período de tempo em que o servidor deixava transcorrer e adquiria a estabilidade, sendo que era muito comum fraude desde o concurso público para ingresso de pessoas sem menor condição de exercício das suas funções por manipulação dos concursos e benefício, realmente, das oligarquias locais, nos Municípios e até no Estado, na Capital e no Estado. Portanto, a tradição que nós termos no Nordeste é do empreguismo mais deslavado, com a administração mais ineficiente possível, exatamente pela falta de qualificação e aptidão dos agentes nomeados, que não sabiam, às vezes, nem o que estavam fazendo ali. Se o estágio probatório fosse apenas um transcurso do tempo, aquilo nunca se depuraria. Era frequente que o Prefeito subsequente identificasse essa administração completamente despreparada e nada podia fazer, porque já estava ou esgotado o estágio probatório ou nem tinha sido realizado o estágio probatório nenhum. Então, a ideia de que o estágio probatório não fosse um prazo e, sim, um processo administrativo de apuração da aptidão em concreto do agente público no exercício de suas funções ia muito além da ideia de falta funcional. O sujeito que é inapto para as funções faz mal ao serviço público e faz mal ao cidadão. Faz mal da pior forma possível, entregando um resultado pífio ou nenhum resultado, e consumindo os recursos da população. Pode dar margem a abuso? Pode, mas nesse caso tem relação com outro processo, que é o processo de desligamento, que não é tão simples no Brasil, nunca foi. Mesmo quem está em estágio probatório não pode ser desligado simplesmente; por uma canetada, como se diz no Brasil. Tem de se fazer um processo de apuração e justificação da inaptidão do agente para o exercício das funções. E a ideia que eu sempre persegui, e acho que muita gente também persegue, é da objetivação disso: fazer apurações periódicas de desempenho, pontuar o desempenho de todos, e alguém que passa dois, três anos tirando menos do que vinte por cento da média geral dos demais é porque não tem o menor interesse naquilo, está simplesmente fazendo da lugar administrativo que ocupa um espaço de aproveitamento pessoal no cargo, não de serviço à população. Nesse sentido, ele estaria protegido por um processo e protegido pelas associações de servidores que sempre têm interesse em proteger seus membros. Não é um sujeito tão frágil assim no Brasil, da minha época pelo menos, não é mais, hoje em dia há Associação para tudo, ainda mais com as vantagens que a até pouco tempo atrás as Associações sindicais tinham. Eu tenho a experiência, quando eu estagiava no Patrimônio Histórico, uma das primeiras tarefas que eu precisei realizar foram processos disciplinares, e mesmo quando os fatos eram gravíssimos era muito difícil colocar alguém para fora. Eu me lembro de estar em Brasília, dez anos depois de alguns dos processos disciplinares em que atuei, e eu receber notificação... A Justiça federal quer me ouvir. O que eu fiz? Não fiz nada! (risos). Não decidi nada, não empenhei nada... não, é porque você participou de um processo disciplinar dez anos atrás, em que o sujeito levou a televisão da repartição, não devolveu, acabou sendo apenado e está recorrendo.

No mundo real da administração há enorme dificuldade em colocar para fora o desonesto e o inapto. Exigir que um processo administrativo apure se ele é inapto ou não, em primeiro lugar, e depois um outro processo que desligue esse sujeito, com toda a motivação do primeiro processo, e como todos os elementos de defesa, me pareceu bastante razoável. Porque existe isso no mundo inteiro, ninguém aceita que pessoas completamente desqualificadas para o exercício de suas funções continuem nos cargos. Isso é inaceitável. Portanto, a falta funcional típica, que é transgressão dos deveres do cargo, entre os quais está inclusive a de absoluto despreparo, desídia com o exercício de suas funções, permitiram perfeitamente e justificaria que o estágio probatório fosse levado a sério. A ideia era simplesmente que o estágio probatório fosse levado a sério, que fosse condição para aquisição da estabilidade. E eu já acrescentava em texto doutrinário: se o órgão não oferecesse condições de apuração dessa aptidão, o sujeito não adquiriria estabilidade, mas também não poderia ser desligado. Ficava numa condição de exigir da Administração que fizesse a apuração, que fizesse um processo... claro que não seria ele, provavelmente seria a Associação sindical. Toda a categoria não estaria estabilizada, mas ele não poderia ser desligado exatamente porque não foi comprovado que ele tem aptidão durante o período de todo o processo de estágio probatório. Está escrito isso no artigo que você menciona, porque não pode ser assim, você ter as pessoas estabilizadas ou prejudicas por decurso de prazo. Um dos meus orgulhos da Reforma administrativa é o tópico do estágio probatório. Quando eu fui fazer a palestra, eu resolvi estudar esse assunto com certo sentido de urgência prática, querendo pegar questões concretas, que a doutrina não abordava, achava que era irrelevante abordar, mas me pareciam importantes, como contagem do prazo, quando se afastava para atividades sindicais, se podia, se não podia, quando contabilizava, quando não contabilizava, como era essa apuração e se não fosse feita a apuração da sua aptidão o que acontecia, para tentar emprestar efetividade a essa mudança que a Reforma fez.

Essa mudança eu penso que foi positiva na Reforma e tenho orgulho de ter colaborado para a sua aprovação.

REVISTA DE DIREITO ADMINISTRATIVO E INFRAESTRUTURA (RDAI) – V. Sa. produziu vários trabalhos sobre a reforma da previdência. A título de exemplo, em 2001 V. Sa. publicou o trabalho "Reforma administrativa e o Direito Adquirido ao regime da função pública". Em 2004, coordenou a obra "Reforma da previdência: análise e crítica da Emenda Constitucional n. 41/2003" e nela publicou o trabalho "Reforma da Previdência e Regime Jurídico da Aposentadoria dos Titulares de Cargo Público". Mais recentemente, em 2017, publicou o trabalho "Disposições constitucionais transitórias na reforma da previdência: proteção da confiança e proporcionalidade". Sobre esse tema, perguntamos: ao escolher uma profissão pública, o administrado toma sua decisão baseado nas prerrogativas e restrições que ela oferece; não ofende o direito adquirido, alterar o regime de previdência de modo a retroativamente atingir quem já está no cargo público?

PAULO MODESTO – O que eu posso dizer? Eu participei também da Reforma da Previdência, mas muito pouco. No processo de elaboração da Emenda 20 eu me encontrei com o Bonifácio de Andrada, que era consultor jurídico do Ministério da Previdência, e sugeri a ele que colocasse no texto aquela norma do tempo ficto, abolindo o tempo ficto na contagem da aposentadoria. Ele aceitou na mesma hora e essa norma foi para a reforma. Eu me interessei pelo tema, porque quando eu consultava os livros de direito administrativo não existia nada na época sobre previdência. Era um parágrafo, geralmente o autor se limitava a dizer, de modo descritivo, os requisitos de elegibilidade da aposentadoria (como os anos de serviço ou a idade) e se limitavam a isso. Aquilo me assustava, porque eu já havia percebido que uma das grandes motivações do servidor público é a segurança jurídica, que ele tem pela regularidade vencimental e também pela segurança de sua aposentação. Ao mesmo tempo, já existiam sinais na época de que o mundo todo tinha dificuldade de trabalhar com o aumento da longevidade e de financiar sistemas públicos de previdência. Aquilo me preocupava muito, até porque eu também sou servidor público. A ideia da sustentabilidade financeira e atuarial começava a aparecer. Comecei a estudar a Reforma da previdência, basicamente a Reforma já da outra emenda, a Emenda 41 e, ao estudar o assunto, fui ficando ainda mais assustado, pois a situação só se agravava, ano a ano. Eu comecei a ler uma série de trabalhos internacionais, todos perplexos com o que estava acontecendo no mundo, o aumento da longevidade e, também, a diminuição da força contributiva do trabalho, cada vez menos trabalho, cada vez menos contribuição, cada vez mais despesa previdenciária. As soluções simples não me seduziam, soluções simples de proclamar a imutabilidade total ou o direito adquirido a tudo. Essas soluções são insustentáveis. Dizer que alguém, quando entra no serviço público, como eu entrei, torna imutável um regime para o futuro seria insustentável. Quando entrei no Ministério Público, por exemplo, em 1992, o promotor se aposentava com 30 anos de serviço e eu me aposentaria com 50 anos de idade por ter período anterior no patrimônio histórico. Na prática, supondo que eu vivesse até os 80 anos, eu teria contribuído por 30 anos (ou menos) e teria uma aposentadoria de mais 30 anos. Mas, para que eu tivesse uma aposentadoria de trinta anos, que fosse integral, de cem por cento, eu precisaria que dez pessoas contribuíssem com, pelo menos, com dez por cento, que era a contribuição na época, o que também era insustentável, porque não eram 10 promotores ativos contribuindo para um inativo. Ao contrário, a tendência, já manifestada na época, era o número de aposentados crescer e o número de ativos regredir. As soluções simples, portanto, de que você adquiriria qualquer coisa no momento que você ingressava, o famoso "tudo ou nada brasileiro", não me seduzia. Me parecia, também, que muita gente fazia discurso aparentemente progressista, de manutenção de direitos, mas na verdade eram muitas vezes discursos de sustentação de privilégios. Em um país muito desigual como o nosso, frequentemente você tem a elite do serviço público se defendendo bem... juízes, promotores, procuradores conseguem verbalizar um discurso de esquerda para vantagens de direita, as mais vergonhosas às vezes. Isso também me irritava um pouco porque me parecia vexatória a utilização, às vezes, visivelmente distorcida de institutos jurídicos para a proteção simplesmente de privilégios.

Mas eu tentei, desde aquela época, não sei se fui claro, dizer que o tema da segurança jurídica era maior do que o tema do direito adquirido. Na compreensão usual, o direito adquirido exige que você complete os requisitos de elegibilidade para caracterizar a aquisição do direito, mas o tema da segurança jurídica é muito mais rico de potencialidades. O tema da segurança jurídica envolve também impactos desproporcionais de alterações futuras em relações jurídicas de longo prazo independente de haver preenchimento de todos os requisitos de aquisição de direitos. Se medidas desproporcionais fossem adotadas seria possível questionar judicialmente. No meu artigo de 2017, este foi o tema central: qual mudança é possível? Nós temos sucessivas reformas previdenciárias sendo feitas, a Emenda 41, 47... a 20, uma porção de Emendas foram feitas, várias foram feitas, e várias disposições transitórias foram feitas para quem não tinha completado os requisitos de aquisição do direito. Numa divisão dicotômica simples entre pessoas com direito adquirido e pessoas com expectativa de direito, entendido pessoas com expectativas de direito como aquelas que são desprovidas de qualquer direito adquirido, isto é, um conceito negativo, o abuso à confiança estaria justificado dogmaticamente. O que eu defendi é que aqueles que não completaram todos os requisitos de elegibilidade deveriam ter também proteção, pelo menos proporcional; que as disposições transitórias que tinham sido reconhecidas deveriam ser cumpridas; que a alteração sucessiva das próprias disposições transitórias constitucionais era uma violação à segurança jurídica grave, mas que se essas situações não tivessem assento constitucional, tivessem assento abaixo da Constituição, o poder de reforma constitucional não poderia estar impedido de alterar. São coisas distintas: se você tem o assento constitucional e o direito adquirido, tem que ser respeitado; se você tem uma situação em que está ainda em processo de aquisição, deve ser considerado de forma proporcional aquilo que já foi implementado, de tal sorte que você tenha resguardada a proteção da confiança. E situações de privilégio ou vantagens, sejam remuneratórias vergonhosas, sejam de vantagens institucionais de matriz infraconstitucional espúrias, como as vantagens que o Rio de Janeiro, por exemplo, concedia de incorporação de vantagens na aposentadoria não deveriam estar imunes. Ninguém estranha pelo fato de o Rio de Janeiro estar falido; o Rio de Janeiro, durante muito tempo, concedeu vantagens que se incorporavam na aposentadoria com o sujeito exercendo por um dia ou muito pouco tempo o cargo em comissão, o que estimulava o rodízio. Todo mundo na repartição exercia o cargo melhor remunerando durante um dia ou curto período para poder se aposentar com aquela vantagem adicional. Isso era criado por lei, isso acarretava vencimentos absurdos. Fora outras situações, como no Amazonas, onde a AGU, o procurador da AGU se acumpliciou com professores da Universidade, ele era professor universitário, ganharam uma ação e botaram na gaveta, não executaram, deixaram passar o prazo da rescisória. Há uma série de situações subconstitucionais, abaixo da Constituição, criadas por lei, por atos etc. que eram vexaminosas, imorais, vergonhosas, contra o povo, e o discurso era de que essas situações deveriam ser protegidas do teto, protegidas inclusive da eficácia de emendas constitucionais... Basicamente, todo o debate da reforma administrativa sobre direito adquirido era discussão sobre limites remuneratórios, pessoas que ganhavam cinquenta mil, cem mil, cento e cinquenta mil queriam continuar ganhando, inclusive na aposentadoria, embora violando explicitamente a Constituição. Essa era a discussão e a minha discussão era que o poder de reforma teria que preservar as normas e situações jurídicas derivadas e compatíveis com a Constituição. Não existia norma pétrea extraconstitucional. O direito adquirido que ali se pusesse na Constituição tinha que ser respeitado pelo poder de reforma. Porém, direitos adquiridos decorrentes de atos, sentenças e leis inconstitucionais, não. Portanto, a Constituição não estava obrigada, o poder de reforma não estava obrigado a respeitar situações adquiridas de forma violadoras à reforma constitucional se subconstitucionais, sobretudo nesses casos que eram escandalosos. Ainda assim, a segurança jurídica poderia ser invocada para demonstrar que era inconstitucional a incidência da norma da reforma, se no caso concreto se demonstrasse uma justificação plausível de proteção da confiança. Nos casos, obviamente, de malandragem, não tem como justificar a proteção da confiança, mas nos demais sim. Até as situações subconstitucionais, a rigor, estariam protegidas, desde que se conseguisse demonstrar uma base de justificação razoável. A partir do princípio constitucional da segurança jurídica você poderia dizer: "Olha, isso aqui não se aplica, não deve se aplicar". Como, aliás, se fez na própria Emenda 41, coisas que eu criticava, de diferenciação, sem nenhuma razão, entre União, Estados e Municípios foram declaradas inconstitucionais pelo Supremo, com boas justificativas. Eu inclusive escrevi que a diferenciação era inconstitucional antes de sua proclamação pelo Supremo.

Portanto, o tema da segurança jurídica é muito mais complexo do que o tema do direito adquirido. É um erro nós ficarmos querendo proteger à última potência o direito adquirido, inclusive de matriz subconstitucional, em detrimento das situações constitucionais de expectativas de direito, de proteção de situações razoáveis decorrentes diretamente da Constituição. O "tudo ou nada" é a pior das coisas aí. Foi nesse sentido que eu escrevi esse artigo de 2017 e que, aliás, estou me dedicando a ampliar e desenvolver agora. Eu mudei meu projeto de pesquisa na Universidade de Coimbra para direito constitucional transitório exatamente para me dedicar a discutir vários problemas de aplicação de direito constitucional no tempo envolvendo situações de transição. A isso vou me dedicar nos próximos meses, inclusive, a partir desse texto que escrevi em 2017, que me parece com muitas potencialidades ainda não exploradas.

REVISTA DE DIREITO ADMINISTRATIVO E INFRAESTRUTURA (RDAI) – Em relação à organização administrativa, o Senhor tem vários trabalhos sobre o tema. Em 2008 V. Sa. publicou um trabalho sobre as "Fundações estatais de Direito Privado". Nele observa as três correntes existentes sobre o tema e a prevalência da posição eclética, de que são possíveis fundações estatais de direito público e de direito privado, a critério do Legislador. V. Sa. acredita que basta a vontade do Parlamento para submeter um patrimônio estatal ao regime privado? Em conexão com essa per-

gunta fazemos a seguinte. Em 2009 V. Sa. coordenou a obra "Nova organização administrativa brasileira", publicada pela Ed. Fórum, reeditada no ano seguinte. A obra trata de um Anteprojeto de organização pública federal. Sobre ela, permita-nos as seguintes perguntas. Legislar sobre Direito Administrativo não é inerente à autonomia federativa, competência só excetuada por regra expressa da Constituição? O Legislador pode, de forma válida, submeter a Administração Pública ao regime de Direito Privado?

PAULO MODESTO – É sim decisão do Parlamento compor a fisionomia dos entes da administração indireta e identificar para as atividades a forma adequada de organização. A própria reforma administrativa já havia estabelecido isso na chamada norma de Emenda, uma norma da Emenda que não se incorporou ao texto permanente da Constituição, mas que está lá na Emenda 19, no art. 26 - a previsão de que em dois anos as entidades da administração indireta deveriam ter seus estatutos revistos quanto à respectiva natureza jurídica, considerando-se as finalidades, as tarefas, as missões que deveriam ser executadas. Isso não foi comprido. Você tem absurdos, as coisas mais incríveis acontecem no mundo real - é que o jurista às vezes não se preocupa com o mundo real. Mas, você tem empresas que ganham forma de autarquia para não pagar impostos; tem, ao contrário também, autarquias que ganham forma de empresas para fazer alguns tipos especiais de negócios. Então, de fato, a atividade material é que deveria atrair em grande parte a personalidade jurídica e definir como o legislador vai compor o ente que iria atuar sobre aquela atividade material. Isso está proposto como diretriz desde a reforma administrativa.

Há atividades que prescindem de exercício de prerrogativas especiais, atividades sociais em que o Estado claramente realiza serviços que também a iniciativa privada realiza e também entidades sociais, como ONGs, entidades sem fins lucrativos em geral realizam, são atividades que dispensam o exercício de autoridade e prerrogativas especiais de autoridade. Nessas entidades cabe e deve ser assim a organização administrativa, a fisionomia de fundações privadas, estatais privadas, ou, mais sinteticamente, fundações governamentais. São do Estado, mas não operam como autoridade pública exercente de poder de polícia ou de qualquer natureza especial, prestam serviços sociais, recebem crianças numa creche, orientam e mantém museus, fazem pesquisa científica, realizam atividades de esclarecimento de jovens quanto a drogas. Não tem como fazer isso impondo às pessoas. Essas atividades podem, sim, ser fundacionais. Deveriam ser fundações, inclusive, abertas a contribuições da iniciativa privada, ter um patrimônio, de fato, não só orçamentário, mas também fundos patrimoniais, como estão surgindo agora, da iniciativa privada. Isso ocorre na maior parte do mundo, a maior parte dos museus e casas de ópera do mundo são assim. Ao lado delas, existem outras entidades que exigem um controle público e com exercício de poder de autoridade. às vezes até pesquisa com poder de autoridade, como, por exemplo, pesquisa na área de biotecnologia; de fiscalização sanitária; de fiscalização agrícola; quando tem ou não que vacinar; gado, quais produtos podem ser usados no campo, são entidades de pesquisa em que ao mesmo tempo que estabelecem uma voz técnica, também estabelecem uma voz regulatória, estabelecem normas regulatórios sobre o que, diante da técnica, pode ser utilizado e não pode ser utilizado. Essas podem ser fundações, e, aí sim, de direito público. Portanto, olhando para o mundo real, e as necessidades dos atos que vão ser praticados, o legislador deve compor o órgão adequado em termos fundacionais.

Não podemos regredir a um tempo em que só havia uma solução: ou uma fundação de direito privado, mesmo quando exercesse os poderes mais expressivos, o que foi atacado por Celso Antônio Bandeira de Mello antes da Constituição, que dizia que aquilo não era uma fundação, era uma autarquia, ela poderia ter forma, nome de fundação, mas era, na verdade, uma autarquia, o seu regime jurídico o revelava... para uma situação oposta, em que nós dizemos que todas as fundações são de direito público, têm que exercer seus poderes com autoridade, têm que estabelecer o mesmo figurino das autarquias e vivenciar esse figurino, quando isso é inaplicável, ou inadequadamente aplicável ou custosamente aplicável. Eu conheço várias pessoas que foram criadoras do SUS, são sanitaristas apaixonados pelo SUS, que me diziam: "É possível ter um hospital em regime de direito público? É, mas é muito trabalho, é muito difícil, falta medicamento, nossas licitações não andam, nós não conseguimos, a máquina se organiza para explorar essas licitações, é um inferno, os servidores faziam corpo mole, eu não consigo manter a disciplina, faltam as equipes de cirurgia". Então, é possível? É, mais é quase hercúleo, é um trabalho diário de sobrevivência. Enquanto que com hospital privado ou sem fins lucrativos, ou de fundação de direito privado, com regime mais flexível, eu consigo viabilizar as mesmas finalidades públicas. É a ideia de ter um Direito Administrativo mais preocupado com a entrega do serviço social e do bem público do que com o entregador, quem vai entregar. Quem vai entregar o serviço é algo que para o povo não importa. Importa qual é bem que se entrega, e se se consegue entregar bem, com lisura e eficiência, os serviços. Essa ideia não é minha só, é de muita gente que tem vivência prática no mundo da vida, e que relatava as dificuldades em organizar museus, em manter hospitais, creches, televisão educativa... tem que fazer concurso público porque um dia um anão vai aparecer no episódio, e aí fica lá o anão estabilizado (risos); não tem cabimento, não é nada contra os anões, é porque era um papel específico, foi uma temporada, não era para permanentemente ficar lá o anão.

Essa é a vida da administração. A administração tem que ter flexibilidade em alguns campos mais do que em outros. Onde houver perigo para as liberdades e para a seriedade dos atos jurídicos praticados, a forma pública tem o seu papel. Onde o perigo for exatamente o contrário, a forma pública for um perigo para a entrega dos bens, não tem que ser essa a forma, tem que ser uma forma mais próxima possível do particular, que é isso que nós queremos. De nada adianta um serviço dentro de um figurino clássico sem entrega do serviço.

A questão sobre a competência legislativa... eu fui um dos membros da comissão que se manifestou para que a lei que iria ser proposta se cingisse à administração federal; me bati por isso porque eu sou mais municipalista que a maioria, inclusive. Sempre me pareceu que é possível preservar a capacidade da administração de desenhar a sua organização, nos Estados e nos Municípios. Porém, há também argumentos do outro lado. Primeiro, as atividades privadas da administração deveriam estar submetidas à competência da União e, portanto, uma lei de organização renovada teria normas de incidência necessária em todos os entes da federação e outras não. Isso poderia causar mais um tumulto na aplicação da lei. Outra coisa que se destacava é que, na prática, o Decreto-lei 200 sempre foi só federal e, entretanto, era usado mimeticamente nos Estado e Municípios como se lei nacional fosse. Esse mimetismo aconteceria. Na prática, o que aconteceu? A proposta ficou como uma lei da União, porém em termos genéricos que pudesse facilitar o mimetismo e sua aplicação pelos Estados e Municípios. E assim foi feito. Só não foi encaminhado o projeto porque o Tribunal de Contas da União se sentiu muito atingido, foi fazer um pedido a Lula para que não encaminhasse o projeto. E ele não encaminhou.

REVISTA DE DIREITO ADMINISTRATIVO E INFRAESTRUTURA (RDAI) – Em 2016, V. Sa. publicou o trabalho "Sentido constitucional de carreira pública". Há, regra geral, uma má estruturação das carreiras públicas no Brasil. Por um lado, muitos cargos isolados; por outro, classes pouco diferenciadas, baseadas, muitas vezes, numa pequena diferenciação remuneratória. Esse cenário ofende a Constituição? Como reagir a ele? É possível uma ação civil pública ou uma ação popular para reestruturação de carreiras públicas?

PAULO MODESTO – O tema da carreira sempre me fascinou, porque, ao contrário do que se pensa, o tema do servidor público eu sempre considerei muito importante. Boa parte dos nossos administrativistas, depois de 1988, passou a considerar que, até pelas atividades profissionais, o importante era concessão, regulação, serviço público, onde eles encontravam no mercado privado trabalhos de consultoria ou demandas judiciais para atuar. E o servidor ficou um pouco como o bode expiatório de muitos ataques da administração sem que se deixasse bem claro quais eram as responsabilidades da administração nisso. Eu demonstrei que uma das responsabilidades da administração era não realizar apuração da aptidão do servidor logo na entrada, no estágio probatório, era importante que isso fosse feito, não em favor só da administração, mas em favor dos usuários dos serviços e, também, da boa fama do servidor. Porque o servidor ser dedicado, competente, trabalhador, e ao lado dele dez que nada querem, a imagem dele é comprometida com isso. Então, os maus servidores comprometem a imagem dos bons servidores. Ter boas estruturações de carreira, ter um bom estágio probatório, ter um sistema remuneratório racional é fundamental para preservar o bom servidor e a boa entrega do serviço público.

Qual é o problema das carreiras no Brasil? O primeiro problema é a baixa amplitude nas carreiras. Amplitude é um conceito técnico que diz respeito a diferença entre o piso remuneratório e o teto remuneratório, amplitude é exatamente o desnível que se estabelece dentro da carreira, entre os vários níveis, de remuneração e responsabilidade. Chama-se amplitude remuneratória ou amplitude na carreira. Carreiras de poucos níveis e de baixa amplitude não são propriamente carreiras. Segundo problema: falta de precisão clara das tarefas administrativas, das competências que vão ser exercidas, que dão margem a que funções que não são de cargos de confiança sejam colocadas em cargos de confiança, e funções sejam colocadas muito restritamente nos cargos efetivos, para justificar a ampliação fenomenal dos cargos de confiança, que é outro problema que me preocupa muitíssimo no Brasil. Escrevi um artigo enorme esse ano sobre clientelismo administrativo só preocupado com isso.

Agora, a Constituição não pode fazer tudo, nem pode servir para guerrilha judicial a respeito de tudo. No mundo inteiro, a Constituição trata da administração em um, dois, três artigos; a nossa já trata de muita coisa. Mas não trata nesse nível, de dizer qual o grau de amplitude das carreiras. Portanto, não se pode extrair da Constituição uma vinculação direta e precisa do legislador que permita uma judicialização dessa matéria. Entregar para o juiz isso é pior ainda! Então, não vejo como em abstrato viabilizar uma ação para restruturação da carreira. A ação pode até estabelecer quando, se se tratar de alguma carreira em que a Constituição tenha determinado que fosse remunerada por um regime de subsídio, ingressar com ação direta de inconstitucionalidade por omissão porque isso ainda não foi feito, isso é possível. Mas a eficácia prática disso é reduzida. O Judiciário estabelecer amplitude de carreira eu sou totalmente contrário. Conceder direito ao servidor também não me parece possível. Ele não tem paradigma fixo que ele possa se apegar. Qual é a amplitude necessária? 15%, 20%, 30%. Não há padrão fixo.

O que é problemático nas carreiras, que a doutrina também não tratou muito claramente, é o tema da fusão das carreiras, porque existem situações em que a fusão de carreiras é apenas uma forma de fazer mais uma vez o provimento derivado. É preciso deixar mais claro quando é possível ou não é possível a fusão de carreiras, quando é possível que uma carreira resista a projetos de lei e entre com ações diretas de inconstitucionalidade quando a lei é aprovada porque a fusão a desprestigia. Eu ingressei com ações diretas de inconstitucionalidade contra fusões de carreira. E, às vezes, espertezas como extinguir uma carreira, colocar em quadro em extinção e, passa o tempo, vem e reconstrói aquela carreira com outra denominação, outro patamar remuneratório, outras atribuições, como aconteceu no Tribunal de Contas da Bahia, do Sergipe, de Brasília, em vários lugares. O mundo real é cheio de problemas. Nós temos que tentar, a partir dos problemas, fazer análise jurídica. A gente tende a fazer análise jurídica para que os problemas se acomodem a eles, não é assim que funciona. O mundo real mostra que as carreiras, sim, são um patrimônio do servidor, ele deve zelar para que ela não seja objeto de ataque especulativo de outras carreiras, que querem fusões, reenquadramentos, que querem ser reincorporadas naquela carreira de forma espúria. Isso incorporará na sua carreira servidores sem preparo, entregará mal o serviço público, dificultará a valorização vencimental dessa carreira etc.

Isso é fundamental? É. Agora, ao lado disso, há uma certa simplificação da doutrina brasileira entre as possibilidades de carreira. Na cabeça do administrativista clássico, carreira é o regime de divisão de funções de cargos, de amplitude remuneratória e de competência dentro da administração direta e autárquica, e ela deve ser de regime de direito público para todo mundo, e garantir estabilidade para todo mundo, e aposentadoria integral para todo mundo, como se não houvesse diferenciação material. Isso venceu com o regime jurídico único. O que aconteceu? Explodiu a terceirização. A terceirização nada mais é do que uma resposta típica a uma homogeneização excessiva do regime jurídico funcional dentro da administração pública. Na Alemanha, por exemplo, você tem servidor que tem estabilidade e servidor que não tem estabilidade; servidor que tem poder de polícia e que não tem poder de polícia. Simples assim: há diferentes tipos, como algumas coisas que são muito cruéis de a gente observar, quando se observa o sistema educacional alemão é cruel, pessoas que não tem aptidão para atividade universitária não podem entrar na universidade. Você faz uma prova, se você não atingir o nível mínimo universitário, você vai para o serviço de escola técnica, e não pode ter acesso à universidade, simples assim. Você precisa sair do país para ir à universidade. Mas é uma forma que eles organizaram para otimizar força de trabalho, tem pessoas que têm vocação técnica e tem pessoas que não têm. Parece desumano. Eu mesmo me insurgi, eu tenho uma filha alemã, que morou no intercâmbio comigo na Bahia, e indaguei: é uma oportunidade na vida da pessoa? Sim, é uma vez só. Não é como aqui, que tem ENEM todo ano, é um tiro só.

REVISTA DE DIREITO ADMINISTRATIVO E INFRAESTRUTURA (RDAI) – Em 2017, V. Sa. publicou o livro "Organizações sociais após a decisão do STF na ADI n. 1.923/2015, em coautoria com o Min. Luiz Fux e com Humberto Falcão Martins. Antes disso já havia tratado do tema em artigos doutrinários. Um exemplo é o artigo "Reforma administrativa e o marco legal das Organizações sociais no Brasil". Tendo em vista esse tema, perguntamos. Como o senhor vê o tema do Terceiro Setor no Brasil? É bastante comum que as OS, como entidades sem fins lucrativos, não contribuam com nenhum custo para prestação do serviço. Muitas vezes, todos os recursos necessários são fornecidos pela Administração Pública. Como justificar, nesse contexto, que se trata de fomento?

PAULO MODESTO – Eu sou filho de um contador que trabalhou boa parte da vida na Santa Casa de Misericórdia. Foi uma das primeiras instituições nacionais que, de certa forma, autonomizou-se da Igreja, que sempre prestou serviços hospitalares, de creche, de administração de cemitério. E as Santas Casas são administradas por um Conselho Comunitário, geralmente de nomes eminentes da comunidade que escolhem uma Diretoria Executiva, e essa Diretoria é responsável pelo operacional das Santas Casas e presta contas a esse conselho de notáveis. Sempre me impressionou aqui, porque é uma instituição sem fins lucrativos que se mantém há centenas de anos, e se o Brasil, hoje, cortasse o atendimento das Santas Casas haveria o caos social. Dentro da ótica de que é mais importante a entrega do serviço do que o entregador, me parecia importante que fossem dinamizadas as entidades sem fins lucrativos. Frequentemente, nós esquecemos que os aparatos orgânicos do Estado são capturáveis por aqueles que o dominam. É um fenômeno trivial dizer que as empresas estatais frequentemente são capturadas por partidos políticos, mas também as autarquias, também as fundações colocam ali pessoas com objetivos variados, desde a captação de recursos a empreguismo simples e puro. Isso é regra? Não, há muita gente séria, há muitas organizações sérias. Mas quanto mais dinheiro você movimentar, mas atratividade você tem de captura. Onde não há dinheiro, em geral, não há interesse nenhum. Você não vê nenhum partido político disputando o controle de uma creche, de um museu, são instituições sem recursos; quando têm recursos, sim. Os hospitais são uma organização pública onde a movimentação de recursos é gigantesca, sempre, porque os insumos médicos são caríssimos e o ganho de escala é enorme. Ao mesmo tempo, os médicos sérios, os gestores sérios de várias repartições públicas, viviam dizendo que sabiam que estavam sendo roubados por máfias de empresários e não podiam fazer nada. Recebiam pedidos de empreguismo de partidos e não podiam fazer nada se não atendessem, se não eles caiam também. Viam filas paralelas às normais sendo feitas a pedidos de políticos a todo momento para atender a um paciente "x" e não a "y", através de um processo de captura. Como institucionalizar controles a isso, se as normas já as proíbem e isso é feito todos os dias?

Curiosamente, com as entidades privadas que celebravam acordos com o Poder Público... nós tivemos várias fases dessas parcerias, desde fases em que havia poucos recursos, fases em que o Poder Público apenas certificava aquelas que eram beneméritas para que particulares doassem recursos para essas instituições, não havia muitos interesse nelas, e fases em que o poder público passou a subsidiá-las, apoiá-las, transferir recursos, bens apreendidos etc., começou ascender interesse de particulares, políticos e partidos para essas entidades também. E veio a culminar com aquele famoso escândalo do orçamento, em que foi revelado que entidades filantrópicas falsas, foram chamadas de "pilantrópicas", recebiam recursos do orçamento, destinados pelos próprios deputados que eram seus efetivos donos nos Estados de origem. Era uma forma de captação de recursos fora do mercado, fora da competição. Todas as tentativas de alterar a legislação sobre utilidade pública fracassaram. Eu conheci umas sete tentativas de alteração da lei de utilidade pública, que não exigiam nada, apenas um controle contábil muito frágil. Para responder a isso, foram feitos desvios de rota: "Bom, se não conseguimos mudar a lei de utilidade pública, porque não deixam, vamos criar uma outra figura, das Organizações sociais, das OSCIPs, com outro grau de exigências, com contratualização, detalhamento de indicadores de desempenho, um sequenciamento de tarefas a desempenhar, com um conselho fazendo controle concomitante, e com membros da sociedade civil sendo eleitos, sem vinculação direta e necessária com os partidos, para ver se a gente consegue que esse dinheiro não seja desviado algum dia. Não é a garantia que não será desviado, é a garantia que não seja desviado no grau que já vem sendo desviado, dentro da Administração direta.

REVISTA DE DIREITO ADMINISTRATIVO E INFRAESTRUTURA (RDAI) – V. Sa. estava no Governo Federal quando foram publicadas as Leis da OS e das OSCIP. Aliás, tratou do assunto no artigo "Reforma legal do Terceiro Setor no Brasil". A Lei da OSCIP na sua visão foi um avanço em relação à Lei da OS? O que motivou, a seu ver, o governo a propô-la? Houve um desconforto em relação ao regime anteriormente estabelecido?

PAULO MODESTO – Por um lado, esses controles eram desconfortáveis, não para o poder público, mas para as entidades sociais. As ONGs no Brasil não queriam representantes do poder público nos seus conselhos administrativos. Algumas delas tinham sido criadas para combater o poder público nas décadas de 1960 e 1970. Não queriam ter o Poder público estatizando a ONG ou fiscalizando as contas diretamente, acompanhando diariamente a movimentação de bens e serviços da ONG. O Ministério da Administração conseguiu levar o tema das organizações sociais como uma alternativa a hospitais, a museus etc. que estavam indo ao precipício, sem conseguir funcionar adequadamente em termos de gestão, e oferecer uma alternativa, que eles chamaram na época, e eu achei horrível o nome, de "publicização". Eu preferia "parceirização", qualquer coisa do gênero, mas o Bresser queria "publicização" e ficou assim. A saída do modelo de estrutura pública para um modelo privado, com absorção da demanda pela entidade privada, mas era uma espécie de liberdade tutelada, com acompanhamento concomitante do poder público. Ao mesmo tempo, outras ONGs, que não estavam em situação dramática como essas, mas que queriam benefícios da lei das OSs, pressionaram o governo, dizendo: "Olha, nós queremos o mesmo benefício, mas não queremos vocês lá, queremos essas liberdades que vocês estão dando, essa segurança jurídica, mas não queremos o poder público lá dentro". E eles tinham um espaço de vocalização, que era a Comunidade solidária, cuja esposa do Presidente era a chefe, e os Ministros, que criavam muitas dificuldades para o Ministério da Administração, em relação a benefícios das OSs, não criavam dificuldades para a mulher do Presidente. Eu participei da comissão que estava criando a Lei das OSCIPs, os objetivos eram os mesmos, as ideias eram as mesmas, eles até copiaram parcialmente o texto do contrato de gestão, várias normas da Lei das OSs foram transferidas com outros nomes, mas com a mesma lógica para a Lei das OSCIPs, mas com exclusão da participação do Poder Público nos Conselhos e também com a ideia de "eliminar a discricionariedade", entre aspas, na definição de quem seria ou não seria OSCIP. Paradoxalmente, isso comprometeu o modelo das OSCIPs e salvou o modelo das OSs. A regra do automatismo de criação, que, tecnicamente, como professor de

Direito Administrativo, eu considero melhor – porque é lógico que se você preenche os requisitos, deveria ser uma competência vinculada –, fez com que se multiplicasse de tal modo o número de OSCIPs, que o número também de falsas ONGs, de falsas entidades, entidades não adequadamente avaliadas pelo poder público sob sua viabilidade, sua seriedade, seus propósitos realmente sérios, explodiu. O modelo das OSCIPs acabou alvo de um sem número de fraudes, enquanto que o modelo das OSs ficou muito pontual, com poucas entidades qualificadas, depois de muitos estudos e pareceres, porque ninguém queria assinar, botando seu nome lá, dizendo: "Certifico, porque considero que você é séria, você vai cumprir..." e depois a entidade ser malandra. Então, o agente público, antes de certificar, até para sua autoproteção, fazia uma série de avaliações se aquele grupo efetivamente tinha condições de realizar as atividades. Aquilo que em um desenho acadêmico clássico parece muito ruim – ter uma avaliação discricionária sobre quem tem aptidão ou não para exercer atividades sociais naquela área, algo que dá enorme poder de abuso do agente público –, na verdade era o contrário. O sujeito, com medo de ser depois controlado e censurado, restringiu muito o número de OSs que ele qualificou. E na OSCIP houve uma explosão na criação de entidades pelo automatismo, pois ninguém era responsável, era automática a regra; então, como ninguém é responsável, um número enorme de entidades malandras foi qualificada e abusos existiram.

É o mundo real mais uma vez explicando que as regras não são como a gente imagina. Logo que a lei das OSs saiu eu ataquei o tema da discricionariedade. Dizia que não deveria ser assim, que deveria ser feita uma análise material, um parecer técnico, e uma vez preenchidos os requisitos, deveria ser certificado como uma competência vinculada da Administração. Mas depois eu mesmo parei de falar isso, porque vi que os abusos eram muito grandes com a regra do automatismo.

REVISTA DE DIREITO ADMINISTRATIVO E INFRAESTRUTURA (RDAI) PAULO MODESTO – Qual é o seu posicionamento sobre a Lei das Parcerias Voluntárias – a Lei 13.019/14. A lei

inicialmente estabelecia uma série de condicionamentos públicos ao "fomento" do Terceiro setor. Muitos deles acabaram afastados. Como V. Sa. analisa o afastamento dessas restrições?

PAULO MODESTO PAULO MODESTO – **N**o Brasil, é curioso, trouxemos para o tema do Terceiro setor as mesmas obsessões que nós tínhamos no tema da organização administrativa. Trouxemos para o tema do terceiro setor a obsessão pela pessoa, pelo ente que faz, pelo entregador e sua forma jurídica, não pela entrega. Mais uma vez, é aquela coisa do hábito do cachimbo, o sujeito está acostumado a pensar o tempo todo na organização burocrática, então ele quer pensar a organização burocrática do Terceiro setor e pensar como ela deve ser organizada, como deve ser a reunião, como deve ser a sessão, quem tem competências para aprovar tal ou qual ato. É uma preocupação orgânica muito grande, que muitas vezes pode enrijecer demais o modelo, e ter baixa preocupação sobre a duração do vínculo de parceria e a entrega que o vínculo vai trazer de resultado. Essa foi a mudança que nos últimos anos tem acontecido, que permitiu a Lei nº 13.019. É uma preocupação em dizer: "Não importa que formato jurídico você tenha, se você é OS, OSCIP, se é uma entidade associativa simples, se tem ou não título. Importa o seguinte: vou fazer uma convocatória, se você, que é uma associação, e não tem título nenhum, é a melhor, será você que vai fazer isso. O que eu quero saber é como vou facilitar que você atinja seus resultados, sem contaminá-lo com minhas normas burocratizantes. Conseguimos tudo? Não! A primeira versão da lei era muito burocrática ainda. De certa forma, transferiam-se os controlem para as entidades do Terceiro setor que eram aplicáveis à burocracia pública. Eu avisei as assessoras da Casa Civil que estavam à frente da elaboração da norma disso. Eu falei: "Ninguém vai querer isso". Já existem setores empresariais no Brasil que não querem celebrar contratos administrativos. Não querem fazer parceria com o poder público de jeito nenhum, não querem assinar concessão de jeito nenhum, porque temem as consequências empresariais de ações de improbidade, de problemas de pagamento, de insegurança jurídica e da fragilidade que podem ter com o poder público. A mesma coisa acontece com entidades sem fins lucrativos. Nós temos que evitar que esse fenômeno se reproduza nesse setor, que as pessoas não queiram colaborar com uma finalidade pública – pelo menos de forma incentivada e ampliando suas capacidades de atendimento. Essa é a ideia que a Lei 13.019 já reproduz, já aplica, que eu tentei no livro que escrevi sobre as Organizações Sociais já tratar um pouco, aspectos até práticos, sobre utilização de bens cedidos, utilização na demanda, no período em que fica inutilizado, possibilidade de múltiplas parcerias, ao mesmo tempo, não apenas uma, questão de sucessão nas relações do terceiro setor, muitas questões práticas, que a doutrina não responde. A doutrina fica numa discussão eterna sobre se é constitucional ou inconstitucional, numa ruminação sem fim de conceitos clássicos, mesmo depois de o STF ter afirmado a constitucionalidade do modelo. E esquece a realidade que está ali, batendo na porta e dizendo "quero entrar". Essa que é a angústia que as entidades têm.

REVISTA DE DIREITO ADMINISTRATIVO E INFRAESTRUTURA (RDAI) PAULO MODESTO – O STF, no julgamento da ADI 1923, considerou a constitucional a lei das organizações sociais, exigindo apenas que a qualificação e a escolha dela sejam impessoais. O senhor concordou com o julgamento?

PAULO MODESTO PAULO MODESTO – A rigor, o que o Supremo decidiu foi tudo aquilo que eu sempre disse. Eu sempre disse que era fomento, que na contratação da entidade não se poderia usar parâmetros de mercado, contratar uma entidade sem fins lucrativos – a APAE, por exemplo, no Município do Ceará, para atender aquelas pessoas ali, tinha uma função, não só de contratação de serviço, mas também de fixação de uma tecnologia social naquela comunidade. Se fosse considerar parâmetros de escala, eventualmente uma entidade nacional, que tivesse uma enorme contratação em vários Estados, conseguiria oferecer preços mais baratos, mas é ruim, porque não tenho a tecnologia local para o atendimento de pessoas com deficiência. E eu desarmaria os pais que querem se envolver com isso, eles mesmos organizarem entidades ali, locais. Existem, portanto, valores, que não são mercantis nessa relação, de fixação de tecnologia social, atenuação de conflitos locais, sedimentação de certo tipo de fornecedores sociais naquele local. Existe uma série de problemas envolvendo Terceiro setor, enfim, não dá para falar de todos agora, que devem ser considerados no momento do fomento, não é uma simples contratação.

O grande problema é que no Brasil o Poder público é tão frágil que ele termina refém da parceria social. É outro problema: como evitar que as ONGs sejam reféns do governo, mas também evitar que o governo seja refém das ONGs, que ele não tenha alternativa a não ser contratar de novo, porque senão ele não terá o serviço e não tem como ele fazer o serviço de outra forma, não tem outra ONG, ou não tem como rapidamente atender aquela demanda. É outro problema, que não enfrentei no meu texto, mas chamei atenção para ele.

E outro problema gravíssimo, que também os juristas não pensaram, é a questão da parametrização desses controles. Quais são os indicadores adequados, como você deve fixar os indicadores, que tipo de indexador é cabível, quais são cabíveis, qual é o grau de governança, como deve ser a governança das ONGs, enfim, há um monte de coisa para fazer. Mas em um país onde não há governança dos partidos políticos, não há governança em uma série de áreas que são fundamentais, a gente também não tem governança nas ONGs ainda. É um tema que eu vou voltar a ele, com certeza, no futuro. Eu parei um pouco de estudar esse assunto, pois agora quero discutir direito constitucional transitório, mas vou voltar a ele no futuro. Eu fico às vezes aguardando que a doutrina faça alguma coisa, questione alguns temas, pois gosto de dialogar. Bem, agora alguém vai falar de governança no Terceiro setor, alguém vai escrever sobre a parametrização dos contratos de desempenho no Terceiro setor... Aí você espera, espera, e fica aquela discussão bizantina sobre liberalismo, neoliberalismo... uma enorme perda de tempo. Os problemas concretos ocorrendo e essa discussão meio que de chavões sem sentido. Eu gosto da terra dura do mundo da vida e a terra tem muitos problemas para resolver.

REVISTA DE DIREITO ADMINISTRATIVO E INFRAESTRUTURA (RDAI) – Em 2018, em homenagem aos trinta anos da Constituição, V. Sa. publicou um trabalho sobre o clientelismo na Administração Pública. A seu ver, a Administração Pública brasileira é, ainda hoje, marcada pelo clientelismo? As restrições constitucionais à nomeação de cargos em comissão, estão sendo respeitadas? A "confiança subjetiva" – afinidade subjetiva com o nomeado – e não apenas a "confiança objetiva" – a convicção difundida de que ele é apto a bem exercer a função –, não é um fator de manutenção da corrupção no Brasil? Essa confiança subjetiva não decorre de um apego à cultura do patrimonialismo que marca a Administração brasileira?

PAULO MODESTO – Existe clientelismo no varejo e no atacado. Há o grande clientelismo, que é quando, como aconteceu recentemente e ninguém fala, faz-se a incorporação de enormes massas ao serviço público de forma ilegítima, como nessas emendas recentes que trouxeram inúmeras pessoas dos ex-Territórios que trabalharam 90 dias, de forma precária, em órgãos públicos do Estado e sem nenhum registro muito fiel, para o âmbito da União, para a União pagar aposentadorias e remunerações, isso feito por Emenda Constitucional (EC 79/2014 e EC98/2017), de forma vergonhosa. O propósito desse sujeito não é exercer um poder direto em relação a essas pessoas, é simplesmente aumentar o seu capital político e serem eleitos senadores, govenadores, deputados. É o clientelismo no atacado, aos milhares. Não existe relação subjetiva com essas pessoas, que foram colocadas precariamente, "por confiança" entre aspas, e depois incorporados ao serviço público. A minha ideia nesse trabalho tentar identificar quatorze hipóteses de clientelismo, não apenas uma, nem duas, nem três, que vão desde concursos públicos viciados, concursos públicos *a posteriori*, que é uma coisa incrível, fraude na classificação do cargo como de confiança, fusão de carreiras, etc. Olha, e ainda foram treze porque eu fui até cauteloso, poderia ter feito mais, que mostra que essa ideia de uma relação direta subjetiva entre o nomeante e o nomeado é um pouco romântica. O Governador, o Prefeito, não conhece todo mundo que ele nomeia para cargo de confiança. Ele nomeia quem indicam a ele que é para nomear. Simplesmente, ele não exerce nenhuma fidúcia especial subjetiva. O cargo é que deve ter essa fidúcia como um componente intrínseco que justifica sua existência. No plano da vida real essa fidúcia não necessariamente existirá, esse liame subjetivo direto bilateral não existirá. Mas o cargo só pode existir, enquanto cargo de confiança, se pressupor a confiança, ou pelo menos pressupor a instabilidade que a confiança ou desconfiança poderá gerar, primeiro lugar.

Segundo, é preciso uma restrição material, que a Emenda 19, tão atacada, instituiu. Ela colocou claramente que só podem existir cargos de confiança em funções de direção, chefia e assessoramento. A Constituição de 1988 não tinha isso, simples assim. E ela estabeleceu a exigência de um percentual dos servidores efetivos para os cargos de confiança, ainda tentando dar um mínimo de profissionalidade e continuidade à administração pública. A administração não pode ter um corpo de servidores de confiança ou servidores precários que seja superior aos servidores estáveis ou dos servidores permanentes, porque, senão, ela se transforma numa administração sem memória, instável e ineficaz, mas isso acontece todos os dias no Brasil de hoje.

A maior parte da minha tarefa semanal no Ministério Público da Bahia é entrar com ADIs contra a criação de cargos de confiança. É a única situação em que eu tenho repetição de ADIs toda hora, toda semana eu entro com uma ou duas ADINs por criação de cargos de confiança. Vários Municípios têm até setenta, oitenta, noventa por cento dos seus cargos como de confiança, criando currais eleitorais para oligarquias locais. Portanto, esse é um drama que, nós, com 30 anos da Constituição de 1988 não conseguimos superar. Por quê? Por que não conseguimos levar a sério as restrições da Emenda 19? Por nós não conseguimos com eficácia impedir que leis sejam aprovadas com essa compostura? Não é por falta de lei ou de Constituição que nós temos esse problema. Temos esse problema por falta de controle social, em primeiro lugar; falta de cultura jurídica às vezes nos Municípios e de acumpliciamento das elites municipais. E não é fácil, porque próprio Poder Judiciário tem uma visão meio romântica frequentemente de resguardar e proteger situações subjetivas que claramente são espúrias. Quando você protege e dá eficácia apenas prospectiva para uma declaração de inconstitucionalidade, não sanciona minimamente os dirigentes, você cria uma situação de inconstitucionalidade incentivada.

Eu tenho um caso na Bahia em que usei essa expressão. Todo ano eu entro com ação direta de inconstitucionalidade em relação a um determinado Município, ele cria uma taxa que ele cobra dos turistas, o turista entra e tem que pagar uma taxa para circular no território nacional, no caso o território do Município. Para entrar no território do Município tem que pagar uma taxa de turismo. Entramos, ganhamos todo ano. Eles ficam recorrendo e, enquanto eles recorrem, criam outra lei com outra taxa de polícia. Por quê? Porque quando o Tribunal declara a inconstitucionalidade, ele diz que os efeitos são imediatos e não retroativos, pois não há como identificar os turistas visitantes e devolver esse dinheiro. Então, o Município tem sempre um incentivo, pelos recursos que aufere, de novamente praticar a inconstitucionalidade. Se você não conseguir punir os Prefeitos que fazem da criação de cargos de confiança e do provimento desses cargos um fato que justifique uma responsabilidade mais intensa e direta, você não vai conseguir resolver. Porque é um incentivo, ele tem aquele pessoal preso a ele durante dois, três anos, enquanto a ação tramita, e enquanto isso ele vai elegendo seus vereadores, seus deputados, ele mesmo... ele tem um incentivo político. Do mesmo modo que a taxa de polícia, que é criada pelo Município para o acesso ao Município, o recurso que é aferido é um incentivo à continuidade disso. Agora eu entrei com uma ação direta, heterodoxa, em que peço a declaração de inconstitucionalidade dessa taxa de polícia e a devolução de todos os valores apurados para o Fundo Estadual de Turismo, ou seja, é uma ação direta de inconstitucionalidade com efeito declaratório e condenatório (risos). Se não tiver o deslocamento desses recursos, pois eu não tenho como devolver esse dinheiro aos turistas, porque são muitos e não identificados, não sei onde moram, onde têm conta corrente, não há como devolver. Mas é possível transferir esses recursos para o Fundo de Divulgação e Manutenção do Turismo Estadual porque, pelo menos, de alguma forma, os outros Municípios auferem e não cria um incentivo para que aquele continue criando em todo governo... eu sei que é heterodoxo condenação em declaração de inconstitucionalidade, não é para condenar nada, mas é a única forma, não há outro jeito de impedir um proveito direto na matéria.

Ou seja, o clientelismo tem muitas dimensões. Tem uma dimensão de atacado e uma dimensão de varejo. Tem desde o abuso individual à incorporação massiva de protegidos políticos no serviço público, que desmoraliza todo o serviço público e todas as carreiras públicas. É, de fato, uma tragédia nacional. Nós temos que pensar, como Professores de Direito Administrativo, formas de inibir. Não basta declarar: "É proibido criar cargos assim". Já ajudou muito. Eu confesso que, para meu espanto, percebi um crescimento vertiginoso de ações diretas de inconstitucionalidade depois da Emenda 19, por conta desse dispositivo que restringe o âmbito material de criação dos cargos de confiança. Os Tribunais também se sentiram mais empoderados para dizer: "Não, aqui não, não é o caso de função de direção, ele é motorista, mas não é o caso de função de direção, é outra direção (risos)". E isso aumentou muito o número de condenações. Agora mesmo eu entrei com uma ação contra a Câmara de Vereadores de Salvador em que oitenta e três por cento dos servidores são cargo de confiança. O Presidente da Câmara veio conversar comigo, dizendo: "Não, tem concurso em andamento, estou tomando providências". Eu perguntei: "O senhor vai nomear quantos?" "Uns vinte". "Ah, mas na Câmara federal é a mesma coisa, na Assembleia Legislativa também". Eu falei: "Olha, eu não posso entrar contra a Câmara federal, mas o que eu puder entrar aqui, eu entrarei". Comecei a apurar na conversa com ele, a Câmara é completamente vulnerável. O sujeito que prestava contas ao Tribunal de Contas ocupava cargo de confiança, quem fazia licitação também, todo mundo que era estratégico na Câmara era cargo de confiança. E pior: às vezes cedidos pelo o Governo do Estado. Consequência: Se o Estado puxasse essas pessoas de volta, a Câmara Municipal não tinha como fazer as atribuições básicas de controle. Aí eu fiz uma pergunta simplíssima para ele: "Se todos esses servidores comparecessem ao trabalho, o senhor teria cadeiras suficientes para eles sentarem?" Ele disse que não. Quantos servidores cabem, trabalhando, naquela Câmara, que eu conheço o prédio? Uns trezentos... tem mil e oitocentos no quadro de pessoal ativo da Câmara de Vereadores. O mundo real ensina muita coisa.

REVISTA DE DIREITO ADMINISTRATIVO E INFRAESTRUTURA (RDAI) – Vivemos num momento histórico de grande polarização política. V. Sa. considera possível uma Ciência do Direito? As inclinações políticas e a atividade profissional do cientista não acabam, de alguma forma, interferindo em suas interpretações?

PAULO MODESTO – Sim, eu considero que sim. É preciso que o Professor de Direito tenha uma autovigilância extrema sobre o que é análise do sistema jurídico e o que são interesses relacionados diretamente a suas preferências políticas. E também é preciso que ele explicite seus interesses políticos, se ele os tem, é preciso que ele explicite, porque é legítimo, uma vez que ele explicite, permite que o leitor se defenda. O leitor fará também uma análise das suas lições sob o filtro dessa informação fornecida. O problema é o sujeito não fornecer a informação básica sobre seus valores, embutir seus valores sob pretensa leitura neutra dos textos normativos. É uma coisa preocupante. Além disso, há um problema no Brasil grave, as pessoas têm poucos filtros, no sentido de que há pouca crítica entre os autores. Nós não temos o costume no Brasil de escrever artigos contra o pensamento de alguém. Dizer: "Olha, o senhor escreveu isto, eu sou contrário a isso por causa disso". E haver um debate, dois, três, quatro artigos, civilizado sem que se receba "frangos mortos", e outras coisas em razão disso, ameaças, declarações surpreendentes de que nunca esperou que alguma coisa acontecesse, vindo daquela pessoa. Na verdade, são leituras diferentes da realidade. Ou há uma tolerância acadêmica de ambos os lados, e a Academia exercita a crítica em termos objetivos, ou vira tudo um jogo subjetivo de preferências e de "igrejas". Tento vencer isso conversando com todos os grupos teóricos. E me relaciono com todo mundo. Trato todo mundo como pessoas razoáveis, com mundividências, com interesses, com valores ou prognoses diferentes. Às vezes eles podem estar certos e você estar errado, você tem que admitir a possibilidade de que talvez você esteja errado, sem um apego cego, pois é inviável o diálogo produtivo sem uma verdadeira tolerância com o pensamento alheio. Muitas vezes fiz eventos em que duas, três visões do mesmo problema estavam representadas na mesma mesa. É o ideal. É muito triste assistir divisões ideológicas muito marcadas no Direito Administrativo brasileiro e uma discussão difícil de fazer em termos objetivos. Eu convivo muito e penso que no debate sempre deve-se adotar a objetividade possível. Olha, um dos meus melhores amigos é o Carlos Ayres Brito. Eu tive um debate com ele sobre direito adquirido que só fez fortalecer a nossa amizade. Ele escreveu um artigo, eu escrevi outro, ele escrevia outro e eu outro, sobre o tema, aquilo foi ótimo para ele, ótimo para mim, eu não considerava que ele era meu inimigo; pelo contrário, eu considerava que ele me estimulava e eu o estimulava. Ele me disse várias vezes: "Não, aquele seu artigo me deixou em dificuldades, agora vou fazer outro texto". Ele escreveu a tese dele sobre Reforma, depois ele falou sobre Poder Constituinte, foi, em parte, creio eu, estimulada por aquele debate originário, na época da Reforma Administrativa, sobre direito adquirido, que ele fez junto com o Valmir Pontes Filho e comigo. E nós nos elogiávamos nessa troca. Dizia assim: "Olha, essa provocação é boa, mas eu não concordo, por isso e isso, meus fundamentos são esses. Eu sou amigo de Valmir e amigo dele, e podemos ser amigos, convergir e divergir livremente. Eu vejo muita tensão, às vezes, no Direito Administrativo brasileiro por meras divergências de opinião. Às vezes essas tensões chegam em grau máximo em períodos pré-eleitorais, quando parece que só há uma solução no mundo, sendo fascista quem pensa diferente. A vida boa não é assim, a vida em pluralidade é muito mais rica do que isso.

REVISTA DE DIREITO ADMINISTRATIVO E INFRAESTRUTURA (RDAI) – Como o senhor vê o ensino no Direito atualmente?

Parecemos vivenciar uma crise no uso do vernáculo e no aprofundamento teórico. Como lidar com isso?

PAULO MODESTO – Boa pergunta, é uma pergunta de um milhão de dólares. Eu não sei. Primeiro porque é difícil entender a velocidade dessas transformações. Segundo, porque nós competimos com muitas fontes de informação ao mesmo tempo. Terceiro, porque é uma geração visual, não é uma geração de textos longos. Mas eu tenho uma certa esperança, porque eu percebo que, ao mesmo tempo, é uma geração interessada. Não é uma geração como na década de cinquenta, pessimista, ou uma geração desolada. É uma geração com múltiplas fontes de informação, ela sabe que o mundo lá fora não é igual. Comparam o Brasil com Portugal, Uruguai, Estados Unidos, França. Trazem ideias de lá, tentam adaptá-las. Ela tem uma capacidade de crítica comparativa que nossa geração não tinha. Isso precisa ser aproveitado. Claro que em todos os conjuntos geracionais existem subconjuntos, e você pode estar falando isso com base em um certo grupo de elite. Eu convivi muito intensamente, não agora, mas até três anos atrás, com os colegas de minhas filhas Camila e Rafaela: era um colégio bilingue, de pessoas mais sofisticadas, e você perguntava a eles o que queriam fazer no futuro e as respostas eram projetos de vida surpreendentes, porém quase todos pretendiam estudar fora do Brasil. Isso me impressionava. Mas ao mesmo tempo com um senso de crítica ao Brasil muito denso. Isso preocupa porque pode ser que nossas elites estejam indo embora. O alunado não é uma coisa uniforme. Calmon, que foi meu professor dessa pós-graduação que fiz na graduação, me dizia: "Não se preocupe, Paulo, toda turma é assim. Se você conseguir salvar 15%, 10% você já é um vitorioso. Não mais que isso. Você vai se desiludir se você quiser salvar 100%, não existe salvação de 100%". Elites intelectuais se formam também na Universidade, e alguns ficam no caminho. Tem gente que não tem vocação universitária e está ali, porque o pai pediu, porque quer, porque não sabe o que quer fazer da vida... Talvez seja um bom empresário, talvez seja um artista. Na Faculdade de Direito... Caetano Veloso foi estudante de Direito, Glauber Rocha foi estudante de Direito, e não tinham vocação para o Direito propriamente dito, e foram grandes nomes em outras áreas. Eu parto do princípio que as vezes nós temos uma impressão distorcida da realidade. Podemos salvar até mais de 10%, e não percebemos muito, porque o choque dos outros 90% é muito grande. Nós podemos estar cumprindo as nossas funções, e conseguindo formar uma elite, sem perceber.

Isso não resolve, porque se não tivermos um país atraente para essa elite e ela quiser deixar o país, isso é trágico. Nós temos que nos preocupar em formar, sim, uma elite intelectual, não aceitar o populismo acadêmico de aprovar todo mundo, todo mundo tirar nota dez em tudo, essa alegria geral do tapinha nas costas que só produz ignorantes, isso é triste. Isso não pode ser aceito num ambiente universitário, você tem que ter, de fato, um desafio, para que as pessoas se sintam desafiadas e queiram superar o desafio. Mas, ao mesmo tempo, nós temos que ter um ambiente nacional atraente para nossas elites acadêmicas. Eu tenho mais receio desse segundo componente do que do primeiro. Estamos formando, sim, uma elite que é muito informada, com acesso à informação. Às vezes eu estou pesquisando um assunto, um livro que acabou de sair nos Estados Unidos, sobre disposições constitucionais, e Camila, minha filha que estuda direito, diz: "Já li, a gente discutiu isso na semana passada". Então, eu digo: "Mande-me, então!" (risos). É impressionante. O acesso à informação, hoje, que as pessoas têm pela rede de computadores, a multiplicidade incrível de textos digitalizados, eu não sei como as Editora conseguem continuar vivendo, porque rapidamente qualquer um digitaliza um livro e coloca na rede. As Editoras não conseguem mais aquelas tiragens monumentais. Todo mundo está na rede, na internet, pode ser a edição do ano passado, mas está lá. Isso oferece um acesso à informação que tem algum impacto na criação de elites intelectuais. Agora, se elas vão ficar no Brasil ou vão optar por uma outra medida – hoje as pessoas têm uma mobilidade incrível –, é o que me preocupa. Vejo muita gente desiludida deixando o país, achando que não há solução para a corrupção, que não há solução para as nossas elites políticas, que não há solução para o que está aí, e isso me preocupa muito. Na verdade, o país até consegue, algum dia, se reerguer, se você for otimista, mas sem as elites vai demorar mais.

Penso que o grande desafio dos juristas hoje é como incorporar a preocupação com as futuras gerações em qualquer tema. Como incorporar a visão de longo prazo em qualquer tema. Como sair do discurso exclusivamente descritivo, imediatista, e considerar futuros possíveis e o passado vivido. Porque se você não conhece as práticas reais passadas você não consegue oferecer um remédio razoável. Mas os futuros possíveis também são ocultados por bolhas teóricas. Muitas vezes as soluções para o país são relativamente fáceis de identificar, os problemas é que são difíceis de descobrir. Nós temos certa bolha, que conversa conosco, que passa uma imagem de país, e de um certo conjunto de problemas, e esconde um outro país e seus outros problemas embaixo do pano. Então, este é o drama frequente do professor: como furar a bolha e conseguir identificar outras perguntas? Como pensar com imaginação institucional outros futuros possíveis? É o verdadeiro problema.

REVISTA DE DIREITO ADMINISTRATIVO E INFRAESTRUTURA (RDAI) – Qual sua mensagem para os estudantes e profissionais do Direito Público?

PAULO MODESTO – Não desistam! (risos).

NOTA:

Entrevista concedida em São Paulo, em 19.10.2018 e publicada na Revista de direito Administrativo e Infraestrutura. n. 10, ano 3 - p. 307-348.

Este livro foi impresso nas oficinas gráficas da Editora Vozes Ltda.,
Rua Frei Luís, 100 – Petrópolis, RJ.